Köln

Die Stadt als Kunstwerk

Hugo Borger
Frank Günter Zehnder

Köln

Die Stadt als Kunstwerk

Stadtansichten vom 15. bis 20. Jahrhundert

Greven Verlag Köln

Abbildungen auf dem Schutzumschlag
Vorderseite: Kölner Meister, um 1450—1460
Die Ankunft der Hl. Ursula und ihrer Gefährtinnen in Köln
(Ausschnitt links von der Mitte)
Eichenholz, 54,0 × 159,0 cm
Köln, Wallraf-Richartz-Museum
Inventarnummer WRM 715
(Siehe Text auf S. 74 und Abbildungen S. 74/75)
Rückseite: Oskar Kokoschka (1886—1980)
Ansicht der Stadt Köln vom Messeturm aus, 1956
Leinwand, 85,0 × 130,0 cm
Köln, Museum Ludwig
Inventarnummer ML 3000
(Siehe Text auf Seite 306 und Abbildung Seite 307)

CIP-Kurztitelaufnahme der Deutschen Bibliothek

Borger, Hugo:
Köln, die Stadt als Kunstwerk : Stadtansichten
vom 15.–20. Jh. / Hugo Borger ; Frank
Günter Zehnder. – 2. Aufl. – Köln : Greven, 1986
ISBN 3-7743-0222-7
NE: Zehnder, Frank Günter:

Zweite Auflage 1986
Graphische Gestaltung und Karten: Hermann Bischoff
Druck: Greven & Bechtold GmbH, Köln
Buchbinder: Hunke & Schröder, Iserlohn

Inhalt

Anton Woensam
Große Ansicht von Köln, 1531
Ausschnitt: Deutz mit
St. Heribert und darüber das
Kölner Rheinufer in Höhe des
Salzgassentores

Vorwort

Es war ein lang gehegter Wunsch des Verlegers Sigurd Greven, den seit vielen Jahren vergriffenen Band seines Hauses »Altkölnisches Bilderbuch«, den Hans Schmitt-Rost mit kenntnisreichen und lebendigen Texten versehen hatte, neu erscheinen zu lassen. Wir führten darüber viele Gespräche, deren Kern immer wieder die Sorge von Sigurd Greven bildete, stadtgeschichtliche Kenntnisse würden den Kölner Bürgern zu wenig vermittelt. So ließ ich mich denn überreden, einen neuen Versuch zu wagen, die mittelalterliche Vergangenheit Kölns in einem Bildband sinnenhaft vor die Augen der Freunde der Kölner Geschichte zu bringen. Sigurd Greven war ganz aufgeschlossen, als ich ihm den Plan vortrug, das Vorhaben anders anzugehen als in dem früheren Band. Er war bereit, jeden Wunsch zu erfüllen, und akzeptierte auch einen völlig neuen Bildteil, was nicht selbstverständlich schien, da dadurch auch eine hohe verlegerische Investition gefordert war.

Als glücklich und für diesen Band überaus förderlich erwies sich, daß Frank Günter Zehnder, ein genauer Kenner der mittelalterlichen und neueren Bilderwelt Kölns, für diesen Band zu gewinnen war. Er übernahm die Hauptlast der Arbeit, spähte über schon bekannte Bilder hinaus weniger bekannte aus und schrieb dazu mit großer Umsicht die eingehenden Kommentare. Solcherart ist ein Bildband entstanden, dem innerhalb der Köln-Literatur eine, wie ich denke, weiterführende Gediegenheit eignet. Es lag in unserer Absicht, nicht schon Vorhandenes noch einmal anzubieten.

Die Bildüberlieferung zur Stadtgestalt von Köln setzte erst in hochgotischer Zeit ein. Es schien daher geboten, in einem einleitenden Text den Prozeß der Stadtgenese von Köln, wie er sich derzeit darstellt, zu skizzieren. Diesen Essay zu schreiben habe ich mir selbst auferlegt und mich dabei bemüht, den derzeitigen Kenntnisstand anschaulich zusammenzufassen.

Sigurd Greven, dem viel am Erscheinen dieses Bandes lag, hat die Fertigstellung nicht mehr erlebt. Frank Günter Zehnder und ich widmen diesen Band seiner Erinnerung und damit einem Verleger, dessen vornehmstes Lebensziel es war, zur Erkundung der Geschichte seiner Vaterstadt beizutragen. Er hat dazu immer wieder gerade uns Kölner Museumsleute ermuntert, wohl wissend, daß in den Kölner Museen wichtige Bildquellen und Sachgüter zur reichen Geschichte der Stadt gehütet, erforscht und an die Öffentlichkeit vermittelt werden.

Hugo Borger

I. Die Anfänge

Zur Geschichte des römischen Köln

Köln ist eine der ältesten Städte Deutschlands. Hier siedelte im Jahre 38 vor Christus der römische Feldherr Marcus Vipsanius Agrippa, Freund und Schwiegersohn des Kaisers Augustus, die bis dahin rechtsrheinisch beheimateten germanischen Ubier an. Das ihnen zugewiesene Stammesgebiet hatten vorher die Eburonen bewohnt, die Caesar im Jahre 53 vor Christus ausgerottet hatte. Die ubische Civitas war weiträumig bemessen. Sie reichte im Süden bis zum Vinxtbach bei Brohl, im Norden bis Gelduba (Krefeld-Gellep) und im Westen bis Aquae Granni (Aachen). Wahrscheinlich gehörte auch auf der rechten Rheinseite Gebiet dazu.

Der Vorort dieser Civitas Ubiorum war das Oppidum Ubiorum, angelegt an der Stelle des heutigen Köln. Die Gründung dieses Oppidum Ubiorum ist als eine Maßnahme zu sehen, die mit der von Augustus (27 vor Christus — 14 nach Christus) betriebenen imperialen Politik in direktem Zusammenhang stand.

Man muß sich erinnern: Caesar hatte als Frucht seiner Gallienfeldzüge (58—50 vor Christus) dem römischen Reichsverband mit Gallien ein großes und reiches Gebiet hinzufügen können. Schon ihn hatten militärische Aktionen bis in das Rheingebiet geführt. Germanischen Stämmen sollte die Macht Roms demonstrativ vor Augen gestellt werden. Die Bitten der Ubier, damals noch rechtsrheinisch seßhaft, ihnen als den Freunden von Rom Hilfe zu leisten, wurden von Caesar klug und weitsichtig genutzt. So überschritt er im Jahre 55 vor Christus auf einer Brücke, die vermutlich irgendwo im Neuwieder Becken geschlagen wurde, den Rhein. Auf den Augenblick zeigte sich Wirkung dieses kühnen Vorstoßes. Sie war jedoch nicht von langer Dauer. Schon im Jahre 53 vor Christus schien eine erneute Rheinüberquerung geboten. Sie erfolgte im gleichen Gebiet. Aber auch diese Maßnahme war nur eine kurzfristige Expedition. Allerdings wurde nach ihrem Abschluß nur ein kleiner Teil der Brücke niedergerissen. Auf dem verbleibenden größeren Stück wurde — mitten im Strom — ein viergeschossiger Wehrturm errichtet. An der linksrheinischen Uferseite entstand ein Lager, in dem 12 Kohorten stationiert wurden.

Auch wenn Caesar selbst den Rhein für eine natürliche Völkerscheide hielt und daher den Strom als Ostgrenze des Reiches besonders geeignet fand, war mit diesem Brückenkastell der römische Zugriff auf den unteren Rhein eingeleitet worden. Sichtbar wurde zugleich die Absicht, auch das Land auf der rechten Rheinseite für das römische Reich zu gewinnen. Hier sollte Augustus folgerichtig anknüpfen, die Absichten Caesars mit Eigenständigkeit fortschreibend.

Caesar war durch seinen frühen Tod daran gehindert worden, Gallien so zu ordnen und zu befreien, wie er sich das gewünscht haben muß.

Augustus, zunächst noch mit der Ordnung des Reiches im Ganzen in Atem gehalten, ordnete schließlich Gallien zwischen 16 und 13 vor Christus. Er trennte die narbonensische, an das Mittelmeer grenzende Provinz von Gallien ab und gliederte die verbleibende Landschaft in drei Provinzen, in die tres Galliae: Aquitania, provincia Lugdunensis und provincia Belgica. Der gemeinsame Landtag für diese drei Provinzen tagte in Lugdunum (Lyon). In dieser Stadt wurde deshalb auch im Jahre 12 vor Christus die Ara, ein Friedensaltar für Roma und Augustus, geweiht.

In die nun gut geordneten gallischen Provinzen brachten einfallende Germanen immer wieder Unruhe. So sah sich Augustus wohl gezwungen, das römische Reich nicht nur bis zum Rhein auszudehnen, sondern auch das rechtsrheinische, von den aufsässigen Germanen bewohnte Gebiet hinzuzugewinnen.

Im Rahmen dieser Überlegungen wurde dem Oppidum Ubiorum die Funktion der Hauptstadt einer geplanten gesamtgermanischen Provinz zuerkannt. Aus diesem Grunde wurde hier, wie in Lugdunum (Lyon), wohl noch vor Christi Geburt eine Ara errichtet. Bezeichnenderweise taten dann auch an diesem Friedensaltar neben Römern Mitglieder germanischer Adelsfamilien Dienst. Die junge Stadtsiedlung gewann mit solcher Auszeichnung und aufgrund weitsichtiger Planung sofort eine über den engeren Siedlungsplatz hinauszielende Bedeutung. Es wurde nicht, wie vorher in Gallien, abgewartet, bis das Land erobert war, sondern schon zu Anfang die Hauptstadt bestimmt und mit der Errichtung eines Friedensaltares ausgezeichnet. Solcherart war eine politische Absichtserklärung öffentlich und unübersehbar abgegeben. Die Errichtung des Friedensaltares bezeichnete das politische Ziel. Es zu erreichen, waren Feldzüge unvermeidlich.

Sogleich begann Agrippa mit der Grenzsicherung. Er zog 38 vor Christus die Ubier auf das linksrheinische Gebiet, wo sie einen Teil des alten Eburonenlandes erhielten. Mit der Ansiedlung der Ubier wurde zugleich offensichtlich unterbesiedeltes Gebiet wieder unter den Pflug genommen. Zugleich aber gelang es, mit den erprobten Freunden Roms, denn als solche galten die Ubier, dieses Gebiet auch für Rom zu sichern. Sicherung des Landes und siedlungsmäßige Erschließung herzustellen, war ein Grundprinzip römischer Politik. Hier lag eine der Stärken römischen Verhaltens überhaupt.

Die Eroberung des rechtsrheinischen Germanien fiel in die Zeit von 12 vor Christus bis 16 nach Christus. Mit den Offensivmaßnahmen waren kaiserliche Prinzen betraut: Drusus, Tiberius und Germanicus. Von Mainz an standen alsbald die Truppen nordwärts den Rhein entlang. Auch in Köln waren nun Apud Aram (beim Altar) zwei Legionen stationiert, benachbart den Standlagern von Bonna (Bonn), Novaesium (Neuss) und Vetera nördlich von Xanten.

Der Widerstand der Germanen war sehr viel stärker als erwartet. Es kam zwar zur Anlage auch rechtsrheinischer Militärlager. Bis nahe an Paderborn drang die Truppe, Lager errichtend, vor. Aber das Ende der Geschichte ist bekannt: der aus kaiserlicher Familie stammende Feldherr Varus unterlag dem Cheruskerfürsten Arminius. Die sogenannte Schlacht im Teutoburger Wald war mehr als eine vernichtende Niederlage. Sie erschütterte für einen Augenblick das römische Reich.

Alsbald nach dem Tode des Augustus (14 nach Christus) gab Tiberius (14—37 nach Christus) den Plan der germanischen Eroberung auf. Germanicus wurde im Jahre 16 nach Christus aus Germanien abberufen. Das römische Reich begnügte sich mit dem Rhein am Niederrhein als Grenze. Man richtete dem Strom entlang eine Verteidigungslinie ein, die systematisch ausgebaut wurde. Solcherart entstand der »niedergermanische Limes«.

Von diesem Augenblick an erhielt das Oppidum Ubiorum den Sitz des Armeeoberkommandos. Auch die zivile Verwaltung für den unteren Heeresbereich wurde hier eingerichtet. Das sicherte diesem Ort zwar eine gewisse Bedeutung, aber die Hauptstadt einer gesamtgermanischen Provinz konnte die Ansiedlung nun nicht mehr werden. So entwickelte sich in den folgenden Jahrzehnten das, was man heute das »römische Rheinland« nennt: über die gesamte Dauer der römischen Epoche ein Grenzland am Rande der damals bekannten Welt.

Der Friede in dieser Grenzprovinz war noch einmal zwischen 69 und 70 nach Christus in höchster Gefahr. In Ausnutzung von Thronwirren hatten sich die Bataver erhoben. Auch die Ubier und das Oppidum Ubiorum wurden in diesen Aufstand verwickelt. Die Ubier hielten aber treu zu den Römern. Tacitus vermerkt das ausdrücklich: »Wie denn in diesem ganzen Kriege ihre Treue gegen uns größer war als ihr Glück.« Der Feldherr Vespasian (69—79 nach Christus) schlug die Revolte nieder. Von diesem Augenblick an herrschte im »römischen Rheinland« für beinahe 200 Jahre Frieden.

Waren die linksrheinischen germanischen Provinzen nach 16 nach Christus für eine gewisse Zeit noch »Rumpfprovinzen«, wurden sie schließlich unter Domitian (81—96 nach Christus) zwischen den Jahren 82 und 90 nach Christus zu »Vollprovinzen« ausgebaut. Erst von dieser Zeit an kann man von der Provincia Germania superior (Obergermanien) mit der Hauptstadt Moguntiacum (Mainz) und der Provincia Germania inferior (Niedergermanien) mit der Hauptstadt Colonia Claudia Ara Agrippinensium (Köln) sprechen.

Die Verwaltung dieser Provinzen gewährleistete ein Statthalter höchsten Ranges, der vorher Konsul gewesen sein mußte. Besonderen kaiserlichen Verwaltungsbeamten, die aus dem Ritterstande stammten, oblag die Verwaltung der Finanzen, der Zölle und Steuern.

Schon im Jahre 50 nach Christus war das Oppidum Ubiorum zur Kolonie italischen Rechtes erhoben worden. Die Stadt hieß seitdem Colonia Claudia Ara Agrippinensium. Seit dem Bataver-Aufstand der Jahre 69/70 nach Christus sagen die schriftlichen Quellen nichts mehr über das zur Stadt avancierte Oppidum. Es ist zwar bekannt, daß in oder bei Köln Trajan (98—117 nach Christus) die Nachricht vom Tode Nervas (96—98 nach Christus) erreichte, und auch, daß wohl Hadrian (117—138 nach Christus) der Überbringer dieser Nachricht war. Sonst fehlt aber jedes Wort. Daraus kann man nur entnehmen, daß fast alles normal verlief, und auch, daß die Stadt an den Segnungen der römischen Welt teilnahm. Die Grenzen waren sicher, der Handel blühte, und auch am Rande der damaligen Welt entwickelte sich eine gewisse Kultur, wie die dinglichen Hinterlassenschaften verraten. Kürzer: die Colonia hatte eine glückliche Friedenszeit und lieferte mithin keinen Stoff für die Geschichtsschreiber, die auch damals schon gerne immer nur das Außergewöhnliche und Aufregende notierten.

In dem Augenblick, wo der Frieden bedroht war, setzten denn auch die schriftlichen Nachrichten wieder ein. Im 3. Jahrhundert war allerorten das römische Reich vielfältigen Bedrohungen ausgesetzt. Ein allgemeiner Niedergang hatte begonnen. Aufstände flammten auf. Vor diesem Hintergrund wird seit der Mitte des 3. Jahrhunderts dann auch die Colonia Agrippina wieder genannt.

An den Grenzen des Reiches machten sich allenthalben die Feinde bemerkbar. Während es im Süden des heutigen Deutschland die vereinigten Stämme der »Alemannen« waren, sorgten in Niedergermanien andere vereinigte Stämme, die sich »Franken« nannten, für Unruhe. Es kam zu Einfällen. Die Sicherheit war bedroht. Die Alemannen drangen bis nach Italien vor. Die Franken verwüsteten Gallien und vermochten bis Spanien vorzustoßen. Einige sollen sogar mit Hilfe gekaperter Schiffe bis Afrika gelangt sein. Mit dieser Bedrohung waren schwere innere Unruhen verbunden.

Die Provinz Niedergermanien wurde von den Franken erschüttert. Die allgemeinen Wirren benutzte der Heerführer Postumus (259—268 nach Christus) in Gallien zur Gründung eines Sonderkaisertums, dessen Hauptstadt die Colonia Agrippina wurde. Vorübergehend wurde Köln also Kaiserresidenz eines gallischen Sonderreiches. Nach dem Tode des Postumus vermochten dessen Nachfolger Victorinus, der in Köln ermordet wurde, und Tretricus noch eine Zeit lang die Herrschaft zu behaupten. Indessen gelang Aurelian (270—275 nach Christus) die Wiederherstellung von Friede und Ordnung im gesamten römischen Reich.

Jedoch war die Ruhe nur kurz. Im Jahre 276 nach Christus traf einer der schlimmsten Frankeneinfälle das Niederrheingebiet. Es kam zu umfassenden Zerstörungen. Die Franken wurden nicht mehr vollständig zurückgedrängt. Auch in der Provinz Niedergermanien wurden von dieser Zeit an fränkische Siedler ansässig.

Unter Diokletian (284—305) und Maximian (286—305) mit ihren beiden Mitregenten gelang erneut eine politische und militärische Festigung. Allerdings änderte sich der Lebensstil dabei gründlich. Es kam zur Ausbildung eines »Staatssozialismus«. Die absolutistisch geprägten Regime führten zu verbreiteter Intoleranz.

In diesem letzten Abschnitt der römischen Epoche des Rheingebietes vermochte Konstantin der Große (306—337) die Macht des römischen Reiches auch im Rheingebiet noch einmal zur Geltung zu bringen. Die alten Befestigungen wurden am gesamten Rheinlimes instandgesetzt. Der niedergermanische Limes wurde ausgebaut. Es entstand gegenüber der Colonia Agrippinensis das Castell Divitia (Deutz), mit der Stadt um 310 durch eine Steinbrücke verbunden.

Aber auch diese Maßnahmen vermochten neue Germaneneinfälle nicht mehr zu verhindern. Im Jahre 355 kam es zu einer Belagerung Kölns. Die Stadt wurde vorübergehend genommen und geplündert. Julian (360—363) hat als Kronprinz zwischen 356 und 360 in Niedergermanien schwere Kämpfe mit den Germanen zu bestehen gehabt. Obschon ihm in eindrucksvoller Weise noch einmal die Sicherung der Rheinzone gelang, sogar wieder größere Baumaßnahmen in Köln durchgeführt werden konnten, rissen aber die Frankeneinfälle auch in der zweiten Hälfte des 4. Jahrhunderts kaum mehr völlig ab. Doch selbst als Eugenius im Jahre 393 die römischen Truppen vom Niederrhein abzog, dauerte es noch bis 450—455, daß Köln endgültig »in die Hand der Franken fiel«.

Salvianus von Massilia berichtet schon kurz vor 450 in seiner »De Gubernatione Dei« — »Von der Weltherrschaft Gottes« — (6.39): »Schauspielvorführungen gibt es jetzt keine mehr, auch da nicht, wo sie vorher üblich waren. Man spielt nicht in der Stadt Mainz — sie ist verwüstet und zerstört; man spielt nicht in Köln — es ist voll von Feinden; man spielt nicht in der wunderschönen Stadt Trier — sie liegt viermal zerstört am Boden; man spielt schließlich nicht mehr in den meisten Städten Galliens und Spaniens ... man kann nicht mehr vor lauter Armseligkeit und Elend dieser Zeit.«

Noch in der Spätzeit der römischen Epoche wurde die Verwaltung der Provinzen einer Neuordnung unterzogen. Die niedergermanische Provinz war jetzt als Provincia Germania Secunda der Dioecesis Galliarum zugewiesen, die ihrerseits selbst wieder Teil der Praefectura Galliarum war. Mit dieser neuen Ordnung wurde eine straffe Trennung von Zivil- und Militärverwaltung verbunden.

Unter Konstantin dem Großen gewann das Christentum die Gleichberechtigung mit den anderen Religionen der römischen Welt. Die karge schriftliche Überlieferung nennt 313/314 den ersten Kölner Bischof Maternus, weiß zum Jahre 343/346 von einem zweiten Bischof Euphrates und berichtet um 400 von einem Bischof namens Severin.

Die christliche Lehre wurde die Klammer zwischen römischer Epoche und Mittelalter, die christliche Kirche zur Ordnungsmacht der folgenden Jahrhunderte. In dem Bündnis von Thron und Altar lebte die römische Welt fort.

Das Oppidum Ubiorum

Steht auch die mittelalterliche Stadt im Mittelpunkt der Darstellung, kann das römische Köln nicht ausgeklammert bleiben.

Wie immer das mittelalterliche Köln nämlich aus dem römischen hervorgegangen sein mag, wie viele und grundlegende Abweichungen sich dabei ergaben, das römische Köln geht dem mittelalterlichen nicht nur vorauf. Vielmehr gibt es Grundlinien, die beide Stadtgestalten, so unvergleichbar sie letztendlich sein mögen, verbindet. Man wird vorab sagen können, das römische Köln sei eine der Grundlagen der mittelalterlichen Stadt Köln.

Das römische Köln ist nicht einfach zu beschreiben, denn »das« römische Köln hat es nie gegeben.

Wer dies annimmt, macht es sich zu leicht. Immerhin bestand das römische Köln annähernd 500 Jahre. In einem halben Jahrtausend aber hat eine Stadt zahllose Gesichter. Kaum ein Gebäude blieb in diesem Zeitraum unverändert. Die Beurteilung des Sachverhaltes wird erschwert durch den Umstand, daß von den römischen Bauresten nur ein winziger Teil noch aufrechtsteht, fast alles zu Ruinen wurde oder in den Bauten des Mittelalters bis zur Unkenntlichkeit umgeformt fortlebte. Bedeutendes, wie zum Beispiel das römische Nordtor, wurde noch am Anfang des 19. Jahrhunderts Abbruchopfer. So sind es also Grundlinien, die uns zur Beurteilung der römischen Stadt Köln zur Verfügung stehen, bisweilen aber auch nur Schatten. Das ist hervorzuheben, um dem Bild das Ungefähre zu lassen, das ihm nun einmal aufgrund der Gegebenheiten anhaften muß.

Das römische Köln ist nicht von ungefähr zustande gekommen.

Wie anderen Orts auch haben die römischen Menschen vor der Begründung des Siedlungsplatzes die naturräumlichen Gegebenheiten ziemlich genau erkundet. Dabei blieb ihnen nicht verborgen, daß über dem Rheinstrom hochwasserfrei eine Landfläche lag, die dem üblichen quadratischen Stadtschema, das römische Kolonisatoren bevorzugten, entgegenkam. Zusätzlichen Anreiz mögen die Sumpfbäche im Norden und Süden geboten haben, die eine Befestigung des Areals erleichtern konnten. Auch die Existenz einer natürlichen Sandinsel mitten im Rheinstrom wird empfehlend gewirkt haben, ließ eine solche sich doch im ersten Zugriff zum Hafen ausrüsten. Macht man sich frei von der landläufigen Vorstellung, der Rhein sei für die Römer von Beginn ihrer germanischen Landnahme an Grenzstrom gewesen, wird man dem Fluß im Vorfeld der Stadtplanung als Verkehrsader und Gütertransportweg bedeutenden Rang einräumen wollen, mithin auch einem Hafen, der Güterumschlag und Güterstapel erlaubte.

Die Römer gelangten mit ziemlicher Sicherheit im Umfeld der Offensivmaßnahmen Caesars nach 53 vor Christus, vermutlich im Jahre 38 vor Christus, nach Köln.

Damals wurde das Oppidum Ubiorum gegründet. An die Stelle der einheimischen, von den römischen Truppen vertriebenen oder ausgerotteten Bevölkerung wurden die bis dahin rechtsrheinisch beheimateten Ubier angesiedelt.

Das Oppidum Ubiorum bildete den Zentralort in der Civitas Ubiorum, die weit bemessen war. Sie reichte nämlich von Gelduba (Krefeld-Gellep) im Norden bis zum Vinxtbach im Süden.

Das Gebiet des Oppidum Ubiorum ist bis heute nicht verläßlich innerhalb des römischen Stadtgebietes zu bestimmen.

Strittig ist in der archäologischen Forschung immer noch, ob sich in dem Nordteil der späteren Stadt Militärlager befanden oder nicht. Schriftliche Quellen belegen die zeitweise Anwesenheit von zwei Legionen apud Oppidum Ubiorum. Die Standorte der Lager sind bis heute nicht ermittelt. Es spricht einiges dafür, sie außerhalb des Stadtgebietes zu suchen, zumal die Truppe in der Frühzeit, wie sich in den letzten Jahrzehnten ergeben hat, nicht immer feste Lager besaß, sondern sich in den Jahrzehnten der Offensivmaßnahmen auch mit Hilfslagern begnügte. Bleibt diese Frage mithin vorab noch offen, gibt es doch auch gewichtige Argumente, die die These stützen, das Oppidum Ubiorum habe von Beginn an die Fläche der späteren Stadt eingenommen.

In Maßen wird man, ehe vollends abgesicherte Ergebnisse nicht vorliegen — und sie werden vielleicht überhaupt nie mehr zu erlangen sein —, die Phantasie in Anspruch nehmen wollen, um zu einer Vorstellung zu gelangen. Dabei ist dann wohl in die Überlegungen einzustellen, daß die Römer nicht alleine auf militärischen Zugewinn aus waren, sondern die hinzueroberten Gebiete auf Dauer in ihren Reichsverband einstellen wollten. Mithin waren von Beginn an auch wirtschaftliche Gesichtspunkte neben denen der Truppenversorgung und der Nachschubsicherung mitbestimmend. Die in die neue Civitas umgesiedelten Ubier erwiesen sich darüber hinaus schnell als bündnistreu. Sie wurden Freunde der Römer. Man wird sie nicht unter die direkte Überwachung der Truppen haben stellen wollen. Deshalb gewann ihr eigener Vorort eine besondere Bedeutung. Sie drückt sich auch darin aus, daß mit dem Oppidum eine Ara, ein Friedensaltar, verbunden wurde. Diese Ara Ubiorum sollte zum zentralen Altar einer gesamtgermanischen Provinz werden. Die allgemeine Entwicklung, die sich während des 1. Jahrhunderts nach Christus ausbildete, ließ diese kühn gedachte Bestimmung für diesen Friedensaltar nicht zur Auswirkung kommen. Durch den Entschluß, die germanischen Gebiete rechts des Rheins außerhalb des römischen Reiches zu lassen, wurde die der neuen Siedlung zugedachte zentrale Bedeutung gemindert. Die aus dem Oppidum Ubiorum herauswachsende Colonia wurde zu einer Grenzstadt. Deren Lage am Strom bewirkte, daß sie nicht eine völlige Landstadt am Rande der damaligen Welt wurde.

Bleibt also die Gestalt des Oppidum Ubiorum für unsere Vorstellung gewissermaßen im Dunkel, so lassen sich doch einige Züge ausmachen, die als Stadtwurzel-Elemente nicht ohne Bedeutung sind.

Neben der skizzierten, für eine stadtähnliche Siedlung günstigen naturräumlichen Lage dürfte dabei von höchster Bedeutung die Ansiedlung einer Stammesbevölkerung sein, die sich vom Herkommen her verbunden wußte. Mithin stand am Beginn der Stadtsiedlung eine stammesmäßige Einheit, die beinahe sicher ziemlich schnell eine Belebung durch die Vermischung mit denjenigen Menschen fand, die als römische Truppe oder in deren Gefolge in das Niederrheingebiet um Köln, das den Ubiern als Civitas zugewiesen wurde, gelangten. Dies wiederum mag dazu geführt haben, hergebrachte germanische Lebensweise mit der von den Römern entwickelten Art zu verschmelzen. Es wurde damit ein zivilisatorischer Prozeß von folgenreicher Bedeutung eingeleitet, trat doch solcherart an die Stelle der durch agrikulturelle Züge bestimmten Lebensweise voraufgehender Jahrhunderte und Jahrtausende auch im Niederrheingebiet um Köln die stadtbestimmte Siedlungsform des Mittelmeerraumes. Man übertreibt sicher nicht, wenn man formuliert, die römische Truppe habe als eigentliche Frucht römischer Zivilisation die Stadtwelt exportiert und auf diesem Fundament die systematische Erschließung der dem Reichsverbande zugebrachten Provinzen bewirkt.

Schon aus diesem Grunde ist es zu bedauern, wenn die Ansatzstufen städtischer Besiedlung aus dem archäologischen Urkundenmaterial für Köln — wie für andere Plätze — nicht erschlossen werden können. Manches Spätere würde leichter zu verstehen sein, wären diese Anfänge bis in Nuancen zu bestimmen.

Als sicher kann man jedoch voraussetzen, daß eine umfassende Rodungsmaßnahme den Beginn der Siedlungstätigkeit ausgemacht hat. Damit sind Planierungsmaßnahmen zu denken. Straßen wurden gebaut. Für die ersten Häuser wird man das beim Roden gewonnene Holz verwendet haben.

Schon zur Zeit des Siedlungsansatzes werden Angehörige der Truppe und Ubier zusammengearbeitet haben.

Von Anfang an muß der Plan auf eine lang dauernde Siedlung hin angelegt gewesen sein. Das wiederum bedeutet: in dem Moment, in dem die Baugeschichte des Oppidum Ubiorum begann, gab es dafür die Idee vom Bild einer Stadtsiedlung.

Die Idee von der Stadtsiedlung ist der Beginn der eigentlichen Stadtgeschichte von Köln.

In der Folge wird es immer neue Ideen von Stadt geben. Immer wieder wird sich der Sinn der Menschen darauf richten, ihre Wohnumwelt mehr sein zu lassen, als nur eine Versammlung von Häusern.

Für die erste Stufe wurde dem auch sofort durch die Errichtung der Ara, des Friedensaltares, Rechnung getragen. Damit wurde die Ansiedlung über den reinen Zweck hinausgehoben, gewann sie ein auf die Götter verweisendes Sinnzeichen.

Mit der menschlichen Ansiedlung, die so vergänglich ist wie der Mensch selbst, wenn auch die Häuser in der Regel die Menschen, die die Häuser bauen, überleben, wurde durch die Errichtung der Ara ein Stück höhere Welt und damit ein Stück Unvergänglichkeit verbunden.

Diese Bipolarität gehört zu jedem stadtähnlichen Siedlungswesen. Sie blieb daher von diesem Augenblick an dem Ort Köln erhalten. Erst in der jüngsten Geschichte scheint dieser übergeordnete Wesenszug ein nebensächlicher zu werden.

Alsbald scheinen die zunächst vorwiegend hölzernen Häuser durch steinerne ersetzt, läßt sich mindestens für einzelne ein bescheidener Ausstattungsaufwand nachweisen. Dergleichen kann nicht von heute auf morgen geschehen sein, sondern dafür mußten verschiedene Voraussetzungen erfüllt sein. Man wird sie vorwiegend solche wirtschaftlicher Natur nennen müssen. Aber auch für diesen Bereich ist es bis zur Unmöglichkeit schwer, konkrete Anhaltspunkte vorzuweisen. Sie ließen sich möglicherweise gewinnen, könnten die vorhandenen archäologischen Schuttmengen, wie sie bei den archäologischen Ausgrabungen gewonnen wurden und werden, mit Blick auf diese konkrete Fragestellung aufgearbeitet werden. Indessen

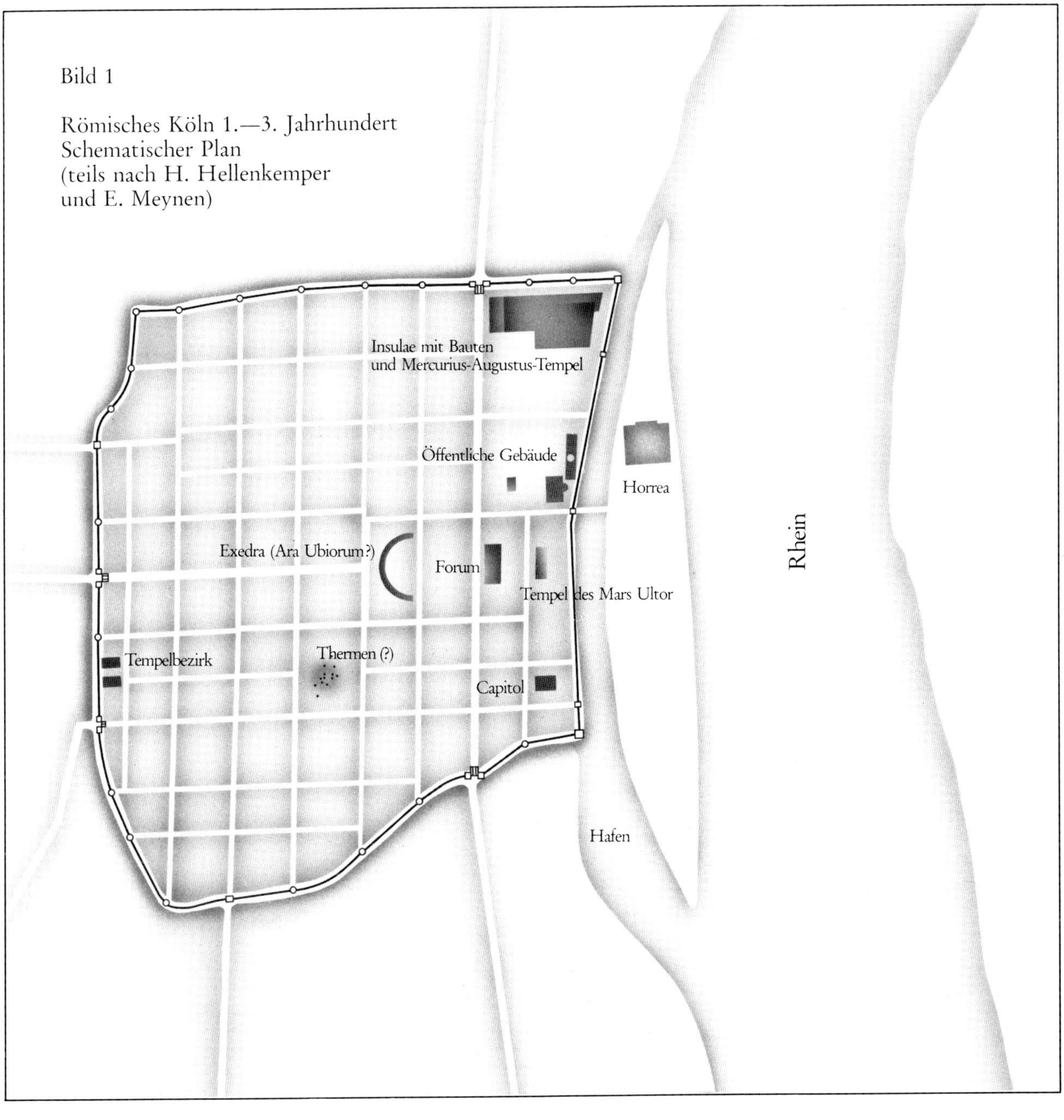

Bild 1

Römisches Köln 1.—3. Jahrhundert
Schematischer Plan
(teils nach H. Hellenkemper
und E. Meynen)

ist dazu eine Archäologengeneration, deren Kraft alleine schon durch die Rettung archäologischer Urkundensubstanz gebunden ist, kaum in der Lage.

Mithin ist an die Vorstellungskraft zu appellieren, wie denn die Veränderung im einzelnen bewirkt worden sein könne.

Sofort wird jedem, der diesen Problemkreis durchdenkt, klar sein, wie sehr dieses Oppidum Ubiorum in den Kreislauf der allgemeinen Welt damals eingebaut werden mußte.

Zwangsweise entstanden die Straßen, entwikkelte sich Verkehr, kamen Güter. Den Rheinstrom nahm man dabei für Transporte in Benutzung. Der Ausbau der Rheininsel — einer Sandbank — vor dem Oppidum Ubiorum war zwangsläufig, die Anlage von Stapelplätzen die Folge. Das eine muß das andere ergeben haben, und noch in der Frühstufe der Ansiedlung wird es zur Ausbildung von Spezialisten gekommen sein. Die neuen Herren hatten im Gefolge der Truppen Handwerker, wie diese selbst solche führte. Die umgesiedelten Ubier kannten ihre Handwerke. Vermischungen werden gängig geworden sein, und alsbald war das neue Gemeinwesen samt den ins Land geratenen Menschen nicht mehr alleine auf Importe angewiesen, sondern vermochte auf Eigenproduktion zurückzugreifen. Die Ansiedlung war nicht mehr nur Empfänger von Ware, sondern selbst Produzent, wenngleich sich der Export auch noch nicht gelohnt haben kann. Jedenfalls kann mehr als wahrscheinlich gemacht werden: das Oppidum Ubiorum wurde ziemlich sofort mit der übrigen Welt verbunden, erlebte Güterzuzug mancher Art, wurde aufgrund seines Hafens zum Stapelort, wohl bald auch zum Platz für Güterumschlag und vor allem selbst Produktionsort. Dabei werden Weberei, Töpferei und Metallwerkstätten den Vorrang gehabt haben. Ein bescheidener Schiffsbau kann nicht ausgeschlossen werden.

Setzt man siedlungsmäßig in der Vorstellung von Anfang an ein quasi städtisches Siedlungsmuster, dürfte sicher Landwirtschaft innerhalb der Siedlung nicht möglich gewesen sein. Andererseits bedarf jede zusammenlebende Gruppe von Menschen der Nahrung, was Landwirtschaft zur Folge hat. Hier kann nicht nur, sondern muß auf die Civitas Ubiorum verwiesen werden, wo Landwirtschaft betrieben worden sein wird. Bei dem sehr ausgedehnten Gebiet ist aber daran zu denken, daß eher weilerförmig Höfe entstanden, die zunächst auf Selbstversorgung gestellt blieben. Man wird daher annehmen wollen, es seien vorab im Umfeld des Oppidum Ubiorum größere Farmbetriebe entstanden, die die Versorgung des Vorortes wie auch der Truppe zu sichern wußten. Da die Germanen in intensiver Landbestellung wenig Erfolg oder Erfahrung hatten, wird man für diesen Bereich ebenfalls Kooperation mit den neuen Herren anzunehmen haben. Vermutlich entstanden unter der Regie der römischen Truppe wie unter Mitarbeit der Ubier einige der kennzeichnenden römischen Farmbetriebe, durch die die bis dahin vielfach noch dichte Waldlandschaft des Niederrheins in eine riesige Acker- und Weidelandschaft umgewandelt wurde. Das heißt, schon im Anfang der römischen Epoche des Rheingebietes kam es zu umfassenden Eingriffen in die Naturlandschaft, wie sie in diesem Umfang bis kurz nach der Mitte des 19. Jahrhunderts sich nicht wiederholen sollten.

Das Oppidum Ubiorum war keine Stadt im juristischen Sinne. Die durch diesen Vorort bewirkten Veränderungen des bis dahin allein punktuell agrarisch genutzten Siedlungsraumes waren allerdings beinahe revolutionär. Es entstand eine Quasi-Stadt, die Ort eines Heiligtums, Hafen, Wohnplatz und Produktionsort war. Auf diese Siedlung zu wurde das Umland weithin organisiert.

Das Oppidum Ubiorum war, um es neuzeitlich auszudrücken, zum Oberzentrum bestimmt, das geeignet sein sollte, Metropolfunktionen für eine Provinz Großgermanien zu übernehmen. Vor diesem Hintergrund fasziniert an dem Oppidum Ubiorum vor allem, daß in und mit ihm der Keim zu einer wirklichen Stadt gelegt wurde.

Bis zum Jahre 50 nach Christus, wo aus dem Oppidum Ubiorum eine Kolonie italischen Rechts wurde, entwickelten sich denn auch folgerichtig alle Grundzüge, deren eine Stadt nach römischer Vorstellung bedurfte.

Eines indessen war das Oppidum Ubiorum mit Sicherheit nicht: ein Baukunstwerk.

Alles, von dem Heiligtum der Ara abgesehen, diente dem Zweck.

Ein Hauch von Goldgräberatmosphäre muß über dem Ganzen gelegen haben.

Die Colonia Claudia Ara Agrippinensium

Aus dem Oppidum Ubiorum wurde im Jahre 50 nach Christus aufgrund eines Rechtsaktes eine Kolonie italischen Rechtes (Colonia iuris Italici, so bei Tacitus Annalen 12.27). Diese Kolonie erhielt den Namen Colonia Claudia Ara Agrippinensium, in der Regel abgekürzt in CCAA.

Der Name der Stadt, deren Bürger nun das römische Bürgerrecht besaßen, legt die Gründungsgeschichte des Gemeinwesens offen. Sagt doch dieser Stadtname nicht mehr und nicht weniger, als daß das Oppidum Ubiorum von Kaiser Claudius (41—54 nach Christus) an der Stelle einer Ara auf Bitten der im Oppidum Ubiorum an einem 6. November geborenen Kaiserin Agrippina, seiner Frau, zur Stadt erhoben worden sei. Die Einwohner nannten die junge Kolonie einfach weiter Ara. Die Einwohner selbst bezeichneten sich dagegen als Agrippinenser. Erst seit dem 3. Jahrhundert scheint der volle Stadtname allgemeiner gebräuchlich. In der nachrömischen Zeit blieb von dem vollen Namen nur Colonia übrig, woraus Köln wurde.

Die junge Stadt erhielt alsbald eine Stadtmauer. Die Stadtmauer war in der Vorstellung der Römer das äußere Symbol für eine Stadt. Viel wichtiger als deren militärische Funktion war die sakrale und juristische Bedeutung. So wird man denn auch in der Kölner römischen Stadtmauer weniger eine militärische Befestigung, sondern vor allem ein Monument sehen müssen, das ausdrückt, daß die Menschen in dieser Stadt Bürgerrecht und Bürgerpflichten besaßen. Bürgerrecht aber, das in Bürgerpflichten wahrgenommen wird, begründet die Bürgerfreiheit. So wird man die heute nur noch in Resten erhaltene römische Stadtmauer von Köln ohne Übertreibung das älteste erhaltene Dokument für Kölner Bürgerfreiheit nennen können.

Der Bau der Stadtmauer setzt voraus, daß das Stadtgebiet festgelegt war. Es spricht viel dafür, das Areal der Stadt mit dem des Oppidum Ubiorum identisch zu setzen.

Die Stadtmauer besaß eine Länge von 3911,80 Metern, war also beinahe 4 Kilometer lang. Die mächtige, vermutlich 7,80 m hohe Mauer besaß 9 Tore und 22 Türme. Streckenweise scheint das Mauerwerk mit einfachen Mustern verziert gewesen zu sein. Einzelne Türme, wie der sogenannte »Römerturm«, waren reicher geschmückt. Auf dem feldseitigen Haupttorbogen des Nordtores hatte man den Namen der Stadt in der üblichen Abkürzung CCAA eingemeißelt. Dieser Bogen steht heute im Römisch-Germanischen Mu-

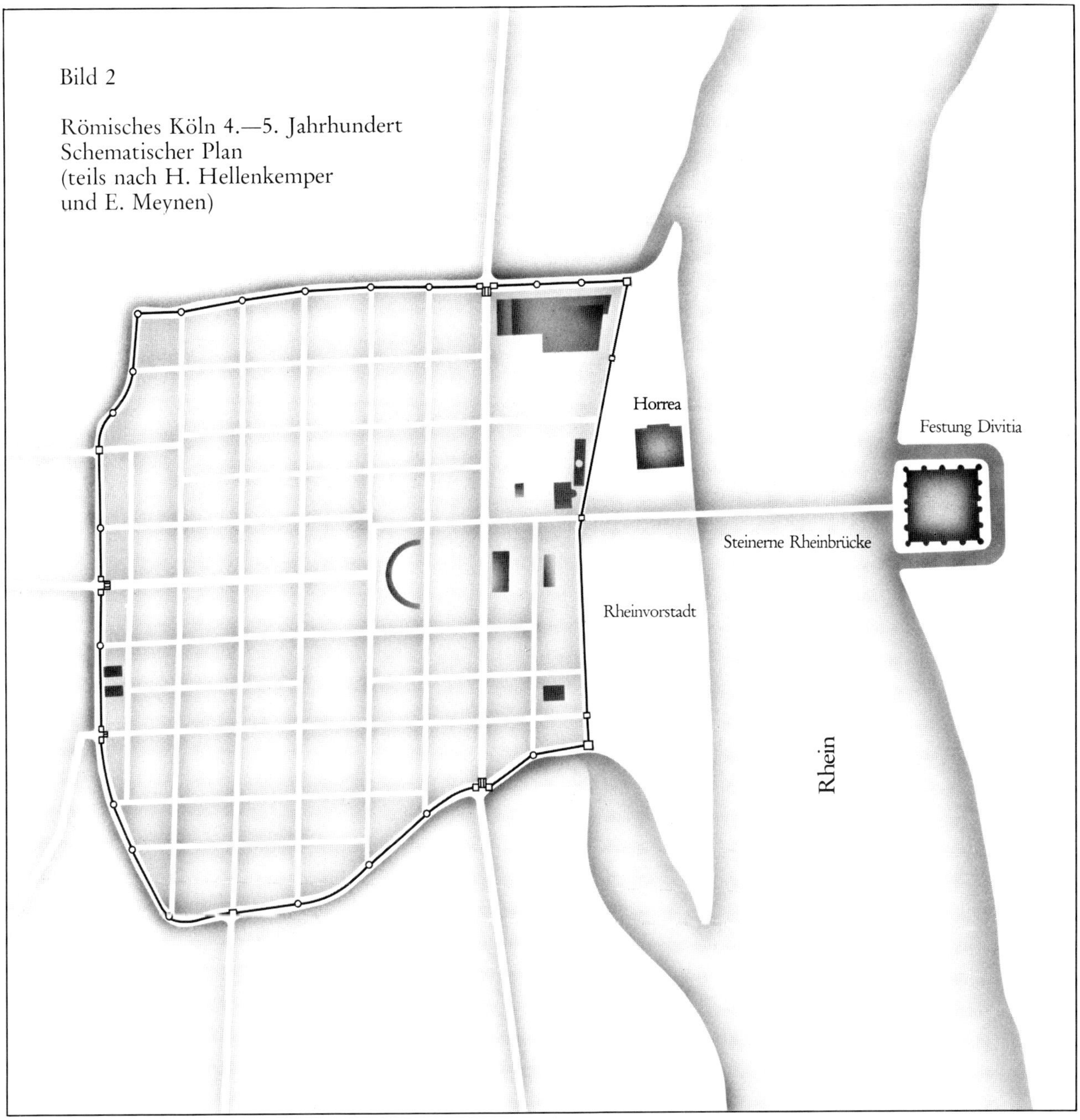

Bild 2

Römisches Köln 4.—5. Jahrhundert
Schematischer Plan
(teils nach H. Hellenkemper
und E. Meynen)

seum. Es ist nicht auszuschließen, daß die Haupttorbogen des Südtores und des Westtores in gleicher oder ähnlicher Weise den Stadtnamen trugen.

Seit Otto Doppelfelds Untersuchungen zur römischen Stadtmauer datiert man dieses Bauwerk in die Zeit um 50 nach Christus. Neuere Ausgrabungsergebnisse an der östlichen Stadtmauer geben aber Veranlassung, die Datierung neu zu überdenken. Es gibt nämlich neue Anhaltspunkte, die es nahelegen, wenigstens den Bau des ostseitigen Mauerzuges in das 2. Jahrhundert nach Christus zu setzen. Auch wenn man bis zu einer endgültigen Entscheidung die Vorlage der Ausgrabungsergebnisse aus der Grabung in der Baugrube für die Museumsneubauten zwischen Dom und Rhein (1979—1980) noch abwarten muß — Stefan Neu bereitet sie vor —, gibt dieser neue Aufschluß einen guten Einblick darin, wie unsere Kenntnisse der römischen Stadt durch neue Untersuchungen immer wieder korrigiert werden müssen.

Der Bau der 2,30/2,50 m starken Mauer war ein Bauunternehmen von beträchtlichem Umfang. Ein solches Vorhaben setzt voraus, daß die Stadtstruktur nach Bevölkerung und Dienstleistungsgruppen schon voll organisiert war, wenn man nicht annehmen will — was unwahrscheinlich sein dürfte —, das Militär hätte die Baumaßnahme durchgeführt. Wenn auch eine Hilfe von dieser Seite nicht in Abrede gestellt werden soll, wird man doch eher die Bürgerschaft für den Bau der Stadtmauer vor allem verantwortlich sehen wollen. Diese indessen wird, wenn auch der Verlauf durch das Oppidum Ubiorum in wünschenswerter Weise gegeben war, nicht unmittelbar nach der Umwandlung des Oppidum in die Colonia dafür verfügbar gewesen sein, denn auch das Stadtinnere selbst war ebenso in den Ausbau zu bringen. Natürlich kannte auch schon das Oppidum Steinbauten, wie vor allem verschiedene große Grabbauten belegen, die noch vor der Erhebung der Siedlung zur Stadt entstanden sind. Neuere Funde bezeugen gerade anschaulich, daß ein Grabturm wie der des Poblicius kein Einzelfall war. Dies wiederum bedeutet, da man sich kaum vorstellen kann, daß für die Toten besser gesorgt war als für die Lebenden: auch innerhalb der Wohnquartiere werden feste, aus Steinen gefügte Häuser schon bei der Stadterhebung vorhanden gewesen sein. Doch gerät man an diesem Punkt schnell ins Raten. Bis zur Stunde nämlich sind die fest gegründeten Kenntnisse über die Frühgeschichte der Stadt so schwankend, daß hieb- und stichfeste Auskünfte zu diesem wichtigen Kapitel nicht gelingen wollen.

Eine Voraussetzung für den Bau der Stadtmauer war darüber hinaus das Vorhandensein einer die gesamte Provinz umfassenden Infrastruktur. Diese ist ziemlich sicher durch die römische Truppe und die mit ihr ins Land gekommenen Hilfskräfte bewirkt worden.

Infrastruktur, das bedeutet: das Land wurde von breiten Straßen erschlossen und durchzogen. Diese Straßen verbanden Köln nicht nur mit den nahen Militärlagern, mit den Zivilsiedlungen, den Städten und Dörfern, sondern auch mit den kleineren und größeren Orten in der Ferne sowie mit den sich bald ausbildenden Produktionszentren.

Das Land im näheren und weiteren Umkreis war agrarisch erschlossen. Die Gutshöfe waren als leistungsfähige Farmbetriebe organisiert. Auf ihnen wurde die Grundnahrung erwirtschaftet. Darüber hinaus wurde das Land auf seine Bodenschätze hin abgemustert. Wo es sich lohnte, wurden Steinbrüche, Eisengewinnungsbetriebe, Kalkfabriken und so fort angelegt. Eine arbeitsteilige Gesellschaft wurde ausgebildet und die Grundlage auch für den Handel geschaffen.

Die Steine der Stadtmauer wurden im Maasgebiet gewonnen, über Maas und Rhein nach Köln transportiert. Der Kalk kam vom Rande der Eifel, wo schon damals bei Bad Münstereifel-Iversheim (Kreis Euskirchen) ein Zentrum für die Kalkgewinnung entstanden und in Betrieb war.

Bei aller zentralen Lenkung, die man sich hinter der Gesamterschließung der niedergermanischen Provinz denken muß und deren Leistungsfähigkeit sich auch in einem Unternehmen wie dem des Stadtmauerbaues spiegelt, wie natürlich ebenso in dem Bau der Straßen und Häuser, setzte diese doch nur den Rahmen für die in der Kolonie lebenden und arbeitenden Menschen.

Es scheint daher aus diesen allgemeinen Erwägungen heraus sinnvoll, den Bau der Stadtmauer nicht, wie dies bisher geschehen, sich wie aus dem Boden gestampft vorzustellen. Wird man auch — dafür sind Otto Doppelfelds Analysen zu penibel — dem Gedanken verpflichtet bleiben wollen, der Mauerbau sei eine Folge der Stadterhebung, so wird doch zu überlegen sein, ob das Unternehmen wirklich in 20 Jahren zu Ende gebracht war.

Eine noch in der ersten Hälfte des 1. Jahrhunderts beschlossene Maßnahme zum Mauerbau scheint sinnvoll. Der eigentliche Ausbau indessen mag die Menschen im 2. Jahrhundert beschäftigt haben; das wäre zu einem Zeitpunkt, zu dem die Kolonie in ihre erste wirtschaftliche Blüte gelangt war.

Das römische Köln folgt in seinem Stadtgrundriß (Bild 1) einem im gesamten römischen Weltreich üblichen Muster. Jede römische Stadt war durch eine gewisse Regelmäßigkeit ihrer Quartiere — der Insulae — geprägt. Allerdings wird das Grundschema nirgends sklavisch durchgehalten. Es gibt jeweils Anpassungen an die örtlichen naturräumlichen Gegebenheiten. Besonders stark treten diese in Köln in dem Verlauf der Stadtmauer zutage, die kein abstraktes Quadrat darstellt.

Es kann heute nicht mehr bestritten werden, daß die Straßenführung innerhalb der römischen Stadt schon zur Zeit des Oppidum Ubiorum in den Grundzügen festgelegt war. Durch das mehr oder weniger regelmäßige Raster der Straßen (Bild 1) ergaben sich die Stadtquartiere, die während der gesamten römischen Epoche bestanden.

Zwei Hauptstraßen bilden den Grundzug. Die eine ist der von Norden nach Süden verlaufende cardo maximus, die heutige Hohe Straße. Die zweite Hauptstraße war der decumanus, der in der heutigen Schildergasse fortlebt. Westwärts der Schildergasse verlief sie an der Nordseite des heutigen Neumarktes. Von dort erstreckte sie sich bis zum Westtor. Von ihm aus ging sie wie der cardo in eine öffentliche Landstraße über, die nach Aquae Granni — Aachen führte. Im Stadtgebiet selbst lief diese zweite Hauptstraße gegen das Forum, das an seiner Westseite möglicherweise in einer Exedra endete. Es stand also der decumanus nicht, wie man früher glaubte annehmen zu sollen, mit dem cardo maximus in direkter Verbindung.

Wie zur Zeit des Oppidum Ubiorum waren die Straßen wohl auch in den ersten Jahrhunderten der Colonia allein durch Kies befestigt. Es gibt aber Anhaltspunkte dafür, daß die einzelnen Straßenzeilen durchgängig von Kolonnaden begleitet waren. Die neueren archäologischen Grabungsergebnisse liefern Anhalte dafür, daß die Pflasterung der Straßen, soweit sie überhaupt jemals vorhanden war, erst dem 4. Jahrhundert zugeschrieben werden kann. Natürlich waren mit den Straßen Kanäle verbunden. Diese waren auf Hauptkanäle zugeführt, die das Abfallwasser aus der Stadt weg in den Rhein leiteten. Teile der großen Sammelkanäle sind bis heute an einigen Stellen erhalten.

Da das römische Stadtgebiet von Köln in der nachrömischen Zeit mehrfach überbaut wurde, treten Reste aus dem römischen Stadtleib nur selten in Zusammenhängen und noch seltener unangetastet zutage. Es ist daher schwer, eine verbindliche Vorstellung vom Aussehen des Stadtinneren zu gewinnen. Gleichwohl sind einige Grundzüge mit einiger Wahrscheinlichkeit zu skizzieren.

Zwei Stadtteilflächen heben sich als besonders ergiebig ab. Das ist einmal das Areal zwischen dem cardo maximus — Hohe Straße und der östlichen Stadtmauer, zum anderen die Fläche zwischen der östlichen Stadtmauer und dem Rhein. Dagegen ist das übrige Stadtareal bisher nur wenig erkundet, wenn es auch einzelne Anhaltspunkte dafür gibt, die es als möglich erscheinen lassen, bei Geduld und gestützt auf dauerhafte Beobachtung von Baugruben noch Reste von Bauten zu entdecken.

Das Forum, ein Platz, um den öffentliche Gebäude angeordnet waren, bildete das Herz einer jeden römischen Stadt.

In Köln müssen dem Bau des Forums Gebäude vorangegangen sein, die sich von der heutigen Schildergasse weg bis unter St. Caecilien — St. Peter erstreckten (Bild 1). Da die Baureste, die bisher notiert wurden, sich nicht in das Schema der Quartiereinteilung einpassen — sie haben eine davon eindeutig abweichende Ausrichtung —, gehören sie einer Schicht von Bauwerken an, die einem älteren Abschnitt der Baugeschichte des römischen Köln zugerechnet werden müssen. Otto Doppelfeld, der diese Reste Thermen zugeschrieben hat, ist nicht mehr zur Bearbeitung dieser wichtigen Bautrümmer gekommen. Ohne genauere Aufarbeitung der Grabungsberichte ist ihre Beurteilung nicht sicher zu geben. Allenfalls läßt sich vermuten, daß in der Frühzeit der Colonia eine zeitlang der Plan bestanden haben muß, den Siedlungsansatz, den das Oppidum Ubiorum gegeben hatte, zu negieren. Es setzte sich dann aber wohl bald »die Vernunft« durch, und man griff für die verbindliche Stadtplanung auf das ursprüngliche Siedlungsschema zurück.

Jedenfalls überlagert das Forum wohl ältere Baureste, zum mindesten schneidet es sie an (Bild 1). Insgesamt nimmt das Forum 8 Stadtquartiere ein (Bild 1). Nach Westen mündete es in einer Exedra, einem großen Halbrund, das eine gewisse Formenverwandtschaft mit Teilen des Trajansforums in Rom gehabt haben dürfte. Natürlich war der Formenzuschnitt weniger aufwendig, wie die Bauformen insgesamt in einer Provinzstadt, wie sie das römische Köln nun einmal war, durch eine gewisse Bescheidenheit geprägt zu sein pflegten.

Einzelheiten zum Aussehen des Forums sind über diese wenigen Tatsachen hinaus nicht zu gewinnen. Durch die archäologischen Ausgrabungen der letzten Jahre ist sicher, daß neue Befunde zu den bisherigen nicht mehr hinzutreten können, denn eine Reihe mittelalterlicher Baumaßnahmen hat in diesem Stadtbereich alle römischen Reste beseitigt. Darauf wird zurückzukommen sein.

An der Westseite des Forums könnte der Tempelbezirk des Mars Ultor gelegen haben, in dem nach der Überlieferung das Schwert Caesars bewahrt wurde. Südlich an das Forum schloß eine Basilika an, deren Reste bei geplanten Ausgrabungen in den nächsten Jahren noch zu ermitteln sein werden. Unmittelbar mit der Basilika verbunden war alsdann das Praetorium, der Statthalterpalast. Hier lassen sich mehrere Bauabschnitte voneinander abheben. Zuerst bestanden nur Verwaltungsgebäude zur Stadtmauer hin, im ersten und zweiten Jahrhundert bildete sich auch wohl ein Handelsplatz mit Basaren, später wurde in einem Teil des insgesamt 180:180 m messenden Komplexes ein palastähnlicher Bau gesetzt (Bild 2). Diesen letzten Bau deutete Gundolf Precht als Heiligtum, wobei er davon ausgeht, daß der die Mitte des Gebäudes ausmachende Zentralraum — außen achteckig, innen rund — ein Tempel gewesen sei.

In der Nordostecke der Stadt sind durch die Ausgrabungen seit 1980 sowie durch die Ausgrabungen unter dem Dom zusammenhängende Wohnquartiere nachgewiesen. Inmitten deren erhob sich unter dem Kölner Dom ein kleiner Podiumstempel, der in das 1. Jahrhundert nach Christus datiert wird und bis zum Anfang des 5. Jahrhunderts bestand. Dieser Tempel wird mit einer schon im vergangenen Jahrhundert in der Nähe des Domes gefundenen Bauinschrift verbunden und von daher dem Mercurius Augustus zugeschrieben.

Die Wohnhäuser dieses Quartiers bestanden schon im 1. Jahrhundert. Sie wurden mehrfach umgebaut. Eine umfassende Neugestaltung aller Quartiere scheint im 3. Jahrhundert erfolgt zu sein. Damals entstanden hier mehrere Atriumhäuser, darunter auch das mit dem Dionysos-Bacchus-Mosaik.

Den südöstlichen Teil in der Stadt nahm der Tempel der kapitolinischen Trias ein, wie schon Hugo Rathgens am Anfang unseres Jahrhunderts dargelegt hat. Ergänzende archäologische Untersuchungen, die nach dem Kriege durchgeführt wurden, haben diese Vermutung erhärtet.

Leider ist bis heute über die weitere Bebauung der Stadt nur sehr wenig bekannt (Bild 1). Die meisten Insulae werden aber wohl mit Wohngebäuden besetzt gewesen sein. Auch Tempel haben natürlich bestanden. Darauf weisen Reste eines Heiligen Bezirkes, die in der Nähe von St. Aposteln zutage getreten sind, hin (Bild 1). Neuere archäologische Ausgrabungen im Westen der Kunsthalle und auf dem Neumarkt zeigen, daß wohl allgemein mit einer Bebauung der Insulae im 1. Jahrhundert begonnen wurde. In den oft nur sehr einfachen Wohnhäusern werden vielfach Handwerker gewohnt haben, natürlich auch Händler, die Geschäfte betrieben. Einzelne dieser Handwerker oder Händler waren vermögend, so daß zwischen den bescheidenen Häusern hier und da auch Atriumhäuser anzutreffen sind.

Insgesamt wird man wohl annehmen müssen, daß sich das römische Köln so ähnlich vorstellte wie die Colonia Ulpia Trajana, deren Reste nördlich von Xanten ausgegraben wurden und ausgegraben werden. Christoph B. Rüger hat versucht, in einer Rekonstruktion von dieser Stadt eine Vorstellung zu vermitteln. Daraus läßt sich ablesen, daß das Bild solcher Kolonien in der Provincia Germania Inferior von einer gewissen Biederkeit geprägt war. Mehrgeschossige Bauten, wie solche neben Rom auch für Städte wie Ostia, die Hafenstadt Roms, nachzuweisen sind, wird man für das römische Köln nicht annehmen wollen. Daraus folgt aber auch, daß es bei den Ausgrabungen im Westteil der Stadt nur sehr schwierig sein dürfte, noch zusammenhängende Aufschlüsse beizubringen. Die tief in den Boden eingreifenden Baumaßnahmen des Mittelalters und der Neuzeit haben zu viel von den Wohnhäusern, die nie sehr solide gebaut waren, zerstört. Nur eine einzige Fläche gibt es noch in der heutigen Stadt, wo Zusammenhänge erschlossen werden könnten, nämlich den Neumarkt. Seine archäologische Untersuchung rückt in greifbare Nähe, da aufgrund der Absichten der Stadtplanung dieses seit dem Mittelalter unberührte Areal durch U-Bahnlinien erschlossen werden soll.

Wird man also zusammenfassend sagen müssen, daß die durch die archäologischen Ausgrabungen ermittelten Fakten nicht ausreichen, um eine verläßliche Vorstellung vom Aussehen des römischen Köln zu gewinnen, so stehen wenigstens einige Anhaltspunkte bereit, das Grundmuster dieser Stadt abzuschätzen.

Durch die Ausgrabungen der letzten Jahre sind nun aber für das Areal zwischen der ostseitigen Stadtmauer und dem Rheinstrom eine Reihe von Befunden bekannt geworden, die für die Beurteilung der Gesamtsituation des römischen Köln von großem Interesse sind. Auch hier wird man für eine endgültige Beurteilung die Vorlage der Grabungsergebnisse, die durch Johannes Deckers, Hansgerd Hellenkemper und Stefan Neu gewonnen wurden, noch abwarten müssen. Allerdings die Grundzüge lassen sich schon benennen. Sie sind folgende. Vielleicht schon in der zweiten Hälfte des 1. Jahrhunderts, sicher aber am Anfang des 2. Jahrhunderts ist der für das Oppidum Ubiorum genutzte natürliche Rheinarm, der als Hafen diente, verfüllt worden. Solcherart entstand zwischen ostseitiger Stadtmauer und dem Rheinstrom ein zusammenhängendes Siedlungsareal. Dieses wurde als Händlervorstadt genutzt. Darauf weisen große Speicherbauten, die neben und unter Groß St. Martin wie in der Baugrube für die Museumsneubauten nachgewiesen wurden. Man wird sich also vorzustellen haben, daß, wie später im mittelalterlichen Köln, zwischen Stadtmauer und Rheinstrom ein Güterstapel und Umschlagplatz gelegen hat. Es spricht einiges dafür, daß zusamen mit dieser weitreichenden Maßnahme des 2. Jahrhunderts auch die ostseitige Stadtmauer entstand, deren drei Tore den Verkehr vom Handelsplatz des römischen Köln in die Stadt gewährleisteten (Bilder 1 u. 2).

Steht und fällt die Lebendigkeit einer römischen Stadt mit ihrer Anbindung an den allgemeinen Handel, so ist eine Stadt nicht lebensfähig ohne Werkstätten. In Köln fanden Töpfer-, Terrakotten- und Glaswerkstätten die besondere Aufmerksamkeit der archäologischen Forschung. Daneben muß eine große Anzahl weiterer Werkstätten bestanden haben. Viele Handwerksbetriebe, die in mehr oder weniger großer Zahl vorhanden gewesen sein müssen, sind im archäologischen Befund nur schwer oder gar nicht nachzuweisen, zum Beispiel Bäckereien und Fleischereien. Bisher wurde wenigstens ein Gerbereibetrieb bekannt, aber Eisen verarbeitende Werkstätten fehlen wie solche von Steinmetzen völlig. Für das 1. Jahrhundert wurden Töpfereien innerhalb des Stadtgebietes nachgewiesen. Später scheinen solche Handwerker nur mehr außerhalb der Stadt ihre Werkstätten betrieben zu haben. Bekannt ist die Konzentration von Töpfereien im Gebiet um den heutigen Rudolfplatz. Glaswerkstätten scheinen sich im Norden der Stadt vom heutigen Bahnhofsvorplatz bis zum Eigelstein erstreckt zu haben. Irgendwo müssen auch Ziegeleien größeren Ausmaßes angesiedelt gewesen sein. Neuerdings sind einige weit draußen vor der römischen Stadt in Feldkassel zutage getreten. Mit Werkstätten ist wahrscheinlich auch eine Siedlungsballung im Areal von St. Georg in Zusammenhang zu bringen. Hier scheint eine ausgesprochene Vorstadt, ein Suburbium, bestanden zu haben. Allerdings wäre es beim heutigen Kenntnisstand wohl übertrieben, von einem ganzen Handwerkergürtel um das römische Köln sprechen zu wollen, wie dies bisweilen geschieht. Vieles deutet eher darauf hin, daß die meisten Werkstattbetriebe seit dem 2. Jahrhundert in der Nähe der Ausfallstraßen konzentriert waren.

Eine jede römische Stadt bedarf der Versorgung mit Lebensmitteln. Sollten die Berechnungen stimmen, daß Köln in römischer Zeit schon eine Bevölkerung von 20 000 bis 25 000 Einwohnern hatte, wird verständlich, daß das Umland der Stadt intensiv durch landwirtschaftliche Betriebe aufgeschlossen gewesen sein muß.

Die Colonia Claudia Ara Agrippinensium war, wie jede römische Ansiedlung oder Stadt, allseitig von Gräberfeldern umgeben (Bild 3). Diese Gräberfelder zogen sich nicht nur an den Ausfallstraßen entlang, sondern waren weit weg in das Hinterland hinein gestaffelt (Bild 3). Bis heute fehlt eine umfassende Gesamtdarstellung der römischen Gräberfelder von Köln. Das ist bedauerlich, denn in den Funden von Gräberfeldern liegt ein Material bereit, das nicht nur Aufschlüsse zur Kultur-, Geistes- und Religionsgeschichte verheißt, sondern dem auch Aussagen für die Soziostruktur der römischen Stadtbevölkerung entnommen werden könnten. Bei den Ausgrabungen von Gräberfeldern werden, anders als bei den Siedlungsgrabungen, in großem Umfang mehr oder weniger unversehrte Sachgüter geborgen, die auf die ihnen innewohnenden Informationswerte befragt werden können und müssen. Die Mehrzahl der erhaltenen römischen Steindenkmäler und fast alle Kleinfunde des Römisch-Germanischen Museums stammen aus Gräberfeldern. Die römischen Gräberfelder von Köln sind riesig. Man möchte gern ein Grundschema erkennen können. Das ist zur Zeit fast unmöglich. Es scheint, als hätten auf einigen Gräberfeldteilen, wie zum Beispiel an der Luxemburger Straße, die vermögenden Grabplätze direkt an den Straßen gelegen. Aber dies war offensichtlich nicht überall so, denn in dem genauer untersuchten Bezirk von St. Severin kommen Totenhäuser auf dem gesamten Areal vor.

Schon im Vorfeld des Oppidum Ubiorum und später der römischen Stadt bestand als Standlager der römischen Rheinflotte, der Classis Germanica pia fidelis, ein Militärlager. Das etwa 3 Kilometer südlich der römischen Stadtmauer nachgewiesene Lager hat mit Sicherheit unter Claudius (41—54 nach Christus) bestanden und blieb bis zum Ende des 3. Jahrhunderts besetzt. Das unregelmäßig fünfeckige Lagerareal lag etwa 18 Meter über dem Rheinstrom und damit hochwasserfrei. Es bestand zunächst aus Holzbauten. Ein Spitzgraben und eine Holzerdemauer schützten die Anlage. Nach dem Bataveraufstand des Civilis in den Jahren 69/70 nach Christus wurde diese Kaserne neu gebaut. An die Stelle der Holzbauten traten jetzt steinerne. Gleichzeitig entstanden parallel zum Rhein zwei tief gegründete Steinmauern, die 22 Meter voneinander entfernt waren. Diese Mauern gehörten wahrscheinlich zu einem kleinen Rheinhafen. In ihm werden die Schiffe der Rheinflotte vor Anker gegangen sein.

Der Rhein war im Gebiet der Provincia Germania Inferior (Provinz Niedergermanien) Verkehrsstrom und Grenze zugleich. Seit den letzten Jahren ist bekannt, daß die linksrheinisch stationierten Truppen auch im rechtsrheinischen Gebiet noch Weideland für ihre Herden besaßen. Das Rheinische Landesmuseum Bonn hat durch archäologische Luftaufnahmen und Ausgrabungen auf dem rechtsrheinischen Gebiet einige Übungslager der römischen Truppe nachgewiesen. Jüngst wurde zu Füßen des Drachenfels von Walter Sölter ein römischer Rheinhafen entdeckt, während den römischen Steinbruch auf dem Drachenfels schon früher Josef Röder nachgewiesen hatte.

Im 4. Jahrhundert, als die Verhältnisse in der niedergermanischen Provinz unsicher geworden waren, ließ Konstantin der Große (306—337) auf dem rechtsrheinischen Ufer gegenüber der Colonia das Kastell Divitia errichten. Bisher gibt es im archäologischen Befund keine Anhaltspunkte für eine ältere Gründung dieses Lagers. Es kann deshalb als sicher gelten, daß diese Festung als Folge der Frankeneinfälle um die Mitte des 3. Jahrhunderts entstanden ist. Eine im 12. Jahrhundert noch vorhandene, heute verschollene Inschrift belegt, daß Konstantin der Große durch Soldaten der 22. Legion dieses steinerne Kastell errichten ließ (Bild 2). Durch die Ausgrabungen von Fremersdorf und ergänzende Untersuchungen der letzten Jahre ist bekannt, daß das Lagerquadrat von einer mächtigen Mauer mit 44 Rundtürmen umschlossen war (Bild 2). Zwei Tore mit jeweils höher aufragenden Rundtürmen boten den Zugang von der Stadt- und Landseite. Das Innere war mit 16 längsgestreckten Kasernenbauten ausgestellt. Um die Anlage zog sich dreiseitig ein breiter Graben, während an der Westseite der Rheinstrom selbst das Fort schützte. Mit der Stadt war das Kastell durch eine steinerne Rheinbrücke verbunden (Bild 2). Sie wurde zusammen mit dem Lager gebaut. Wann diese Brücke zerstört wurde, ist nicht genau bekannt. Noch im 10. Jahrhundert standen von ihr Reste, die damals niedergelegt wurden, offensichtlich um Steine für Neubauten zu gewinnen. So sehr der Bau der steinernen Rheinbrücke in einem Augenblick erfolgte, als das römische Reich an den Grenzen bedroht war, so wenig kann diese Maßnahme nur als eine militärische gesehen werden. Sie ist ebenso ein Ausdruck für Selbstbewußtsein.

Die Gräberfelder der römischen Stadt

Nicht unerwähnt bleiben können die Gräberfelder der CCAA, zumal einige ihrer Teile für die mittelalterliche Stadt von Bedeutung sind.

Wie jede römische Ansiedlung, war auch die Colonia Claudia Ara Agrippinensium mehr oder weniger allseitig von Gräberfeldern umgeben (Bild 3). Obschon die Struktur der römischen Gräberfelder nur unzureichend untersucht ist, wird man sagen können, daß die einzelnen Grabfeldteile nach Familiengruppen organisiert waren. Dabei werden nicht immer, wie zum Beispiel an der heutigen Luxemburger Straße, die vermögenden Grabplätze direkt an den Straßen gelegen haben. Aufwendigere Grabdenkmäler oder Grabhäuser kommen auch in mehr von den Straßen abgelegenen Bezirken vor, wie namentlich der näher untersuchte Bezirk unter und an St. Severin zeigt. Wenn nicht alles täuscht, waren von Beginn an neben Brandbestattungen auch in Köln Körpergräber vorhanden. Die Wiederverwendung von Grabdenkmälern in Neubauten des 3./4. Jahrhunderts macht kenntlich, daß nicht alle bekannten Gräberfeldflächen während der gesamten Zeit der römischen Epoche durchgehend belegt waren. Es wird Schwankungen gegeben haben, die aber im einzelnen aufgrund fehlender Detailanalysen nicht näher skizziert werden können.

Auf einigen Grabfeldteilen wurden im 3., vornehmlich aber wohl im 4. Jahrhundert, auch Christen begraben. Für einzelne oder Gruppen errichtete man, wie bei Menschen anderer antiker Religionen, Totenhäuser. Christliche Memorien lassen sich mit Sicherheit für St. Severin und St. Ursula nachweisen. Waren diese mehr oder weniger bescheiden und inmitten der üblichen Architektur von Stadt- und Gräberfeldern mithin nicht auffallend, gab sich ein dritter Memorialbau, St. Gereon, als Architektur von höchstem Rang zu erkennen (Bild 3).

Während der Mensch der antiken Welt vor dem Tod Angst hatte und die Toten fürchtete, erfüllte sich für den christlichen Menschen der Spätantike und des Mittelalters im Tod das Leben. Lebende und Tote bildeten in den Siedlungen und Städten der mittelalterlichen Welt die Communio Sanctorum — die Gemeinschaft der Heiligen. Dabei zählten für den christlichen Menschen des Mittelalters nicht die im Leben erworbenen Verdienste, sondern allein die Stärke des Glaubens an Gott. Mit dieser »Grundeinsicht« der christlichen Lehre eröffnete sich dem Leben der Menschen ein neuer Sinn. Dieser »Grundsinn« ist auch in den Architekturgebilden der mittelalterlichen Städte wirksam geworden. Allein unter diesem Aspekt führt auch ein Weg von den Gräberfeldern des römischen Köln in die mittelalterliche Stadt, vielleicht sogar ein deutlicherer als von der römischen Stadt selbst, wie darzulegen sein wird.

II. Köln zwischen Antike und Mittelalter

Die Meinung ist fast allgemein, das mittelalterliche Köln sei ziemlich ohne Umweg aus dem römischen Köln hervorgegangen. Die Vorstellung von einer allgemeinen Kontinuität zwischen der römischen Antike und dem Mittelalter, die für viele schon zu einer verbrieften Lehrmeinung geworden ist, hat den allgemeinen Hintergrund für diese Ansicht gebildet. Eine gewisse Rolle spielt dabei auch die Überlegung, ein einmal existenter Siedlungsplatz müsse in seiner Entwicklung mehr oder weniger geradlinig verlaufen sein. Indessen gibt es in der Geschichte des Menschen bekanntlich nicht nur Erfolgslinien. Auch die Geschichte einer Stadt ist nicht vor allem eine ununterbrochene Reihe von Blüte. Entscheidender indessen dürfte sein, daß in der Grundstruktur sich die mittelalterliche Welt und damit auch die mittelalterliche Stadt von derjenigen der römischen Antike grundlegend unterscheidet. So sehr im Kern das römische Stadtgebilde von Köln in dem der mittelalterlichen Stadt aufgegangen ist, die direkten Verbindungslinien sind schwächer, als man dies zugeben will. Daher muß kurz beschrieben werden, was denn von der römischen Stadt überhaupt in die des Mittelalters überlebte.

So schemenhaft unsere Kenntnisse des römischen Kölns sind — die dingfesten Zeugnisse finden sich vornehmlich im Römisch-Germanischen Museum von Köln, wenn man von den Ruinenresten der Stadtmauer, der Kanäle, des Praetoriums oder des Kastell Deutz absieht —, unbestritten ist, daß der eigentliche Stadtleib der römischen Kolonie eine beträchtliche Fortexistenz sein eigen nennen kann.

»Der Stadtleib« ist im Sinne des Wortes aber in Wirklichkeit nur: das Grundraster der Hauptstraßen von cardo und decumanus, also Hohe Straße und Schildergasse, sowie der Verlauf der Stadtmauer selbst, die über beträchtliche Strecken noch die Erscheinungsform des mittelalterlichen Stadtgrundrisses mit prägt.

Vergleicht man nur den Ruinenplan der römischen Stadt (Bild 1) mit jenem der mittelalterlichen (Bild 8), wird offensichtlich, daß die mittelalterliche Stadt im Grunde an die Stelle des Regelmäßigrasters der Straßen einen weitaus natürlicheren Straßenverlauf rückte. Eine Identität der Straßenzüge findet, von den Hauptachsen abgesehen, nicht statt. Natürlich ist die mittelalterliche Stadt auch wesentlich größer (Bilder 1 und 8), aber diesen Punkt sollte man an dieser Stelle noch als einen Fall von »Entwicklung« zunächst außer acht lassen.

Gesetzt wird also für den Problemkreis Köln zwischen Antike und Mittelalter die These, es überlebt alleine der Stadtleib, wie ihn der Verlauf der römischen Stadtmauer markiert (Bilder 2—5).

Unter allen Bauwerken des römischen Köln hat die Stadtmauer das höchste Maß an Solidität. Noch wo man ihr heute begegnet, ist das zu kontrollieren. Mit ihrer Mauerstärke von 2,30/2,50 m stellt sie ein Monument dar, das geeignet ist, allen Fährnissen zu trotzen. Immer noch bildet sie ein fast nicht handhabbares Hindernis, wo man sie beseitigen will, wenn sie Neubaumaßnahmen im Wege steht. Sie trotzt den tüchtigen modernen Abbruchmaschinen. Sie zu sprengen ist immer noch einfacher, als ihr mit Maschinen zu Leibe zu gehen. Nun kannten aber die Nachantike und das Mittelalter keine Maschinen. Mithin sicherte der Mauer ihre Stabilität die Fortexistenz. Die der Mauer eigene Natur verhalf ihr zum Überleben. So einfach ist das.

In Orten, die weder im Mittelalter noch in der Neuzeit eine so prägnante »Entwicklung« hatten wie Köln, überlebten sogar nicht so stabile Kastellmauern noch vollständiger, wie man bei einem Spaziergang in Boppard am Rhein leicht lernen kann.

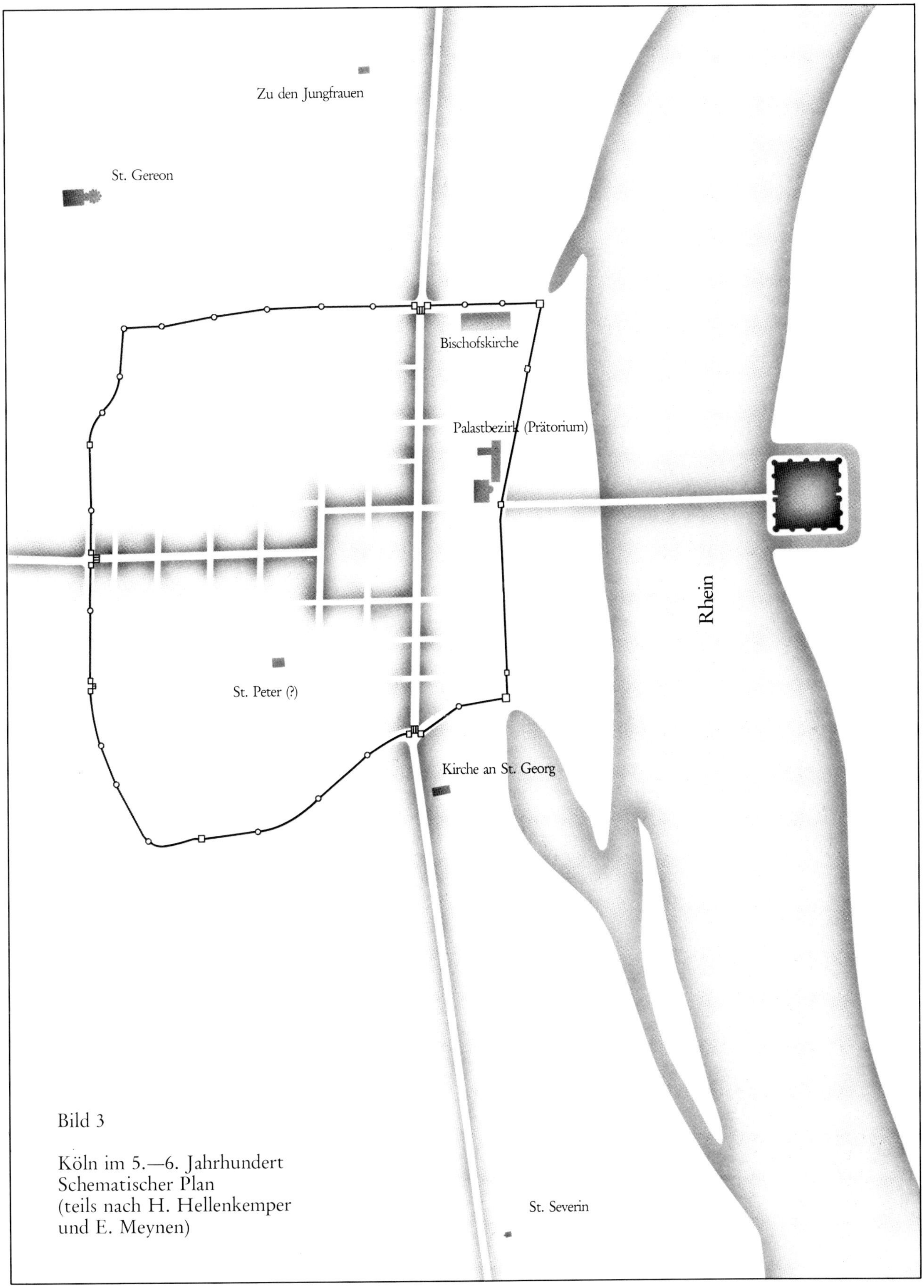

Bild 3

Köln im 5.—6. Jahrhundert
Schematischer Plan
(teils nach H. Hellenkemper
und E. Meynen)

Anders sieht es da schon mit den Gebäuden in und im Vorfeld der Stadt aus. Nicht alles Gebaute war in der römischen Stadt solide. Das für die Colonia Ulpia Trajana nördlich von Xanten rekonstruierbare normale Stadtquartierbild läßt es verständlich erscheinen, warum in den Jahrhunderten zwischen dem Ende der römischen Zeit, das ist um 450 nach Christus, und der karolingischen Epoche von der Bausubstanz her eine Fortexistenz der Mehrzahl der Bauten nicht gegeben war. Bei nicht mehr existenter Stadtbevölkerung wie bei nicht mehr vorhandener Bauunterhaltung erlagen die Bauten schlicht dem Verfall, zermürbten und sanken dahin. Selbst dafür läßt sich in unseren Städten noch Anschauung gewinnen. Wo nämlich der Besitzer eines Gebäudes diesem keine hinreichende Pflege angedeihen läßt, löst sich der Baubestand alsbald in die Verrottung. Es folgen unvermeidlich Abriß oder Nutzung zu neuem, meist schärfer kommerzialisiertem Zweck. Da diese Methode für den Zeitraum zwischen Antike und Mittelalter nicht greift, gewinnt der Verfall.

Das gilt nicht allein für die Gebrauchsbauten. Auch die »besseren Häuser« waren davon betroffen. Selbst die großen Lagerhallen mit ihren mächtigen Pfeilern im Händlergeviert zwischen Rheinstrom und Stadtmauer zermürbten. Auch das Praetorium wie die Basiliken und Tempel als auch die Bauten des Forum blieben von dem Auflösungsprozeß nicht verschont. Warum nicht? Es gibt verschiedene Gründe. Sie seien kurz besprochen.

Obschon, wie die wenigen schriftlichen Nachrichten erkennen lassen, Köln am Ende der römischen Epoche nicht zerstört wurde, sondern einfach in die Hand der neuen Herren, der Franken geriet, hatte es einfach keine Chance, als Stadt im Sinne der römischen Welt weiter zu existieren.

Schon seit dem 3. Jahrhundert nach Christus waren bei uns zulande die Voraussetzungen, aus denen eine Stadt nach mittelmeerischem Muster existieren konnte, nicht mehr ungefährdet gegeben. Die sich mehrenden Aufstände der Franken entzogen dem Gebiet den Frieden. Als Folge dessen ging das Umland, auf das hin eine römische Stadt nun einmal ausgerichtet war, zu einem Teil verlustig. Versorgungsschwierigkeiten mögen noch die einfachste Folge gewesen sein. Die großen Landgüter waren nicht mehr ungefährdet zu betreiben. Archäologische Befunde liefern genügend Material für die Erkenntnis, daß man sich auf dem flachen Lande einigelte. Es entstanden burgi — Befestigungstürme. Gleichzeitig schrumpfte die Bevölkerung. In den Städten war es nicht anders. Jüngst hat man für die Colonia Ulpia Trajana bei Xanten herausgefunden, daß sie im 4. Jahrhundert auf den Bereich einer Festung schrumpfte, man in der mauerumwehrten Stadt eine eigene neue Befestigung baute. Auch für Köln, die Hauptstadt der Provincia Germania secunda, kann ein solcher Prozeß nicht ausgeschlossen werden, wenngleich dafür im archäologischen Befund bislang noch die Anhaltspunkte fehlen. Gleichwohl waren im 4. Jahrhundert wohl schon weitgehend die Siedlungsgewichte außerhalb der Mauern aufgegeben. Sogar das Haus mit dem Dionysos-Mosaik hat, wenn der archäologische Grabungsbefund richtig interpretiert wird, an seiner Ostseite Abbrüche hinnehmen müssen, um einer Lagerhalle Raum zu bieten. Das heißt: die letzten Jahrzehnte der römischen Zeit waren im römischen Köln nicht mehr gemütlich. Man mußte Abstriche hinnehmen.

Als dann die Stadt in die Hände der Franken gefallen war, zogen nicht allein die führenden Familien fast alle weg. Weit schlimmer dürfte gewesen sein, daß die neue Herrschaft für die Stadt in dem Sinne, der ihr bis dahin eigen gewesen war, keine Verwendung mehr hatte. Will heißen: selbst wenn die in der Stadt Verbleibenden allen Willen besessen hätten, weiter zu arbeiten wie bis dahin, wäre ihnen alle Möglichkeit dazu verschlossen gewesen. Mit dem Zusammenbruch der römischen Welt war nämlich eine grundlegende »Strukturkrise« verbunden.

Auf einen kurzen Nenner gebracht heißt das, an die Stelle der römischen Stadtwelt trat, zumindest in den germanischen wie in großen Teilen der belgischen Provinzen, nun wieder eine agrarisch zugeschnittene Welt. Selbst wenn eine gewisse Verbindung mit der übrigen Welt bestehen blieb, hatte diese nun eine andere Qualität. Geschrumpft auf einzelne Siedlungsorte, wurde sie gemessen an den Bedürfnissen der einzelnen Siedlungen. Damit ging ein übergeordnetes Interesse, wie es von einer starken Zentralgewalt vorgegeben wird, verloren.

Noch entscheidender dürfte sein, daß es mit dem Zusammenbruch des römischen Reiches zu einer Verlagerung der politischen Gewichte kam. Konnte schon im letzten Jahrhundert der römischen Epoche keine Rede mehr davon sein, alle grundlegenden Anregungen seien noch von Rom gekommen — schließlich versuchte man mit einer zeitweisen Hauptstadt Augusta Treverorum — Trier der politischen Schwäche des Gesamtreiches für diesen Teil der damaligen Welt entgegenzuwirken —, war Rom jetzt gewissermaßen ganz auf Ferne gestellt. Das neue politische Zentrum hieß Paris, auch Soissons, Reims oder Orléans, später auch Noyon. Dieses neue politische »Raumzentrum« lag zwar näher an Köln wie vorab Rom, jedoch steht außer Zweifel, gleichwohl stärkte sich Kölns Randlage noch. Zwar blieb Köln in der Reihe der gelegentlich genannten Orte, indessen seine Bedeutung wurde schmal. Man muß das wohl nüchtern sehen. An diesem Tatbestand ändert auch nicht viel, wenn dann und wann fränkische Teilkönige oder deren Beamte in Köln residierten.

Auch das Siedlungsbild um Köln stärkt diese Vorstellung. Es ist nämlich erwiesen, daß das total siedlungsmäßig erschlossene Land um Köln — erschlossen und ausgenutzt war es bis in die Sumpfzonen der Flüsse — wieder weitgehend verwaldete. Eine siedlungsgeschichtlich arbeitende Archäologie hat in den letzten Jahrzehnten gerade zu diesem interessanten Problemfeld handfeste Ergebnisse herausgearbeitet, die letztendlich vor dem gesamthistorischen Hintergrund nicht überraschen können.

Bereits angedeutet wurde, wie noch in der römischen Epoche die Besiedlung des flachen Landes auf Festpunkte sich einengte und auch die Städte schrumpften. Damit in eins geht natürlich auch eine Bevölkerungsreduktion. Diese läßt sich zwar (noch) nicht statistisch aufschlüsseln. Aber bei kühler Einschätzung der Situation wird nicht schwer einzusehen sein, wie jedermann, der dazu die Möglichkeit sah, sich aus den gefährdeten Gebieten absetzte in solche, in denen die Reichsverwaltung noch einige Sicherheit für Leben und Arbeit zu garantieren wußte. Das muß ein stetiger Prozeß gewesen sein.

So kann man auch kaum annehmen, alsgleich mit dem Übergang der Stadt aus den Händen der Römer in diejenige der Franken sei nun das städtische Leben vollends erloschen und die Bevölkerung in ihrer Gänze ausgewandert. Bei allen Wanderungsbewegungen, die es auch damals schon gegeben hat, mit »Flüchtlingstrecks«, wie sie die neueste Geschichte kennt, kann man die Spätantike nicht vergleichen. Einen leisen Aufschluß könnte die Bischofsliste von Köln geben. Hier gibt es Einbrüche um die Mitte des 5. Jahrhunderts — wie auch in Mainz — und neue Nennungen seit dem 6. Jahrhundert. Irgendwann während dieses Zeitraumes erlosch das städtische Leben zunehmend. Aus diesem Tief mußte sich dann Stadt neu bilden. Dabei konnte an das Gehäuse der römischen Stadt angeknüpft werden. Aber, so wird man fragen müssen, an welche Teile des Gehäuses der zunehmend menschenleerer dastehenden Stadt?

Im 3. Jahrhundert war die Augusta Treverorum — Trier Kaiserresidenz. Das setzte Neubauten von hoher Qualität. Auch in Köln stellte sich letzthin die Staatsgewalt noch zweimal leistungsfähig vor, im Neubau des Praetoriums wie in der Errichtung des Memorialbaues an der Stelle von St. Gereon, der überdies vom Zuschnitt der Bauformen wie von seiner Ausstattung her ein Baukunstwerk genannt werden muß; vielleicht das einzige, das im römischen Köln überhaupt beheimatet war. Aber man muß auch sehen, wie wenig die »Staatsmacht« in einer Residenz wie Trier noch stetig anwesend war. Schon in der Spätantike nämlich änderte sich der »Regierungsstil«. Schon Konstantin der Große (306—337) und seine Nachfolger mußten, mehr als alle ihre Vorgänger, im Reisen regieren. Insofern beginnt ein Grundzug des Mittelalters schon in der Spätantike. Für die fränkische wie noch für die karolingische Epoche sollte dann bestimmend sein, daß die sedes regiae — die Königssitze — keine Zentralbehörden mehr waren, sondern eher Wohnplätze zum zeitweisen Aufenthalt der Herrscher mit ihrem kleinen Stab an Beratern. Gerade in diesem Tatbestand liegt mit ein Hauptgrund dafür, daß Stadt im hergebrachten Sinne der römischen Stadtwelt nun einfach nicht mehr möglich und notwendig war. Für die sedes regiae errichtete man mithin auch kaum Neubauten. Man benutzte im Rahmen des Erforderlichen die vorhandenen römischen Gebäude. Nicht ganz zufällig stellte sich daher Otto Doppelfeld vor, die Franken hätten in Köln in einem der Säle des Praetoriums mit Holz einen zweischiffigen Stützensaal eingerichtet. Gundolf Precht hat später nachgewiesen, daß noch die Römer selbst diesen hölzernen Stützensaal inmitten der Gesamtanlage errichteten. Die Übergänge sind eben fließend, und so gesehen wuchs die merowingische Epoche mehr oder weniger kontinuierlich aus der Spätantike heraus.

Dabei stellte sich die Herrschaftsstruktur von der eines Weltreiches auf eine »Teilwelt« um, die eben auch ökonomisch anderen Gesetzen gehorchte. Überspitzt könnte man sagen, die in mancherlei Hinsicht in eine Krise geratene spätantike Welt fand in der fränkischen ein agrarisch strukturiertes Gegenmodell, innerhalb dessen für die Stadtwelt hergebrachter Natur kein Platz mehr war.

Es zeigt sich also, die Stadt des Mittelalters wächst nicht direkt aus der römischen, sondern über Umwege.

Nun wird zu fragen sein, gibt es denn in der spätrömischen Stadt Elemente, die für die mittelalterliche Stadt Bedeutung haben? Denn die angedeuteten: Stadtmauer und Straßenkreuz sind doch nur materielle Teile, die, wie schon klar geworden sein dürfte, in der mittelalterlichen Stadt in einem anderen Kontext als dem, der für die römische Stadtgestalt galt, fortexistierten.

Eine der in die Zukunft weisenden Kräfte, die noch in der antiken Welt ihre erste Blüte erlebte, ist das Christentum. Aufgrund der zwar kargen, aber doch deutlichen schriftlichen Nachrichten, die überliefert sind, steht außer Zweifel, das römische Köln hatte im 4. Jahrhundert einen Bischof als Vorsteher einer christlichen Gemeinde. Die schriftlichen Quellen erlauben es nicht, über die Größe der Christengemeinde irgendwelche Angaben zu machen. Die ältere Forschung suchte hierfür auf den Gräberfeldern nach Anhaltspunkten, gelangte dabei indessen, trotz spitzfindiger Überlegungen, zu keinem Erfolg. Schließlich kann man den Skeletten in den Gräbern auch nicht den Glauben ansehen, dem die Toten im Leben angehangen haben. Selbst die Beigaben in den Gräbern sind nur ungenaue Zeugen, denn schließlich können auch Nichtchristen durchaus Gefäße mit christlichen Emblemen oder Szenen mit auf die letzte Reise genommen haben, zumal die spätantike Welt, wie die Antike überhaupt, sich durch Toleranz in den Fragen der Religion auszeichnete. Auch wenn man sich vor Vergleichen hüten soll, gerade die spätrömische Welt war noch (oder schon) weitgehend pluralistisch. Das zeigt sich auch in der Zuerkennung der Gleichberechtigung der christlichen Religion unter Konstantin, wohingegen die Beförderung dieser Glaubensvorstellung zur Staatsreligion am Ende des 4. Jahrhunderts eher als ein Element mittelalterlicher Vorstellungsweise erscheinen will. Indes ist dies denn auch der Punkt, von dem aus sich die römische Stadtwelt über einen direkten Bezug mit der mittelalterlichen Stadtwelt verbinden läßt.

In der Nordostecke der römischen Stadt Köln errichtete die christliche Gemeinde in der ersten Hälfte des 4. Jahrhunderts eine Bischofskirche. Von diesem Augenblick an gibt es an dieser Stelle der Stadt eine fast vollständige Kontinuität von Altar und Kult. Bedenkt man, daß schon seit der Frühzeit der römischen Stadt hier ein Tempel des Mercurius Augustus bestanden hatte, darf sich die Phantasie aufgerufen sehen, den christlichen Altarplatz mehr oder minder aus dem Wurzelgrund der antiken Stadt herangewachsen zu betrachten (Bild 3).

Indessen gibt es gerade an dieser Stelle einen »Befund«, der auch zur Nachdenklichkeit stimmt. Der Tempelbezirk bestand nämlich vorderhand neben der christlichen Kirche weiter. Die südliche Atriummauer umschloß brüderlich den Tempelbezirk, das Gotteshaus der alten Religion wie dasjenige der neuen respektierten einander. Schärfer kann sich die Toleranz der spätrömischen Welt nicht ausdrücken, klarer darüber hinaus in einer Bautengruppe nicht sprechend gemacht werden, wie das Christentum unter der Patronanz des Konstantin nicht Staatsreligion wurde, sondern eben die Gleichberechtigung neben den anderen Glaubensüberzeugungen erhielt. Folgerichtig wurde denn auch der Tempel am Anfang des 5. Jahrhunderts niedergelegt, damit dokumentiert, wie sehr auch in einer Randzone damals die zur Dominanz gelangte allein gültige Religion sich Geltung zu verschaffen wußte. Damit stand der Entwicklung der christlich bestimmten Stadt des Mittelalters nichts mehr im Wege. Auch wenn eine Quelle belegt, daß zu der Zeit des Abbruchs dieses Tempels noch Gläubige anderer Kulte in der Stadt ansässig waren, die Maßnahme kennzeichnet die neue geistige Richtung genau. Seitdem Chlodwig sich in Reims von St. Remigius 496/97 (?) hatte taufen lassen, ging offiziell der Weg der neuen, vielfach noch barbarischen Herren geistig mit dem Christentum. Das schon unter Konstantin dem Großen neu geknüpfte Band zwischen Thron und Altar gewann solchermaßen erweiterte Sicherheit, vor allem indessen Einfluß.

Es kommt hinzu, wie stark mit dem Ende der römischen Epoche ein Verfall der allgemeinen und direkt greifenden Staatsgewalt verbunden war. Angedeutet wurde bereits, die fränkischen Herren bedienten sich einer sehr kleinen Verwaltung. Sie kannten die hohe Kunst der Staatslenkung und Staatsverwaltung, die im römischen Reich zur Meisterschaft entwickelt worden war, noch nicht. Vielleicht empfand man am Ende der römischen Zeit sogar die Nichtexistenz von Staat als Befreiung, denn bekanntlich kannte die Spätantike schon den Staatssozialismus in der pervertiertesten Form. Mit dem Untergang dieser Herrschaft ging auch der verhaßte Beamtenapparat und die seine Machtausübung stützende Militärkaste unter.

Wo keine Herrschaft mehr am Ort war — Herrschende sind im Zeitalter der Unruhe in der Regel nicht todesmutig, sie entziehen sich vor dem Umsturz der Verantwortung durch die Flucht —, entsteht ein Vakuum. Dies vermag der für sich zu nutzen, der am Ort bleibt. Der Bischof von Köln scheint nicht nur, er muß am Ort geblieben sein. Dies alleine erklärt seine spätere Stellung als Stadtherr. Nun ist er der Herr über die Diözese, jenen staatlichen Verwaltungsbereich, den noch die spätrömische Staatsverwaltung erfunden hatte, um das in die Auflösung gelangte Reich wieder kontrollierbarer in die Hand zu bekommen.

Der Bischof von Köln als Herr der Kölner Christengemeinde vermochte sich offenbar in der ersten Hälfte des 4. Jahrhunderts schon auf eine nicht unvermögende Gemeinde zu stützen. Zwar gibt es innerhalb der überlieferten schriftlichen Quellen zum Vermögensstand der christlichen Gemeinde keine einzige Nachricht. Indessen läßt sich die vermutete Vermögenslage erschließen.

Zunächst ist festzuhalten, daß die erste Bischofskirche in einem Stadtquartier angesiedelt wurde, wo Grund und Boden nicht ganz billig gewesen sein dürfte. Mehrere Wohnbauten mußten niedergelegt werden. Dabei kann der Staat geholfen haben. Enteignungen sind denkbar, dann aber auch Zuwendungen. Aber eben sogar ein Vermögen, aus dem sich Grunderwerb und Baumaßnahmen finanzieren ließen, ist vorstellbar. Der Bau — bestehend aus Kirche, Atrium, daran anschließender Wohnung und Taufkirche davor — war zwar kein Kunstwerk (Bild 3), aber immerhin nahm er eine Grundfläche von 130 m Länge und 30 m Breite mindestens ein.

Nun gab es, wie ich schon früher zu zeigen versucht habe, im 4. Jahrhundert in Köln nicht nur die Bischofskirche, sondern daneben mindestens zwei Kirchen im Vorfeld der Stadt, eine an der Stelle von St. Georg wie an der von St. Severin. Ist die von Georg mit einem vorstädtischen Siedlungsgewicht in Beziehung zu bringen, bin ich sicher, daß die um 400 errichtete Kirche an St. Severin die Seelsorgekirche eines Hofesbezirkes gewesen ist, der möglicherweise, wenn nicht gar sicher, den Bischof zum Besitzer hatte. Wenn auch meiner begründeten Annahme einer innerstädtischen Pfarrkirche an der Stelle von St. Peter neben St. Caecilien neuerdings mit guten Gründen widersprochen worden ist, kann eine solche Anlage bis zum endgültigen Gegenbeweis aus einem noch zu erbringenden erweiterten archäologischen Befund nicht ganz ausgeschlossen werden. Ich will damit sagen, noch in der Spätantike war die Christengemeinde von Köln, vertreten durch ihren Bischof, entweder aufgrund staatlicher Zuwendungen oder aus eigenem Vermögen wie durch Zuwendungen ihrer Mitglieder ein achtbarer Grundbesitzer mit ebenso achtbarem Vermögen in aufstehenden Gebäuden. Es sind dazu mit ziemlicher Sicherheit weitere Liegenschaften zu rechnen, die wir nicht kennen (Bild 3).

In den Besitz der Christengemeinde müssen auch weitere Liegenschaften von den Gräberfeldern der römischen Stadt gelangt sein. Das Areal um St. Severin war nach meiner Einschätzung schon damals nicht mehr in seiner Gänze Gräberfeld, sondern wieder in Ackerland verwandelt. Dagegen scheint die Grabbasilika von St. Ursula ebenso wie der Memorialbau von St. Gereon noch für den Kult genutzt gewesen zu sein. Aus der Hand der Familie des Clematius mag St. Ursula an die Kirche gelangt sein, wogegen St. Gereon — wenn die Vermutung von Hansgerd Hellenkemper stimmt, daß hier die Kaiserfamilie selbst die Bauherrschaft ausgeübt hat — eine Zuweisung der Staatsverwaltung (oder des Kaiserhauses) an die Kirche gewesen sein dürfte (Bild 3).

Kurzum: der an Grundvermögen nicht eben arme römische Bischof von Köln wächst ziemlich sicher am Ende der römischen Zeit oder in einer schwankenden Übergangsphase in die Rolle eines Quasi-Stadtherren (Bild 3).

Es soll und kann nicht ausgeschlossen werden, daß es daneben sehr wohl auch eine weltliche Gewalt in der Gestalt eines fränkischen Kriegsherrn gab. Dieser wird, wie das auch für andernorts zu erschließen ist, seinen Sitz im Praetorium oder einem der anderen öffentlichen Gebäude gehabt haben, um es für den Zweck seiner reduzierten Herrschaft zu nutzen. Das heißt, analysiert man die Übergangsstufe in dieser Weise, deutet sich an, die Bipolarität der mittelalterlichen Welt, die in geistliche und weltliche Gewalt geteilt war, könnte ihre Grundlegung in der ersten Übergangsphase von der späteströmischen Welt in die des Mittelalters haben. Für Köln will sich der Eindruck aufdrängen, gerade die später prägnante Stadtherrschaft des Bischofs habe hier ihre eigentliche Wurzel (Bild 3).

Möglicherweise kann man sogar noch einen Schritt weitergehen. Ziemlich sicher ist die Kölner Bischofskirche nicht allein die Mutter der späteren Kölner Kirchen, sondern eines großen Teiles der Rhein-Maasländischen Kirche. So sparsam die schriftliche Überlieferung auch insgesamt für diesen Zeitraum ist, eines verbirgt sich hinter den wie zufällig erhaltenen Schriftstücken: so wie die Kölner Kirche von Trier aus, so müssen die von Tongern, Maastricht wie später die von Münster und so fort von Köln aus gegründet worden sein. Auch für den engeren Bereich geht der Anstoß von Köln aus: sicher Novaesium — Neuss, Colonia Ulpia Trajana — Xanten, Noviomagus — Nijmegen und Bonna — Bonn. Aber auch an Flecken ist zu denken wie Duromagus — Dormagen, Gelduba — Krefeld-Gellep oder Burginatium zwischen Xanten und Kalkar. Überhaupt hat man für die castra und Auxiliarlager wohl Kirchen anzunehmen, wogegen über solche auf dem flachen Lande sonst noch wenig Vorstellung besteht. Vielmehr scheint, als setze dort der Bau von Kirchenbauten nicht vor dem 7., eher noch nicht vor dem 8. Jahrhundert ein, wie die bislang vorliegenden archäologischen Ausgrabungen unter und an Dorfkirchen erkennen lassen. Spätestens an dieser Stelle schließt sich der Kreis, das heißt, es drückt sich auch von dieser Seite her jener Siedlungsschrumpfungsprozeß aus, auf den bereits hingewiesen wurde. Es ist aber diesem Vorgang auch wenigstens andeutungsweise zu entnehmen, auch die Landesherrschaft des Kölner Bischofs könnte in dieser Übergangszeit ihren ersten Ansatz haben.

Es dürfte klar geworden sein: inmitten der spätrömischen Stadt gewann die christliche Kirche von Köln ein Gewicht, das sie in eine starke Position brachte. Für eine gewisse Übergangszeit mag dies nicht allein sachlich stabilisierend gewirkt haben, sondern von ihr setzten sich geistige Ziele offen, die ihre bestimmende Wirkung in der Zukunft erhalten sollten. Eine nicht unwichtige Rolle spielte dabei wohl auch, daß die kirchliche Seite mit der weltlichen Herrschaft, wenn schon nicht im Bunde, so doch auf Verbindung bedacht war. Dafür gibt es einige aus dem archäologischen Material wie aus Baubefunden zu gewinnende Urkundenbelege. Diese indessen gehören einer späteren Stufe an. So ist zunächst zu fragen, in welcher Weise nun das Schicksal der römischen Stadt mit ihren christlichen Kirchen sich in der Nachantike gestaltete.

Eine Welt, die in den Umbruch gerät, setzt auf Bewahrung des Besitzstandes. Dies ist eine sehr menschliche Reaktionsart, die sich aber im Umbruch nicht immer bewährt. Nun sind solche Umsturzprozesse den Zeitgenossen in der Regel nicht mit derjenigen Klarheit vor Augen wie dem späteren Betrachter, für den alles auf die Hauptsachen zusammenschrumpft; dem darüber hinaus viele Einzelregungen entgehen, weil es für diese keine Zeugnisse gibt. Nicht zu Unrecht hat daher die Geschichtsforschung früher vom 4. und 5. Jahrhundert als von dunklen Jahrhunderten gesprochen. Auch heute noch muß man, will man zu einer Vorstellung gelangen, oft raten.

Man kann aber wohl sagen, daß die Menschen seit der zweiten Hälfte des 4. Jahrhunderts in Köln den sich anbahnenden Wandel nicht allein am Wechsel der Herrschaft wahrnahmen, sondern alsbald sich auch ihr alltägliches Leben direkt änderte. Da die Zufuhren ausblieben und Exporte kein Ziel mehr hatten, griff Not um sich, Armut bildete sich aus. Mit anderen Worten: die Stadt bot keinen Lebensraum mehr für die Menschen. Spätestens in diesem Augenblick werden nicht allein die Häuser begonnen haben zu zermürben, weil zunehmend Häuser einfach nicht mehr bewohnt waren. Vielmehr werden diejenigen, die noch in der Stadt waren, sie geplündert haben, um die Materialien zu gebrauchen. Dann muß es aber wohl auch Abbrüche gegeben haben, um innerhalb der Stadt Fläche für die Landbestellung zu gewinnen. Zug um Zug bildete sich dabei ein Auch-Charakter der Stadt heraus, den die römische Stadt nicht ihr eigen genannt hatte: in der Stadt selbst wurde Landwirtschaft üblich.

Wirft man nur einen Blick auf das erwachsene Köln des Mittelalters, wie es die Stadtansichten verzeichnen (Bilder S. 118—125), wird jedem unverstellten Auge klar, wie stark noch in der hochmittelalterlichen Stadt die Landbestellung für die Stadtbilderscheinung mitprägend war. Was wir heute leicht nostalgisch geneigt sind, als einen Lebenswert an sich in der Stadt zu wünschen, nämlich das Grün, dies bildete sich in der im Untergang befindlichen römischen Stadt aus Lebensnotwendigkeit. Insoweit bildete sich im Übergang von der Antike zum Mittelalter, das ist auf dem Wege zu einem neuen Typus von Stadt, das Strukturelement der Landwirtschaft als neues Element von Stadt. Damit wird eben auch der Übergang von der alten Stadtwelt in eine neue kenntlich. Oder schärfer: die nun bestimmende Agrarkultur hat für die Stadt im hergebrachten

Sinne nach mittelmeerischem Muster keinen Platz mehr. Mithin reduziert sich die Stadt auf neue Schwergewichte. Diese neuen Schwergewichte sind die Kirche und die Herrschaft.

In diesem Zusammenhang ist interessant, wie wenig auch die Kirche ihren Besitzstand wahren konnte. Wenigstens aus dem archäologischen Befund läßt sich mit einiger Sicherheit ableiten, daß der Kult an der Grabbasilika St. Ursula spätestens im 6. Jahrhundert abbrach. Die kirchlichen Gewichte an St. Georg gingen wie an St. Peter (?) unter. An St. Gereon reduzierte sich — soweit der archäologische Befund dafür Material bereitstellt — die Siedlungsgemeinschaft auf eine kleine Gruppe. An St. Severin installierte sich ein merowingisches Hofesgewicht von einigem Belang. Die Domkirche selbst beharrte auf ihrem Bestand, soweit die Straten der Grabungsergebnisse eine feste Beurteilung zulassen (Bilder 3 u. 4).

Das Fazit dieser Überlegungen ist knapp und präzise: die römische Stadt als Ganzheit funktionierte nicht mehr. Zwangsläufig hörte sie auf zu existieren. Die Stadt reduzierte sich auf einige Punkte. Dabei stand die Bischofskirche im Vordergrund (Bild 3).

Man ist geneigt zu formulieren: das römische Köln reduzierte sich auf den Bereich der Bischofskirche.

Neben ihr mag das Praetorium oder ein anderes der großen öffentlichen Gebäude für die zeitweise Anwesenheit weltlicher Herren bereitgehalten worden sein.

Die fortexistierenden Kirchen an St. Severin sind entweder Seelsorgezentren für die Gutshöfe oder, wie im Falle von St. Gereon, kleine Klerikergemeinschaften, die ihren Unterhalt weitgehend auch aus der Landbestellung zogen (Bild 3).

Nüchtern: wenn auch schon nicht bei Null, so beginnt die mittelalterliche Stadt auf keinen Fall in direktem Anschluß an die römische, sondern aus einer Schrumpfung auf Punkte, wobei im Falle Köln der Bischofskirche allein die Möglichkeit zuwuchs, aus der römischen Stadtwurzel in die der mittelalterlichen Stadtwelt herüber zu wachsen (Bild 3).

Das muß über Jahrhunderte — und nicht nur in Köln — ein eigentümliches Bild gewesen sein: wie da eine Stadt als leeres Gehäuse stand, gegürtet von der starken Mauer mit ihren Toren und Türmen, die nichts eigentlich mehr schützte (Bild 3).

III. Auf dem Wege zur mittelalterlichen Stadt

Das Kunstwerk der mittelalterlichen Stadt ist nicht von einem auf den anderen Tag fertig gewesen. Einzelne »Wachstumsstufen« auf dem Wege dahin lassen sich ausmachen. In den schriftlichen Quellen findet man über die einzelnen Schritte nur wenig, zumal für die Frühzeit. Einige Anhaltspunkte liefern die Ergebnisse archäologischer Ausgrabungen. Bisweilen kann auch durch Bauuntersuchungen Material für diesen Problemkreis gewonnen werden.

Der Stufe des Niederganges folgt eine erste, die man diejenige der Konsolidierung nennen könnte. Sie fällt für Köln in das 7. Jahrhundert (Bild 4).

Diese merowingische Wachstumsstufe bereitet sich vor. Diese Vorbereitungsstufe war nur von kurzer Dauer. Aber als ein Zwischenspiel muß sie notiert werden, weil, wäre ihr Dauer beschieden gewesen, von ihr ausgehend die Baugeschichte von Köln eine andere Gewichtung, als dies dann geschehen ist, hätte erfahren können.

Bis gegen Ende des 6. Jahrhunderts stand, soweit man es nach den bislang vorliegenden Ausgrabungsergebnissen zu beurteilen vermag, die spätrömische Bischofskirche an der Stelle des heutigen Domes ziemlich unverändert aufrecht. Nur das Baptisterium, die Taufkirche, wurde mehrfach umgebaut; ein Signal für die Tatsache, daß zunehmend die Menschen der nun allein geltenden Religion zuzudrängen begannen.

Noch im 6. Jahrhundert, ziemlich sicher nach 500 und vor 550, wurde die Bischofskirche vorübergehend zur Baustelle. Mitten in ihr Atrium, ein wenig aus dessen Achse nach Süden verschoben, errichtete man eilig einen kleinen einschiffigen Kapellenbau mit einer östlichen Apsis. Das Gebäude war nur 6,50 m lang und 4,20 m breit.

Es wäre von diesem kleinen Kirchenhaus, das in seinem Zuschnitt an eine Totengedächtniskapelle erinnert, aber sehr wohl auch bloß einen schlichten Reliquienbau abgeben könnte, weiter nicht zu reden, hätte nicht Otto Doppelfeld im Jahre 1959 zwischen seinen Fundamenten zwei reich ausgestattete fränkische Gräber gefunden. Hart an dem Fundament der Nordmauer fanden sich hintereinander die Beisetzung einer reichen Frau, die zwischen 25 und 30 Jahre alt gewesen sein dürfte, sowie das Grab eines nicht minder aufwendig ausgestatteten sechsjährigen Knaben. Fülle und Qualität beider Grabausstattungen, die heute im Erzbischöflichen Diözesan-Museum aufbewahrt werden, erlauben es, diese beiden Menschen als Angehörige einer »fränkischen Königsfamilie« zu bezeichnen. Die Forschung schließt nicht aus, daß die Dame die Gemahlin Wisigarde von König Theudebert I. (533—548) sein könnte, die zusammen mit einem ihrer kleinen Söhne im Atrium der Kölner Bischofskirche begraben wurde.

Dies kann nur bedeuten, es bestand die Absicht, die Kölner Bischofskirche zu einer königlichen Grablege zu erheben. Wäre dies wirklich über diesen Ansatz hinausgelangt, hätte Köln zu einem der fränkischen Königssitze heranwachsen können. Offensichtlich war die Grabkirche auf dieses Ziel hin angelegt, denn bezeichnenderweise wurden die beiden Plattensärge für die Toten an die Nordwand der Kapelle angelehnt. Hätte man nur die Beisetzung dieser beiden Personen im Auge gehabt, hätte man den Särgen wohl die Raummitte der bescheidenen Kapelle zugewiesen. Bei der

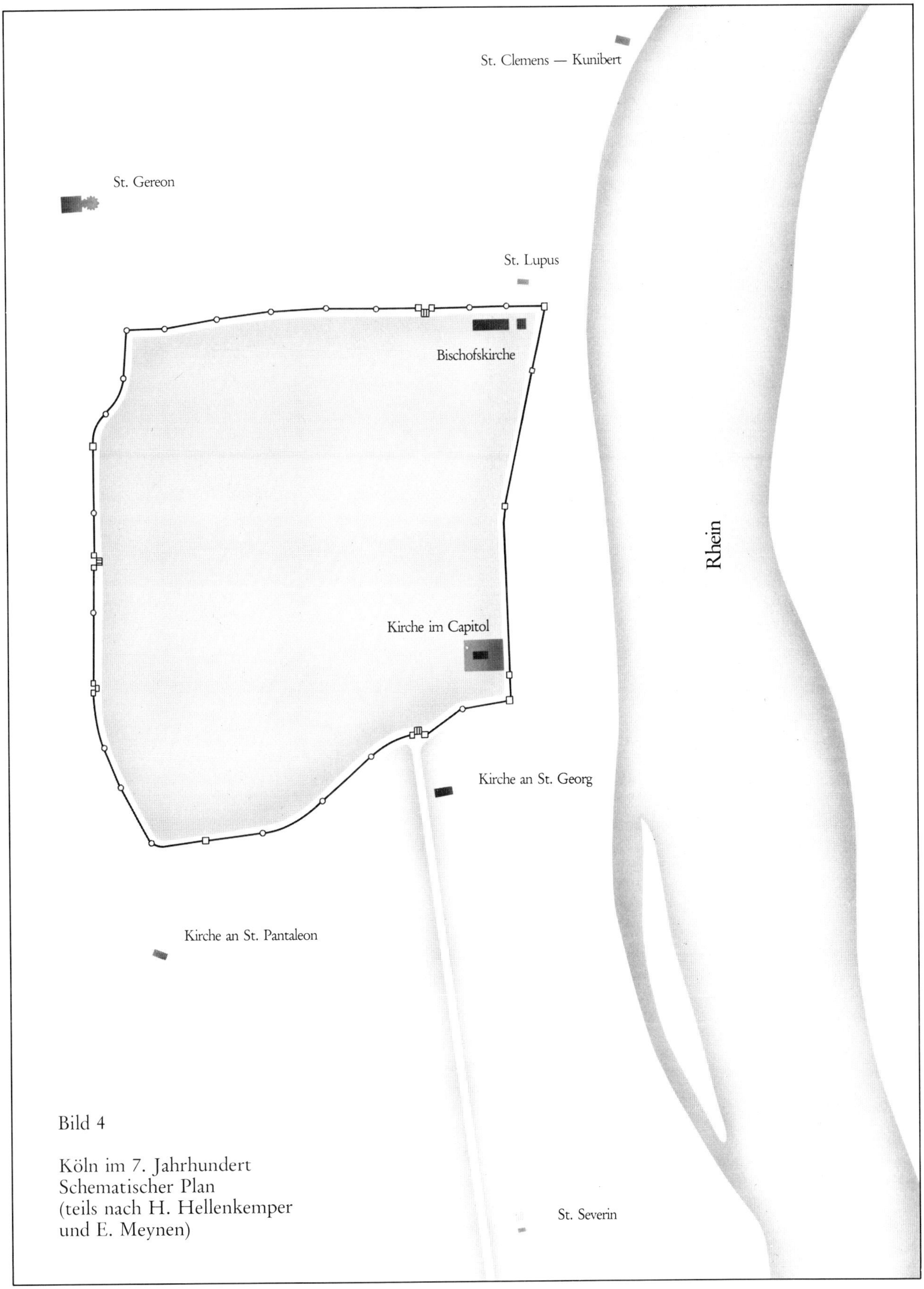

Bild 4

Köln im 7. Jahrhundert
Schematischer Plan
(teils nach H. Hellenkemper
und E. Meynen)

getroffenen Anordnung indessen bleibt Raum für mindestens zwei weitere, wenn nicht gar für vier Plattensärge. Wenn es zur Fortsetzung der Begräbnisse nicht gekommen ist, kann dies eigentlich nur bedeuten, daß die zur Familie gehörenden anderen Familienmitglieder bei ihrem Ableben entweder nicht mehr in Köln waren oder — was wahrscheinlicher ist — von ihrem Sterbeort aus nicht nach Köln übergeführt wurden. Dies wiederum belegt, daß die Anwesenheit merowingischer Könige in Köln immer nur eine zeitweise war, und dies erklärt auch, warum die Kapelle nur wenige Jahrzehnte bestand. Dann nämlich wurde sie abgebrochen, bis auf die Fundamente planiert, und mit einem danach erfolgten Kirchenneubau ging die Erinnerung an diese beiden königlichen Personen unter.

Ein anderer Ansatz für eine königliche Grablege der Merowinger ist für St. Gereon zu vermuten. Zwar haben die jüngsten Ausgrabungen von Johannes Dekkers unter St. Gereon (1979—1981) eindeutig gezeigt, daß durch archäologische Ausgrabungen für diese Frage keine Belege mehr beigebracht werden können. Die mittelalterlichen Suchgrabungen nach Märtyrergräbern haben im gesamten Zentralbau alle fränkischen Gräber ausgeräumt. Nur in der Vorhalle fanden sich noch einige spätere, fast alle durch mittelalterliche Beisetzungen gestört, was schon nach Armin von Gerkans Beobachtungen zu erwarten gewesen war. Indessen gibt es einen von K. Corsten entdeckten Bericht Fredegars, der wahrscheinlich macht, daß in St. Gereon am Anfang des 7. Jahrhunderts Theudebert II. (596—612) sowie seine unmündigen Söhne Chlotar und Merowech beigesetzt gewesen sein könnten. Eugen Ewig hat vermutet, daß sie erst an anderer Stelle beigesetzt waren und dann nach dem großen politischen Umbruch nach 613 nach Köln übergeführt wurden. Wie dem sei, jedenfalls kann nicht ausgeschlossen werden, daß neben den bedeutenden merowingischen Grablegen in Paris, Reims und Soissons wie auch Orléans sowie neben einigen kleineren sich auch in Köln Ansätze für dergleichen Einrichtungen bildeten. Indessen auch unter St. Gereon geriet dieser Ansatz, wenn er überhaupt wirklich bestanden hat, wieder in Vergessenheit. Das heißt, sicher kann man St. Gereon nicht als königliche Grablege der Merowinger bezeichnen, allenfalls festhalten, daß eine fränkische Gemeinschaft diesen herausragenden Bau auch für Beisetzungen nützte. Da, wie gesagt, von archäologischer Seite kein näherer Aufschluß mehr beigebracht werden kann, bleibt offen, ob nicht die Beisetzungen unter St. Gereon der Struktur des Gräberfeldes nach eher mit dem unter St. Severin verglichen werden müßten.

In dem Bezirk von St. Severin jedenfalls entwikkelte sich wohl ein Hofesgewicht mit einer beachtlichen Kirche als geistigem Zentrum. Die Beurteilung des Gesamtbefundes bleibt so lange unsicher, als nicht die Gräber nach dem neuesten Forschungsstande bearbeitet sind, wofür Fritz Fremersdorf solide Vorarbeit geleistet hat. Sind aber an St. Severin Bauarbeiten als sicher zu erschließen, bleiben solche für die Bischofskirche auf Ausnahmen beschränkt, richtete man sich in St. Gereon ein, ohne noch den gesamten Baubestand im Westen um das Atrium zu nutzen. Mit anderen Worten: obschon es wenigstens an der Bischofskirche zum Ansatz einer herausragenden Grablege kam, scheint, sieht man von dem Siedlungsgewicht an St. Severin ab, das 6. Jahrhundert in Köln eher von einer gewissen Stagnation bestimmt. Man wird sagen wollen, es konzentrierte sich das Stadtleben auf die Bischofskirche und auf einige Siedlungsfelder extra muros wie bei St. Severin und St. Gereon (Bild 3).

Im 7. Jahrhundert dagegen belebte sich die Szene in Köln. Verglichen mit anderen Zentren war diese Belebung zwar bescheiden, jedoch im Hinblick auf die späteren Wachstumsstufen nicht eben ohne Konsequenz. Es bildeten sich nämlich einige Grundzüge aus, die den konkreten Ausgangspunkt für die spätere Entwicklung abgeben sollten (Bild 4).

Wie stellte sich aber das Bild in den eigentlichen Zentren des merowingischen Reiches dar? Nur mit Erstaunen kann man notieren, daß es im merowingischen Paris 20 Kirchen gab. Für Reims sind 22 aus den Quellen zu erschließen, für Metz sind wenigstens 8 große Kirchen zu belegen. Im 8. Jahrhundert sollen es dort zeitweise 38 gewesen sein, was übertrieben erscheint, sich allerdings relativiert, wenn man einrechnet, daß manche dieser bezeugten Einrichtungen vielleicht nicht selbständige, sondern mit größeren zusammen zu sehende Kapellen gewesen sein mögen. Erkenntlich indessen wird an dieser Auflistung, wie stark die Randlage Kölns in der merowingischen Zeit war. Zieht man Orte wie Andernach oder Bonn hinzu, schärft sich die Nebenrolle Kölns noch eher. Immerhin verzeichnete im gleichen Zeitraum das auch an den Rand geratene Trier noch 8 kirchliche Einrichtungen.

Mit dem fränkischen Bischof Eberigisil (um 590), nachdrücklicher vielleicht noch unter dem aus dem Moselgebiet stammenden Bischof Kunibert (um 626 bis nach 648) erhält das merowingische Köln einen neuen Rang.

Manche glauben, diese Phase auch schon mit dem Bischof Carentinus (um 565 erwähnt) beginnen lassen zu sollen. Aber die Zuordnung an Eberigisil, der ebenso wie Kunibert mit dem merowingischen Königshaus in enger Verbindung stand, scheint überzeugender.

Während des 7. Jahrhunderts jedenfalls wurde die Bischofskirche von Grund auf neu gebaut. Dabei gewann — man gab das Atrium auf — die Kirche die doppelte Länge. Außerdem wurde sie doppelchörig. Eine für den Ostchor im archäologischen Befund nachgewiesene Bema-Anlage weist auf eine reich entfaltete Liturgie hin. Wenn in den schriftlichen Quellen dafür auch keine Anhaltspunkte erhalten sind, scheint zu diesem Zeitpunkt neben dem Patrozinium von Salvator und Maria auch dasjenige des Heiligen Petrus an der Bischofskirche installiert worden zu sein. Solcherart gab wohl der Kölner Bischof seine Vormachtstellung zu erkennen. Es gründete sich hierin die neue Bindung an Rom (Bild 4).

Entscheidend ist dabei aber, daß es nicht mit diesem ins Auge fallenden Ausbau der Bischofskirche sein Bewenden gehabt haben kann. Die Kirchenerweiterung setzt zwangsläufig die Existenz einer größeren Klerikergemeinschaft voraus. Darüber hinaus bildeten sich Bedürfnisse, die befriedigt sein wollten. Für den Gottesdienst bedurfte es der Paramente, des Weihrauches; Bücher mußten verfügbar stehen. Daraus ergibt sich, es werden Handelsbeziehungen gewinnreich geworden sein, was die Ansiedlung von Händlern zwingend macht. Auch für die Bauarbeiten selbst bedurfte es tätiger Kräfte. Da solche kaum in ausreichender Zahl am Ort vorhanden gewesen sein werden, ist mit dem Zuzug solcher Menschen zu rechnen. Blickt man alleine unter dem Aspekt von Bautätigkeit auf die weitere niederrheinische Landschaft, findet man sie ohne erkennbare Steinbauten von nennenswertem Umfang. Fast allerorten sind Steinbaumaßnahmen später zu datieren. Man behalf sich noch überall mit Holzbauten, die allenthalben den Ansprüchen genügten.

Bis heute sind Siedlungsspuren des 7. Jahrhunderts im Stadtgebiet von Köln kaum gefunden, von dem Areal um St. Maria im Kapitol abgesehen. Möglicherweise sind sie nie mehr beizubringen, da ihre kärglichen Reste bei späteren Baumaßnahmen des Mittelalters oder der Neuzeit verlorengingen. Da indessen ein Bauvorhaben nicht ohne Bauleute entstehen kann und Bedürfnisse nicht ohne Händler gestillt werden können, ist ein solches mit dieser Neubaumaßnahme verbundenes Siedlungsgewicht zu postulieren. Dieses wird sich mit einiger Sicherheit nahe der Bischofskirche in den Stadtleib eingenistet haben. Ehestens kommt dafür das Gebiet der späteren Pfarre St. Kolumba in Frage, das ich früher schon als mit dem karolingischen Dombau verknüpft bezeichnet habe.

Es zeigt sich mithin, der Bischof als Bauherr seiner Bischofskirche setzt, siedlungsgeschichtlich gesehen, den Akzent nicht nur auf Bebauung des Platzes, sondern wird zum Begründer einer Stadtwurzel, die von der Bischofskirche ihren Ausgang nimmt.

Stadt ist in diesem Augenblick als reduziert auf das Gebiet der Bischofskirche zu sehen, welche aber im Moment ihres Aufschwunges sofort einen Siedlungsflecken für Händler und Handwerker an sich gezogen hat. Dieser Prozeß wiederholt sich zu einem späteren Zeitpunkt an Orten, wo von den Stifts- oder Klosterkirchen Belebungen ausgehen, in vergleichbarer Weise. Die Beispiele Xanten, Neuss und Bonn halten dafür inzwischen im archäologischen Befund hinreichendes Urkundenmaterial bereit.

Wird man also auch formulieren müssen, Köln reduziere sich in dieser ersten eigenständigen Wachstumsstufe auf dem Wege in die mittelalterliche Stadtwelt auf den Bezirk der Bischofskirche, so hat doch diese Bischofsstadt ein Umfeld, das gleichfalls bedeutsame Keime für den späteren Stadtwerdungsprozeß in sich schließt.

Man wird immer wieder die Agrarstruktur dieser frühen Stadtwelt betonen müssen. Erst dann wird verständlich, wie sehr die »Nebengewichte« Bedeutung im Hinblick auf den späteren eigentlichen Stadtwerdungsprozeß hin haben.

Einige dieser an sich eigenständigen Siedlungsgewichte wurden schon erwähnt, nämlich St. Severin und St. Gereon. Sie bestehen weiter.

An St. Gereon verändert sich während des 7. Jahrhunderts noch nichts, dagegen scheint St. Severin ein Aufschwung getroffen zu haben. Wenn nämlich nicht alles täuscht, wurde die inzwischen ruinös liegende dreischiffige Kirche, die vermutlich um 400 entstanden war, durch einen großen dreischiffigen Kirchenbau ersetzt, der die inzwischen dort entstandenen Gräber führender Familien unter sich nahm, wogegen diejenigen der Halbfreien und Unfreien außerhalb des Kirchengebäudes blieben. Wenn ich es nicht ganz falsch einschätze, dokumentiert der für St. Severin aus dem archäologischen Material zu erschließende Befund in kennzeichnender Weise den Aufschwung des der Kirche zuzurechnenden Hofesgewichtes. Mit anderen Worten: energisch außerhalb der Stadt bildete sich eine Eigenkirche, möglicherweise des Bischofs, an der eine Klerikergemeinschaft Dienst getan haben könnte. Die Klerikergemeinschaft wäre dann hier angesiedelt worden, um ein immerwährendes Gebet für die unter der Kirche Begrabenen zu garantieren. Letztlich ist dies wohl, neben der Seelsorgebetreuung der im Umfeld wohnenden Menschen, der eigentliche geistige Grund der frühen Eigenkirchen — auch auf dem flachen Lande übrigens — gewesen.

Zu St. Gereon und St. Severin treten nun zwei neue Siedlungsgewichte auf den Plan. Ein jedes von ihnen hat Eigenwert. Eines stellt sich als vorübergehender Ansatz heraus, das zweite als solches — wie bei St. Severin und St. Gereon — mit andauernder Wirkung. Man muß dermaßen differenzieren, damit kenntlich wird, wie nicht jede in dieser Wachstumsstufe neu gesetzte Wurzel auch sofort Bestand auf Dauer hat.

In der Südostecke der römischen Stadt, deren Gebäude im 7. Jahrhundert nur noch Trümmer waren, entstand ein neues Hofesgewicht, für das Plektrudis, die Frau des merowingischen Hausmeiers Pippin des Mittleren (635—714), nach 689 (?) und vor ihrem Tode 714 in Köln eine Kirche baute. Sie benutzte dafür, wie ich meine nachweisen zu können, die Reste des Capitolstempels, dessen Existenz unter der Kirche St. Maria im Kapitol archäologisch eindeutig gesichert ist. »In capitolio« begegnet für Köln als Bezeichnung erst in der Chronica Regia um 1175. Hierfür hat man wohl den Einfluß des Italienfahrers Erzbischof Rainald von Dassel (1159—1167) anzunehmen. Der Name St. Maria in Capitolio ist darüber hinaus zum ersten Mal in einer Urkunde von 1189 verzeichnet, für die Forschung lange Grund genug, hierfür eine späte romanisierende Tradition anzunehmen (Bild 4).

Die Forschung hat über die Gründung der Kirche durch Plektrudis lange Debatten geführt. Noch heute gilt: »Älter als alle schriftlichen Zeugnisse für die Verehrung Plektrudis in Maria im Capitol ist die dort noch zu sehende, etwa 1150/1160 entstandene Reliefplatte mit der Inschrift ›St. Plektrvdis Regina‹«

(F. Mühlberg). Nach den Untersuchungen von E. Hlawitschka, denen H. Jakobs folgte, kann als gesichert gelten, daß erst Erzbischof Bruno (953—965) hier ein Damenstift eingerichtet hat, Plektrudis aber um 700 wohl nur eine Kirche gründete.

Als Kirche diente vermutlich die mittlere Cella des Kapitolstempels, die 15 m lang und 7,50 m breit war. Im Osten davor lag das Grab der Plektrudis, dem ein weiteres herausgehobenes benachbart war. Den Raum zwischen Tempelpodium und Temenos-Mauer nahm ein fränkisches Gräberfeld ein, von dem bislang nur erste Teile an den West- und Ostseiten durch Ausgrabungen bekannt sind. Diese Kirchengründung der Plektrudis scheint im Verlaufe des 8. oder im frühen 9. Jahrhundert wieder untergegangen zu sein. Erst im 10. Jahrhundert griff dann Erzbischof Bruno (953—965) an dieser Stelle wieder ein und gründete, den Kapitolstempel überbauend, das Damenstift St. Maria.

Das Beispiel der Plektrudis-Gründung zeigt also deutlich, wie es in dieser Wachstumsstufe zur Anlage eines neuen Siedlungsgewichtes kam, diesem aber keine Dauer beschieden war (Bild 4).

Anders verhielt es sich mit der Kirche St. Clemens, die Bischof Kunibert gründete und die später seinen Namen erhielt. In der schriftlichen Überlieferung ist dieser Neubau zwar erst spät, und zwar in einer im 10. Jahrhundert niedergeschriebenen Lebensgeschichte des Heiligen Kunibert, zum ersten Male erwähnt. Dort heißt es, daß er »eine Kirche außerhalb der Mauern Kölns zu Ehren des Heiligen Märtyrers Clemens« errichtet und daran auch Stiftsherren angesiedelt habe. Nach seinem Tode 648 (?), November 12, wurde Kunibert in seiner Stiftung beigesetzt (Bild 4).

Wahrscheinlich war im 7. Jahrhundert im Areal um St. Kunibert eine Siedlung entstanden. Sie mag an die Gebäude eines römischen Gutshofes, der aufgrund von Zufallsfunden hier anzunehmen ist, angeknüpft haben; auch Reste der großen römischen Gräberfelder lassen sich hier nachweisen. Wie der Gründungsbau des Bischofs Kunibert beschaffen war, kann nur durch Ausgrabungen geklärt werden. An der Tatsache als solcher ist kaum zu zweifeln.

Ohne Zweifel waren zu diesem Zeitpunkt mithin auch im Vorfeld der Stadt neue Siedlungen entstanden, die nun durch den Bau einer Kirche ihren geistigen Mittelpunkt erhielten. Ob mit der Gründung gleich eine Stiftsgemeinschaft eingerichtet wurde, bleibt vorab offen. Aber in einem Punkt ist die Kirchengründung darüber hinaus von Belang. Nach dem Tode Kuniberts sind aufgrund einer Mitteilung des Beda (735) in diese Kirche im Jahre 687 die Gebeine der beiden Heiligen Ewalde durch König Pippin übergeführt worden. Das heißt, der jungen Gründung wurde ein bedeutender Heilsschatz zugeführt. Das dürfte belegen, die Zeitgenossen maßen diesem Siedlungsgewicht mit seiner Kirche eine besondere Bedeutung zu.

Insgesamt ergibt sich für diese erste Wachstumsstufe auf dem Wege zur mittelalterlichen Stadt mit schöner Klarheit: die in eine erweiterte Geltung gelangte Bischofskirche setzt einen Siedlungsprozeß in Gang. Indessen bestehen die einzelnen Gewichte ziemlich selbständig nebeneinander. Die herausragende Position besetzt eindeutig die Bischofskirche, in deren näherem Umfeld die anderen Siedlungskammern sich finden, wozu neben den genannten vielleicht auch noch solche bei St. Pantaleon wie um die spätere Kirche St. Lupus hinzugerechnet werden könnten.

Die römische Colonia war untergegangen. Nur noch die Mauern kündeten von ihrer ehemaligen Größe. Der Stadtleib selbst lag wüst. Kleine Siedlungsfelder waren allein noch von Menschen besetzt, kaum anders als im engeren Umland, wo die Stifte begannen, ihr geistiges Eigengewicht zu entfalten.

In dem Augenblick, wo Karl der Große mit dem Land der Franken das der Sachsen verband, änderte sich Kölns Situation schlagartig. Köln wurde nun kirchliches Zentrum für die neuen sächsischen Gebiete. Dadurch wurde die Ansiedlung aus ihrer Randlage erlöst. Gewissermaßen wurde nun der Traum von Augustus und Agrippa wahr: die Kölner Kirche, die mit der Staatsmacht damals identisch zu sehen ist, avancierte zur Mutter aller Kirchen für das riesige Metropolitangebiet. Was der Ara Ubiorum zugedacht war, sie aber nie hat ausfüllen können, wurde die Aufgabe der Kölner Bischofskirche: der zentrale Altar einer riesigen Provinz zu sein.

In diesem Augenblick schien es geboten, geschichtliche Tradition aus dem Bereich der Vermutung heraus zu holen und sichtbar mit Beweis zu versehen. Daher wurde die fränkische Bischofskirche durch einen Neubau ersetzt. Dabei entstand eine Architektur von höchstem Rang, zum ersten Mal seit dem Bauwunder der spätantiken Memoria von St. Gereon. Auf diese Art wurde der neue Anspruch, der politisch begründet war, weithin aufragend sichtbar gemacht.

Das Bewußtsein indessen wurde nicht nur in der Bauform ausgesprochen, sondern diese war eher Zeichen für die in dem Neubau aufgerichteten Altäre, die das eigentliche geistige Ereignis bildeten. Es waren zwei: derjenige der Allerseligsten Jungfrau Maria sowie derjenige des Apostelfürsten Petrus (Petrus apostolico princeps). Beide Altäre ließ Erzbischof Hildebold (794—818) auf ausdrückliche Anordnung König Karls des Großen, wie Alcuin berichtet, mit kostbaren Metallen verkleiden.

Damit war die Stadt, für die damals der Dombereich stand, gebaut um des Weltheiles willen, das in Maria Mensch geworden ist und das in Petrus, dem Nachfolger Christi, fortlebt, sichtbar unter den Menschen.

Mit der Existenz des Petrusaltares ist die Kölner apostolische Succession begründet und fixiert. Darunter verstand man: die Kölner Kirche ist von Petrus selbst gegründet.

Seitdem stand für das Bewußtsein des mittelalterlichen Menschen eindeutig fest: diese Stadt habe eine bis auf Petrus reichende Tradition. Insoweit ist Köln eine nicht nur von einem Kaiser, sondern von dem Stellvertreter Christi und damit — nach der Vorstellung des Mittelalters — von Christus selbst gegründete Stadt.

Das Heilige Köln, hervorgegangen aus der antiken Stadt, war in die Erscheinung getreten.

IV. Das karolingische Köln

Hildebold (vor 787—818), vermutlich seit 787 Bischof von Köln, stieg 795 zum Erzbischof auf. Die von ihm regierte neue Kirchenprovinz reichte von diesem Augenblick an vom heutigen südlichen Belgien bis vor die Tore Hamburgs. Hildebold, dessen Rat am Hofe Karls des Großen gesucht war, kann ohne Übertreibung als der eigentliche Begründer der mittelalterlichen Stadt Köln bezeichnet werden. Unter ihm und seinen Nachfolgern Gunthar (850—863/870) und Willibert (870—889) gewann Köln einen neuen Rang. Es entstand ein Modell für Stadt, wie man diese neue Wachstumsstufe wohl nennen muß. Diese Stadt indessen unterschied sich von derjenigen der römischen Welt grundsätzlich. Sie war ihrer Substanz nach eine Stadt aus Bischofskirche und Heiligtümern. Zu ihrer Ausbildung wurde auf die Siedlungsgewichte zurückgegriffen, die sich in der merowingischen Zeit ausgebildet hatten. Diese gewannen nun eine neue Qualität, allen voran die Bischofskirche selbst, die gerade jetzt den unbestreitbaren Höhepunkt einer Stadtlandschaft abgab, die sich auszubilden begann.

Das karolingische Köln ist durch die großen archäologischen Ausgrabungen, die meist erst nach 1945 möglich wurden, einigermaßen klar ans Licht getreten. Viele seiner Grundzüge sind dabei mit dem Namen Otto Doppelfelds fest verbunden. Manche archäologische Urkunde förderte schon früher aber auch Fritz Fremersdorf zutage, wie in diesem Zusammenhang Josef Tholen nicht ungenannt bleiben kann. Für diesen und jenen Problemkreis, vor allem für die Bischofskirche selbst, ist neuerdings die Diskussion wieder in Gang gekommen. Galt bis eben noch die sorgfältige Erschließung der archäologischen Befunde durch Willi Weyres unter der Bischofskirche als letzte Absicherung für die Datierung des großen Neubaues in das 9. Jahrhundert, haben einige Anmerkungen von mir sowie die jüngsten Grabungsergebnisse, die Arnold Wolff zutage gefördert hat — ein östliches Querhaus wurde 1979 nachgewiesen —, Günther Binding veranlaßt, eine Neudatierung des Domneubaues vorzuschlagen, die wieder auf das 10. Jahrhundert zielt.

Nun kann im Rahmen dieser Darstellung keine Forschungsdiskussion geführt werden. Jedoch selbst bei grundlegender Änderung der Datierung bleibt es doch wohl bei der in karolingischer Zeit gesetzten Neugewichtung.

Würde aus Gründen der Baugeschichte die Datierung des großen karolingischen Domes tatsächlich in das 10. Jahrhundert hochgeschoben werden müssen — was ich für wenig wahrscheinlich halte —, brauchte man damit nicht unbedingt bis in die Zeit des Erzbischofs Bruno (953—965) zu gehen. Als Bauherr käme dann eher Erzbischof Wichfried (924—953), der Vorgänger Brunos, in Frage. Es bliebe für Bruno dann immer noch, wie sich dies aus dem archäologischen Baubefund und der Quellenlage ergibt, die Erweiterung des Baues auf die Fünfschiffigkeit wie die weitgehende Umwandlung der gesamten Westseite der Stadt zwischen Hohe Straße und Stadtmauer, samt der Neubegründung von St. Maria im Kapitol, der Begründung von Groß St. Martin wie der Gründung des Benediktinerklosters an St. Pantaleon. Doch wie gesagt, vorab ist die von Doppelfeld und Weyres abgesicherte Datierung noch nicht erschüttert. Mithin folgen wir für diese Darstellung noch der bisher gültigen Vorstellung, zumal unter Auswertung aller verfügbaren schriftlichen und archäologischen Quellen eine abgesicherte Datierung in das 10. Jahrhundert sehr schwierig sein dürfte, wie ich bei neuem Durchdenken des Problemkreises meine feststellen zu müssen. Daran ändert auch wohl nichts, daß das in Köln gefundene Baumuster seiner Zeit voraus war. Andererseits enthält es mannigfache Züge, die nur dem 9. Jahrhundert eigen sein können und im 10. Jahrhundert wie nachgeholt wirken müßten. Dies indessen wäre wieder mit der aus dem allgemeinen Zusammenhang zu erschließenden Bedeutung der Bischofskirche nicht zu vereinbaren.

Für den hier herzustellenden Überblick genügt die Vorstellung der Grundzüge, weil schon aus ihnen die Tendenz, die dem ganzen zugrunde liegt, erkannt werden kann.

Ziemlich unmittelbar nach seiner Wahl zum Bischof muß Hildebold (vor 787—818) einen Neubau der Bischofskirche in Gang gebracht haben. Die Baumaßnahme ist noch vor 800 zu datieren. Sie zielt, soweit sich erkennen läßt, auf einen teilweisen Neubau der merowingischen Bischofskirche. Bezeichnenderweise beginnt sie mit dem Westchor, der nach Lage der Dinge seit dem 7. Jahrhundert dem Heiligen Petrus geweiht war.

Damit gewinnt dieser Neubau einen Ansatz kirchenpolitischen Charakters: in der Neugestaltung des Petruschores betont der Bauherr nicht nur dieses Patrozinium vor dem des Ostchores mit Salvator und Maria, sondern gibt sich als der Vertreter Petri zu erkennen und äußert darin seinen Anspruch, der Petrus seines Sprengels zu sein. Dies muß wohl schon mit der Hinzugewinnung der neuen sächsischen Gebiete zusammengesehen werden. Im Jahre 795 waren Köln die Suffraganbistümer Münster, Bremen und Osnabrück zugeteilt worden, was die Bauzeit auf den Zeitraum nach 795 und vor 800 einengen dürfte.

Der neue Chor, der bereits ein westliches Querhaus vorsah, besaß um seine Apsis einen Umgang, also ein Ringatrium. Diese Baukörpergruppierung, die sonst nur von dem jüngeren Gallener Klosterplan (nach 818) bekannt ist, dürfte damals in Köln erfunden worden sein. Dies wirft ein bezeichnendes Licht darauf, wie in der Zeit Karls des Großen Köln, das neben Mainz zum Zentrum neuer Bistümer bestellt wurde, auch zu einem geistigen Mittelpunkt zu werden begann. Schon dieser »Bauansatz« des Hildebold setzte ein Baumuster von Format.

Der archäologische Befund läßt keinen Zweifel daran, dieser kühne Ansatz, der ziemlich sicher auch auf den Neubau des Kirchenganzen zielte, gelangte über den Bau dieser Choranlage nicht hinaus. Das gesamte Bauprogramm wurde vielmehr einer Revision unterzogen. Man setzte dabei nicht nur auf ein Baukunstwerk, sondern strebte Monumentalität an. Noch unter Hildebold (vor 787—818) muß der Gesamtplan entworfen worden sein, dessen Ausführung sich bis kurz nach der Jahrhundertmitte hinzog. Örtliche Schwierigkeiten — Erzbischof Gunthar (850—863/870) wurde 863, weil er König Lothar in einer Ehesache in Schutz genommen hatte, abgesetzt — zogen die Weihe heraus. Sie nahm am 27. September 870 Erzbischof Willibert (870—889) vor, und zwar im Rahmen einer Provinzialsynode. Das heißt, die Weihe fand in einem feierlichen Rahmen statt und damit in Anwesenheit der damaligen »Gesellschaft«.

Der Plan für diesen Neubau der Bischofskirche blieb nicht auf den Kirchenbau beschränkt, sondern griff auf die engere Umgebung aus.

Zunächst die Bischofskirche. Mit der dreischiffigen Pfeilerbasilika wurden zwei mächtige Querhäuser verbunden. Unter den Ost- und Westchören legte man Krypten an, wobei die westliche als eine Nachbildung der Krypta über dem Petersgrab in Rom zu betrachten ist. Zudem wurde die Westapsis als Schaufront ausgebildet. Nach Westen und Osten schloß man an den riesigen Baukörper Atrien an. Im Westen aktivierte man gewissermaßen das römische Nordtor, das in die Gesamtkomposition eingebunden wurde. Jedermann, der von Norden her durch die alte römische Mauer eintrat, sah sich alsgleich bei dem wirklichen Stadtherren zu Gast, denn das westliche Atrium reichte mit seiner Westseite, in die eine Torhalle einbezogen zu denken ist, bis hierher (Bild 5).

Damit nicht genug, nutzte man den Platz an der Südseite von Bischofskirche und Atrien zur Anlage eines Palatium. Eine andere Deutung lassen die bei den archäologischen Ausgrabungen hier aufgedeckten Mauerzüge kaum zu. Mit anderen Worten: Angeregt von Hildebold planten die Bauleute noch eine große Bischofskirche, die sich in die Nordostecke des beinahe leerstehenden römischen Stadtgehäuses einschmiegte. Dieses Gebilde kann man, die Gürtung durch den Mauerwinkel der alten römischen Stadtmauer in Rechnung gestellt, kaum anders denn als eine riesig dimensionierte Bischofsburg bezeichnen. Diese Bischofsburg aber macht den eigentlichen Anfang der mittelalterlichen Stadtbaugeschichte von Köln aus. Sie ist nicht mehr oder weniger als der »Lateran des Kölner Erzbischofs«.

Dem geistigen Anspruch, der das Bauvorhaben beseelte, entsprach die hohe Bauqualität. Die Anlage insgesamt besitzt Modellcharakter. Der Gesamtbauentwurf denkt seiner Zeit voraus.

An anderer Stelle habe ich dargelegt, wie wenig ein solches Bauunternehmen von den damals am Ort Ansässigen in den wenigen Jahrzehnten des Baubetriebs durchgeführt worden sein kann. Ein so dimensioniertes Vorhaben erforderte hinlängliche Arbeitskräfte, eine greifende Arbeitsorganisation, im Grunde wenigstens in mehr als nur einem Ansatz eine schon arbeitsteilig aufgeschlüsselte größere Menschengruppe. Das heißt, hier wächst aus dem gesetzten politischen Anspruch, den der Erzbischof als Feudalherr vorgibt, das Bedürfnis nach Ausführenden. Dies muß, auch wenn keine schriftliche Quelle darüber berichtet, zu einer ausgesprochenen Zuzugsbewegung auf diesen nun mit Elan sich bildenden Vorort geführt haben. Allenfalls vorübergehend können die Menschen in Zelten gehaust haben. Die Dauer der Arbeit wie ihre Anstrengung setzten den Zwang für Dauerquartiere, der auch für die Werkhallen der Arbeiter bestand. Das heißt, das Ganze ist ohne tätige Menschen, denen Kenntnisse in bestimmten Handfertigkeiten zu vermitteln waren, nicht denkbar. Entsprechend der Größe des Vorhabens waren noch nachdrücklicher, als ich das für den Bau der merowingischen Bischofskirche des 7. Jahrhunderts anzudeuten versucht habe, nun Vorhaltungen für die tätigen Menschengruppen zu treffen.

An dieser Stelle begründet sich Stadtleben neu und wird gespeist aus Bedürfnissen, die die von der Herrschaft gestellte Aufgabe freisetzt. Dabei konnte »man« sich ziemlich sicher aus den lastenden Bindungen der familia durch Arbeit befreien. Weil die immer noch agrarisch strukturierte Feudalwelt für dergleichen Felder keine Vorhaltung hatte, einen solchen Prozeß eher für selbstverständlich hielt, gibt es darüber auch in den schriftlichen Quellen keine Notizen. Aber unzweifelhaft gründet sich an dieser Stelle das eigentliche Stadtleben tatsächlich neu. Vermutlich gewann zu diesem Zeitpunkt die spätere Pfarre St. Kolumba ihren Charakter als Handwerkerquartier. Ebenso kann nicht ausgeschlossen werden, daß zur gleichen Zeit zwischen östlicher römischer Stadtmauer und Rheinstrom sich wieder Händler niederließen, denn nicht alles, was man für das ehrgeizige Bauvorhaben brauchte, war aus den Vorräten der Ruinen, die man nun plünderte und als Steinbrüche auszubeuten begann, zu gewinnen. An dieser Stelle kann man fast nur raten, zumal in dem rheinseitigen Viertel, wie die archäologischen Ausgrabungen der letzten Jahre gezeigt haben, kaum der Schatten von Befunden für diesen Problemkreis beizubringen sein wird, weil eben alles durch Baueingriffe oder auch bei Planierungen später abhanden gekommen ist (Bild 5).

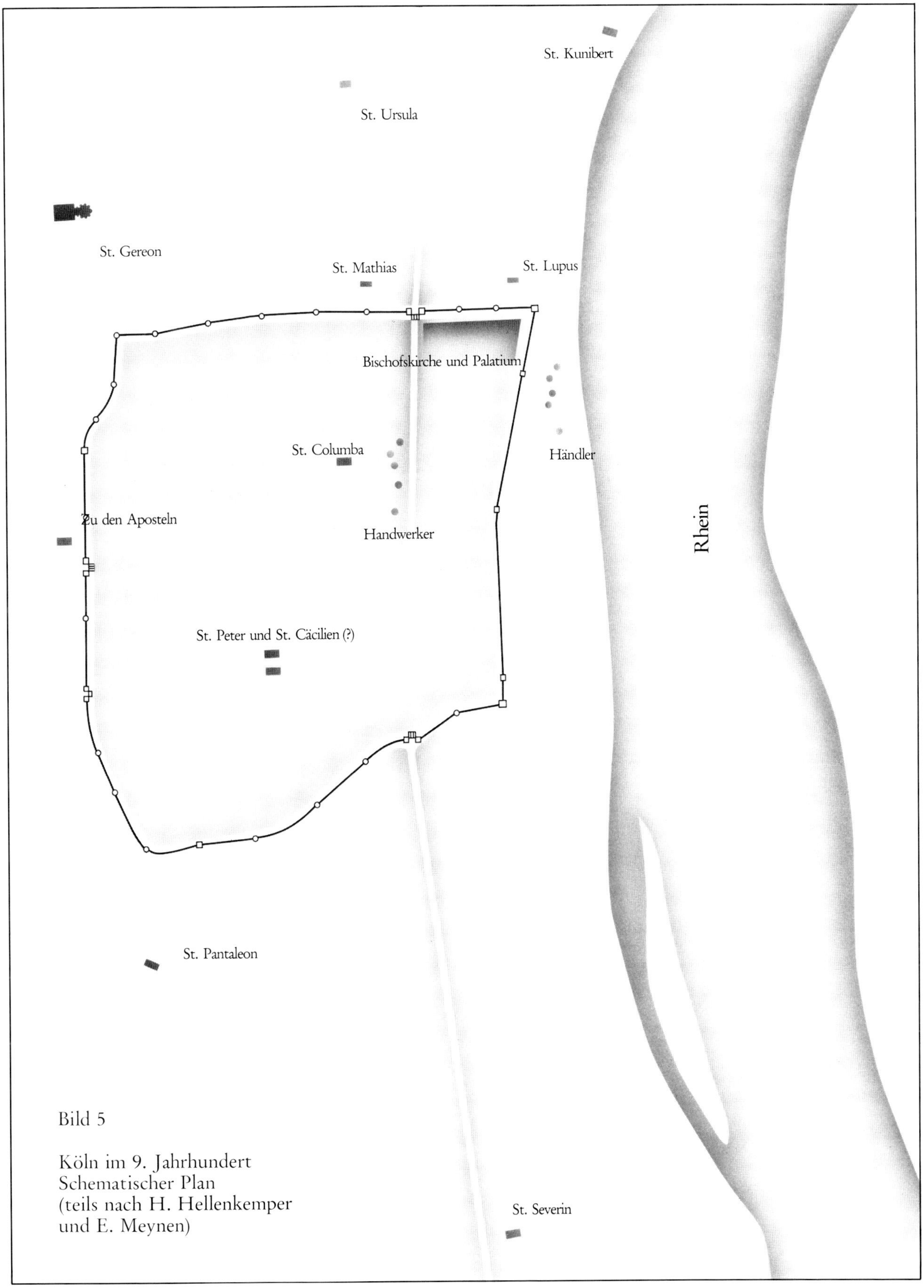

Bild 5

Köln im 9. Jahrhundert
Schematischer Plan
(teils nach H. Hellenkemper
und E. Meynen)

Stellt man sich das Gesamtprogramm vor Augen, so will einem scheinen, damals sei in Köln die bestehende Welt buchstäblich umgewandelt worden. Man kann nicht übersehen, wie in Zusammenhang mit der Verwirklichung dieser Bauidee nicht nur alles, was aus den früheren Zeiten herumstand, niedergerissen wurde, sondern die Grunderscheinung des Stadtbildes wurde durch Planierungs- und Aufhöhungsmaßnahmen sondergleichen regulär umgekrempelt. Ein nur auf die Baukunstwerke fixierter Blick mußte diesen grundlegenden Wandel, der sich unzweifelhaft in den ersten Jahrzehnten dieses karolingischen Jahrhunderts vollzog, einfach übersehen (Bilder 4 u. 5).

Eine solche Blickrichtung klammert auch den Alltag aus. Von da bis zu der falschen Einschätzung, die künstlerische Idee allein habe alles vermocht, ist nur ein kleiner, wenngleich verhängnisvoller Schritt.

Die Geschichte der mittelalterlichen Kathedrale beginnt nicht erst im 12. Jahrhundert, sondern bereits im 9. Jahrhundert. Sie ist mit diesem frühen Stadtwerdungsprozeß eng verbunden. In der Bauform wird ein Anspruch formuliert, der das bestimmende Weltbild propagiert. Die Herrschaftsform ist damals identisch mit derjenigen der Kirche. Christliche und weltliche Gewalt stellten sich als Einheit vor. Gemeint ist über den Herrschaftsanspruch hinaus das Ideal. Mithin stellt dieser Entwurf ein Modell für das Himmlische Jerusalem dar, wie man es derzeit sich vorzustellen vermochte. Aber dieses gedachte und in der Bauform dann auch vorgestellte Himmlische Jerusalem, das in der Bauform sogar auch ein Abbild des römischen Petrusgrabes in der Westkrypta enthielt, stand in einer realen Welt. Wie sah diese reale Welt im Umfeld dieser Kölner Bischofsburg aus?

Dem Vorstellungsvermögen sind zur Antwort auf diese Frage enge Grenzen gesetzt, weil die Befundlage zu knapp ist, und zwar sowohl für die schriftliche Überlieferung als auch bezüglich der dinglichen Hinterlassenschaften. Aber man wird sagen können, im Westen vor der Bischofskirche entstand eine Ansiedlung für Handwerker und Bedienstete. Ihr geistiges Zentrum wurde eine schlichte Kirche, die als bescheidener Saalbau ausgebildet war. Die Menschen selbst werden in Holzhäusern gewohnt haben, von denen sich keine Reste erhielten. Zieht man die schlichten Häuser des vicus Bonnensis — des karolingischen Bonn — zum Vergleich zu, stellt sich der Eindruck einer Kontrastwelt zu der des kirchlichen Hofes ein. Man wird an die Dritte Welt heute erinnert, wo zum Beispiel in Indien neben ganz glanzvollen Heiligtümern die bescheidenen Hütten der Menschen stehen; oder an Teile des Orients, wo sich »mittelalterliche Grundzüge« in der Lebensstruktur erhalten haben. Bei so gewichtetem Vergleich stellt sich eine realistische Einschätzung auch der karolingischen Lebenswirklichkeit her. Es wird dabei einsichtig, wie entschieden auch die mittelalterliche Stadt Köln in der karolingischen Zeit ihren Anfang aus dem Gegensatzpaar Bischofsburg und Siedlung zog. Es kann nichts darüber hinwegtäuschen, daß diese Lebenswirklichkeit für die mittelalterliche Welt nicht nur zu diesem Zeitpunkt, sondern weit darüber hinaus Wirklichkeit blieb. Das ist das Kennzeichen aller Feudalstrukturen (Bild 5).

Man kann sich fragen, ob denn das »Volk«, das diese Architektur von erheblichem Anspruch und außerordentlicher Baukunstwerkqualität nach den Anweisungen der geistig Bestimmenden und tatsächlich Anordnenden ausführte, denn außer während der Bauzeit jemals in ihr zugelassen war. Für Köln schweigen auch darüber die schriftlichen Quellen.

Aber an dieser Stelle muß man dann eben wohl allgemeine Kenntnisse oder gar Vermutungen einsetzen, die sich aus dem mittelalterlichen Quellengut insgesamt speisen können. Hierbei bildet eine Grundlage, daß in der hierarchisch geordneten Gesellschaft des Mittelalters auch die plebs, das Volk, seinen fest verankerten Platz hatte. Es hatte nicht allein seinen Stand zu ertragen, weil von Gott bestimmt, sondern infolgedessen auch seinen Platz in der Communio Sanctorum — der Gemeinschaft der Heiligen, wie offizieller Sprachgebrauch das »Gesellschaftsgesamt« damals benannte. Die das Geschehen bestimmenden Feudalherren, denen nicht nur der höhere Klerus, sondern als schriftkundig der gebildete Klerus allgemein zuzurechnen war, wären nicht zur Darstellung ihrer sozialen Statur gekommen, wenn nicht wenigstens bei Festanlässen »das Volk« zugelassen gewesen wäre. Willi Weyres hat bei seinen Analysen des Baubefundes der archäologischen Quellen von der Bischofskirche mehrfach darauf aufmerksam gemacht, daß trotz der Aufnahme geräumiger Portalzonen in die Querhäuser der Domkirche die eigentliche Zugangsseite, das will heißen, die eigentliche Portalseite, die Südseite gewesen sei. Das ist zutreffend und aufschlußreich zugleich. Mußte doch danach, von den wirklich Großen und den Klerikern abgesehen, jedermann an jenen Tagen, an denen die Bischofskirche dafür offen war, in sie Zugang über den »Palastbereich« nehmen. Das kann nur heißen, Herrschaft stellte sich im Zugang nicht allein der Architektur dar, sondern nur die Einordnung in diese Herrschaft, für die die Architektur eben vor allem stand, sicherte den Zutritt in die »Himmelswirklichkeit«, die das Innere weitaus geheimnisvoller und realer zugleich als die Darstellung des Außenbaues ausdrückte. Nicht von ungefähr kommt es, daß viele Süd- (gelegentlich auch West-) Vorhallen an den Kirchen Gerichtszwecken dienten. Möglicherweise klingt in der reduzierten Architekturform dieser Vorhallen die Kürzel für Palast an, die in den Grundmodellen, den großen Entwürfen für das Ideal, als Ausnahme verwirklicht waren; eine Frage, deren genauere Untersuchung reizvoll und lohnend sein könnte.

Noch das Innere der Kölner Bischofskirche war für die Partizipation des »Volkes« in besonderer Weise aufbereitet. Willi Weyres hat scharfsinnig vermerkt, daß zwischen den die Mittel- und Seitenschiffe teilenden Pfeilerarkaden Schwellsteine aus dem Boden um beinahe Stufenstärke aufragten, die den hemmungslosen Zutritt von den Abseiten in die Mitte gehindert haben müssen. Es fällt nicht schwer, sich in den nicht erhaltenen aufgehenden Pfeilern Löcher vorzustellen, in denen Gitter befestigt waren, die die Mitte des Raumes von den Seiten trennten; wie dies auch im Oktogon zu Aachen nachgewiesen ist. Dies bedeutet, die Seitenschiffe waren »Volksräume«, von wo aus dem großen Spiel der Heiligen Liturgie für die Allgemeinheit Zublick und auf Distanz gestellte Teilnahme eröffnet wurde. Von dort aus konnte auch der in der Mitte des Mittelschiffes placierte Kreuzaltar eingesehen werden, der im liturgischen Verlauf nicht einen Nebenplatz, sondern einen zentralen Ort zwischen den beiden Chören im Osten und Westen einnahm und an den nicht ohne Hintersinn noch im 10. Jahrhundert der Kölner Erzbischof Gero (969—976) den überlebensgroßen Korpus des nach ihm benannten Kruzifixus stiftete.

Mit diesen wenigen Andeutungen, denke ich, ist die herausragende Bedeutung der karolingischen Kölner Bischofskirche für die Gesamtheit der sich damals ausbildenden Stadtbevölkerung für den hier zur Sprache stehenden Zusammenhang ausreichend beschrieben.

Nun ist zu fragen, war dies das gesamte Köln der karolingischen Zeit? Die Antwort darauf ist einfach, nämlich in der Tat, dies war das eigentliche karolingische Köln, in dem sich Stadt prägnant als Bischofsburg mit dem wenig gewichtigen engeren Umfeld der Händler, Handwerker und allgemeinen Werktätigen vorstellte. Das engere Umland verharrte demgegenüber im Hergebrachten, allerdings mit einigen Akzenten, die eine aufkeimende Lebendigkeit erraten lassen. Außerdem waren, verglichen mit dem 7. Jahrhundert, einige neue Ansätze für spätere Stadtwurzelteile hinzugetreten.

Wenn nicht alles täuscht, war an St. Gereon eine leichte Bautätigkeit zu verzeichnen, die allerdings formal reduktiven Charakter hatte. Die Apsis des spätrömischen Ovalbaues muß nämlich zu diesem Zeitpunkt niedergelegt und durch einen Rechteckchor ersetzt worden sein, mit dem offensichtlich eine »Außenkrypta« verbunden wurde. Die Umänderung des Chores erfolgte aus einem konkreten Grund. Damals scheint man die ersten Leiber der Thebäer erhoben zu haben, für die man im neuen Chor eine Confessio einrichtete. Von der »Außenkrypta« aus war der neue Heilsschatz zu sehen und zu verehren. Eine Störung der Stiftsgottesdienste blieb dadurch vermieden (Bild 5).

Dieser unscheinbare Befund macht kenntlich, daß die Dombaumaßnahme ins Umfeld ausstrahlte, nicht unbedingt Bauproduktionen in Gang setzte, jedoch geistig Belebung bewirkte. Wenigstens an dieser Stelle gewann, ähnlich wie vorab in Bonn und Xanten, die Verehrung der römischen Blutzeugen ein neues Gewicht.

Auch St. Severin brachte sich mit neuem Klang zur Sprache. Diese Stiftsgemeinschaft konnte zwar nicht durch Heilsvorweisungen von sich reden machen, anstelle dessen gab sie sich Ansehen durch einen Kirchenneubau. Ein kraftvoller Saalbau ist aus dem archäologischen Baubefund zu erschließen, wohl auch ein Stück Bildung, denn als Baumuster wählte man den Typus der römischen Aula, die die Herrengemeinschaft zum himmlischen Thronsaal umgedeutet haben mag. Im Vorfeld der Bischofsburg wurde dabei ein Baumuster gesetzt, dem noch später in Köln Vorbildcharakter zuerkannt wurde (Bild 5).

Es zeigt sich also, daß zeitgleich mit den Aktivitäten an der Kölner Bischofskirche ältere, schon in merowingischer Zeit im Siedlungskonzert mitbestimmende Siedlungsplätze nun in eine neue Bewegung geraten. Wie weit dies auch für St. Kunibert gilt, bleibt offen, doch ist zu vermuten, auch dieser Platz war in die sich abzeichnende Bewegung eingeschlossen. Um so merkwürdiger will scheinen, daß die Kirche der Plektrudis an der Stelle des Kapitolstempels im Abseits blieb. Dafür gewinnen andere Siedlungsgewichte an Bedeutung. Unbestrittenen Rang hat mindestens nach der Mitte des 9. Jahrhunderts die Kirche im Gebiet von St. Pantaleon, die sogar zur Leuchterkasse des Domes aus ihren Überschüssen beizutragen vermag. Neue Siedlungsansätze bilden sich an der Stelle der späteren Apostelnkirche, St. Andreas tritt mit einer Capella St. Mathias auf den Plan, eine Belebung des alten Kultes an der Basilika St. Ursula (Kirche zu den Heiligen Jungfrauen) ist nicht auszuschließen und auch nicht von der Hand zu weisen, St. Caecilien habe noch während des 9. Jahrhunderts seine Begründung gefunden (Bild 5).

Vergegenwärtigt man sich dies insgesamt, ergibt dies ein Bild von ansprechender Siedlungslebendigkeit mit sehr verschiedenartig gewichteten kirchlichen Mittelpunkten (Bild 5).

Hat auch das stiftische Gewicht dabei Vorrang, kann man also die fördernde Hand des bischöflichen Stadtherren erkennen, der auf einen Kirchenkranz geistlicher Einrichtung abzielt, wird nicht zu verkennen sein, daß auch allgemein siedlungsgeschichtlich eine Belebung erfolgte. Ansätze wie bei St. Aposteln und St. Andreas mit St. Mathias deuten auf neu sich abzeichnende Hofesgewichte hin, wobei auch St. Severin und St. Gereon als Stifte aus solchen herausgewachsen zu denken sind. Dies kann nur bedeuten, es beginnt sich das Siedlungsnetz dichter zu knüpfen. Kennt man die spätere Entwicklung, wird man nicht umhin können anzumerken, es wurden zu diesem Zeitpunkt, wenn auch nicht mit der ausdrücklichen Kenntnis, wohin die angebahnte Entwicklung führen würde, die Grundzüge für später sich ausbildende Stadtquartiere gefügt (Bilder 5—8).

Unbestritten bleibt indessen: ein quasi-städtisches Gewicht stellt sich zu diesem Augenblick allein in der Bischofskirche St. Peter vor, die sich in die Dominanz bringt und daher, wenn auch nur in der Nordostecke des alten römischen Stadtgehäuses beheimatet, den eigentlichen Stadtkern der mittelalterlichen Stadt Köln abgibt (Bild 5).

Ein schärferer Bruch mit der römischen Stadt ist kaum denkbar. Das neue Köln des Mittelalters ist allein der Darstellung einer geistigen Vorstellung verschrieben (Bilder 1, 2 u. 5).

In der Peterskirche stellt sich der Stadtherr dar, der über Petrus sich auf Christus gründet.

Diese Bischofsstadt, die eine Burg war, meint im mittelalterlichen Sinne das Heil und ordnet alle Unterschiede von Person und Stand auf es zu (Bild 5).

Dieses Modell einer Stadt setzt die Weltordnung sichtbar, unter der sich das Zeitalter begriff.

V. Das ottonische Köln

Am Ende des 9. Jahrhunderts wurde das in die Aufblüte geratene karolingische Köln durch den Normanneneinfall des Jahres 881 empfindlich gestört. Merkwürdigerweise gibt es für Köln bis heute, anders als in Xanten und Bonn, im archäologischen Befund nicht den mindesten Anhaltspunkt für gewaltsame Zerstörungen. Unverkennbar indessen muß sich Angst der Einwohner bemächtigt haben. Für das Jahr 883 melden die Annales Fuldenses — die Fuldaer Annalen — Reparaturarbeiten an der römischen Stadtmauer, deren Verteidigungswert man nach dem erlittenen Schock wieder zu nutzen begann.

Kann man eine allgemeine Stagnation als Folge der das gesamte Niederrheingebiet treffenden Normanneneinfälle nicht ausschließen — mancherorts kam es zu verheerenden Verwüstungen und lang andauernden Folgen —, scheint man in Köln eher als anderswo wieder zur Lebensnormalität zurückgefunden zu haben.

Es fällt schwer, den sich nun anbahnenden Prozeß der weiter fortschreitenden Stadtgenese von Köln knapp zu beschreiben. Um ihn nur annähernd in den vielen erschließbaren Regungen darzustellen, müßten eigentlich viele Einzelfragen berührt werden. Davon wird abgesehen, weil auf die Darstellung von Grundzügen, wie sie für den Bauhistoriker wichtig sind, abgehoben wird. Der Historiker würde dabei vermutlich manchen Akzent anders setzen, wie zuletzt die weitblickende Abhandlung von Hermann Jakobs »Verfassungstopographische Studien zur Kölner Stadtgeschichte des 10. bis 12. Jahrhunderts« gezeigt hat, auf die ausdrücklich verwiesen wird. Ihm ist in den Grundzügen zuzustimmen, indessen sind manche baugeschichtlichen Fragen doch anders zu sehen. Gerade die archäologischen Ausgrabungen der letzten Jahre haben archäologische Urkunden geliefert, die in Verbindung mit der schriftlichen Überlieferung unsere Kenntnis gerade dieses Zeitraumes wie für das anschließende 11. Jahrhundert maßgeblich verändert haben.

Von Belang scheint mir zu sein, daß alsbald nach dem Normanneneinfall die Belebung der geschilderten Siedlungsgewichte ihren Fortgang nahm. Zu den monasteria von St. Gereon, St. Severin, St. Ursula und St. Kunibert wie zu der ecclesia St. Pantaleon tritt nun als neues stiftisches Gewicht St. Caecilien, das Erzbischof Willibert (870—888) im Jahre 888 einrichtete. Eine Wiederbelebung auch der Kirche St. Peter neben St. Caecilien kann für diesen Zeitraum nicht ausgeschlossen werden (Bild 6).

Auch zwischen römischer Stadtmauer und Rheinstrom ist das Areal vom Ende des 9. Jahrhunderts an offensichtlich stärker siedlungsmäßig genutzt, wie eine Aufsiedlung des gesamten Streifens zwischen Stadtmauer und Hohe Straße in Gang geraten zu sein scheint, mit einer Einschränkung: das engere Gebiet um St. Maria im Kapitol scheint zu diesem Zeitpunkt noch siedlungsleer geblieben zu sein. Warum, das ist schwer anzugeben. Nicht ausgeschlossen werden kann, daß an diesem Gebiet noch königliche Eigentumsrechte aus älterer Zeit hafteten, die jedem irgendwie gearteten Siedlungszugriff im Wege standen (Bilder 4—6).

Kurzum: Nach den Normanneneinfällen setzte sich der »Aufsiedelungsprozeß« fort. Er gewann — obschon das im einzelnen sehr schwer bis überhaupt nicht zu beurteilen ist — eine ziemliche Intensität, die einer ordnenden Hand bedurfte. Diese wurde Köln mit dem Erzbischof Bruno (953—965) zuteil.

Inmitten der an glänzenden Personen nicht eben armen Reihe der Kölner Erzbischöfe nimmt Bruno, der Bruder Ottos des Großen, eine Art Sonderstellung ein. Der gerade im Juli 953 zum Kölner Erzbischof Gewählte, im August Inthronisierte, wurde im September 953 von seinem Bruder zum Herzog von Lothringen bestellt. Seitdem war der Erzbischof von Köln auch Landesherr, und für Bruno selbst gilt, daß sich Köln von diesem Augenblick an auch Grundzüge der ottonischen Reichspolitik mitteilten.

Erzbischof Bruno übernahm sein Herzogsamt in einem Augenblick höchster Wirren. Das Reich stand in Gefahr. Die Ungarn waren eingebrochen, wurden aber 955 auf dem Lechfeld vernichtend geschlagen. Bruno vermochte der Schwierigkeiten im Westen des Reiches Herr zu werden. Auf einem Reichstag in Köln konnte Otto im Mai 956 die Befriedung Lotharingiens verkünden. Bruno, der auch in der Folge in stupender Weise staatsmännischen Weitblick praktizierte, war neben dem König zu einer der führenden Personen des Reiches aufgestiegen. Für Köln konnte es nicht ohne Folgen bleiben, daß eine Natur dieser Stärke Herr der Stadt war.

Bruno hat denn auch dem Stadtleib in jeder Hinsicht eine neue Fassung gegeben, anknüpfend an das, was er vorfand. Es gründete sich eine weitere Wachstumsstufe von Köln, die wenigstens von fern her noch im Stadtbild von heute nachwirkt.

Mit welcher Maßnahme Bruno in Köln seinen Umformungsprozeß des Stadtleibes begann, kann nicht mehr ausgemacht werden. Jedenfalls muß er sehr genaue Vorstellungen besessen haben. Sein Modellbild von Stadt ging über dasjenige der karolingischen Wachstumsstufe entschieden hinaus. Er schuf eine ganze Kirchenburg, organisierte das Pfarrkirchenwesen, setzte damit eine erste gemeindliche Ordnung.

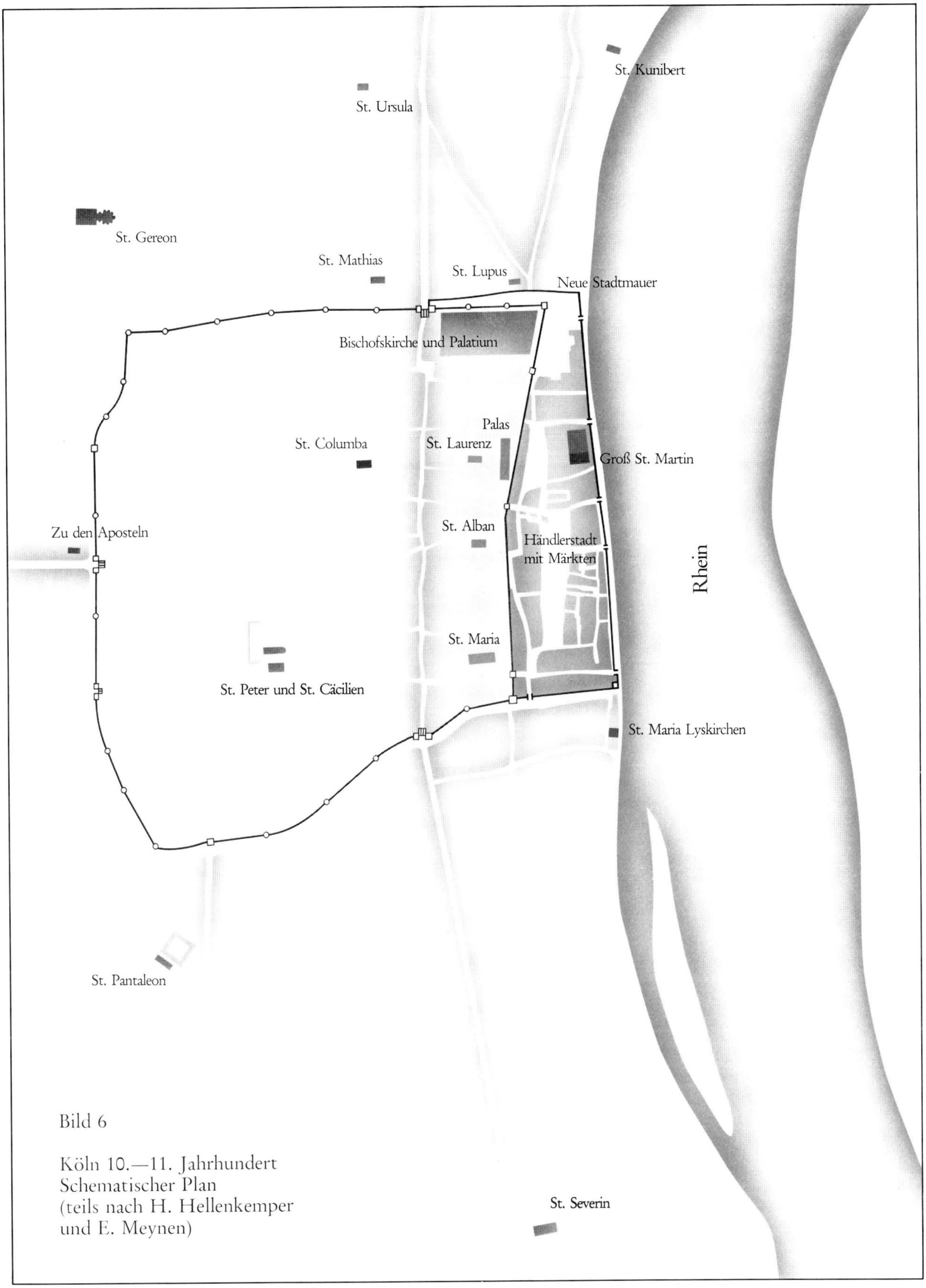

Bild 6

Köln 10.—11. Jahrhundert
Schematischer Plan
(teils nach H. Hellenkemper
und E. Meynen)

Solcherart band er die Stadt der Herrschaft mit jener der Stifte und Klöster wie mit der der Handwerker und Händler zusammen. Er fügte die Grundlagen der Stadt. Selbst da, wo sie sich in den Jahrhunderten hernach weiter veränderte, blieb das von ihm gesetzte Ordnungsmuster wirksam. Insoweit erweiterte er den Kunstwerkcharakter der Stadt, indem er die Kraft der Bauformen über die Bischofskirche und das ihr südlich benachbarte palatium ausdehnte (Bild 6).

Im Einzelnen: Die Bischofskirche brachte er durch den Zubau von Seitenschiffen auf Fünfschiffigkeit, glich sie damit der fünfschiffigen Peterskirche von Rom näher an. Er führte der Petruskrypta Teile der Ketten Petri und den Stab Petri zu. Er machte damit die Anwesenheit des Heiligen Petrus in Köln dinglich. Die Colonia Sancta war solcherart zum Rom des Nordens avanciert, gewann einen Rang, den die römische Colonia nie besessen hatte (Bilder 1 u. 6).

Wir wissen nicht, ob Bruno an dem Palatium südlich seiner Bischofskirche baute. Denkbar wäre es, doch halten für eine Antwort auf diese Frage sowohl die schriftlichen Quellen als auch die archäologischen keine Anhaltspunkte bereit.

Ergiebiger sind dafür die archäologischen Quellen für den Raum zwischen Palatium am Dom und Maria im Kapitol einerseits wie zwischen römischer Stadtmauer und Hohe Straße andererseits. Aufgrund archäologischer Quellen und schriftlicher Überlieferung kann es keinem Zweifel unterliegen: diesen ganzen Gebietsstreifen mit den Kirchen St. Alban und St. Laurentius darin verwandelte Bruno in ein einziges Quartier von Palästen (Bild 6).

Eine große Reihe von längsrechteckigen Palasbauten entstand, für deren Errichtung, wie die Ausgrabungen gelehrt haben, die aufstehenden Mauerreste und Fundamente der großen römischen Bauten — Forum, Tempel und Basiliken — bis zum letzten Stein ausgebrochen wurden. Fast radikal wurde das ältere für das neue Bild von Stadt ausgebeutet. So erhielten die Mitglieder des erzbischöflichen und herzoglichen Hofes, die Burggrafen, Kämmerer, Münzer und so fort, dem Rang ihres Herren angemessene Häuser. Wo es sich in den Plan fügte, knüpfte man auch an den älteren Baubestand an, wie zum Beispiel beim Praetorium, dessen Fundamente wenigstens in den Dienst der neuen Bauidee von Palaststadt eingestellt wurden (Bilder 1 u. 6).

Ob die Judengemeinde inmitten dieses Baukonzertes schon ihr Himmlisches Jerusalem besaß, scheint unsicher. Eher ist dessen Entstehung dem 11. Jahrhundert zuzuschreiben. Ich komme darauf zurück.

Die einzelnen Bauten standen als kubische Körper von längsrechteckiger Form nebeneinander. Manche waren ost-west, andere nord-süd ausgerichtet.

Das alte römische Straßenmuster ging bis auf Andeutungen unter (Bilder 1, 3, 4 u. 6).

Die Herrschaft stellte sich in der Bauform dar. Das muß ein imponierendes Bild gewesen sein!

Nach Süden klammerte der Bauherr die beinahe königliche Baugruppenversammlung durch die Kirche St. Maria, die er als diejenige eines hochadeligen Damenstiftes einrichtete. Dieses damals möglicherweise noch königliche Besitzgut gelangte offenbar klaglos in die Hand des Erzbischofs und Herzogs. Über den Bauzuschnitt von Kirche und Wohngebäuden wissen wir nichts, da der Neubau des 11. Jahrhunderts den brunonischen zugedeckt hat. Man wird sich aber ein anspruchsvolles Bauwerk vorzustellen haben, von dem Reste möglicherweise bei einer systematischen archäologischen Ausgrabung unter St. Maria im Kapitol noch zutage gefördert werden möchten (Bild 6).

An St. Maria tätige Chorherren wurden von Bruno nach St. Mathias umgesiedelt, wo er ein Kanonikerstift einrichtete, das seitdem St. Andreas hieß. Den ersten Kirchenbau hier vollendete erst sein zweiter Nachfolger Erzbischof Gero (969—976). Dieses Beispiel deutet den Weitblick Brunos an, dem es offenbar nicht immer auf die sofortige Ausführung seiner Pläne, sondern auf die Idee ankam. Zugleich läßt gerade diese Maßnahme wohl auch erkennen, wie sehr in Brunos Plan die Errichtung eines Kirchenkranzes lag, der seiner Stadt Ansehen und Heilswirkung bescheren sollte.

In dieses Feld gehört auch die Gründung des Klosters Groß St. Martin, für das iroschottische Benediktiner gewonnen wurden. Deren Ansiedlung erfolgte inmitten der Vorstadt zwischen römischer Mauer und Rheinstrom. Setzt man für diesen Wirkungsbereich schon die Existenz von Pfarrsprengeln voraus — Domstift, St. Laurentius, St. Alban, St. Peter unterhalb St. Maria —, kommt dieser Klostergründung wohl übergeordnete Funktion zu. Ein wirkendes Heilszentrum sollte dem Händlerquartier eingepflanzt, dem sich bildenden Güterstapel- und Umschlagplatz eine geistige Mitte gestiftet werden. Ganz ohne Anlaufschwierigkeiten ging auch diese Gründung nicht vonstatten, wie die unter Brunos Nachfolger Folkmar (965—969) bemerkbaren Schwierigkeiten belegen (Bild 6).

Der erste Klosterkirchenbau von Groß St. Martin war dreischiffig, hatte unter dem Chor eine Krypta und wandte sich mit einer Dreiturmgruppe rhein-maasländischer Machart gegen die Stadt. In überraschender Weise nutzten Mönche und Baumeister die Fundamente zweier römischer dreischiffiger Hallen für den Kirchenbau, welcherart ein Grundzug römischer Bauproportion in den mittelalterlichen Stadtraum einfloß und noch in dem grandiosen Bau des 12./13. Jahrhunderts fortwirkt.

Schließlich gründete weit außerhalb Bruno bei St. Pantaleon ein Benediktinerkloster, das seinen Neigungen in besonderer Weise entgegenkam, weshalb er hier nach seinem Tode auch beigesetzt wurde. Aber auch diese Lieblingsstiftung war bei seinem Tode 965 noch im Bau. Seine Nichte, Kaiserin Theophanu, sorgte mit Umsicht für die Bauvollendung. Man wird aber annehmen können, daß der Plan zu der einschiffigen Großkirche noch mit ihm abgestimmt war. In überzeugender Weise wurde in diesem Falle das Muster der römischen aula regia — Königshalle — für einen Kirchenbau wiederbelebt. Bezeichnenderweise griff eine verwandte Natur, Erzbischof Anno II. (1056—

1075), diesen Typus für den neuen Langchor von St. Gereon wieder auf. Ebenso bezeichnenderweise wuchs St. Pantaleon nicht nur, was Bruno beabsichtigt haben muß, zu einem geistigen Zentrum höchsten Ranges heran, sondern wurde auch zu einem Zentralort der Landerschließung und zu einem »Musterbetrieb« zur Ausbildung einer arbeitsteiligen Gesellschaft (Bild 6).

Eine Maßnahme Brunos berührt merkwürdig. Offensichtlich wurden auf seine Veranlassung die Reste der steinernen römischen Rheinbrücke, die immer noch aufrecht standen, niedergelegt. Der Grund kann nicht nur darin gelegen haben, auf solche Weise bequem gutes Baumaterial für das umfangreiche Neubauprogramm zu gewinnen. Andererseits nämlich muß gerade für Bruno der Gedanke, die Brückenreste zum Anlaß für einen Brückenneubau zu nutzen, nahegelegen haben. Schließlich wäre das auch ein ersprießlicher und direkter Weg gewesen, links- und rechtsrheinisches Land wieder direkt miteinander zu verbinden. Hier wurde ziemlich eindeutig eine Chance vertan, zumal ein Brückenschlag im technischen Vermögen der Zeit gelegen hätte. Er hätte sich um so mehr angeboten, als fast sicher schon Bruno im Sinn hatte, auch die rechtsrheinische Uferseite mit einem Kloster zu besetzen, was aber erst Erzbischof Heribert (999—1021) realisierte. Warum also versagte sich Bruno hier? Vielleicht spornte ihn die naturräumliche Lage von Köln an, den Bogen des Rheinufers frei zu sehen. Die spätere Vorstellung, dieses von der Natur gegebene mondsichelförmige Halbrund sei mit dem Mondgestirn der Gottesmutter gleichzusetzen, könnte hier wirksam gewesen sein. Unter diesem »Schutzschirm himmlischer Gnade«, der sich in der Naturform des Flusses sinnenhaft ausdrückte, rückte das mittelalterliche Köln unter Bruno buchstäblich an den Rhein, sich dem Schutz der Gottesmutter handfest anliefernd. Man wird dergleichen Motivation nicht ausschließen können. Noch in der Stadtdarstellung auf dem Sebastiansaltar für St. Gereon (Bild S. 157) 1635 klingt sie, Bildkomposition wie Bildinhalt gleichermaßen bestimmend, auf. Erst die säkularisierte, naturfeindliche Industriewelt des 19. Jahrhunderts, die der unseren so anverwandt ist, hatte dafür keinen Sinn mehr, sondern nahm auch die Natur wie eine Sache in Dienst; worunter wir allmählich langsam und sicher sattsam zu leiden beginnen.

Nach seinem frühen Tode, Bruno starb vermutlich mit 45 Jahren, wurde der Sarg nach Köln übergeführt, auch in der Kapelle der Heiligen Apostel niedergesetzt, wie Ruotgers Lebensgeschichte des Bruno ausdrücklich vermerkt. Die damals noch bescheidene Kapelle muß zu Lebzeiten Brunos seinen Plansinn gefesselt haben. Ich halte es nicht für ausgeschlossen, daß er bei längerem Leben auch an dieser Stelle ein Kloster oder eine Stiftsherrengemeinschaft installiert hätte, was dann am Anfang des 11. Jahrhunderts Erzbischof Pilgrim (1021—1036) vollzog (Bild 6).

Es ist zu begründen, warum Bruno im Grunde so verfahren wäre, hätte längere Lebenszeit ihm dazu Raum und Gelegenheit gegeben.

Mit dem Zubau von St. Maria an der Stelle des Kapitolstempels zog er eine durch Kirchengewichte klammernde Achse von Norden nach Süden. Dieser Petrus und Maria geweihten Achse hätte im Gegenzug nicht nur St. Maria in Divitia — Deutz — und St. Aposteln von Osten nach Westen entsprochen. Vielmehr wäre solchermaßen über den sich ausbildenden Stadtkörper das Kreuz geschlagen worden, wobei bezeichnenderweise der Nord-Süd-Achse mit Petrus und Maria von Osten nach Westen die Achse Maria und Heilige Apostel entsprochen hätte; eine der ottonischen Geisteshaltung entsprechende Verhaltens- und Vorstellungsweise, die anschaubar das Heil, das aus Maria kam und durch Petrus und die Apostel der Welt verkündet wurde, in den Fixpunkten des Stadtleibes sichtbar der Stadtbevölkerung wie den dem Stadtleib Zuwandernden signalhaft mitgeteilt hätte.

Mir will bezeichnend erscheinen, daß die Erzbischöfe Heribert (999—1021) und Pilgrim (1021—1036) einen brunonischen Gedanken zur Vollendung führten. Dabei muß man auch bedenken, daß dieser »Heilszug« seine Fortsetzung fand in den Stationen des Ortsheils, wie sie sich in den übrigen stiftischen Gewichten artikulierten und dem der Chor der Heiligen in den Parochiae — den Pfarrkirchen — und weiteren Stiftskirchen antwortete.

Köln war mit Bruno zur Colonia Sancta geworden und damit zu jenem Instrument, das das mittelalterliche Stadtkunstwerk überhaupt erst intendieren sollte.

In die brunonische Zeit fällt auch die sogenannte »erste Stadterweiterung«. Das heißt, die ältere Forschung hat angenommen, bis zum 10. Jahrhundert habe sich das »städtische Leben« auf den durch die Römermauer umzogenen Stadtbereich beschränkt. Unter Bruno, so meinte man, sei es dann wieder zur Ausweitung der Stadt bis an den Rhein gekommen.

Es dürfte erkennbar geworden sein, wie wenig diese ältere Auffassung uneingeschränkt zu halten ist. Unbestritten indessen bleibt, das Quartier zwischen ostseitiger römischer Stadtmauer und Rheinstrom wurde zu dieser Zeit in eine neue Siedlungsbelebung geführt. Alleine dies erklärt auch, warum im 10. Jahrhundert von der römischen Stadtmauer bis zum Rhein im Norden und Süden Befestigungsmauern aufgeführt wurden. Bereits zu 948 ist die fossa civitatis, der heutige Filzengraben, genannt, und zu 988 findet in der südlichen Mauer die porta frumenti, die Kornpforte, Erwähnung (Bild 6).

Nach den Normanneneinfällen des 10. Jahrhunderts nahm man die Frage der Befestigung so ernst, daß auch die Rheinseite nicht mauerlos blieb. Der murus Reni, die Rheinmauer, findet sich zum Jahre 988 zuerst erwähnt, was nicht ausschließt, daß sie im Zuge der anderen Mauerteile schon kurz vor der Mitte oder kurz nach der Mitte des 10. Jahrhunderts aufgeführt worden ist.

Beim Ausheben der Baugrube für die Tiefgarage der Museumsneubauten für Wallraf-Richartz-Museum und Museum Ludwig traten im Sommer 1979 ihre

Fundamente zutage. Es kann keinem Zweifel unterliegen, auch die schmalen rheinseitigen Tore: der Frankenturm, das Neugassentor, das Mühlgassentor, das Salzgassentor, das Markmannsgassentor und das Rheingassentor müssen damals schon vorhanden gewesen sein, wenn auch nicht bereits deren erst später gebräuchliche Namen (Bild 6).

Mit dem Bau der rheinseitigen Mauer um die Rheinvorstadt entstand im 10. Jahrhundert jenes Gebiet, das heute nicht ganz zutreffend die Kölner Altstadt genannt wird. Besser würde man dieses Quartier die mittelalterliche Handelsstadt nennen, die sich der Kirchenburg zu Füßen legte. In der Klosterkirche Groß St. Martin erhielt sie ihren geistigen Mittelpunkt, in dem zum Jahre 988 erstmals genannten forum, dem späteren Altermarkt, ihren eigentlichen Handelsplatz. Natürlich muß zugleich mit dieser Entwicklung von neuem auch ein Rheinhafen entstanden sein. Nicht unbezeichnend ist in diesem Zusammenhang, daß gleichzeitig mit dem Abbruch der letzten Reste der spätrömischen steinernen Rheinbrücke vom neuen Hafen aus ein Fährbetrieb zur rechten Rheinseite in Gang gesetzt wurde, der bis zu der Einführung der Schiffsbrücke von 1822 die einzige Verbindung zwischen den Rheinufern bleiben sollte (Bild 6).

Zugleich mit der Belebung dieser Handelsstadt zwischen der Ostseite der römischen Stadtmauer und dem Strom bildete sich mindestens nach Süden hin ein neues Suburbium, das in dem zu 948 genannten St. Maria in Lyskirchen auch einen kirchlichen Mittelpunkt gewann. Bei einer archäologischen Untersuchung in diesem Areal würde man für den interessanten vorstädtischen Bereich vermutlich mannigfache archäologische Bodenurkunden aufdecken können, wie bei einer Notgrabung im Mittelschiff dieser Kirche im Jahre 1976 festzustellen war (Bild 6).

Im Laufe des 10. Jahrhunderts, vornehmlich wohl durch die Initiative des Erzbischofs Bruno (953—965), gewann Köln seine erste eigenständige mittelalterliche Stadtgestalt. Als wesentliches Element dieser Wachstumsstufe gilt es festzuhalten: im Ostteil des alten römischen Stadtleibes entstand eine ganze Kirchenburg, wobei die Ausbildung einer »Palaststadt«, die mit den Kirchen St. Peter und St. Maria zusammengebunden erscheint, das Erscheinungsbild bestimmte. Gleichzeitig gerieten die schon bestehenden Stifte in die Belebung, traten neue Kirchen sowie Klöster hinzu, wurde der Weg auf eine noch stärkere Vermehrung kirchlicher Einrichtungen aufgeschlossen. Ohne Zweifel schufen sich in diesem Stadtgebilde die führenden Schichten eine Stadtstruktur aus Kirchengruppen und Herrschaftsbauten. Solcherart artikulierte sich in der Bauform die das Zeitalter bestimmende Grundmaxime. Man dachte: Welt sei gebildet aus der engen Vereinigung von weltlicher und kirchlicher Gewalt. Darin lag auch die Vorstellung beschlossen, solche Stadtgestalt sei ein Abbild der himmlischen Stadt, auf die zugeordnet sich das Leben des mittelalterlichen Menschen vollzog.

Indessen kann nicht außer acht gelassen werden, daß es zur Struktur dieser Stadt gehört, wie nun mit dem eigentlichen Kernbereich des Stadtgebildes die Lebensbereiche der für die Bedürfnisse der Stadt tätigen Menschen verbunden wurden. Stadt kann eben alleine von der Darstellung irdischer und himmlischer Herrschaft nicht leben. So gelangte die Ausbildung »praktischer Stadtteile« in Gang. Gestützt auf die neueren archäologischen Befunde, halte ich ein Erstarken des Siedlungsgewichtes um St. Kolumba für zwingend. In die Augen stechend ist die Anlage der Handelsstadt am Rhein. Man wird von einem systematischen Planungsvorgang sprechen müssen. Dabei werden Fundamente der späteren hochmittelalterlichen Stadt ausgebildet: das forum, der Markt, Altermarkt als Kern, aber herausragend die geistigen Gewichte, in diesem Falle als Benediktinerkloster Groß St. Martin. Außerdem wird die pfarrliche Organisation, die auch politische Organisation war, geknüpft, kurzum, werden die Grundelemente der Stadtherrschaft gefügt (Bild 6).

Obschon, wie deutlich geworden sein dürfte, die mittelalterliche Stadt aus grundlegend anderen Voraussetzungen erwachsen ist als diejenige der römischen Zeit, gibt es für das ottonische Köln einige sehr interessante indirekte Anknüpfungspunkte an das römische Stadtschema. Das sind weniger jene Stellen, wo die das Erscheinungsbild der Stadt vor allem artikulierenden Großbauten von römischen Bauresten ausgingen und solcherart sogar Teile der Proportionen römischer Baugefüge in die mittelalterliche Baumassenzumessung fortschrieben. Eher ist das eine auf den ersten Blick nebensächlich anmutende Sache, nämlich die direkte Art, wie die Anknüpfung der Mauer um die Handelsstadt an die römische Stadtmauer erfolgte. Sind nämlich die mittelalterlichen Befestigungen später, verglichen mit den römischen, immer mehr oder minder gerundet — ein vorzügliches Beispiel ist die große Stadtmauer des 12. Jahrhunderts in Köln selbst —, hat die Stadtmauerumwehrung des 10. Jahrhunderts in Köln ausgesprochen »eckigen Charakter« (Bild 6). In diesem Falle wurde, vermutlich gezogen aus den bloßen Schreckerfahrungen der Normannenstürme, in »römischer Art« die Folgerung gezogen und ein »Zweckbau« errichtet, wie er sonst zu diesem Zeitpunkt mittelalterlichen Erfahrungen fremd war. Noch einmal setzte sich der nüchterne Sinn römischer Planer durch, möchte man sagen.

Wie weit die übrige römische Stadtmauer wieder instand gesetzt wurde, ist weder an den wenigen Resten der Mauer zu überprüfen, noch geht dies im einzelnen aus den schriftlichen Quellen hervor.

Der Neubau der Mauer um die Handelsstadt indessen macht es wahrscheinlich, daß im 10. Jahrhundert in diesem Stadtteil der eigentliche schützenswerte Bereich gesehen wurde. Hier eben lagerten die Güter ein, die die Lebensgrundlage der Stadt boten. In sich geschützt waren für den Notfall die Kirchen durch die Stärke ihrer Architektur, wie sich auch die Palasbauten selbst im Ernstfall aus sich für die Verteidigung geeignet haben dürften. Dies scheint bemerkenswert, zeigt sich doch so, in wie herausragendem Maße die aus der Agrarstruktur herausgewachsene Freiräumlichkeit der kirchlichen und herrscherlichen Gewichte mauerfrei blieb, wenn man für die Domkirche und St. Maria die Mauerecken der römischen Stadtmauer nicht zu scharf als Schutzmantel sehen will. Das heißt: neben den altertümlichen Elementen von Kirche und Herrschaftshof gibt sich das Händlerquartier in diesem Stadtentwurf als das neue Element zu erkennen, mit dem man offensichtlich noch wenig Erfahrung hatte und das man als ein Gewicht neuer und sensibler Art in den Schutz einer eigenen Mauer gab. Nicht einmal ganz abzustreiten dürfte sein, daß solcherart die Handelsstadtbevölkerung auch von der Herrschaft in Schach gehalten hätte werden können, wenn dies sich als notwendig erwiesen hätte (Bild 6).

Sieht man das eigentliche Gewicht, wie es die Stadtstruktur dieses ottonischen Köln erkennen läßt, auch unzweifelhaft in den architektonischen Elementen der Herrschaftsstadt zwischen östlicher römischer Stadtmauer und späterer Hohe Straße, also tatsächlich als Kirchenburg, wird man erkennen, wie sehr die Händlerstadt ein Geschöpf dieses damals städtischen Hauptgewichtes gewesen ist.

Wie bei dem seit dem 11. Jahrhundert sich ausbildenden allgemeinen Burgenbau auf dem flachen Lande kommt mithin der Händlerstadt auch der Charakter einer »Vorburg« zu. Insoweit wohnt dem »Vorburgbereich« in diesem Falle ein grundlegendes Element für den eigentlichen Stadtgeneseprozeß inne. Von den üblichen Burgen-Vorburgen unterscheidet indessen die Kölner eindeutig, daß in ihr nicht mehr Ackerbau betrieben wurde wie in jenen. Dieser Zweig der Erzeugung scheint zu diesem Zeitpunkt im engeren Umfeld der sich ausbildenden Stadt alleine bei stiftischen und klösterlichen Einrichtungen gelegen zu haben. Als bischöfliche Gründungen mögen sie über die Stillung eigener Bedürfnisse hinaus auch zum Unterhalt des Hofes Beiträge geleistet haben. Dagegen muß für die Händlerstadt die Versorgung aus dem Umland erfolgt sein, was einen energischen Ausbau stadtnahe gelegener Ackerbaubetriebe voraussetzt.

Mit anderen Worten: der Aufschwung, der sich für das Köln des 10. Jahrhunderts verzeichnen läßt, muß auch seine Wirkung auf die Landerschließung im Umland besessen haben. Nicht umsonst stellt die siedlungsgeschichtliche Arbeit der Archäologie mit Hilfe der archäologischen Landesaufnahme zunehmend fest, daß der Beginn der zweiten großen Rodungsmaßnahme des Mittelalters in das 10.—13. Jahrhundert zu setzen ist. Gerade als Ausfluß der ottonischen Reichspolitik kann man für das Niederrheingebiet solche Maßnahmen erschließen. Ich deute das hier nur an, damit nicht der Eindruck entsteht, die einzelnen Wachstumsstufen der Städte hätten sich gewissermaßen punktuell und allein gezogen auf den jeweiligen Stadtleib vollziehen können.

Immer wieder ist man befangen, wenn man eine bestimmte Maßnahme von hohem Gewicht einer einzigen Persönlichkeit zuschreiben will. Ist also Erzbischof Bruno (953—965) der eigentliche Gründer des mittelalterlichen Stadtgebildes von Köln?

Er ist es sicher nicht, wenn man das von ihm — oder in seinem Auftrage — entworfene Modell von mittelalterlicher Stadt mißt an der voll zur Blüte gelangten Bürgerstadt des Mittelalters. Er ist es aber wohl eindeutig, wenn man die einzelnen Schritte auf dem Wege zur mittelalterlichen Stadt hin auf ihre Wertigkeit abtastet.

Ohne Zweifel hatte das Zeitalter der Ottonen ein neues Bild von Stadt als noch die karolingische Zeit. Bruno dehnte den Stadtbereich von der Bischofskirche weg aus auf eine gesamte Palaststadt, mit der er die Händlerstadt verband. Das ist seine eigentliche Leistung für Köln gewesen. Vermutlich hat er nicht zu übersehen vermocht, wie sehr gerade die Händlerstadt die auf die Zukunft des Stadtlebens zielenden Grundelemente enthielt. Zieht man, um die für die Stadtstruktur von Köln erzielte Leistung genauer abzumessen, die anderen von Bruno initiierten »Stadtmodelle«, nämlich die von Xanten und Soest, bei, gewinnt der Kölner Vorgang erst recht sein glänzendes Licht.

Xanten ist durch archäologische Untersuchungen sehr genau, Soest ist wenigstens in den Grundzügen so erkundet, daß sich eine verläßliche Vorstellung gewinnen läßt. An beiden Plätzen hat Erzbischof Bruno (953—965) mit stiftischen Einrichtungen Bischofsburgen verbunden, die ihrerseits wiederum den Ansatz für Händlerquartiere abgaben. Ist in den Maßen dort auch alles kleiner, sind die Grundbausteine die gleichen. Gezielt ist auf die Darstellung von kirchlicher und weltlicher Gewalt in der Bauform. Kirchenburgen haben Stadtcharakter. Stadt erscheint als Heiligtum aus den Elementen von Kirche und Herrschaft. Kirchliche und weltliche Gewalt bilden den Staat, ganz im Sinne ottonischer »Reichsauffassung«. Diese Ordnungsgröße gab für das allgemeine Leben den Lebensraum. Von hier aus wuchs Stadt zur mittelalterlichen Bürger- und Handelsstadt.

War in Xanten und Soest dieses Modell von Stadt gewissermaßen handlich, wenn auch keineswegs ohne bemerkenswerte Züge von Monumentalität, gewann dieses Schema in Magdeburg, wie die archäologischen Untersuchungen dort zeigen, königlichen Charakter und das Gewicht des politisch verbindlichen Modellfalles, wurde in Köln alles ins Immense gewandelt. In Köln gab, über Magdeburg, Ottos des Großen eigene Lieblingsgründung, hinaus, Bruno das eigentliche Muster der Herrschaftsstadt, wie sie sein Zeitalter begriff. Aber über diese Herrschaftsdarstellung hinaus zielte er in Köln schon auf die menschenreiche Stadt, die ihr Leben aus dem Handel und aus der Tätigkeit der Gewerbe zog. Dafür schuf er, um es modern auszudrücken, nicht allein das Baugehäuse, sondern auch den »verwaltungstechnischen Rahmen«, der damals Pfarrkirchenorganisation hieß.

Man kommt, setzt man die Akzente in diese Richtung, kaum umhin, dem Zeitalter der Ottonen für die Genese der mittelalterlichen Stadt Köln eine besondere Bedeutung zuzusprechen. Dabei gewinnt die Gestalt des Kölner Erzbischofs Bruno (953—965) besonderen Glanz. Er hat wie keiner vor ihm den Rang der Stadt als Ausdruck der geistigen Vorstellung seiner Zeit so direkt und scharf gesehen. Köln war in diesem Augenblick in seiner architektonischen Erscheinung mit dem Zeitalter im Einklang und gewann dabei, entschieden über seine karolingische Wachstumsstufe hinausgehend, an Profil (Bilder 5 u. 6).

Gleichwohl ist dieser Entwurf des Bruno (953—965) auf die Belange genau dieser Zeit gezogen gewesen. Es mag, wie dies wohl immer bei Menschen ist, damals die Überzeugung vorherrschend gewesen sein, dies sei ein endgültiges Muster von Stadt. Doch dieser Zustand währte nur für einige Generationen. Dann bildeten sich andere Gewichtungen aus, die als die Frucht dieses kühnen Entwurfs bezeichnet werden können und müssen. Das nämlich ist das eigentlich Faszinierende, wenn man versucht, sich über die Stationen, die die Stadtbaugestalt auf dem Wege zu derjenigen des Mittelalters genommen hat, klarzuwerden, daß einander in Wirklichkeit sich viele Gestalten ablösten. Von dem einzigen und unwiederholbaren Typus der mittelalterlichen Stadt sich eine Vorstellung zu bilden, das konnte noch der Traum einer älteren Forschung sein, die von dem Anreiz beseelt war, es könnte gelingen, »den Idealfall« einer mittelalterlichen Stadt zu rekonstruieren. Diesen »Idealfall« hat es allenfalls in Gedankenentwürfen gegeben, nie indessen in der Wirklichkeit.

Schon Erzbischof Bruno (953—965) selbst hat von dem, was ihm vorschwebte, nur Bruchstücke gesehen; allenfalls mag er, wie in Xanten und Soest, vor allem in Köln die Genugtuung erfahren haben, das ihm unvollkommen erscheinende Gebilde Stadt in einen Umbruchprozeß sondergleichen geführt zu haben. Für einen Bauherren ist eine in eine Baustelle verwandelte Umwelt mit einiger Sicherheit bisweilen schon so viel wie das vollendete Werk. Vor allem ist es die Idee, die bewegt und befriedigt. Den Umbruch bewirkt zu haben, zählt in diesem Sinn so viel, wie die Vollendung zu erleben. Der Erfüllung des Traumes ist noch Brunos Testament dienlich, das uns sein Biograph Ruotger überliefert hat. In dem allerdings sind allein die Vermächtnisse an die Kirchen notiert, somit das, was im Sinne der Zeit zählte, denn in einem solchen Augenblick zählte für den Menschen des Mittelalters allein noch die Fürsorge für die Seele, die nur durch das immerwährende Gebet sicherzustellen war. Hier gelangen wir bei aller Zumessung von Verdiensten an eine geschichtlich faßbare Person an die Grenze. Man ahnt den Kern und greift doch nur in den Saum der Erfahrung, die für den mittelalterlichen Menschen Gott hieß und mithin allein ahnbar, aber unerfahrbar blieb.

Dies einsehen heißt auch, die Grenzen des Darstellbaren erkennen und begreifen lernen, daß dem Phänomen mittelalterliche Stadt eine Dimension eingeschrieben ist, die sich dem nüchternen Sinn des uns eigen gewordenen Beurteilungsduktus entzieht.

Willy Weyres und Arnold Wolff haben es immer wieder unternommen, die Baugestalt der karolingischen Bischofskirche von Köln für unsere Vorstellung in genau abgesicherten Zeichnungen zu erschließen. Für diese Versuche vermochten sie sich neben archäologischen Befunden auch auf schriftliche Quellen zu beziehen. Das war und ist möglich, weil diese Bautengruppe bis in das 13. Jahrhundert hinein bestand und mithin auch jüngere Notizen zur Absicherung von Details herangezogen werden konnten und können. Somit kann für diese Baustufe die hohe baukünstlerische Qualität des Bauentwurfes erschlossen werden. Für den brunonischen Stadtzusammenhang bleiben wir demgegenüber alleine auf jene Schatten angewiesen, die uns die archäologischen Bodenurkunden anbieten. Bei diesen ist die Kühnheit des Gesamtvorhabens erkennbar, der Detailzuschnitt hingegen bleibt ziemlich ungewußt. Indessen ist mit Sicherheit zu sagen, daß großzügig bemessene Baugruppen von längsrechteckigem Duktus zumindest für die Palasbauten das Erscheinungsbild bestimmt haben müssen. Ein Nachglanz davon ist noch in den hochgotischen Gebäuden von Hansesaal und Gürzenich erkennbar, die allein den Baukörperduktus des ottonischen Ansatzes fortleben lassen. Dies aber läßt ahnen, wie sehr in den Baugedanken des Bruno und seiner Zeitgenossen der Bautypus der römischen Aula Regia als Grundstruktur Wiederverwendung gefunden hat. Die Vorbilder dafür mögen in Köln in den Ruinen mancher römischer Großbauten noch vor Augen gestanden haben, wie sie aber den Bauleuten auch anderenorts noch kenntlich gewesen sein werden. Indessen schreibt man diese Vorgänger auf die neuen Zwecke um und gibt dafür, wie die Grundrisse erkennen lassen, dem längsgerichteten Raum den Vorzug, der dem Gesamtbild eine kubische Erscheinung als Grundakkord verliehen haben muß.

Es fällt auf, wie sehr sich mit der brunonischen Palaststadt auch das Straßengefüge der römischen Stadt Köln veränderte. Einigermaßen unangetastet blieb der Cardo Maximus, die Hohe Straße, bestehen, wenn nun auch kaum mehr in der Funktion einer Hauptstraße, sondern eher als Grenze, die übrigens im Bereich der Domkirche wenn schon nicht im 10. Jahrhundert, so dann doch wenig später ebenfalls nach Westen herausgeschoben wurde. Im übrigen schritt das neue Gebilde über das alte Raster hinweg, als gebräche es ihm als Ordnungsfunktion für die jetzt im Vordergrund stehenden Belange. Wenn es auch schwer ist, die neu sich bildenden Wege festzulegen, und vermutlich sogar im 10. Jahrhundert sich für diesen Bereich noch keine Festschreibungen ergeben, so bleibt doch festzuhalten: die alten Ordnungsgrenzen der römischen Straßenzüge gingen bis auf verschwindende Ausnahmen unter (Bilder 1, 2 u. 6).

Was trat an deren Stelle? Ziemlich sicher, wie bei den Stiften, sich bildende Umräume, die den einzelnen Palasbauten zugeordnet wurden. Das heißt, es setzte eine neue Zuschreibung von Eigentumsverhältnissen an die Teilhaber der Herrschaft ein, ein Feld, das erneuter eingehender Untersuchungen bedürfte, um über den Bereich der bloßen, wenn auch begründeten Vermutung hinausgelangen zu können. Erstaunlich ist, daß sich dabei nicht Plätze ausbildeten. Der Platz als Stadtraum, der von der geschlossenen Umbauung lebt, ist erst späteren Ursprungs.

So wird man sich auch das forum, den Altermarkt, nicht als Platz in dem uns vertrauten Sinne vorzustellen haben, sondern als eine freigehaltene Fläche, die den Marktbedürfnissen diente. Erst eine archäologische Untersuchung könnte Klarheit darüber verschaffen, ob von Anfang an dieses Längsrechteck von jeglicher Bebauung freigehalten war. Denkbar ist, daß hier wie in Bonn bescheidene kleine Häuser standen, die dort sogar noch im Anfang des 15. Jahrhunderts erneuert wurden, ehe im 16. Jahrhundert der baufreistehende dreieckige Platz aufgrund eines neuen Stadtplanentwurfes entstand. Auch auf dem Neusser Markt standen mindestens bis zum 13. Jahrhundert hölzerne Häuser, ehe der einheitliche hochgotische Bebauungsplan dort die Fassadenwand um die Marktfläche entstehen ließ, die das Areal zum Platzraum heranwachsen lassen sollte. Demgegenüber waren, wie die archäologischen Ausgrabungen ergeben haben, die Flächen des Großen und Kleinen Marktes von Xanten seit dem 10. Jahrhundert unbebaute Flächen (Bild 6).

Es kann nicht ausgeschlossen werden, daß auch innerhalb der Kölner Kirchenburg während des 10. Jahrhunderts große Arealteile von Bebauung freigeblieben sind, um »Siedlungsfläche auf Zeit« für die in Köln zu Brunos Zeit stattfindenden Reichstage freizuhalten. Man bedurfte für solche Versammlungen viel an Raum, um die Anreisenden mit Mann und Roß unterzubringen. Indessen könnten dafür auch die Flächen in dem noch nicht wieder aufgesiedelten westlichen Raum des römischen Stadtleibes verfügbar gestanden haben. Noch im Hochmittelalter wußte man hier zu improvisieren, wie sich zum Beispiel bei der Lektüre von Berichten zur Xantener Heiligtumsfahrt lernen läßt, wo der Hof des Herzogs von Kleve prunkvoll in Zelten vor den Toren der Stadt zu kampieren pflegte und dabei das Bild einer Stadt mit »beweglicher Architektur« in Zelten zu bieten wußte.

Eine noch größere Schwierigkeit bereitet es, sich eine konkrete Vorstellung über die Händlerstadt oder den in die Erweiterung getretenen Siedlungsbereich um St. Kolumba zu bilden. Die schriftlichen Nachrichten sind auf Zufallsnennungen eingefroren, über den Lebensablauf und den Bauzuschnitt der Häuser verraten sie nichts. Auch archäologische Untersuchungen können nur durch buchstäblichen Glücksfall neue Kenntnisse beitragen, da die kümmerlichen Spuren solcher Häuser — außer bei späteren Freiflächen — durch spätere Baumaßnahmen zerstört worden sind. Überhaupt macht man sich wohl zu wenig klar, wie sehr die mittelalterlichen Wohnbauten vom 10.—12. Jahrhundert provisorischen Charakter hatten. Mit anderen Worten, man wird davon auszugehen haben, daß alle Wohnhäuser Holzbauten gewesen sind, deren Spuren verwehten. Solcherart engt sich die Aussage ein auf die Tatsache, dem sich bildenden Ausdrucksbedürfnis in den Großbauten von Kirche und Herrschaft entsprach ein bedürfnisarmes Alltagsleben, das seinen Ausdruck in bescheidenen hölzernen Häusern fand. Solche mögen bald enger, bald weiter gerückt nebeneinander bestanden haben. Mit den Wohngebäuden verbanden sich um St. Kolumba die Gewerbebetriebe und in der Händlerstadt die Lagerschuppen. Befestigte Wege mögen die Ausnahme gewesen sein. Kürzer: Das, was später Stadt wurde, war in die Ausbildung getreten. Im Bauzuschnitt werden sich die quasi-städtischen Quartiere kaum von den Hofsiedlungen auf dem flachen Lande unterschieden haben, die wir für das 10. Jahrhundert auch kaum kennen. Die erkundeten Beispiele des Vicus Bonnensis von Bonn oder des Vicus von Xanten lassen wenigstens die Bescheidenheit ahnen, die damals die Wohnumwelt bestimmte.

Die Konsequenz dieser Einsicht ist eine eindeutige: die Wachstumsstufe ottonisches Köln war auch von Kontrasten bestimmt. Zielten die Teile, die von der Kirche und der Herrschaft genutzt wurden, im Bauzuschnitt auf Anspruch und Monumentalität, waren sie als Steinbauten errichtet und für sie Aufwand beinahe Selbstverständlichkeit, blieben die Häuser der Menschen, die arbeiteten und Handel betrieben, bescheiden. Für ihre Herrichtung fanden, soweit man sieht, alleine Holzmaterialien Verwendung. Dieser Dualismus in der Erscheinungsform der Stadt ist der Stadtbaustruktur im Grunde während des Mittelalters immer erhalten geblieben.

Eines aber kennzeichnet die Stadt des Erzbischofs Bruno (953—965) vor allem: sie war eine Stadt der Heiligtümer. Auf diesem Felde befriedigte sie nicht allein einen »Nachholbedarf«, sondern es gibt sich zu erkennen, Köln war nicht mehr nur auf dem Wege zu einem Zentralort — das hatte schon die karolingische Epoche im Dombau und Palatium dokumentiert —, sondern gewann nun, sofern man sich darüber verständigt, das Zeitalter habe den Begriff schon gekannt, Metropolfunktion.

Mit respektabler Klarheit artikulierte Erzbischof Bruno (953—965), daß Köln zu einem politischen Zentrum geworden war.

Der Stadtherr, der der Erzbischof zu diesem Zeitpunkt unbestritten war, gab sich auch Ansehen als Landesherr. Seine »Stadtbefestigungen« der Kirchenburgen von Xanten und Soest müssen vor diesem Hintergrund ebenso gesehen werden wie bei solchem Vergleich der Rang Kölns an Glanz gewinnt.

Ohne Übertreibung wird man, so vergleichend, sogar anmerken können, Bruno stelle selbst seinen königlichen Bruder als Bauherrn in Magdeburg in den Schatten.

Er zog seine Anregungen aus den schon früher in die »Heiligtümerblüte« gelangten Städten wie Paris, Reims und Metz. Er übertrumpfte andere Bischofsplätze wie Mainz und Trier. Er verband mit dem Netz seiner Kirchenfamilie aber nicht allein die Dokumente seiner Herrschaft, sondern führte an die von ihm verstandene Stadtwelt die Bereiche von Gewerbe und Handel. Dem Handel räumte er dabei sogar einen an dem Herrschaftsbereich gemessenen Stadtraum ein, dem er Ansehen, Kraft und Sicherheit durch den Bau einer Schutzmauer gab, die zwar den praktischen Bedürfnissen folgte, aber eben auch schon jenes Gewicht auszeichnete, aus dem heraus das eigentliche Lebenselexier der Stadt heranwachsen sollte, die Bürgerschaft.

Erzbischof Bruno (953—965) brachte seiner Domkirche den Heilsschatz von Petrusstab und Petriketten zu. Die Petruskrypta, die schon früher die Anwesenheit des Nachfolgers Christi auf Erden in der das Mittelalter faszinierenden Sprache der Baukunst signalisiert hatte, gewann nun eine neue Realität. Erzbischof Bruno ließ Köln, nicht nur im kirchenpolitischen Sinne, zum Rom des Nordens heranwachsen. Diese Aktion war keine nebensächliche. Sie gab dem ganzen Vorhaben den inneren Sinn, einen tiefen geistigen Gehalt. Der überlebensgroße Kruzifixus, den Erzbischof Gero (970—976) dem Kreuzaltar der Kölner Bischofskirche zubrachte, gehört in diesen geistigen Zusammenhang. Der Weg nach sinnenhafter bildlicher Darstellung der Heilszusammenhänge war aufgeschlossen. Auch Bruno selbst dachte so sinnlich. Er begründete damit Kölns Aufgeschlossenheit für die Sprache der Kunst.

In einem Fall kann die brunonische Gesinnung noch heute mehr als nur geahnt werden, nämlich in dem Mittelschiff seiner Lieblingsgründung, der ehemaligen Benediktinerabteikirche von St. Pantaleon. Hatte Karl der Große (768—814) für seine Aula im Palatium in Aachen auf den Bautypus der römischen Aula Regia zurückgegriffen, ihn gewissermaßen reaktiviert, ging Erzbischof Bruno darüber entschieden hinaus. Er wollte, soweit die Bauschatten dies erkennen lassen, für die Zwecke der weltlichen Herrschaft den schmuckarmen Rechteckkörper und reservierte die Aula Regia für den Kirchenbau. Das als Langraum gebildete Kirchenschiff von St. Pantaleon reaktivierte dieses Herrschaftszeichen allein für die Darstellung der himmlischen Herrschaft. Nachdrücklicher vermag nicht vorgestellt werden, wie differenziert Erzbischof Bruno (953—965) selbst seinen Stadtentwurf gewichtete. Bei aller realen Verbindung von weltlicher und geistlicher Gewalt verrät sich an dieser Stelle des Gesamtentwurfs, wo Brunos eigentliche Präferenzen lagen. Er setzte damit geistig eine beträchtliche Umwidmung von Herrschaftsformen in Gang. Wer nur einmal Ruotgers Beschreibung von Brunos Tod gelesen hat, wird wissen, daß diese Interpretation keine leichtfertige, sondern eine aus der ganzen Wesenheit Brunos gezogene ist. Die Fortschreibung, die die Nichte Brunos, die Kaiserin Theophanu, seiner kölnischen Lieblingsgründung, in der sie wie Bruno selbst ihr Grab fand, hat angedeihen lassen, stellt schon eine erneute Umwidmung des Grundgedankens dar. Sie nämlich ließ mit dem klaren Saalraum, der die irdische Wohnung des Himmelskönigs sichtbar unter den Menschen bezeichnen sollte, das Westwerk verbinden, das, zwar kirchlichen Zwekken dienend, auch weltliche Herrschaft aussprach, also wieder jenen Grundzug von der direkten Verbindung von kirchlicher und weltlicher Gewalt, dem das ottonische Zeitalter verbunden war, kraftvoll in der Bauform ausdrückte.

VI. Das Stadtgebiet erweitert sich

Köln während des 11. und frühen 12. Jahrhunderts

Der Prozeß der Stadtgenese bleibt nicht an herausragende Personen gebunden, auch wenn ihnen, wie erkennbar geworden sein sollte, dabei eine schwer zu unterschätzende Bedeutung zukommt. Dies bedeutet, beim Tode des Erzbischofs Bruno im Jahre 965 war ein Prozeß in Gang gekommen, der sich folgerichtig in den Jahrzehnten hernach vollendete. Bemerkenswert scheint, bis in den Beginn des 11. Jahrhunderts hinein sehen sich die Nachfolger Brunos auf dem Kölner Erzstuhl mehr oder weniger daran gebunden, den unter Bruno gesetzten Entwurf in die Ausführung gelangen zu lassen. Hierbei stärken sich die architektonischen Schwerpunkte der stiftischen und klösterlichen Anlagen von Fall zu Fall. Das heißt, die Baufortschritte werden von den einzelnen Gemeinschaften bestimmt, wobei merkwürdig verharrende Momente, so an St. Gereon oder St. Ursula, neben fortschreitenden stehen, so an Groß St. Martin, St. Andreas oder St. Pantaleon, um nur diese hervorzuheben. Zugleich werden, wie man es ausdrücken möchte, neue hinzugefügt, so bei St. Aposteln, wo Erzbischof Pilgrim (1021—1036) an der Stelle der zu 965 erstmals bezeugten Apostelnkapelle ein Chorherrenstift einrichtete, und wenig vorab in Köln-Deutz, wo Erzbischof Heribert (999—1021) die Benediktinerabtei St. Maria inmitten des in seiner Mauerumwallung noch aufragenden Kastells Divitia-Deutz einrichtete. Während, wie die archäologischen Ausgrabungen Gundolf Prechts ergeben haben, der 1020 geweihte Kirchenbau von Deutz eine eigentümliche Formmischung aus Aachener Pfalzkapelle und Ovalraum von St. Gereon zu Köln erkennen ließ, wurde St. Aposteln als dreischiffige Basilika mit weit ausladendem westlichen Querhaus nach römischem Muster aufgeführt. Mußte man bis vor kurzem noch annehmen, die unmittelbar vor die westliche römische Stadtmauer placierte Apostelnkirche habe ihren Hauptchor im Westen besessen, gilt seit den archäologischen Ausgrabungen Hansgerd Hellenkempers im Jahre 1976, daß auch bei St. Aposteln der Hauptchor im Osten gelegen hat und nicht ungleich dem der Xantener Stiftskirche des 10. Jahrhunderts ausgebildet gewesen zu sein scheint.

Ziemlich sicher wachsen schon während des 10. Jahrhunderts im Umfeld der eigentlichen Stadt zunehmend vorstädtische Siedlungsflecken heran. Diese Entwicklung hält während des gesamten 11. Jahrhunderts an und war letztlich der Grund für die Einbeziehung dieser »Sondergemeinden« Niederich, Oversburg und St. Aposteln in einen Mauerring zum Jahre 1106. Man nennt dies die zweite Stadterweiterung

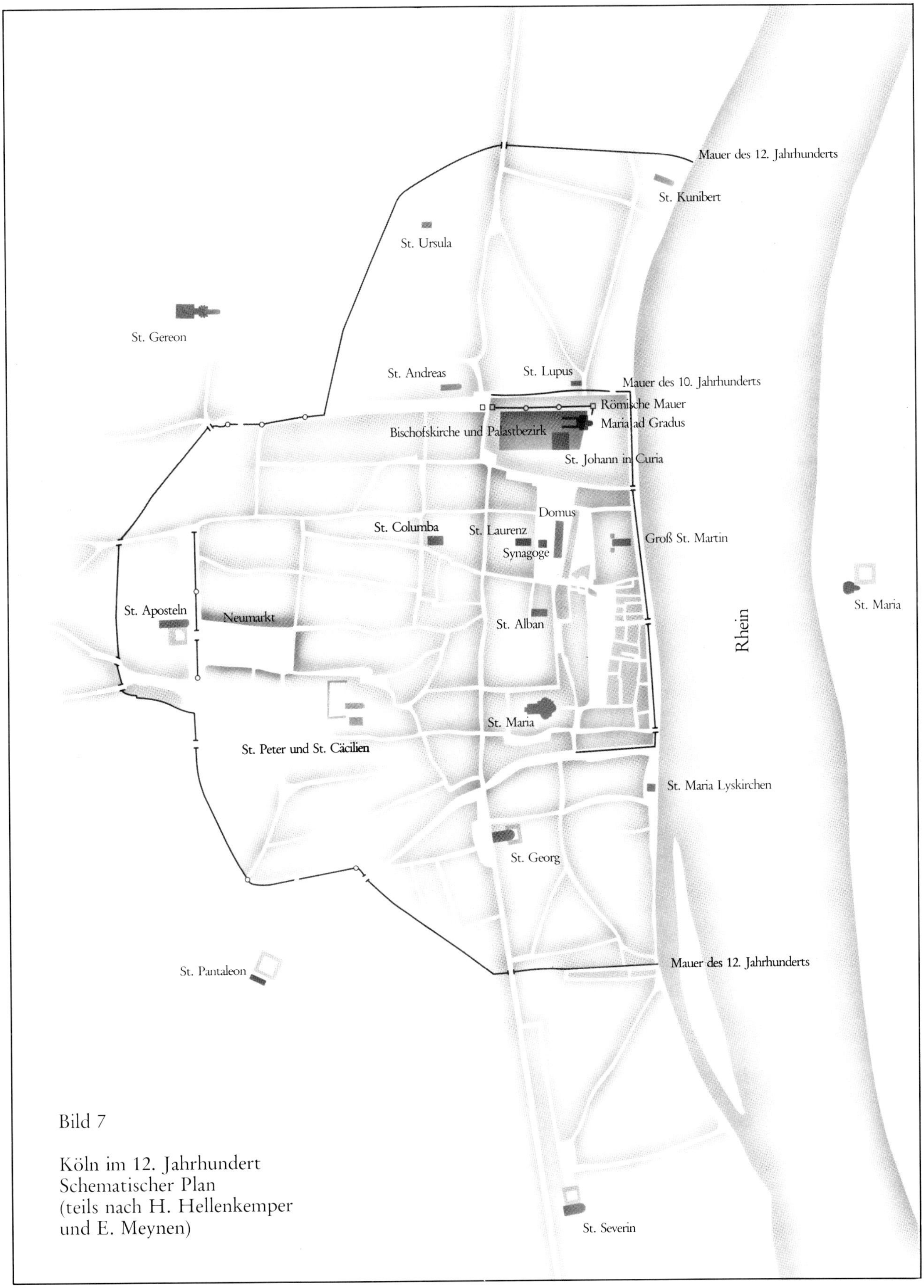

Bild 7

Köln im 12. Jahrhundert
Schematischer Plan
(teils nach H. Hellenkemper
und E. Meynen)

Kölns. Mir scheint dieser Vorgang eher eine ausgebildete weitere Wachstumsstufe, die vorzüglich geeignet ist, das stufenweise Heranwachsen des mittelalterlichen Stadtleibes zu charakterisieren.

Völlig anders als die »Mauerfassung« der Händlerstadt im 10. Jahrhundert (Bild 6) vollzieht sich diese neue »Einmauerung«. Sie geht gewissermaßen von der vollzogenen siedlungsmäßigen Entwicklung aus und fügt dem schon bestehenden ummauerten Bereich mauerumzogene »Ausbeulungen« zu (Bild 7), die beinahe embryonal die endgültige »Halbmondform« des großen Stadtleibes von Köln am Ende des 12. Jahrhunderts antizipieren (Bild 8). Es verblüfft zu sehen, daß hierbei die stiftischen Gewichte von St. Gereon und St. Severin wie das Benediktinerkloster St. Pantaleon ungesichert außerhalb dieses Sicherungsringes bleiben. Daraus wird man wohl schließen müssen, daß sich der »Urbanisierungsprozeß« von diesen Flächen fernhielt, wie überhaupt ins Auge fällt, um wieviel ausgedehnter die rheinseitig gelegenen Bezirke von Oversburg und Niederich im Vergleich mit dem eingemauerten Gebiet um St. Aposteln waren. Es dürfte mithin außer Zweifel stehen, daß die rheinnahe gelegenen Gebiete zuvörderst in den Siedlungsaufbruch eingetreten sind.

Ich muß es mir in diesem Zusammenhang versagen, den sehr kleinteiligen Aufsiedelungsprozeß für die einzelnen Siedlungsgewichte nachzuzeichnen, so reizvoll und ergiebig das wäre. Angemerkt muß indessen werden, daß eine zugreifende Detailforschung an dieser Stelle noch mancherlei dienliche, bislang unbekannt gebliebene Materialien zutage fördern könnte. Seit Hermann Keussen's Untersuchungen am Anfang unseres Jahrhunderts haben alleine Hans Vogts und Hermann Jakobs diesem Problemkreis von der Sachkundeseite her Aufmerksamkeit angedeihen lassen, während die allein baugeschichtlich orientierte Forschung, vor allem Hans Erich Kubach und Albert Verbeek, zu sehr auf die Baukunstwerke, deren Einbettung in geschichtliche Abläufe sie gerne leugnen möchte — als habe sich Formengeschichte jenseits der Wirkung allgemeiner Geschichte zugetragen oder zutragen können —, abgehoben hat und glaubte, solche Bezüge ausklammern zu können. Allein Willy Weyres hat für den engeren Dombereich zuletzt wieder die mehr ganzheitliche Sicht eingeführt, was auch der allgemeinen Baugeschichtsschreibung zum Nutzen gereicht.

Doch kehren wir zu den hier zu verzeichnenden Grundzügen zurück. Dabei fällt auf, daß es im Verlaufe des 11. Jahrhunderts nicht allein zu einem Anschwellen der vorstädtischen Gewichte gekommen ist, sondern auch innerstädtisch ein Prozeß eingeleitet wurde, der über die im 10. Jahrhundert intendierten Maßnahmen hinaus neue und wichtige Weichen für die Zukunft stellte. Dabei steht vornean die zum Jahre 1076 zum ersten Mal bezeugte Anlage des novus mercatus, der zum Jahre 1178 als forum novum in den Quellen vermerkt ist, wovon bis heute die Bezeichnung »Neumarkt« geläufig geblieben ist (Bild 7).

Es mutet schon mehr als merkwürdig an, daß neben dem Forum — Altermarkt des 10. Jahrhunderts nun in einem, von dem Stift St. Caecilien abgesehen, zu diesem Zeitpunkt sonst noch nicht aufgesiedelten Westteil des alten römischen Stadtleibes ein neuer Markt auftritt, der dem Altermarkt zwar in der Längenerstreckung nicht entspricht, ihn indessen in der Breitenwirkung um ein Mehrfaches übertrifft. Soweit das Areal des Neumarktes bisher durch archäologische Untersuchungen erkundet wurde — und es gibt Aufschlüsse von allen Seiten her wie Beobachtungslinien über den Platz selbst —, steht außer jedem Zweifel, daß die gesamte Platzfläche während des gesamten Mittelalters unüberbaut geblieben ist. Während nun das Forum — Altermarkt in der Händlerstadt sich gewissermaßen wie von selbst aus dem Zwang der Marktsiedlung, die sich hier mehr oder weniger spontan bildete, hervorging, nachdem ihm nun einmal die Entwicklungsmöglichkeiten eröffnet waren, liegt der Fall beim Neumarkt anders. Er ist, wie die Ansiedlung des Stiftes St. Caecilien im Verein mit der Kirche St. Peter, im westlichen Stadtleib des ehemals römischen Stadtgebietes, das damals wüst lag, ein Planungsvorgang auf die Zukunft hin; einerseits Beispiel wohlberechneter, weitsichtiger Stadtplanung. Andererseits: ein wenig ist dabei jener ausgreifende Sinn wirksam gewesen, der seit dem 13. Jahrhundert die neuen Städtegründungen begleitete; im Rheinland zum Beispiel Kalkar, noch schärfer diejenigen in den sogenannten Ostgebieten Europas. Hier stand eben ein noch nicht im Detail verfügter Stadtraum zur Disposition frei, in den hinein der Stadtherr frei griff und anordnete, dieses Areal sei zu halten, um dahin Marktverkehr zu organisieren.

Heute erlebt man den Neumarkt seiner Grundfunktion, ein nützlichen Zwecken dienender Freiraum zu sein, entkleidet. Der Platz ist zu einem »Verkehrsrondell« denaturalisiert, und man vermag die kühne, raumgreifende Natur, die ihm eignet, kaum mehr zu begreifen. Für mittelalterliche Raumvorstellungsverhältnisse war dieser Freiraum immens. Ähnliche Vorgänge gibt es für das 11. Jahrhundert nur selten in der direkten Nachbarschaft von Köln: in Bonn, wo man dem Bonner Münsterstift an dessen Südseite eine ähnliche Platzdimension als Freiraum zuschrieb (hier haben das 18. und 19. Jahrhundert nachdrücklich verkleinert), oder in Xanten, wo bereits die Lösung des 10. Jahrhunderts dem Großen und Kleinen Markt südwärts diese Freiraumdimensionen zudachte. Es spricht sich darin nicht allein eine Gesinnung auf Monumentalität in Platzräumen als Freiplätzen aus, sondern auch das Bewußtsein, es mit dem Raum als einer noch beliebig verfügbaren Fläche zu tun zu haben. Das Problem der Überbevölkerung bestand noch nicht.

Schärfer: Der Neumarkt von Köln ist ein Dokument für die heranwachsende, in das Erwachsenen-Dasein eintretende mittelalterliche Stadt Köln. Er ist ein Denkmal von außerordentlicher, weit planender Kraft. Er kann nicht ein irgendwie geartetes Geschöpf des Zufalls sein. Hinter ihm muß eine Natur stehen, die beseelt war, das »Modell von Stadt« um Stufen der Entschiedenheit weiter zu denken. Dafür kommt alleine ein Bauherr von Format in Frage, der darüber hinaus die Funktion des Stadtherrn in überzeugender Weise wahrzunehmen verstand. Wenn ich mir aufgrund umgreifender Studien glaube ein Bild von dem Geneseprozeß Kölns machen zu können, dann steht für diese Maßnahme allein eine einzige Person im Vorrat der für eine dermaßen kühne Tat geeigneten Persönlichkeiten: es muß Erzbischof Anno II. (1056—1075) der Urheber dieses Platzraumes gewesen sein.

Jedem Jahrhundert eignet eine Person von überwirklicher Kraft. Ich will nicht behaupten, seit dem Erzbischof Bruno (953—965) habe der Erzstuhl von Köln keine das Zeitalter bewegenden Naturen besessen. Persönlichkeiten wie die Erzbischöfe Gero (970—976), Heribert (999—1021) und Pilgrim (1021—1036) sprächen dagegen. Doch kann man nicht außer acht lassen, daß in Erzbischof Anno II. (1056—1075), fast ein Jahrhundert nach dem Tode des Erzbischofs Bruno (953—965), dem Erzbistum erneut eine Person von entschieden überdurchschnittlichem Format an der Spitze stand. Es fesselt noch heute, wie sich mit dem demütigen Kirchenmann ein Vollblutpolitiker zu einer Persönlichkeit verband, die über den Abstand vieler Jahrhunderte die Phantasie vollends zu beschäftigen vermag. Anders als Bruno (953—965) war Erzbischof Anno (1056—1075) von den Menschen, zumal von den Kaufleuten der Stadt, nicht nur geliebt. Er war ein unbarmherziger Stadtherr, so wie er — in Sachen des Reiches — durchaus ein Politiker von zwielichtiger Natur war, der groß zu denken und kleinlich bis heimtückisch zu handeln vermochte. Auch die das Geschick von Köln bewegenden Naturen waren mehr als nur gelegentlich durchaus Kinder von dieser Welt, zornig, ungerecht, böse und dann wieder — oft an unerwarteten Stellen — großzügig, milde und demütig. Erzbischof Anno war groß in seiner Demut, weitdenkend als Bauherr, weitblickend als Bischof und Reformator, vor allem Realpolitiker und daher bisweilen brutal.

Dieser Erzbischof Anno (1056—1075) sah die Stadt Köln in einem Aufbruch sondergleichen und trug selbst als Bauherr zur Veränderung des Erscheinungsbildes mit Entschiedenheit bei. Während seiner Lebzeit gewann das Damenstift St. Maria im Kapitol eine neue Baugestalt. Der brunonische Bau wurde von Grund auf durch einen Neubau ersetzt, wobei der Ostchor in das Konzert der sich nun schon eigenständig darstellenden Bausymphonie von Köln mit seinem atemgroßen Dreikonchenchor einen neuen Zug trug, der die Verbindung wenigstens der Kölner Händler mit dem Orient erkennen ließ. Oder anders: in den kühnherben Bauzuschnitt der aufragenden Langhäuser von Köln mischte sich von nun an der Klang byzantinischer Weichheit und Atemweite. Zum ersten Mal sog Köln seine Baumuster nicht mehr alleine aus sich selbst oder aus dem immer noch in Köln zutage liegenden Formenkanon der ruinös stehenden oder liegenden römischen Bauten. Für diesen Bauherrn aus Passion, der für seine Hofhaltung, soweit man sieht, die überlieferten Bauten nutzte, muß das Aufwachsen dieses Bauwunders St. Maria im Kapitol, dessen Kreuzaltar Papst Leo IX. inmitten der Baugerüste weihte, ein buchstäbliches Erlebnis gewesen sein. In der direkten Nachbarschaft von Köln muß er wenig später den Neubau von St. Nikolaus zu Brauweiler nach dem Muster von St. Maria im Kapitol aus der Erde haben wachsen sehen und dabei eine sehr klare Vorstellung davon gewonnen haben, wie leicht ein überdurchschnittlicher, beinahe genialer Architekt — denn ein solcher entwarf St. Maria im Kapitol damals — im Umsetzen der Formen um seine auf das Großartige zielende Wirkung gebracht wurde. Das heißt: bei allem guten Willen äußerte sich im Umfeld von Köln in St. Nikolaus von Brauweiler »Provinz«. Auch dem Mittelalter glückte nicht alles, wie Walter Bader bei der Erkundung der Frühgeschichte der Brauweiler Benediktinerabtei herausgefunden hat, aber nicht zugeben wollte.

Wenn ich es nicht ganz falsch einschätze, hat Erzbischof Anno (1056—1075) diese Bauvorgänge sehr sorgsam notiert. Diese Beobachtung muß ihn davon abgehalten haben, in seinen eigenen Bauvorhaben dieser Architektursymbiose von Maria im Kapitol zu folgen. Er setzte vielmehr für seine eigenen Vorhaben auf eine Feinnervigkeit, deren Formenkanon aus dem engeren Umraum heraus entwickelt zu sein scheint.

Zu seiner Lebzeit entstand auch das Kanonikerstift St. Maria ad Gradus, vielleicht 1057 (?) geweiht. Mit ihm wurde das Ostatrium der karolingischen Bischofskirche in eine neue Bauform übergeführt — nur eine einzige Säule mit Kapitell kündet noch heute von der Eleganz, die dieses Bauvorhaben auszeichnete. Die alte Taufkirche wurde durch eine Marienkirche ersetzt, die dem geläufigen Schema der Zeit gefolgt sein mag und später zur pfarrkirchlichen Form denaturalisierte. Worauf es in diesem Zusammenhang ankommt, ist indessen die Tatsache, daß sich solcherart der Bereich des bischöflichen Dominiums verkleinerte, sich in der Bauform schon die Auflösung der bischöflichen Stadtherrschaft anzeigte. Wenig vorab hatte bereits der Erzbischof sich in der curia St. Johannis an der Südseite der Bischofskirche inmitten des Palastbezirkes eine Eigenkirche gesetzt, damit im Zeichen der Architekturform Abschied nehmend von dem Gesamtanspruch, Herr über wenigstens das gesamte Palatium zu sein. Man muß diesen Vorgang sehr ernst nehmen, denn bereits in diesem »Vorzeichen« deutet sich die Ablösung gewachsener Herrschaftsstrukturen an, beginnt der Übergang von der totalen Stadtherrschaft des Erzbischofs zur Herrschaft der Bürger über die Stadt. Auch dies ist ein Prozeß, den die Architekturformen noch schärfer als die überlieferten Urkundennachrichten verraten.

Neben dem Mariagradenstift, dessen Bau Erzbischof Anno (1056—1075) im Grunde von seinem Vorgänger Erzbischof Hermann II. (1036—1056) übernahm, zeichnet er als Bauherr in Köln selbst für zwei Einrichtungen verantwortlich. Um das Jahr 1059 gründete er im südlichen Stadtbereich das Kanonikerstift St. Georg, damit einen alten Kirchenplatz neu belebend. Das Kirchengebäude wurde bereits 1067 geweiht. Es ist nach vielen Fährnissen bis heute erhalten. Allerdings stammt der Westbau erst aus dem Ende des 12. Jahrhunderts; das 12. Jahrhundert zog auch in die bis dahin flach gedeckte Säulenbasilika die Gewölbe ein (Bild 7).

Mit der Stiftskirche von St. Georg kam in die Kölner Kirchenbaulandschaft ein neuer Akzent. Der im Äußeren schlicht gehaltene Baukörper ist im Inneren von einer hohen Gliederungskunst durchwirkt und kann als Beispiel dafür gelten, wie aus der römischen Bauwelt Anregungen aufgegriffen und umgeformt wurden.

Es ist auffallend, daß die Maße dieses Kirchengebäudes bescheiden gehalten wurden, vergleicht man sie mit älteren Bauten in Köln. Andererseits setzt der Kirchenbau in das Suburbium südwärts der römischen Stadtmauer einen klaren Akzent, der noch schärfer hervortritt, wenn man weiß, daß nur wenig südwärts von St. Georg in Abhängigkeit vom Severinsstift die Kirche St. Johann Baptist als Pfarrkirche entstanden war, vermutlich zu dieser Zeit noch einschiffig, also bescheiden.

Obschon, worauf auch die Existenz von St. Maria Lyskirchen hinweist, die Belebung des südlichen Stadtteiles energisch in Gang getreten sein muß, läßt die Ansiedlung des Georgstiftes doch auch erkennen, daß die Besiedlung noch nicht zu eng war. Anderenfalls hätte sich für das Stiftsgebiet nicht ohne weiteres ein geschlossenes Areal ausschneiden lassen, wäre es unverständlich, wieso der Kirchenbau bis in den römischen Straßenkörper hinein greifen konnte und sich vor dem Stiftsbereich westlich eine Freifläche auszubeulen vermochte, die sich als ausgesprochener Platzbereich bis heute erhalten konnte.

Es drängt sich der Verdacht auf, ähnlich wie bei der Händlerstadt des 10. Jahrhunderts mit Groß St. Martin habe Anno (1056—1075) in das sich ausbildende Stadtquartier ein übergeordnetes Gewicht einbringen wollen. Diese Rechnung scheint aufgegangen zu sein, denn bereits zum Jahre 1076 erscheint an der Nordseite der Stiftskirche die Pfarrkirche St. Jakob, die ebenfalls Anno begründete. Da dergleichen Pfarrkirchengründungen, wie ich in anderem Zusammenhang einmal darzulegen versucht habe, wohl in der Regel dann erfolgten, wenn dafür die Bedürfnisse entstanden waren, dürfte es als sicher gelten können, daß sich der Aufsiedelungsprozeß nach der Mitte des 11. Jahrhunderts in diesem Gebiet sehr beschleunigt hatte. Dies wiederum liefert auch die unmittelbare Begründung für den südseitigen Mauerbau zu 1106, der gewissermaßen den Bezirk Oversburg »stadtfähig« machte.

Bauherr war Erzbischof Anno (1056—1075) auch an St. Gereon. Diese während des gesamten Mittelalters neben der Domkirche und dem Domstift bedeutendste stiftische Einrichtung Kölns hat bis in das 11. Jahrhundert hinein praktisch von der Solidität seiner spätrömischen Architektur gezehrt, die nun dem Rang der Einrichtung wie den Ansprüchen der Zeit nicht mehr zu genügen schien. Anno, der auch in Bonn die Leiber der Thebäer erheben ließ und den Sucherfolg mit einem Neubau der Kirche verband, hat bei St. Gereon den »Altbau« belassen und der Kirche eine Rangerhöhung durch Bauerweiterung beschert. Niedergelegt wurde allein der Chor, der zuletzt nach einem Umbau der karolingischen (?) Zeit sich als Rechteckchor darstellte, in dem in einer Krypta die Gebeine der Thebäer bewahrt wurden, wie die archäologischen Ausgrabungen von Johannes Deckers im Jahre 1978 ergeben haben. Aus dem Chor wurde die heute noch bestehende Confessio, an die eine dreischiffige, langgestreckte Krypta angeschlossen wurde. Darüber erhob sich ein Langchor, für den der Bautypus der Aula Regia das Muster abgab. Dergestalt wurde das Baumuster von St. Pantaleon zu Köln übernommen, hier — wie in Bonn — allerdings reduziert auf den Chorraum. Die Chorherren von St. Gereon erhielten auf diese Weise einen »himmlischen Thronsaal«, der dem Baukonzept von Köln einen wichtigen, weil auch baukünstlerisch vollendeten neuen Akzent zubrachte. Es scheint bezeichnend, daß Anno (1056—1075) sich an St. Gereon auf diese Baumaßnahme begrenzte, alles andere im Zuschnitt der Überlieferung beließ. Man faßt darin ein wesentliches Element mittelalterlicher Verhaltensweise. Die Änderung des schon Bestehenden wird bisweilen nur teilweise bewirkt. Man wird dies ein traditionalistisches Element nennen können (Bild 7).

Es wird nicht von ungefähr gekommen sein, daß Erzbischof Anno (1056—1075) seine Fürsorge dem Gereonsstift zugewendet hat. Die Stiftskirche von St. Severin war, soweit man erkennen kann, schon unter seinen Vorgängern, den Erzbischöfen Pilgrim (1021—1036) und Herrmann II. (1036—1056), in einen Neubau geführt worden, bei dem man das angebliche Grab des heiligen Kölner Bischofs Severin (um 346—397?) in eine Confessio einbezog, mit einer Krypta verband und auch darüber einen allerdings formschwächeren Langchor nach dem Muster einer Aula Regia aufführte, dessen Baureste in dem staufischen Chorneubau sich erhalten haben.

Ob Erzbischof Anno (1056—1075) mit der Erhebung der Gebeine der Heiligen Ewalde in der Stiftskirche St. Kunibert 1074 auch Baumaßnahmen verband, bleibt ungewiß, erscheint jedoch möglich. Nur archäologische Ausgrabungen könnten hier neue Bodenurkunden beibringen. Frei von Baumaßnahmen scheint die Kirche zu den Heiligen Jungfrauen (St. Ursula) geblieben zu sein, aufgrund wessen denn auch an ihr zu Beginn des 12. Jahrhunderts die Baumaßnahmen einsetzten.

Anders: Im 11. Jahrhundert gewannen insgesamt die stiftischen Bereiche Belebung, was sich in der Bautätigkeit ausdrückte. Die überlieferten Bauformen wurden auf die neuen Vorstellungen fortgeschrieben. Dadurch gewann das Erscheinungsbild von Köln einen markanteren Klang, der als die Vorstufe zur Umwandlung fast aller Bauten in ausgesprochene Baukunstwerke seit der Mitte des 12. Jahrhunderts bezeichnet werden kann (Bild 7).

Erzbischof Anno (1056—1075) fügte an die Klosterkirche Groß St. Martin Türme. Seit neuestem wissen wir — durch die archäologischen Ausgrabungen von Johannes Deckers aus den Jahren 1977/78 —, daß dies eine Dreiturmgruppe nach rhein-maasländischem Muster gewesen ist, wohl ähnlich wie die beinahe gleichzeitige von St. Maria im Kapitol. Annos Eifer galt unbestritten der Ausstattung seiner Kirchen. Seine Klostergründungen in Grafschaft und Saalfeld, vor allem aber die Abtei St. Michael in Siegburg sprechen da eine deutliche Sprache. Indessen, so sehr die Siegburger Gründung von Reformeifer geprägt war, auch handfeste politische Gründe spielen bei diesen Stiftungen und ganz besonders bei Siegburg ihre Rolle. In dem Falle von Siegburg ging eine Burg, die der Ezzonen, in die erzbischöfliche Hand über. So wird man wohl auch in Köln den Baumaßnahmen des Erzbischofs Anno (1056—1075) nicht allein dadurch gerecht, daß man seinem Verhalten religiöse Gründe unterstellt. In der Zuwendung an die kirchlichen Einrichtungen äußert sich auch der Wille, diese als Herrschaftsgewicht unübersehbar mit darzustellen und sie als die Stadt im Sinne der Zeit nicht bloß mitprägende, sondern tragende Elemente zu kräftigen.

Dies muß notwendig geworden sein, denn längst waren die in der Stadtidee des Erzbischofs Bruno (953—965) grundgelegten Strukturen in eine eigenwertige Blüte getreten. Die Bürger, in deren Händen sich durch Gewerbe und Handel Reichtum sammelte, waren selbstbewußt geworden, was sich nicht allein im Auftreten dem Stadtherren, also dem Erzbischof, gegenüber äußerte. Wenn man die Befunde, die in den letzten 10 Jahren bei archäologischen Ausgrabungen in Köln zutage gefördert wurden, unvoreingenommen durchmustert, will es erscheinen, als hätte bereits während des 11. Jahrhunderts jener Prozeß eingesetzt, der seit dem 12. Jahrhundert an die Stelle der Palasbauten die vermögenden Bürger als Besitzer treten ließ. Unverkennbar löste sich die »Palaststadt« auf (Bild 7).

Otto Doppelfeld hat die Ansiedlung der Kölner Judengemeinde inmitten der östlichen Stadtseite noch dem 10. Jahrhundert gegeben. Das ist nicht auszuschließen. Im 11. Jahrhundert indessen — dies belegen die Bauformen der Mikwe, des Judenbades — bildet sich das Himmlische Jerusalem der Kölner Judengemeinde als ein Stadtbezirk im Stadtbezirk aus. Wenn ich es nicht ganz falsch sehe, ist das für die städtebauliche Entwicklung von Köln ein Signal gewesen. Denn zugleich mit der Ansiedlung dieses für die Handelswelt wichtigen jüdischen Elementes inmitten der alten Bischofsburg ist offengelegt, daß nun zunehmend an die Stelle der Ministerialen des Erzbischofs in diesem Stadtteil die führenden Familien der Kölner Bürgerschaft Fuß faßten. Das heißt, die Palasbauten lösen sich nicht nur in Einzelhäuser auf, wie der von Hansgerd Hellenkemper ermittelte archäologische Befund deutlich erkennen läßt, sondern die maßgebenden Bürger siedeln aus der noch von Holzhäusern geprägten »Budenstadt« am Rhein in die »Kernstadt« über. Damit deutet sich eine Umschichtung im Stadtgefüge an. Die »Herrschaftsstadt« gerät auf den Weg zur Bürgerstadt, und von hier aus bricht sich die Aushöhlung der erzbischöflichen Stadtherrschaft Bahn. Dieser Prozeß ist nicht auf Köln beschränkt geblieben. Auch in Worms oder Mainz zum Beispiel sind diese Vorgänge zu beobachten.

Dieser Prozeß, einmal eingeleitet, muß sich auffallend schnell beschleunigt haben. Vor diesem Hintergrund ist interessant, daß der große Palatium-Bereich an der Südseite der Bischofskirche seit dem 11. Jahrhundert bereits zu bröckeln begann. Natürlich brachte der Bau des Stiftes von St. Maria ad Gradus ein neues Kirchengewicht. Natürlich hatte auch der Neubau der erzbischöflichen Hauskapelle St. Johann Evangelist um die Mitte des 11. Jahrhunderts am östlichen Querhaus des Domes hier noch eine Stärkung bewirkt, aber nicht zu übersehen ist auch, daß das Palatium, diese stolze Anlage, in der ersten Hälfte des 12. Jahrhunderts abgerissen wurde und sich die bischöfliche Hofhaltung auf einen längsrechteckigen Palasbau an der Südseite der Domfreiheit reduzierte. Der unter Erzbischof Rainald von Dassel (1158—1167) um 1164 aufgeführte Bau ist den älteren erzbischöflichen Palasbauten von Xanten und Neuss zum Verwechseln ähnlich, auch dem von Bonn. Man möchte sagen, er war das übliche (Bild 7).

Im Bereich der alten Bischofsburg entstand schon zu Anfang des 12. Jahrhunderts die domus in quam cives conveniunt, das Haus, in dem die Bürger zusammenkamen, das Rathaus, in den Urkunden zum Jahre 1106 erstmals erwähnt (Bild 7).

Wertet man die derzeit bekannten Baubefunde in dieser Weise, wird auch die betonte Äußerung städtischen Selbstbewußtseins dem Stadtherrn gegenüber, wie es sich in dem Aufbegehren der Bürger gegen Erzbischof Anno (1056—1075) im Jahre 1074 artikulierte, verständlich. Dieser Aufstand brach bekanntlich zusammen, indessen demonstrierte er doch die Entwicklung, die in Gang gekommen war, überdeutlich. Vor diesem Hintergrund gewinnt dann eben auch die planmäßige Anlage des novus mercatus — des Neumarktes — mehr als nur zufälligen Charakter. Es dokumentiert sich in ihm, wie sehr das eigentliche Stadtleben in stürmischem Ausbau begriffen war, so daß einem geordneten Marktverkehr mit der geplanten Bereitstellung von Platzfläche entsprochen werden mußte. Bezeichnend scheint die Weitsicht, mit der reagiert wurde, und überraschend bleibt, wie stark bis heute die Platzräume von Alter Markt — Heumarkt des 10. Jahrhunderts und derjenige des Neumarktes aus dem 11. Jahrhundert als Grundelemente die Stadtbilderscheinung von Köln noch bestimmen. Diese Plätze würden ihre den Stadtraum ordnende Wirkung heute noch weitaus schärfer entfalten können, hätten Städteplaner und Architekten ausgebildetere Kenntnisse in Baugeschichte. Eine solche jedenfalls wüßte zu verhindern, dergleichen Platzräume zu reinen Verkehrsadern denaturieren zu lassen. Es ist schon beschämend, wie wenig Sinn für ein so kostbares »Raumgut« heute noch vorhanden ist. Genau an dieser Stelle ist die seinerzeit von Alexander Mitscherlich beschriebene »Unwirtlichkeit« unserer Städte begründet. Auch daran ist zu erkennen, wie großzügig man damals plante.

Das Kölner Heil, die erste Kölner Revolution und die Kölner Stadtmauer

Es dürfte kenntlich geworden sein: die Ausbildung der Kölner Stadtgemeinde ist ein aufregender Prozeß. Ihm wohnt über weite Strecken exemplarische Bedeutung für die Entstehung der mittelalterlichen Stadt, die viele Wurzeln hat, inne. In diesem Gesamtvorgang nimmt die Emanzipation der bestimmenden Bürgergesellschaft von der erzbischöflichen Gewalt einen breiten Raum ein. Die Komponenten des Himmels und der Erde, von Gott und Mensch, werden dabei auf Trennung hin in Bewegung gesetzt.

Das Kölner Heil ist eine Sache, die in diesem Umfang die Stadt Köln in der Vorstellung der Einwohner nur mit Rom teilt. Das Kölner Heil ist jedoch weder denen, die in der Stadt bestimmten, noch denen, die hier lebten, immer gegenwärtig gewesen. In der fränkischen Zeit war es offensichtlich weitgehend in Vergessenheit geraten. Nur dies erklärt, warum es seit der karolingischen Zeit wiederentdeckt wurde; ja man muß wohl von einer buchstäblichen Neuentdeckung des Kölner Ortsheiles sprechen. Erste Ansätze lassen sich für das späte 9. Jahrhundert ausmachen. Die eigentliche Aufblüte indessen ist wohl mit dem 10., namentlich mit dem 11. Jahrhundert zu verbinden. In diesem Bereich zog Köln damals gegenüber anderen Plätzen nach, um dann um so glänzender diesem Bewußtsein in seinen Kirchenbauten den Ausdruck höchster Kunst zu schenken.

Die Erzbischöfe Bruno der Heilige (953—965), Gero (969—976), Heribert der Heilige (999—1021), Pilgrim (1021—1036) und Anno II. der Heilige (1056—1075) haben hier Erstaunliches bewirkt. Das Köln des Mittelalters wurde von ihnen in den Kirchenbauten, die fast sämtlich Stifte und Klöster waren, in die Sichtbarkeit gehoben. Von nun an begann Köln ein Ort zu sein, von dem man in zunehmendem Maße auch außerhalb Kölns und mit Achtung sprach. Vor diesem Hintergrund sind die aufwachsende Verehrung der Heiligen Thebäer zu sehen, der Heiligen Jungfrauen, des Heiligen Kunibert, des Heiligen Severin — und die Vorbildlichkeit eigener Zeitgenossen, wie des Heiligen Bruno. Damit verbunden wurde der weite Bogen des Gesamtheiles: dargestellt zum Beispiel in St. Maria im Kapitol, das den Palast der Himmelskönigin meinte, St. Maria in Deutz, das die Geburtsgrotte von Bethlehem vorstellte, St. Aposteln, das der apostolischen Tradition, wie sie sich in Petrus ausdrückt, die Gesellschaft der Gesamtapostelschar zugesellte, und so fort. Hiermit, eben mit dem Heil, das als eine Vorahnung des kommenden himmlischen Heiles gewertet sein will, sind nun sehr reale Prozesse des Stadtausbaues verbunden gewesen, die außerordentlich komplex sind. Indem sich die geistliche Gewalt nämlich dermaßen potenzierte und in die Anschauung zu bringen vermochte, wuchs neben ihr eine quasi weltliche Schicht hoch: die der Tagelöhner, Handwerker, Händler und Kaufherren. Überhaupt kam eine Bevölkerungsvermehrung in Gang, die außerordentlich war und natürlich Sonderprobleme für den Stadtbau und die Stadterweiterung einschloß. Spätestens das 11. Jahrhundert sah den durch Handel einflußreich gewordenen Kaufmann in der Sehnsucht nach Mitbestimmung. Die Explosion in dem Aufstand von 1074 setzte da ein Zeichen und lehrt: aus Gebet, Priestern, wie aus Anordnungen durch Herrscher bestand auch dieses Mittelalter, als es begann, in seine wirtschaftliche Blüte einzutreten, nicht ausschließlich. Hier hat die Romantik der Allgemeinheit zu lange einen zarten Schleier der Verklärung vorgezogen. Der Kölner Merkantilismus ist dabei nicht nur geboren, das die Entwicklung der Stadt von nun an entscheidend mitprägende Handelsbürgertum gebildet, sondern zugleich ein Dualismus gesetzt worden von Kirche als Organisation und Stadt mit ihrer Verwaltung. Hier liegen nach meinem Dafürhalten die Ansätze dafür, daß nun die führenden Geschlechter beginnen, sich auf die römischen Ahnherren zurückzuführen. Die sich bis auf Petrus zurückdatierenden Kölner Erzbischöfe erhalten nun Konkurrenzgewichte in den aufsteigenden Kaufherren, die Trajanus als ihren Begründer sehen und deshalb Stadtherren sein wollen. Im Grunde ist dies natürlich ein Säkularisierungsprozeß, dessen Offenwerden noch verschleiert blieb, weil der gemeinsame Glaube an den einen Gott und das Kölner Heil bei aller Unterschiedlichkeit der Zielsetzungen die Stände von Priestern und Handelsbürgern zusammenband. Indessen verlor der Erzbischof dabei gewissermaßen die Stadt. Die Bürger begannen zu ahnen, was Freiheit von bevormundender und bestimmender Herrschaft bedeuten könnte. Die Freiheit, die im Mittelalter immer eine Freiheit in Bindung war, war von nun an ihr Ziel. Die domus in quam cives conveniunt (das Haus, in dem die Bürger zusammenkommen) kennzeichnet dabei genau den entscheidenden Punkt: neben das Kirchengebäude als dem Abbild des Himmels trat nun das profane Verwaltungsgebäude. Auf dieser Erde beginnen nun diejenigen Bürger, die durch Reichtum als gesegnet ausgewiesen sind, die Dinge dieser Welt in die Hand zu nehmen. Vor diesem Hintergrund muß man wohl auch die Stadterweiterungen von 1106 und 1180 sehen. In diesen Maßnahmen drückt sich natürlich vordergründig die Bevölkerungsvermehrung aus, wird ablesbar auch die Zunahme der Handwerker, das Aufblühen von Güterstapel und Güterumschlag. Der Stadtmauerbau zeigt Bürgerschaft und Kaiser vereint. Aber mehr als dies, mehr auch als nur aufblühende Stadt, dokumentiert diese riesige Stadtmauer mit ihren Türmen und mächtigen Toren das damals unter den Kölner Bürgern herrschende Bewußtsein. So nämlich, wie der Dom St. Peter und Maria die Himmelsstadt in dem Zeitverständnis des 9. Jahrhunderts vorstellte, wird nun die gesamte Stadt Köln als das Abbild des Himmlischen Jerusalem begriffen. Zu keinem späteren Zeitpunkt hat eine Gemeinschaft von Menschen sich ein glänzenderes Denkmal ihres Bewußtseins gesetzt, das irdischen Bürgerstolz mit der Sehnsucht nach dem

Himmel, wie man ihn zu der Zeit begriff, in solcher Prägung vereinte. Dieses Bewußtsein war so eminent, daß es sich in dem Baukunstwerk Stadtmauer manifestierte. Dem Stadtraum war damit der Rahmen gesetzt, geräumig genug, um für Jahrhunderte zu weit zu sein.

Nicht zu übersehen ist, daß auch in diesem Augenblick der »Heiligtumscharakter« für das Bewußtsein der Allgemeinheit noch völlig bestimmend war. Dadurch trat die Bürgerschaft in die geistige Vorstellungswelt ein, die vorab Kirche und weltliche Herrschaft, für Köln lange vereint in der Gestalt des Erzbischofs, entwickelt hatten. Dies ist ein Prozeß von grundsätzlicher Natur. Erkenntlich wird, indem man sich dergleichen Prozeß klarmacht, aber auch, was eigentlich Tradition ist: die Übernahme von schon Gewachsenem unter Fortschreiben auf die neuen Belange. Dabei werden die Gewichte auf die jeweils zum Tragen gekommene, bestimmende Schicht gesetzt. Darin wurzelt letztendlich fast jeder emanzipatorische Prozeß.

In dem Augenblick, als im Jahre 1165 der Kölner Erzbischof und Kanzler des Reiches Rainald von Dassel (1159—1167) in einem Triumphzug ohnegleichen die Gebeine der Heiligen Drei Könige seiner Bischofskirche zuführte, überstrahlte ihr Glanz den des Heiligen Petrus tatsächlich. Das Reliquiengeschenk des Kaisers, als Belohnung für treue Dienste in reichspolitischer Sache gedacht, diese Auszeichnung war auch für Köln von höchstem politischen Gewicht. Dies hat natürlich im Kalkül des Erzbischofs bewußt mit gewogen. Die Gebeine dieser Heiligen standen in der Vorstellung der Zeit als Unterpfand für das Ideal des Königtums christlicher Prägung schlechthin. Hier war das Maß, an dem alle Könige sich messen lassen mußten. Da außerdem auf dem Gebiet der Kölner Erzdiözese auch der Thron Karls des Großen stand, der für die Krönung der deutschen Könige unverzichtbar war, hatte sich mit dem Zugewinn des neuen Heiligen-Schatzes die Bedeutung des Kölner Erzstuhles unübersehbar gestärkt. Direkter ausgedrückt: an dem Kölner Erzbischof führte von nun an keines deutschen Königs Weg mehr vorbei. Der Erzbischof krönte in Aachen den erwählten König, und der Gekrönte konnte es nicht unterlassen, auch den Heiligen Drei Königen als dem Prototyp aller christlichen Könige (und damit dem Kölner Erzbischof) die Reverenz zu erweisen. Das sicherte der Kölner Bischofskirche einen neuen Wert über den Hauptpatron St. Peter hinaus. Indessen: so sicher auch der Ruhm der durch die Heiligen schon ruhmreichen Stadt dadurch wuchs, eine neue Spielart war mit in der Rechnung: der eindeutige Einsatz des Heils für den politischen Zweck. Letztendlich liegt hier der Grund dafür, daß die Kronen der Heiligen Drei Könige noch heute Wesensbestandteile des Kölner Stadtwappens sind.

Inzwischen dürfte allgemeiner bekannt sein, daß die »gotische Kathedrale« nicht allein erfunden und gebaut wurde, um in ihrer diaphanen Struktur die unbeschreibliche Schönheit des Himmels unter den Menschen sichtbar Wirklichkeit werden zu lassen, sondern auch gedacht war als Ausdruck königlicher Gewalt und Größe. Eben unter diesem Aspekt muß das Domkapitel den Neubau der Kölner Bischofskirche 1248 beschlossen haben. Um diesen Neubeginn weithin zu verkünden, genügte der Besitz des kostbaren goldenen Dreifachschreins, eines Kunstwerks erster Erlesenheit, nicht. Anders: an die Stelle der Peterskirche des Erzbischofs trat nun auch die Hofkirche der Heiligen Drei Könige, des deutschen Reiches einzige wirkliche Kathedrale. Wenigstens das kirchliche Bewußtsein ging damit einen bedeutenden Schritt in Neuland. Gesetzt wurde ein Zeichen in die Zukunft, denn abgesehen von der dem Unternehmen innewohnenden Kühnheit: die immense und kühle Durchdringung der den Baukörper ausmachenden Formgliederungen setzte Denkprozesse voraus, die denen der technisierten Welt heute nicht unverwandt sind. Bezeichnenderweise wurde denn auch an der Kölner gotischen Bischofskirche das Bauen mit den immer gleichen Elementen, also die Normform, erfunden. Seitdem gibt es Gotik als europäischen Stil.

Hatte der Ruhm der Heiligen Jungfrauen mit ihrer Anführerin Ursula schon Kölns Ruhm als den einer Heiligen Stadt weit verbreitet, lieh nun der Besitz der Heiligen Drei Könige dieser Stadt politisch und geistig eine auf die damalige Welt bezogene hohe Geltung. Das kölnische Bewußtsein öffnete sich über den Stadtraum hinaus. Köln war zur Krone der rheinländischen Städte geworden.

Jedoch war Köln auch dabei, nicht nur eine volkreiche wirkliche Großstadt zu werden, sondern neben Paris und Rom — in dieser Reihenfolge — zu einer Weltstadt in der Vorstellung von damals heranzuwachsen. Hierbei waren soziale Spannungen nicht auszuschließen. Darüber erfährt man aus den überlieferten schriftlichen Quellen fast nichts. Die Ordnung nach potentes und pauperes, nach Reichen und Armen, galt noch lange als Ausfluß der von Gott gewollten hierarchischen Ordnung, und mithin lag die Lösung der sozialen Frage im Himmel. Jedoch: so sehr man in dem Bau der Kathedrale auch ein riesiges Arbeitsbeschaffungsprogramm für die Volksmasse und die in ihr enthaltenen Facharbeiter sehen kann und muß: die gegebenen Strukturen deckten die verbreitete Armut nur mühsam. An diese, die in der Regel auch die Armen im Geiste waren, richtete sich die franziskanische Fürsorge.

Gegen den übertreibenden und übertriebenen Himmlischkeitssinn waren schon im 12. Jahrhundert wirksame Gegenbewegungen aufgestanden. Reformgedanken lagen dem Zeitalter als Gegenbewegung klar denkender Individuen inne. Sie werden schon immer vorhanden gewesen sein, doch erst jetzt fanden sie eine deutliche Artikulation, die sich auch in den schriftlichen Quellen niederschlägt. Die franziskanische Bewegung war unter ihnen, zusammen mit der dominikanischen, die direkteste. Die Armut, die in der Tat wenigstens für 80% der Bevölkerung das Standeszeichen war, wurde als das eigentliche christliche Ideal gesetzt und gepriesen. Dies hatte im Grunde, auf die Gesellschaftsordnung der Zeit gesehen, sozialrevolutionäre Wirkung, auch in Köln.

Mit der bescheidenen Minoritenkirche entstand noch im 13. Jahrhundert, vollendet im 14. Jahrhundert, ein Gegenmodell gegen die Kathedrale. In der Armut der Formeneinfachheit wurde der Himmel für die Armen und damit für die Mehrheit der Bevölkerung übersichtlich Ereignis. Durch die Franziskaner artikulierte sich zum ersten Mal in Köln das Volk. Dies kündigt das Erwachen eines neuen Bewußtseins an. Sichtbar wird die Existenz von Schichten, von Armen und Reichen. Die Architektur der bescheidenen Kirche signalisiert: es gab Kräfte, auch diesen Menschen ein Bewußtsein und ein über den Tag hinaus zielendes, ihrem Sinn verständliches himmlisches Zuhause zu geben. Auch das ist eine wesentliche Station innerhalb des kölnischen Stadtgeneseprozesses.

VII. Die Stadt als Kunstwerk

Man weiß kaum, wo man anfangen soll, wenn es gilt, dieses Köln in seiner eigentlichen Blüte, die nach dem Zeugnis der Bauten und Bauurkunden zwischen etwa 1150 und 1250 anzusetzen ist, zu beschreiben.

Zu gigantisch erscheint alles. Und viele Einzelzüge, die erkundet sein müßten, um das Bild wirklich zutreffend zeichnen zu können, sind noch nicht ergründet (Bild 8).

Der aufmerksame Blick, der den Stadtplan mit seinen vielen Einzelhäusern, fast unzählbar, abtastet, will nicht glauben, daß alle diese genau verzeichneten Parzellierungen schon dem 12. und 13. Jahrhundert angehören. Eher scheint ein hochgotischer Zug herauszuklingen in dem, was sich so durchgehend abzeichnet.

Sicher ist auch wohl, daß der Anteil der steinernen Häuser, die am Ende des 12. Jahrhunderts in der Bürgerstadt sich in größerer Zahl einzustellen beginnen, an Zahl zunahm, doch noch die Ausnahme blieb. Das 13. Jahrhundert brachte weitere Zuwächse, der eigentliche Durchbruch der Steinbauweise — neben welcher der Fachwerkbau führend blieb — muß in der Tat dem 14. und 15. Jahrhundert zugebilligt werden.

Hans Vogts' gründende Untersuchung über »Das Kölner Wohnhaus bis zur Mitte des 19. Jahrhunderts« ist für dieses Feld zu kursorisch. Nachholen lassen sich die Erkundungen nicht, da im letzten Kriege fast alle steinernen Urkunden verloren gingen. Allein eine sehr zeitraubende und umfassende wie sehr systematische archäologische und baukundliche Untersuchung aller Kellerbauten von Köln vermöchte auf diesem Felde noch einen Wandel zu schaffen, wie die archäologische Untersuchung des Quartiers am Quatermarkt in den Jahren 1972/1974 durch Hansgerd Hellenkemper ergeben hat.

Wie dem auch sei, unbestritten scheint, daß die Zumessungen der überwiegenden Zahl an Grundstücksparzellen ein Produkt des vorangeschrittenen 12. und frühen 13. Jahrhunderts sind. Dies bedeutet nicht allein die intensive Aufsiedlung der rheinnahen Stadtquartierflächen, sondern auch die Auffüllung der übrigen. Mit anderen Worten, was anderen Orts als ein Ergebnis schon gotischer Städteplanung gelten muß und gilt, ist in Köln eine Leistung der zweiten Hälfte des 12. bzw. des frühen 13. Jahrhunderts. Das aber bedeutet nicht mehr und nicht minder als: in der zum Selbstbewußtsein heranwachsenden Stadt Köln ist möglicherweise zum ersten Mal in solchem Umfang ein das Stadtbild prägendes Gliederungssystem der Straßenfront erfunden und konsequent zur Anwendung gebracht worden. Das wiederum bedeutet, in Köln ist eine Grundstruktur, die das mittelalterliche Stadtbild ausprägte, im »Großversuch« zum ersten Mal in die Anwendung gelangt. Dabei spielt es keine Rolle, daß die Bauten, mit denen dies ausgeführt wurde, vor allem aus Holz oder als Fachwerkbauten ausgeführt waren. Gezielt war auf den Effekt: in einer Nutzen schöpfenden Weise eine möglichst hohe Zahl von Gebäuden auf dem dafür eingeschränkt verfügbaren Grundareal zu placieren. Das geschah durchweg auf der Grundfläche des Längsrechtecks, wobei in den einzelnen Hausfeldern durchaus auch Dunkelzonen im Inneren in Kauf genommen wurden.

Man wird sich erinnern müssen, daß nordwärts der Alpen das längsgestreckte Haus ein uralter Typus ist. Die Langanlagen bestimmten allerorten das Haus der urgeschichtlichen Epoche. Noch in den sächsischen Häusern von Warendorf, die Karl der Große niederlegen ließ, stellt es die vorherrschende Hausform, wie die archäologischen Ausgrabungen Wilhelm Winkelmanns gezeigt haben. Der Typus des fränkischen Gehöfthauses, bislang immer noch allein bekannt durch die fränkische Siedlung von Gladbach bei Neuwied, kennt als herausragende Hausform nur diesen Typus. Der Vicus Bonnensis (Bonn) vom Anfang des 8. Jahrhunderts hantiert mit dem freistehenden Längshaus bescheidensten Zuschnitts, wogegen im Wik von Xanten eher dem ineinandergeschachtelten Typus römischer vici noch einmal Nachfolge beschert wurde.

Dieses Umfeld, das sich mit mannigfachen Einzelzügen mehr oder weniger zufälliger Beobachtungen an den verschiedensten Orten differenzieren, dabei aber in den Grundzügen nicht eben wesentlich anreichern ließe, bildet den Wurzelgrund für die nun entstehenden »Stadthäuser«.

Entscheidend indessen ist dann aber doch wohl nicht so sehr dieser mehr allgemeine haustypengeschichtliche Hintergrund, sondern eher ein engerer Problemkreis.

Obschon statistische Zahlen über den Bevölkerungsumfang Kölns im 12./13. Jahrhundert nicht vorliegen, geht man für diesen Zeitraum von einer geschätzten Einwohnerzahl von 35 000/40 000 Menschen aus. Das ist immens und bedeutet, von der karolingischen Zeit an gezählt, einen Rekord an Zuwachs in

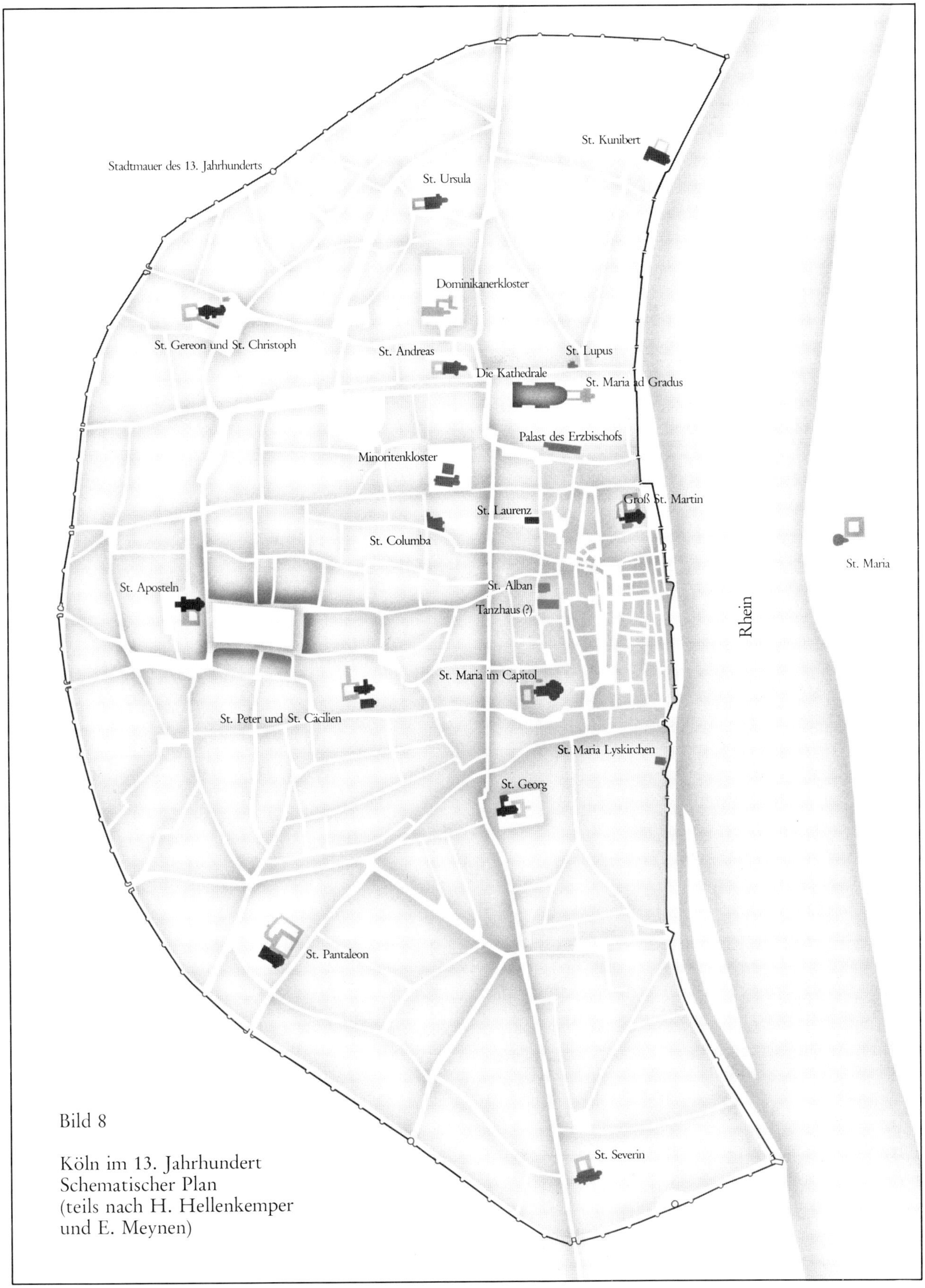

Bild 8

Köln im 13. Jahrhundert
Schematischer Plan
(teils nach H. Hellenkemper
und E. Meynen)

Einwohnerzahlen. Köln hielt im Europa von damals mit Paris ziemlich die Spitze, während andere Zentren in Deutschland wie Nürnberg oder Augsburg solche Zahlen erst im 15./16. Jahrhundert erreichten und Köln gar noch überrunden sollten.

Im Klartext ergibt sich daraus, daß in Köln der verfügbare Raum für die Ansiedlung der Stadtbevölkerung schon früh knapp zu werden begann, zumal große Gebiete innerhalb des Stadtleibes durch die Klöster und Stifte eigentumsrechtlich blockiert waren. Mithin ergab sich zwangsweise die Aufschlüsselung des Stadtleibes in eine die Flächen nützende Parzellierung, was ebenso zwangsläufig das Längsrechteck für die Baunutzung in die Überlegungen führte.

Es kann nicht ganz abwegig sein anzunehmen, hinter dieser Planungsidee habe die Vorstellung gestanden, solcherart gewissermaßen die Aula Regia, die für die Palas-, manche Kirchen- und Chorbauten des Mittelalters in ihrem Bedeutungsgehalt umgeschrieben worden war, nun auf die Zwecke der Bürgerschaft umzudeuten. Dies wäre, ließe es sich beweisen, in zweifacher Weise interessant. Zum einen hätte man, wäre man tatsächlich so vorgegangen, eine Architekturform der Herrschaft unter Umschreibung für bürgerschaftliche Zwecke genutzt; es hätten sich die neuen Herren der Attribute der alten bemächtigt, was einleuchtend sein könnte: Palasbauten eben nun »in Serie« und statt mit der Breitseite in Wirkung gesetzt, die Schmalseite zur Wirkung erhoben. Zum anderen wäre es ein ebenso denkbarer Gedanke, daß man die zum Himmelssaal avancierte Aula Regia für das Bürgerhaus in Anspruch genommen hätte, so gewissermaßen Heilsbezüge auf den Wohnbereich übertragend. Nicht von ungefähr hat Günter Bandmann den Gedanken durchgespielt, es könne sich das Stadtbild, was wiederum eine Rückwirkung dieses Gedankens wäre, in den Kathedralenlangseiten mit ihren Giebelformen spiegeln, diese also im Sinne der Zusammenfassung Stadt über der Stadt sein; so eben würde sich die irdische Stadt in dem Abbild der Himmelsstadt zusammengefaßt sehen, das Irdische sich auf das Abbild des Himmlischen verwiesen finden und mithin, auch in der Bürgerstadt, die Verheißung des Ewigen präsent sein; sonder Zweifel ein der mittelalterlichen Gedankenwelt vertrauter Zuordnungsvorgang.

Wie dem auch sei, Tatsache bleibt, während der zweiten Hälfte des 12. Jahrhunderts bis in den Beginn des 13. hinein formte sich das Stadtbild, war von nun an geprägt durch Straßenfrontfassaden. Es entstanden die Reihen der Stadträume, die sich ab und an in den weiten Atem von Plätzen öffneten. Die Decke aller dieser Räume war der Himmel im wechselnden Spiel von Tag und Nacht. Man wird diese »Naturkomponente«, die der Straßenraumerscheinung erst ihre Lebendigkeit gab, nicht außer acht lassen wollen.

Genauer: in diesem Zeitraum entstand genau das, was wir das Kunstwerk der mittelalterlichen Stadt nennen. Es hatte eine Fassadenschönheit sondergleichen. Es band die Menschen, die hinter den Fassaden auf das Notwendigste sich gestellt fanden, eng zusammen. Es wäre ein Irrtum anzunehmen, in diesen Städten hätte die Stille vorgeherrscht. Das enge Zusammengebundensein machte jede Äußerung zu einer öffentlichen, und — was man wohl auch nicht übersehen sollte — der mittelalterliche Mensch kannte die Freiheit im eigenen Bereich auch nur als eine Freiheit im aufeinander Angewiesensein. Ich wiederhole: die Freiheit, die dem mittelalterlichen Menschen, auch dem mittelalterlichen Stadtmenschen, zuteil wurde, war immer nur eine Freiheit in der Bindung aneinander.

In diesem Zusammenhang ist nicht uninteressant, wie wenig Aufmerksamkeit der hygienischen Seite zugewandt wurde. Anders als im römischen Köln gab es keine zentrale Wasserversorgung. Vielmehr ist für jede Parzelle ein eigener Brunnen wahrscheinlich. Wo solche nicht ergiebig zu erstellen waren, engte sich die Wasserversorgung auf einzelne öffentliche Brunnen ein. Insgesamt ist dieser Problemkreis, von Lübeck abgesehen, kaum untersucht. Indessen machen schon diese Andeutungen erkenntlich, in wie hohem Maße auf diesem Gebiete die mittelalterliche Stadt unterversorgt blieb; ein Zustand, der in Köln durchgehend bis in das 19. Jahrhundert hinein andauern sollte. Bilddarstellungen aus neuzeitlichen Bauzusammenhängen mit romantisch empfundener »Brunnengemütlichkeit« sollten für die Vorstellung von der Realität einer mittelalterlichen Stadt nicht ablenken. Auch die bekannten »Badezuberblätter« des 16. Jahrhunderts gaukeln allenfalls eine »Badegeselligkeit« vor, die vorübergehend einer kleinen Schicht führender Bürgerschaftsmitglieder eigen gewesen sein mag. Für die Allgemeinheit hatte auch dies kaum Geltung. Und da in dieser Hinsicht das 16. Jahrhundert dem 12./13. Jahrhundert gegenüber schon durchaus emanzipatorische Züge besessen hat, fällt es nicht schwer, sich auch für diesen Bereich für das 12./13. Jahrhundert Defizite vorzustellen.

Nicht viel anders ist der Bereich der Abwasser- und Abfallversorgung zugemessen gewesen. Während die römische Stadt Köln in dieser Hinsicht hervorragend ausgestattet war — noch der heute in Bau befindliche neue linksrheinische Hochsammler in der Zentralstadt unterscheidet sich im Prinzip nicht vom römischen Kanalprinzip —, verzichtete die mittelalterliche Stadt völlig auf jedes Kanalsystem. Jedenfalls kann man einzelne oberirdisch ausgebildete Rinnen nicht in diesen Zusammenhang rechnen. Ohne jede Übertreibung wird man mithin anzumerken haben, auf dem wichtigen Felde der Infrastruktur vermag die mittelalterliche Stadt auch da, wo sie ausgesprochenen Kunstwerkcharakter gewinnt, ihre Herkunft aus der Agrarstruktur nicht zu leugnen.

Dies gilt auch für den Zuschnitt der Straßen. Dem Menschen von heute will es schier unvorstellbar erscheinen, sich eine Straße anders denn als mit einem festen Straßenkörper vorzustellen. Dem mittelalterlichen Menschen war dieser Gedanke fremd. Von Orten, wo Auskunft zu diesem Problemfeld durch archäologische Ausgrabungen vorliegt, weiß man, Straßen- oder Platzpflasterungen waren dem Mittelalter unbekannt. Kleinere Orte gewinnen eine ausgesprochene Platzbefestigung nicht vor dem 17. Jahrhundert. Pflasterungen sind in den nordwesteuropäischen Bereichen in den Städten durchweg eine Erfindung des 19. Jahrhunderts. Eingangs wurde bereits angemerkt, daß auch die römische Stadt Köln nur im Ausnahmefalle steinerne Straßenkörper besessen hat, und wenn, dann erst in der Spätphase der Stadt. Die mittelalterliche Stadt Köln kam ohne Straßenbefestigungen aus. Noch Stanfields Stadtansicht von 1835 (Bild S. 264) zeichnet für dieses Feld ein wenn auch spätes, so doch völlig realistisches Bild, wogegen das schöne Dombild von Cornelis Springer von 1855 Ausnahmen belegt und lehrt, daß wenigstens das Dom-Umfeld im 18. Jahrhundert eine auskömmliche Pflasterung erhalten hatte.

Ohne Zweifel hat der am Ende des 12. Jahrhunderts sich ausbildende Stadtbereich, wie besonders scharf die Großen Stadtansichten von 1571 (Bild S. 129) und 1572 (Bild S. 135) zeigen, große Grünflächen besessen, die bis zum Ende der reichsstädtischen Zeit noch zu einem großen Teil unter dem Pflug gelegen haben. Das heißt, die weiträumig geplante Stadt des späten 12. Jahrhunderts wuchs nicht vollständig mit Häusern zu. Sie behielt innerhalb der Mauern mithin reichlich Naturraum. Andererseits kann nicht übersehen werden, wie karg in der Kernstadt Platz für Naturraum blieb. Die im 10. Jahrhundert in die Aufblüte getretene Händlerstadt am Strom ist, von den Marktflächen, den Freiflächen an der Südseite des Domes wie den kleinen Freiräumen um die Stifte und Klöster sowie von den engen Raumzellen um die Pfarrkirchen abgesehen, fast baumlos gewesen. In dieses »Zentrum« drängten sich die Menschen früh, wurden Parzellierungen gewissermaßen dicht an dicht festgeschrieben und bauseitig ausgenutzt. Wer nur einmal, wo sie erhalten sind, sich in den Grundstücksunterlagen Umblick verschafft hat, wird wissen, daß in diesen innerstädtischen Bereichen schon sehr früh jedem umfassenden Planungsvorgang enge Grenzen gesetzt waren. Nichts ist innerhalb einer Stadt dauerhafter als eine einmal durch Besitzfestschreibungen gezogene Grenze. Und so wird es schließlich dazu gekommen sein, daß die durch die eng aneinander gerückten Holzbauten der ersten Siedlungsstufen eingetretene Flächenaufteilung in den Stein- und Fachwerkbauten fortlebte. An kleineren Städten wie zum Beispiel in Bonn und Neuss kann man diesen Prozeß übersichtlicher und detailgenauer studieren. Aber auch in der »Großstadt« Köln ist er allein am Stadtplangerüst in seinem spätgotischen und neuzeitlichen Zuschnitt nicht zu übersehen. Dabei ist verblüffend, wie auch der Bereich der früheren Kirchenburg mit Einzelparzellen vollgeschrieben wurde. Diese indessen sind etwas geräumiger als in der Händlerstadt bemessen, ein Anzeichen aus dem »Baubefund«, wie sehr großzügig die führenden Familien den ehedem stadtherrlichen Besitz unter sich aufzuteilen wußten. Bei einsetzender Einzelforschung dürfte über die grundlegenden Untersuchungen von H. Keussen, H. Vogts und H. Jakobs hinaus durchaus noch die Möglichkeit bestehen, in der Kombination von schriftlicher Überlieferung und baugeschichtlichem Befund eine differenziertere Vorstellung über die Hausbaugeschichte der Stadt Köln während der Zeit vom 12.—16. Jahrhundert zu gewinnen.

Wird auch erkenntlich, wie sehr einer umfassenden und einheitlichen Planung der Stadt in den Einzelquartieren aus den gewachsenen Gegebenheiten heraus mehr oder weniger enge Grenzen gesetzt waren, bleibt als erstaunlich zu vermerken, daß in dem 12./13. Jahrhundert innerhalb des gesamten Stadtleibes die Gesellschaft der Häuser zu einem einheitlichen Stadtbild zusammenwuchs. Das »Stilmittel« dabei war die Art, wie man die Straßenflächen der einzelnen Blöcke zu Straßenfronten zusammenschloß. Das Kunstwerk der mittelalterlichen Stadt, grundgelegt in der zweiten Hälfte des 12. Jahrhunderts, wuchs im 13. und 14. Jahrhundert zu einem »Fassadengebilde« heran, dessen hervorstechendstes Merkmal lebendige Geschlossenheit war. In den Kerngebieten wird dabei das Fehlen von Grün nicht als hinderlich oder unbequem empfunden worden sein, da der »Naturraum« vom mittelalterlichen Menschen durchaus noch als eine Sache sui generis empfunden wurde, es ihm eher darauf ankam, alle Komponenten des Handels und der Gewerbe eng, gewissermaßen schrittnah, beieinander zu haben.

Die Sorgfalt, die man der Fassadengestaltung zuwendete, kann allerdings nicht darüber hinwegtäuschen, daß das mittelalterliche »Häusergruppenkunstwerk«, das seine Lebendigkeit durch den Einzelzuschnitt eines jeden Hauses in den Grenzen des Erlaubten erhielt, eine Rückseite besaß, die von unserem Standpunkt aus als ungelöst zu bezeichnen ist. Bezeichnenderweise ist denn auch die Baugeschichte der Rückseiten mittelalterlicher Häuser noch nie geschrieben worden. Geschähe dies, würde das ein Kapitel voller Ungereimtheiten werden; streckenweise gar eine Geschichte der Budenarchitektur, um nicht zu sagen, des Ungelösten. Denn zum Wesen jeder mittelalterlichen Stadt gehörte wohl auch das Provisorische, eine Art Unordentlichkeit, die sich hinter den schönen Fassaden verbarg. Auch dies läßt sich wohl an den kleineren Städten noch schärfer herausarbeiten als in einem so großen Stadtkörper, wie ihn die Stadtbaugestalt von Köln darstellte; zumal in kleineren Städten bisweilen die mittelalterliche Bausubstanz noch vielfältiger als in dieser großen Stadt erhalten blieb, in der nicht erst der letzte Krieg und eine verfehlte Wiederaufbaupolitik zu viele Grundzüge gewachsener Strukturen in ihrer sichtbaren Substanz getilgt hat. Auch da, wo wir heute mit dem Arbeitsmittel archäologischer Ausgrabung noch zugreifen können, sind es eben fast immer allein noch die Keller, die wir zu fassen vermögen. Und das ist wohl oft so, als lerne man von einem Menschen nur die Fußsohle kennen.

Eine gewisse Vorstellung von diesen »Stadträumen«, die durch die Häuser gebildet wurden, geben in dem spätesten Zustand allein auch die Bildansichten, wie zum Beispiel diejenige, die den Fischmarkt unterhalb von Groß St. Martin im Jahre 1826 zeigt (Bild S. 225). Dabei vermag man zu lernen, wie entschieden die Hausfronten noch im Verlaufe des späteren Mittelalters und der Neuzeit auf die jeweiligen Vorstellungen durch Umbauten an den Fassaden fortgeschrieben wurden. Ins Auge fällt auch, wie intensiv der verfügbare Raum durch mehrgeschossige Bauten buchstäblich ausgenutzt wurde und wie nachdrücklich die Kirchenbauten Kölns das geordnete Häusergewimmel überragten.

Füllt sich seit der Mitte des 12. Jahrhunderts zunehmend der Stadtleib mit Häusern, hält die Entwicklung im 13. Jahrhundert an, um wohl während des 14. Jahrhunderts zu einem gewissen Abschluß zu gelangen, kann keinem Zweifel unterliegen, wie sehr während dieses Zeitraumes das Baugewerbe »Konjunktur« gehabt haben muß. Dieses Problemfeld ist bislang auch nur in den Ansätzen wirklich durchgreifend untersucht. Gebaut werden kann in einem so umfassenden Maße nur, wenn dafür die Mittel bereitstehen. Dies wiederum läßt auch von der Seite der Baugeschichte alleine her eine enorme Prosperität, in die die Stadtgemeinde eingetreten sein muß, erschließen. Hiermit werden entschiedene Emanzipationsstufen großer Teile der Bürgerschaft eng verbunden gewesen sein. Edith Ennen und Wolfgang Herborn haben den Wissensstand dazu jüngst in grundlegenden Abhandlungen überlegen skizziert und interessante weiterführende Ergebnisse vorgelegt, wie auch Franz Irsigler schließlich unter umfassender Ausschöpfung der Quellenmaterialien die Kölner Wirtschaft im Spätmittelalter prägnant dargestellt hat.

Geradezu aufregend ist, in welchem Maße, zeitgleich mit dem Aufblühen der Bürgerstadt, die dieser von Beginn an eingewurzelten oder ihr zugewachsenen kirchlichen Einrichtungen, die Stifte, Klöster, Pfarrkirchen und Kapellen im 12. und 13. Jahrhundert in den allgemeinen Bauumwandlungsprozeß einbezogen wurden. Kaum eine Kirche, die von Neubaumaßnahmen freigeblieben wäre, gibt es für diesen Zeitraum. Man muß schon von einem blanken Bauwunder sprechen, das noch an Glanz gewinnt, weil jeder realisierte Neubau mehr oder minder eine herausragende Lösung darstellt. Es ist hier nun nicht der Platz, das im einzelnen zu beschreiben. Dieser Bauvorgang ist so stupend und umfassend wie innerhalb des damaligen nordeuropäischen Baukonzertes so exemplarisch, daß man ihm nur in einer eigenen Darstellung gerecht werden kann. Hier kommt es indessen darauf an, diejenigen Elemente zu charakterisieren, die zur Erscheinung von Köln als einem grandiosen Stadtbaukunstwerk den entschiedenen Beitrag geleistet haben (Bild 8).

Werner Meyer-Barkhausen hat sein im Jahre 1952 erschienenes Buch über den Kölnischen Kirchenbau des 12. und 13. Jahrhunderts zutreffend überschrieben: »Das große Jahrhundert kölnischer Kirchenbaukunst«. Damit hatte er in dem Titel, ohne es näher zu erläutern, einfließen lassen, diese immense Bauanstrengung mache auch einen maßgebenden Teil der Kölner Stadtwirklichkeit aus.

Zunächst verblüfft es, die Kölner Bischofskirche außerhalb des Neubauprogrammes stehen zu sehen. Doch darf man nicht vergessen, wie sehr die ihr seit der karolingischen Zeit eigene Monumentalität ein Baukunstwerk von ausgesprochener Kraft darstellte und als solches wohl den Zeitgenossen noch als Haus des Heiligen Petrus angemessen erschienen sein mag. Andererseits zeigt der Verzicht auf Baumaßnahmen an diesem aus dem allgemeinen Baukonzert herausragenden Kirchengebäude auch wohl, daß der Erzbischof — und immer noch Stadtherr — dem Element des Alters seiner Domkirche Wirkung zuschrieb. Anders nämlich als heute war hohes Alter für den mittelalterlichen Menschen auch ein Zeugnis für Anspruch auf Wirkung und setzte Ehrfurcht. Gleichwohl scheint die erzbischöfliche Gewalt schon innerhalb der Stadtwelt auch von Einbußen an Macht nicht mehr ganz frei. Die Reduzierung und Umformulierung des erzbischöflichen Palastbereiches am Ende des Jahrhunderts deutet darauf hin. Nicht zufällig kam dann schließlich der Anstoß zum Neubau der Domkirche von beinahe unerwarteter Seite, wurzelt er doch im Zugewinn des Heilsschatzes der Gebeine der Heiligen Drei Könige, welcher Art der Neubau der Bischofskirche an das Ende der Neubautenreihe rückte und die Stadt Köln endlich mit einem Bauwerkgipfel neuer Art richtiggehend bekrönen sollte.

Nicht außer acht zu lassen ist andererseits bei der Beurteilung des Gesamtprozesses, daß gerade eine Reihe der Stifte und Klöster in Sachen Neubau einen buchstäblichen Nachholbedarf zu verzeichnen hatte. Bezeichnenderweise setzte der Neubaureigen denn auch an dem Stift der Heiligen Jungfrauen (St. Ursula) zu Beginn des 12. Jahrhunderts ein.

Dieser Neubau führt zum Abbruch der älteren Kirche, blieb aber für den neuen Kirchenbau im wesentlichen bei dessen Grundfläche. Allenfalls im Osten scheint eine Erweiterung denkbar, wie im Westen sich ältere Maßstäbe sprengende Stiftsgebäude hinzugesellt haben mögen. Die Ursulakirche entstand im übrigen als Emporenbasilika, wodurch der kölnischen Bautenlandschaft sich ein neuer Bautypus zugesellte. Aber fast noch mehr Aufmerksamkeit heischt, daß dieser Neubau im Zuschnitt der Baudetails von einer hohen Qualität gekennzeichnet war. Bildhauerische Talente bildeten sich aus, möglicherweise schon von der dafür wenig später berühmt werdenden Benediktinerabtei St. Pantaleon, die spätestens seit der Mitte des 12. Jahrhunderts über eine stilprägende Werkstatt verfügen sollte, herbeigeholt.

Liegt bei St. Ursula ein Anfang, in dem Elemente des Hergebrachten schon mit kraftvoll sich abzeichnenden neuen Tendenzen sich verbinden, gerät die Neubaubewegung seit der Mitte des 12. Jahrhunderts in kräftigen Aufwind, gewinnt sie den Charakter eines Baufiebers, dem eine solide wirtschaftliche Situation wie ausgesprochen reges geistiges und geistliches Leben an den einzelnen Instituten die geistige und wirtschaftliche Grundlage geboten haben müssen.

Man weiß kaum, wo man mit der Beschreibung anfangen soll. Mit einer auf Fortschreibung zielenden Einzelmaßnahme wie der am Gereonsstift, wo direkt nach der Mitte des 12. Jahrhunderts der Langchor

Erzbischof Annos (1056—1075) um einen Chor mit Türmen erweitert wurde, oder bei dem völligen Neubau der Klosterkirche von Groß St. Martin. In beiden Fällen ist auf das gleiche gezielt, nämlich einer gänzlich neuen Gesinnung den Durchbruch zu eröffnen. Der Sinn steht auf große Baukörper, die in sich völlig durchgliedert sind. Dabei wird auch der Außenhaut gliedernder Charakter zuerkannt. Es genügte nun nicht mehr allein, die Baumassen aufsteigen zu lassen, vielmehr wurden sie atmend gemacht durch die Kraft der ihnen auferlegten Gliederung, die von elementarer Sinnenhaftigkeit geprägt war. Erstaunen kann nur, daß der aufragenden Baugestalt des Dreikonchenchores von Groß St. Martin, einer Bauplastik, bei St. Gereon ein mehr lagerndes Gebilde entgegengesetzt wurde; beide indessen, wie schon Meyer-Barkhausen erkannt hat, geprägt durch den Duktus einer kreisenden Gliederungsbewegung. Die noch auseinanderstrebende Stadtlandschaft, die aus den Feldern der Einzelgewichte heranwuchs, erhielt nun eigene Individuen mit dem Grundzug einer aufgipfelnden Türmelandschaft, die sich als Akzent eindeutig über diejenige der heranwachsenden Bürgerhäuser erhob. Es kann kein Zweifel sein, die Vorstellung der Zeit setzte in den Kirchen das eigentliche Gewicht. Ausgesprochen wurde solcherart mit schönem Nachdruck, wo die eigentliche Gewalt anzusiedeln sei, nämlich im Reiche der Kirche, die solcherart Modelle eines gedachten Höheren unübersehbar inmitten der sich ausbildenden Menschenstadt einpflanzte.

So wie sich der Leib der Stadt nicht von dem einen auf den anderen Tag mit den Häuserreihen schloß, so wenig vollendeten sich die Gewichte der Kirchenneubauten mit ihren Beigebäuden. Eine Chorerweiterung wie die von St. Gereon ließ sich in einigen wenigen Jahren vollenden und entfaltete schnell ihren Mustercharakter. Dagegen baute an dem Ostchor von Groß St. Martin kurz nach 1251 eine ganze Generation, und erst eine viel spätere verband mit dem steil aufragenden Dreikonchenchor, der im Inneren noch viel von einer durchgliederten Dreiblatthöhle hat, die um den Vierungsturm atmet, den kühnen Chorturm, der zum unverwechselbaren Gipfelzeichen der Stadt durch die Jahrhunderte des Mittelalters und der Neuzeit werden sollte, ehe ihn seit 1880 die als Spätlinge vollendeten hochgotischen Domtürme endgültig übertrumpften.

Das heißt, die Idee zur Setzung der Kernzellen innerhalb des Gesamtkunstwerkes der Stadt mag seit der Mitte des 12. Jahrhunderts »in der Luft gelegen haben«, aber die Verwirklichung währte ihre Zeit. Mithin übten sich im Vollenden der Bauidee die Menschen vieler Generationen. Indessen scheint die der technischen Welt eigene Eile eine dem mittelalterlichen Menschen fremde Größe. Diese Menschenleben waren eben, wie Walter Bader das einmal zutreffend und nicht besser formulierbar genannt hat, eingebunden zwischen die beiden Ewigkeiten von Geburt und Tod und beseelt von dem Bewußtsein, außerhalb der erfahrbaren Welt wieder einzusinken in die alleinige Ewigkeit Gottes, für die als Symbole der stetige Wechsel von Tag und Nacht, von Sonne und Mond wie der Lauf der Gestirne kündeten.

Darin vollzog sich das Besondere immer als Zeichen, und selbst die Umschwünge, das Ausbrechen der Krankheiten und Seuchen, die Unwetter und Mißernten, wurden bei solcher Einschätzung ebenso wie die gütigen Zufälle des Glücks als Zeichen des Himmels entgegengenommen und getragen. Daran änderte auch nichts, daß man auf dieser Erde schon handfest zupackte, und nur im mitmenschlichen Frieden sind auch diese Bauwerke nicht fertig geworden. Die allein knapp überlieferten Baudaten lassen nicht die Mühe ahnen, die sich hinter der Verwirklichung dieses Stadttraumes verbirgt. Eher muß die Kraft verwundern, die die Menschen antrieb, die aus einer unvorstellbaren Kargheit des alltäglichen Lebens heraus daran mitwirkten, diese Sinnzeichen zu setzen.

Unzweifelhaft befand sich das Zeitalter mit sich selber im Einklang und war aufgrund dessen angefüllt mit der Fähigkeit, sich das — aus unserer Sicht — Überflüssige in stetiger Wiederholung und jeweils, wenn auch ähnlich, immer wieder anders zu setzen. Letztendlich ist somit Stadtkultur entstanden, die ihre Gipfelpunkte eben nicht alleine in den Gebäuden des Notwendigen überschwenglich manifestierte, sondern vor allem in jenen Bauwerken, die über das normale Begreifen hinausführten.

Merkwürdig erscheint: es gibt dabei keine Bauten für Vergnügungen, wohl noch nicht einmal ein städtisches Tanzhaus, für das es zum Zeitpunkt dieser Stadtexistenz noch keine Bedürfnisse gegeben zu haben scheint. Diese Tatsache wiederum verweist darauf, die Kirchen der Stifte und Klöster wie diejenigen der Pfarren befriedigten auch die Ansprüche der Schaulust. Selbst wenn zu diesem Bereich des Lebens die schriftlichen Quellen schweigen: auch die Feste sind damals noch ganz in den Kirchenrahmen eingebunden: die Kirchweihen mit ihren Messen, die damit verbundene, dem mittelalterlichen Menschen eigene grelle Fröhlichkeit, die Ausgelassenheit und natürlich die Lust an den Spielen, die in ihrer theatermäßigen Form schließlich aus den jahreszeitlichen Heilsspielen, die als volksbelehrende Erweiterungen der Liturgie zu sehen sind, herauswuchsen.

In diesen Zusammenhang gehören ebenso die sich in und an den Kirchen bildenden Friedhöfe. Das Mittelalter entließ weder in den Stiften und Klöstern noch in den Pfarrkirchen die Toten aus dem Kreis der Lebenden, sondern band Lebende und Tote im Stadtraum zusammen. Man begriff so handfest und augendirekt die Communio Sanctorum, die Gemeinschaft der Heiligen, als die das Kunstwerk der mittelalterlichen Stadt vor allem gesehen werden will. Auch hierin liegt beinahe schon ein emanzipatorischer Schritt, denn während der älteren Wachstumsstufen der mittelalterlichen Stadt kam dieser Gedanke zwar schon auf; selbst auf dem flachen Lande, wo sich seit dem 8. Jahrhundert zunehmend die bescheidenen Holzbauten der Kirchen in die Friedhöfe pflanzten. Von nun an indessen gewinnt dies alles auch einen Rahmen, der durch die große

Bauform gesetzt wird. Natürlich wird auch dabei die ständische Ordnung des Mittelalters eingehalten: in den Kirchenräumen selbst werden durchweg nur Höhere begraben und solche, die sich durch Spenden einzukaufen vermochten, also durch Vermögen Aufgestiegene. In den Gevierten der Kreuzgänge und Atriumhöfe dann diejenigen, die die familia des Konvents ausmachten, die übrigen Angehörigen der Stiftsgemeinschaft außerhalb der Kirchen, gerne ihren Mauern nahe, und in gleicher Weise in wie um die Pfarrkirchen dann die Mitglieder der Gemeinden; abgesondert, schon ein wenig Jüngstes Gericht vorweggenommen, alle jene, die eines unguten Todes gestorben waren: die Ortsfremden, das ziehende Volk, die leichten Frauen, sodann die Mörder und alle anderen Verbrecher. Bis ins Detail wurde so sichtbar die ständische Ordnung gezeichnet und jene verworfen, denen Widerspruch gegen die gesetzte und geglaubte Ordnung zuzusprechen war. Wer gegen die von Gott gesetzte und von den Menschen verwaltete Ordnung verstieß, für den zählte die Brücke der Nächstenliebe nicht. Auch das ist ein Stück faßbarer Stadtwelt des Mittelalters gewesen. Das Mittelalter kannte eben auch die Unerbittlichkeit.

Diese sehr holzschnittartigen Bemerkungen sollen ein wenig jenen Hintergrund des mittelalterlichen Lebens andeuten, den man nicht aus dem Auge lassen darf, wenn man diese gewaltige Bauleistung des 12. und 13. Jahrhunderts abmessen will. Denn es ist schon beeindruckend, wie nun Zug um Zug die Stiftskirche zu den Heiligen Aposteln, das Stift St. Georg, St. Caecilien mit der Pfarrkirche St. Peter daneben, St. Maria ad Gradus, St. Kunibert, St. Andreas, das Kloster St. Pantaleon und das Stift St. Severin ihre Neubauten erhielten. Die Pfarrkirchen St. Laurenz, Klein St. Martin, St. Brigida, St. Kolumba, St. Christoph, St. Jacob, St. Mauritius und Maria Lyskirchen werden ebenfalls mit Neubauten begabt. Umgebaut wird auch St. Maria im Kapitol, das wenigstens in Teilen seiner Bauerscheinung sich dem neuen Bewußtsein nicht entziehen wollte. Der Erzbischof selbst errichtete südwärts seiner Bischofskirche eine neue Hofhaltung, wobei er den Typus der alten Aula Regia in der Bauform zitiert. Auf diesen Schematismus greifen aber auch die Bürger, als sie ihr Rathaus neu in Gestalt führen, zurück. Allein die »Gebuyrhäuser«, die Amtshäuser der Sondergemeinden und die Hospize, die der Krankenversorgung dienten, wurden rein auf Zweckform gestellt.

Nicht alle Neubaumaßnahmen sind so überzeugend, daß man sie unter die vorrangigen Baukunstwerke des Zeitalters setzen müßte. Aber der Westchor von St. Georg, um 1180 begonnen, stellt dann doch eine klassische Lösung dar. Als eine solche wird auch der Dreikonchenchor von St. Aposteln zu bezeichnen sein, der zwischen 1200 und 1230 nach einem Plan und unter Leitung einer Hand aus dem Boden wuchs und, wie sonst nur St. Maria im Kapitol im 11. Jahrhundert, auch die Kenntnis byzantinischer Bauten für kölnische Baumeister offenlegt. Das Langhaus von St. Andreas, zwischen 1200 und 1220 entstanden, setzt dem Klang von Langhauswirkungen neue Möglichkeiten offen, wie in dem Neubau von St. Kunibert (1215—1247) sich ein neues Verständnis für Weite und für die Wand als entlastete Fläche ankündigt. Das Langhaus von Groß St. Martin setzt aus rhein-maasländischem Herkommen eine fast kathedralhafte Eigenständigkeit, und der Zehneckbau von St. Gereon (1219—1227) setzt den Grundentwurf des spätantiken Ovalbaues in ein gotisches Bauwunder um.

Die Kirchenbauten, so überraschend sie in dem Reichtum der zueinander geordneten Baukörper, in der Vielzahl der Raumlösungen und überströmend lebendig in den Gliederungsdetails sind, überschreiten nur selten wirklich entschieden den ihnen von den älteren Bauten her vorgeschriebenen Umfang. Auch hierin liegt eine typische mittelalterliche Verhaltensweise. Auch hier zählt, einmal gezogene Grenzen sind stabil, und bei allem Drang nach Veränderung des Gesamtbildes: Bauherren und Baumeister haben sich darin einzufinden. In diesem Zwang liegt mit ein Grund für die sich entfaltende Blüte der Bauwerke, für ihren ausgesprochenen Kunstwerkgehalt. In der Ausschöpfung der Grenzen erweist sich die Souveränität der Baumeister. Um ein konkretes Beispiel zu nennen: die Verblendung der »neuen Wandgliederung« im westlichen Querriegel und in den Mittelschiffwänden von St. Aposteln ist ebenso ein sprechendes Beispiel dieser Souveränität wie die Auftürmung des Einturmes dort auf älterem Sockel als auch die Fortschreibung des Kernbaues von St. Gereon in die neue viergeschossige Baugestalt mit der schwebenden Dachkrone, die einzigartig in Formenzumessung und Wirkung ist.

Insgesamt erheben sich aus den gestreckten oder gelagerten Baukörpern mit ihren Querriegeln und schwellenden Apsiden nun die Turmkörper als Gipfelpunkte, die den Stadtleib durchwirken und ihm den Zug einer nicht vertauschbaren Individualität leihen.

Unstreitig hat Köln dadurch seinen unverwechselbaren Stadtwerkausdruck gefunden, durch den sich der Stadtleib zusammengebunden fand. Die in der Stadt lebenden Menschen haben in der Vielzahl der wie überdimensioniert wirkenden Kirchenkörper nicht allein eine Vielzahl an Abbildern für die geahnte Wirklichkeit des Höheren gesehen, sondern erlebten solchermaßen bewußt die Ordnung, die dem Zeitalter eignete: alles Leben mündete einfach in Gott.

Gemessen an den Wohnbauten der Stadt nehmen auch die der Stifte und Klöster einen herausragenden Rang ein. Davon ist fast nichts erhalten. Doch kennt man aus den zeichnerischen Aufnahmen, die vor dem Abbruch der Anlagen gefertigt wurden, deren Baugestalt hinreichend. Aufgrund dessen ist man in der Lage festzustellen, daß auch beim Neubau der allgemeinen Gebäude dieser Einrichtungen aller nur denkbare Erfindungsreichtum aufgewendet wurde. An der Spitze steht hier sonder Zweifel das Stift St. Gereon, das um sein westliches Atrium Bauten für die Stiftsgemeinschaft aufrichtete, denen innerhalb der Bauten, die ganz allgemein in diesem Zeitraum aufgeführt wurden, exemplarische Bedeutung zukommt. Selten ist jedenfalls anderenorts und in Köln so viel Gliederungsraffinement aufgewendet worden wie an diesen. Ihr Abbruch nach der Säkularisation bedeutet daher einen Verlust an Baukunstwerken, der kaum verschmerzt werden kann. Ein einziges Beispiel der Wohnkultur, die damals die geistlichen Einrichtungen zu entfalten vermochten, hat sich in Köln noch in der farbenreich in den Architekturformen zugeschnittenen Kreuzgangkapelle im Südflügel von St. Pantaleon erhalten, zugleich ein schlagendes Beispiel für den eminent reichen Architekturstil, dessen die maasländisch-rheinische Baukunst im herangewachsenen 13. Jahrhundert fähig war und worin sie zu sehr individuellen Bauleistungen vorzustoßen vermochte.

Als das eigentliche Bauereignis des späten 12. wie der ersten Hälfte des 13. Jahrhunderts wird man allerdings den Bau der riesigen Stadtmauer von Köln bezeichnen müssen. Der Plan für das Unternehmen fällt in den Zeitraum von 1179/1180, die Durchführung der Maßnahme zog sich bis 1220/1250 hin. Die Bürgerschaft errichtete dieses Bauwerk im Einvernehmen mit dem Erzbischof, der damals Philipp von Heinsberg hieß (1167—1191), und unter ausdrücklicher Billigung von König Philipp (1207). Seitdem schloß der halbkreisförmig geführte Mauerring ein Areal von 405 Hektar ein, was eine blanke Verdoppelung gegen die Stadtumwallungen von 1106 bedeutete (Bild 8).

Die Bedeutung der Kölner Stadtmauer wird vollends klar, wenn man weiß, daß sie in Ausdehnung und Aufwand die der damaligen »Weltstädte« Paris und London, die zudem Königssitze waren, entschieden übertraf. Es hilft nichts, die Kölner Stadtmauer war die schönste und aufwendigste aller mittelalterlichen Städte überhaupt.

Diese Mauer besaß 12 ausgebildete Torburgen, viele Pforten, vor allem rheinseitig, und 20 Bastionstürme. Sie war ein Denkmal der Leistungskraft der Stadt und dokumentierte überdies, wie Udo Mainzer zuerst erkannt hat, daß Erzbischof und Bürgerstadt das Stadtganze als ein Abbild des Himmlischen Jerusalem begriffen. Im Grunde war dieses Mauerbauwerk, das die Stadt schützen, ihr aber auch zur Zierde gereichen sollte (eine Quelle von 1118 sagt ausdrücklich, sie sei errichtet ad decorem ac munitionem civitatis), auch ein Dokument städtischen Selbstbewußtseins und einer stadtbürgerlichen Weitsicht. Die umfaßten Siedlungsflächen wurden bis zum Ende der reichsstädtischen Zeit nie ausgefüllt und der Mauerring bis zu seinem auch heute noch unverständlichen Abbruch in den Jahren 1881—1885 nie durch Feindeinwirkung beschädigt oder gar genommen.

Von diesem Mauerkunstwerk sind heute nur noch drei Torburgen, das Severins-, das Hahnen- und das Eigelsteintor erhalten, außerdem mehr oder weniger ansehnliche Mauerstücke am Sachsen- und Hansaring. Da der Mauerring selbst, trotz allem Aufwand, der ihm eignete, nicht eigentlich für bildwürdig befunden wurde — Stadtansichten von Norden, Süden oder Westen fehlen — bleiben als einzige Quellen die Großen Stadtansichten von 1571 und 1572 (Bilder S. 129 u. 135), die eine einigermaßen zutreffende Abschätzung des Ganzen gewährleisten. Eindrucksvoll läßt darüber hinaus noch die Altartafel »Verherrlichung der Trinität durch Kölner Heilige«, die Johann Hulsmann für das Gereonsstift im Jahre 1635 malte, erkennen (Bild S. 157), wie in der Tat dieser Mauerzug den Stadtleib gürtete und bewirkte, daß das Stadtgesamt wie eine Krone dem Land aufgesetzt erschien.

Auch die Stadtmauer, dies dürfte kenntlich geworden sein, wurde nicht von einem auf den anderen Tag vollendet. An ihr waren Generationen von Menschen tätig. Die Bauarbeiten müssen, selbst diesen längeren Zeitraum gerechnet, an verschiedenen Stellen zugleich eingesetzt haben und mit Energie vorangetrieben worden sein. Mit den Mauerarbeiten selbst waren Erdarbeiten verbunden, die das Ausheben des Grabens betrafen; allein dies war eine immense Arbeitsleistung. Zählt man dazu die Menge der Materialien, die dazu beizubringen waren, um den Bau überhaupt erst zu ermöglichen, wird erkenntlich, in wie ausgebildetem Maße ein solches Vorhaben nicht ohne weitblickende Planung, bestehende Handelsstruktur und greifende Arbeitsorganisation möglich war. Selbst wenn man bedenkt, daß das Mittelalter noch nicht in unserem Sinne die Problemfeider der Arbeitsplatzbeschaffung kannte, fällt es nicht schwer sich vorzustellen, in welch hohem Maße das ganze erst durch das Tätigwerden großer Menschengruppen überhaupt ins Werk zu setzen war. Es kann kaum einem Zweifel unterliegen, die Durchführung des Mauerbaues stärkte das Zusammengehörigkeitsgefühl der Stadtbürgerschaft.

Mit der römischen Stadt ist die mittelalterliche nicht zu vergleichen. Die römische Stadt war gegen die mittelalterliche ein bescheidener Ort gewesen. Jetzt war eine ganze Stadtlandschaft entstanden, die ihr Herkommen aus einzelnen Zellen nicht zu leugnen vermochte. Aber die Kraft, die Schönheit und der Rang der Architektur banden alle Elemente zu einer Einheit. Köln war in der Tat ein mittelalterliches Stadtkunstwerk geworden und im Vergleich zu den anderen Städten zu diesem Zeitpunkt die Krone unter den Städten (Bilder 1 u. 8).

Während der Bauzeit der Stadtmauer waren die politischen Verhältnisse nicht eben wohlgeordnet. Bekanntlich hatte der durch den Kölner Erzbischof Adolf I. von Altena (1193—1205) vor allem seit 1198 verursachte Thronstreit für Köln selbst wenig erfreuliche Folgen. Die Stadt litt unter dem Schisma. Erst die Tatkraft von Erzbischof Engelbert I. (1216—1225) vermochte wieder geordnete Verhältnisse herbeizuführen. Als Stadtherr wußte Engelbert sich durchzusetzen. Seine Ermordung kam den Kölnern vermutlich nicht ganz ungelegen. Unter dem Erzbischof Konrad von Hochstaden (1238—1261), der Einbußen an seinen stadtherrlichen Befugnissen nicht hinnehmen wollte, kam es zu ernsten Zwistigkeiten zwischen Erzbischof und führenden Bürgern. Der gelehrte Albertus Magnus suchte zu vermitteln. Doch seine Schiedsvergleiche von 1252 und 1258 brachten immer nur vorübergehend Entspannung. Bei einer bewaffneten Auseinandersetzung im Jahre 1258 obsiegte noch einmal der Erzbischof. Schon unter dem Nachfolger, unter Erzbischof Engelbert II. (1261—1274) gewannen die Bürger wieder die Vorhand. Noch einmal gelang es Albert dem Großen im Jahre 1263, einen Frieden zu vermitteln, desgleichen im Jahre 1271. Im Jahre 1288 erzwangen schließlich die Bürger dann in der Schlacht von Worringen die endgültige Entscheidung. Der Erzbischof Sifrid von Westerburg (1275—1297) wurde besiegt und ging seiner Stadtherrschaft verlustig. Von nun an lag sie, bis zum Ende der reichsstädtischen Zeit, in den Händen der Bürger. Von diesem Zeitpunkt an war Köln eine unabhängige politische Macht.

Im Jahre 1248 beschloß das Domkapitel den Neubau der Bischofskirche. Sieht man das Vorhaben inmitten der kölnischen wie der weiteren von rheinmaasländischer Bauform bestimmten Bautenlandschaft, wie sie sich nach der Mitte des 12. Jahrhunderts bis zur Mitte des 13. ausbildete, wohnt dem Vorhaben ein unerhört innovatorischer Zug inne. Fast ist man geneigt zu sagen, das Domkapitel setzte ein grundlegend neues Baumuster gegen die eben gebildete Kirchenbaulandschaft in Köln, die in manchen Bauvorgängen im Augenblick des Neubaubeginnes noch im Gange war. In Köln erfolgte jedenfalls mit dem Neubau der Bischofskirche 1248 ein ziemlich radikaler Bruch mit der Vergangenheit. Nicht allein die Doppelchörigkeit der alten Bischofskirche wurde aufgegeben, eine neue Dimension im Bauvolumen kühn beschlossen, sondern ein geistiger Anspruch gesetzt, der alles ältere beiseiteschob. Die Übernahme des im Umland der französischen Krone entwickelten Bautypus »gotische Kathedrale« setzte in Köln fast einen Traditionsbruch.

Durch den Bau der Stadtmauer, die den Kunstwerkcharakter von Köln vollendete, war die Bischofskirche aus ihrer alten Randlage befreit worden. Sie stand nun beinahe mitten in der Stadt. So wird man sich zu fragen haben, ob der den Neubau stiftende Grundgedanke der gewesen sei, die Bischofskirche aufgrund der neuen Größe und das sie prägende Formensystem zur Stadtkrone zu machen, zum Heiligtum über den Heiligtümern?

In dem Augenblick, wo in Frankreich die »klassischen Kathedralen« in vollem Ausbau standen und ihr »System« zu erkennen war, beschloß das Kölner Domkapitel den Neubau der Bischofskirche. Man gewann als Baumeister einen Magister Gerhardus, der sich nicht nur in Frankreich genau auskannte, wahrscheinlich an den Bauten von Amiens und Beauvais mitgewirkt hatte, sondern auch mit einem außerordentlich zugeschnittenen analytischen Verstand begabt war. In der gotischen Kathedrale von Köln fließen nämlich nicht einfach die Formenbahnen der großen französischen Kathedralen zu einem wieder anders geformten Bilde zusammen. Vielmehr wird für den Kölner Bau gewissermaßen die Bilanz eines Zeitalters gezogen. Dafür wurden, was es vorher in dieser Konsequenz an keiner Stelle gegeben hatte, für Sockel, Pfeiler, Dienste, Fensterbahnen und Maßwerke wie für die Strebewerke und Strebebogen »Normformen« erfunden. Man trifft den Sachverhalt ziemlich genau, wenn man feststellt, im Bau der Kölner Kathedrale sei die Summe aus den im französischen Kronland entwickelten Formsätzen gezogen. In dem Bauentwurf des Magisters Gerhardus gründet sich »Gotik als europäischer Stil« (W. Gross).

Inmitten der gesamten »gotischen Baulandschaft« wohnt dem Entwurf des Magister Gerhardus der Rang eines klassischen Baukunstwerks inne. Der Entwurf des Magister Gerhardus läßt den Kölner Dom nicht bloß eine Schwester der klassischen französischen Kathedralen sein, sondern er ist darüber hinaus — ohne Übertreibung — die kühnste und zugleich maßvollste wie edelste Summa Theologica, die aus den geistigen Bewegungen des 12. und 13. Jahrhunderts erwuchs.

Man kann das für unseren Zusammenhang auch noch anders ausdrücken: mit dem Bau der Kathedrale vollendete sich das Stadtkunstwerk von Köln endgültig. Daran ändert auch nichts, daß der Bau sich im Mittelalter nicht mehr vollendete. Der im Jahre 1322 geweihte Domchor erfüllte auch als Torso für die mittelalterliche Stadtvorstellung die dem Ganzen zugedachte Aufgabe.

VIII. Zur späteren Geschichte der Stadt

Das in der großen Politik von mannigfachen Wirren geängstigte 13. Jahrhundert sah also in Köln die Zuspitzung der Auseinandersetzung zwischen führender Bürgerschaft und Erzbischof. Gelang es, wie angemerkt, zunächst noch, in den Jahren 1252, 1263, 1268 und 1271 gewissermaßen Vergleiche zu erzielen, ist die Situation bald danach so geladen, daß Verhandlungen nicht mehr gelingen wollen. Ein bei Worringen neu von Erzbischof Sifrid von Westerburg (1275—1297) in Angriff genommener Burgbau bringt für die Richerzeche das Faß zum Überlaufen. Es kommt zum Krieg. In einer Zangenbewegung umschlossen die Kölner, bergischen und brabantischen Truppen diejenigen des Erzbischofs. Er wurde gefangen, das Heer geschlagen. Der Gewinn dieser Schlacht machte die Stadt vom Erzbischof endgültig unabhängig. Der 5. Juni 1288 ist der Geburtstag der allgemeinen Kölner Bürgerfreiheit. Aus der Sancta Colonia war nun ein von den Bürgern regierter Stadtstaat geworden. An die Stelle der erzbischöflichen Stadtherrschaft trat die bürgerliche, repräsentiert von den führenden Geschlechtern. Es braucht keine Phantasie, sich vorzustellen, daß diese sich nun mit den Würden der voraufgehenden Herrschaft zu bekleiden wußten. Es ist eine grundsätzliche Erfahrung, daß die Aufsteiger immerzu die Machtattribute der Vorgänger für sich adaptieren, Vorgänge, die bekanntlich ausreichend bis in die eigene Gegenwart zu beobachten sind.

Die Geschlechterherrschaft blieb — wohl im Gefühl der endlich errungenen Freiheit — zunächst ohne Widerspruch. Jedoch meldete er sich bald genug. Die aus den Zünften und Gaffeln erwachsende Gegenbewegung ist bekannt. Man kann das Aufbegehren ruhig auch eine Revolution nennen. Aus ihr ging nur wenig mehr als 100 Jahre nach der Worringer Schlacht im Jahre 1396 der Kölner Verbundbrief hervor. Er wurde am 6. September unterzeichnet. In ihm sind die Klassenunterschiede im Grunde aufgehoben. Es ist deshalb nicht übertrieben, diese bis zum Ende der alten Zeit gültige Auffassung als die fortschrittlichste der mittelalterlichen Stadtwelt zu bezeichnen. Bei dieser Beurteilung muß man davon ausgehen, daß dies aus dem Zeitverständnis heraus beurteilt ist. In Wirklichkeit ist natürlich der Verbundbrief nicht die Grundlage einer »demokratischen Verfassung«, sondern allenfalls die Grundlage zum »Kölner Klüngel« gewesen.

Alsbald begann das freigewordene Stadtbürgertum sich auch in einem ausgeprägten Selbstbewußtsein zu äußern. Alsgleich wurde das Rathaus nach 1349 neu gebaut. Man übernahm dafür erneut die Bauform eines höfischen Palas. War die Gründung der Universität nach dem Muster der damals führenden Pariser Universität im Jahre 1388 noch ein Vermächtnis der führenden Geschlechter — immerhin: sie war die erste städtische Universität, vom Kaiser gefördert, weil an ihr Zivilrecht gelesen wurde —, brachte der aus den Bürgern aller Stände geborene Rat Mittel zusammen, um einen Rathausturm zu errichten. Dieser wurde nicht, wie die ältere Forschung angenommen hatte, aus dem von den Geschlechtern eingezogenen Vermögen gebaut. Dieser Rathausturm ist die in die allgemeine Sichtbarkeit gehobene Kölner Bürgerfreiheit. Für ihn wurden die Formen der Sakralarchitektur verwendet. Deutlicher konnte die Übernahme der geistlichen Stadtherrschaft durch die Bürger in der Bauform nicht ausgedrückt werden. Die Versammlungsart im Senatssaal ist die der Domherren, deren Versammlungsart wiederum diejenige des römischen Senates war. Die Übernahme des Verhaltens manifestiert in diesem Fall die Tatsächlichkeit der Übernahme von Macht, oder präziser: in Bauform, Innenarchitektur und Verhalten artikulierte sich die Kölner Bürgerfreiheit.

Auch die Übernahme der drei Kronen der Heiligen Drei Könige in das Stadtwappen ist nicht etwa eine Anpassung an die Kirche oder den Erzbischof. Vielmehr bekundeten damit Rat und Bürger, daß nun sie diesen kostbaren Schatz in ihre Obhut genommen hatten. Sie sind diesen Königen treu wie ihrem zur Zeit regierenden. Köln: eine wirkliche freie Reichsstadt, ehe sie freie Reichsstadt auf dem Papier geworden war, selbstbewußt, aus dem Freiheitswillen der Bürger geboren. Und: an diese Stelle gehört der Kölner Ratsaltar, von Stefan Lochner gemalt und im Jahre 1440 in der im Jahre 1426 eingeweihten Kölner Ratskapelle St. Maria in Jerusalem aufgestellt. Dieser Altar war die neue Ara, der Friedensaltar der Kölner Bürgerfreiheit.

Bereits mit dem 16. Jahrhundert setzte bekanntlich allmählich und dann immer beschleunigter der Weg zum Verlust eines ausgeprägten kölnischen Selbstverständnisses ein. Es gibt zwar zunächst noch einmal einen Ansatz für eine gewisse Fortschreibung. Indessen hatte zum Beispiel der rote Untergrund unter den Kronen im Stadtwappen die Kölner Kühnheit gemeint, das weiße Feld darunter die Kölner Weisheit und Weitsicht und stand das Gold der Kronen nicht nur für Reichtum, sondern auch für Unabhängigkeit. Nun sollte hier eine schwerwiegende Änderung eintreten. Sie macht die Vervollständigung des Stadtwappens um die elf Hermelinzungen, die die Elf Jungfrauen, die Elf Mägde, versinnbildlichten, zuerst sichtbar bekannt. Nicht nur der immer noch fromme Sinn der bestimmenden Bürgerschaft nämlich bekundet sich darin, sondern in den geistigen Bewegungen des Zeitalters nun erstmals auch jener kölnische Konservatismus, der so entscheidend mit zum Niedergang der »Krone über allen Städten schön« mit beigetragen hat. Bezeichnend ist denn auch, daß Köln in der frühen Neuzeit im Grunde keine einzige eigene politische Konzeption mehr beizutragen hatte. Wahrung von Besitzstand ist ebenso zu wenig wie nur Verwaltung des Vorhandenen. Neuerungen wurde der Eingang verwehrt, die Außenwelt als unwichtig nicht mehr gesehen. Aus einer Stadt, deren Schwäche es war, kein Umland zu haben, war eine Stadtfestung geworden, in die die Einfuhr von in Köln noch nicht bekannten Ideen und geistigen Einsichten buchstäblich untersagt war. Nur so kann man es verstehen, daß noch im Jahre 1787 der Bau einer protestantischen Kirche in Köln verboten wurde. Die Bürgerschaft erntete dafür Spott und Hohn in der gesamten außerkölnischen Welt. Ruhig abwägend kommt man nicht umhin festzustellen: nicht nur Kölns Größe war dahin, sondern auch das kölnische Selbstverständnis entbehrte der Substanz, weil eine Fortschreibung auf die geistigen und tatsächlichen Veränderungen im Grunde seit dem 17. Jahrhundert nicht mehr stattgefunden hatte. Wenn man die Bildaufzeichnungen der Stadt seit dem 17. Jahrhundert durchgeht, ist darin Kleinbürgertum herrschend. In der Tat: schon im Äußeren war aus dem Kunstwerk der hochgemuten Stadt eine überdimensionierte, in einem Verfall ohnegleichen begriffene Ackerbaustadt geworden, erstickend in den fast nur noch bürokratisch begriffenen Ordnungen der Zünfte, die jeden Fortschritt zu erdrücken begannen. Der Einmarsch der französischen Revolutionstruppen am 6. Oktober 1794 beendete denn auch folgerichtig die mittelalterliche Geschichte Kölns endgültig.

Ausgewählte Literatur

G. BANDMANN, Mittelalterliche Architektur als Bedeutungsträger (Berlin 1951) passim

W. BESCH, K. FEHN, D. HÖROLDT, F. IRSIGLER und M. ZENDER (Hrsg.), Die Stadt in der europäischen Geschichte, Festschrift Edith Ennen (Bonn 1972)

K. BÖHNER, Die Frage der Kontinuität zwischen Altertum und Mittelalter im Spiegel der fränkischen Funde des Rheinlandes. Aus der Schatzkammer des römischen Trier (Trier 1959[2]) 85 ff. (Wieder abgedruckt in P. E. HÜBINGER, Kulturbruch oder Kontinuität von der Antike zum Mittelalter [Darmstadt 1968] 287 ff.)

H. BORGER, Bemerkungen zu den »Wachstumsstufen« einiger mittelalterlicher Städte im Rheinland. Landschaft und Geschichte, Festschrift für Franz Petri (Bonn 1970) 52 ff.

H. BORGER, Die Abbilder des Himmels in Köln. Kölner Kirchenbauten als Quellen zur Siedlungsgeschichte des Mittelalters 1 (Köln 1979)

K. BOSL, Die Grundlagen der modernen Gesellschaft im Mittelalter. Monographien zur Geschichte des Mittelalters, Bände 4.1 und 4.2 (Stuttgart 1972)

C. BRÜHL, Königspfalz und Bischofsstadt in fränkischer Zeit. Rheinische Vierteljahrsblätter 23, 1958, 161 ff.

E. ENNEN, Frühgeschichte der europäischen Stadt (Bonn 1964[2])

E. ENNEN, Die europäische Stadt des Mittelalters (Göttingen 1979[3])

E. ENNEN, Europäische Züge der mittelalterlichen Kölner Stadtgemeinde — in: Köln, das Reich und Europa — Mitteilungen aus dem Stadtarchiv von Köln 60 (1971) 1 ff.

L. ENNEN, Geschichte der Stadt Köln, 5 Bände (Köln — Neuss 1863—1880)

L. ENNEN, Quellen zur Geschichte der Stadt Köln, 6 Bände (Köln 1860—1879)

E. EWIG, Spätantikes fränkisches Gallien, Gesammelte Schriften (München 1976), Bd. 1

C. HAASE (Hrsg.), Die Stadt des Mittelalters, 3 Bände (Darmstadt 1969—1973)

E. HEGEL, Die Entstehung des mittelalterlichen Pfarrsystems der Stadt Köln. Kölner Untersuchungen (Die Kunstdenkmäler im Landesteil Nordrhein, Beiheft 2) (Ratingen 1950) 69 ff.

E. HEGEL, Kölner Kirchen und die Stadtzerstörung von 350 und 881. Kölner Untersuchungen (Die Kunstdenkmäler im Landesteil Nordrhein, Beiheft 2) (Ratingen 1950) 41 ff.

H. HELLENKEMPER und E. MEYNEN, Köln (Deutscher Städteatlas, Lieferung II Nr. 6, 1979) herausgegeben von H. Stoob (Dortmund 1979)

E. HERZOG, Die ottonische Stadt (Berlin 1964)

H. JAKOBS, St. Pantaleon und der Griechenmarkt in Köln — Annalen des Historischen Vereins für den Niederrhein 164, 1962, 5 ff.

H. JAKOBS, Verfassungstopographische Studien zur Kölner Stadtgeschichte des 10. bis 12. Jahrhunderts. In: Köln, das Reich und Europa, Mitteilungen aus dem Stadtarchiv von Köln 60 (1971) 49 ff.

H. JANKUHN, W. SCHLESINGER und H. STEUER, Vor- und Frühformen der europäischen Stadt im Mittelalter, 2 Bände (Göttingen 1973/1974)

H. KELLENBENZ (Hrsg.), Zwei Jahrtausende Kölner Wirtschaft, 2 Bände (Köln 1975)
Darin vor allem:
O. DOPPELFELD, Kölner Wirtschaft von den Anfängen bis zur Karolingerzeit, 13 ff.
E. ENNEN, Kölner Wirtschaft im Früh- und Hochmittelalter, 87 ff.
W. HERBORN, Sozialtopographie des Kölner Kirchspiels St. Kolumba im ausgehenden 13. Jahrhundert, 205 f.
F. IRSIGLER, Kölner Wirtschaft im Spätmittelalter, 217 ff.

H. KEUSSEN, Topographie der Stadt Köln im Mittelalter, 2 Bände (Bonn 1910)

H. KEUSSEN, Köln im Mittelalter. Topographie und Verfassung (Bonn 1918)

H. KÖHLER, Köln, Natürliche Grundlagen des Werdens einer Großstadt (Berlin 1941)

J. KRUDEWIG, Verzeichnis der im Historischen Archiv und im Historischen Museum vorhandenen Pläne und Ansichten zur Geschichte der Stadt Köln und ihrer Umgebung. Mitteilungen aus dem Stadtarchiv von Köln 4 (Köln 1902)

B. KUSKE, Gewerbe, Handel und Verkehr. Geschichte des Rheinlandes von der ältesten Zeit bis zur Gegenwart, Band 2 (Bonn 1922) 149 ff.

B. KUSKE, Quellen zur Geschichte des Kölner Handels und Verkehrs im Mittelalter, 4 Bände (Bonn 1917—1934)

E. MASCHKE, Die Unterschichten der mittelalterlichen Städte Deutschlands. Veröffentlichungen der Kommission für geschichtliche Landeskunde in Baden-Württemberg, Band 41 (Stuttgart 1967) 1 ff.; jetzt auch in: C. Haase, Die Stadt des Mittelalters Band 3 (Darmstadt 1973) 345 ff.

F. W. OEDIGER, Das Bistum Köln von den Anfängen bis zum Ende des 12. Jahrhunderts (Köln 1972[2])

F. W. OEDIGER, Die älteste kirchliche Einteilung der

Stadt Köln. Jahrbuch des Kölnischen Geschichtsvereins 29/30, 1954/55, 133 ff.

H. STEHKEMPER, Die Stadt Köln und Westfalen. Versuch eines ersten Überblicks. Westfalen 51, 1973, 346 ff.

F. STEINBACH, Der geschichtliche Weg des wirtschaftenden Menschen in die soziale Freiheit und die politische Verantwortung (Opladen 1954)

F. STEINBACH, Zur Sozialgeschichte von Köln im Mittelalter. Spiegel der Geschichte, Festschrift für Max Braubach (Münster 1964) 171 ff.

F. STEINBACH, Der Ursprung der Kölner Kirchengemeinde, Collectanea Franz Steinbach (Bonn 1967) 659 ff.

W. TUCKERMANN, Zur geographischen Lage der Stadt Köln (Köln 1948) 9 ff.

H. VOGTS, Die Strukturwandlungen der Kölner Stadtteile von St. Severin und St. Alban im Verlauf von acht Jahrhunderten. Aus kölnischer und rheinischer Geschichte, Festgabe Arnold Güttsches (Köln 1969) 333 ff.

Zum römischen Köln

H. VON PETRIKOVITS, Das römische Rheinland. Archäologische Forschungen seit 1945 (Köln und Opladen 1960)

H. VON PETRIKOVITS, Rheinische Geschichte Bd. 1.1, Altertum — in: Rheinische Geschichte in drei Bänden, herausgegeben von F. Petri und G. Droege (Düsseldorf 1978)

»Römer am Rhein«, Ausstellungskatalog des Römisch-Germanischen Museums Köln (Köln 1967)

H. HELLENKEMPER, Architektur als Beitrag zur Geschichte der Colonia Claudia Ara Agrippinensium. In: Aufstieg und Niedergang der römischen Welt II, 4 (Berlin 1975) 783 ff.

CHR. B. RÜGER, Germania Inferior. Untersuchungen zur Territorial- und Verwaltungsgeschichte Niedergermaniens in der Prinzipatszeit. Beihefte der Bonner Jahrbücher 30 (Köln-Graz 1968)

H. SCHMITZ, Stadt und Imperium. Köln in römischer Zeit (Köln 1948)

H. SCHMITZ, Colonia Claudia Ara Agrippinensium (Köln 1956)

Zum fränkischen Köln

H. STEUER, Die Franken in Köln (Köln 1980)

Zur Kölner Architektur des Mittelalters

Die Grundlage bildet immer noch:

P. CLEMEN, Die Kunstdenkmäler der Stadt Köln Band I und II mit neun Abteilungen innerhalb des gesamten amtlichen Inventarwerks: Die Kunstdenkmäler der Rheinprovinz Band VI und VII, 1906—1937

F. OSWALD, L. SCHAEFER und H. R. SENNHAUSER, Vorromanische Kirchenbauten. Katalog der Denkmäler bis zum Ausgang der Ottonen (München 1969), 39 ff.

H. E. KUBACH und A. VERBEEK, Romanische Baukunst an Rhein und Maas, Katalog der vorromanischen und romanischen Denkmäler (Berlin 1976), Band 1, 496 ff. (mit sehr vollständigen Literaturangaben)

H. VOGTS, Das Kölner Wohnhaus bis zur Mitte des 19. Jahrhunderts (Neuss 1966[2]) 2 Bände

Frank Günter Zehnder

Kölner Stadtansichten vom 15. bis 20. Jahrhundert

Das Martyrium der Heiligen Ursula vor der Stadt Köln, Köln um 1411

Meister der kleinen Passion (tätig in Köln zu Anfang des 15. Jahrhunderts

Etwa zwei Drittel des Bildes nimmt die Darstellung der Stadt Köln mit ihren Mauern, Türmen, Kirchen und Häusern ein. Köln war mit 40.000 Einwohnern Deutschlands volkreichste mittelalterliche Stadt und sie übertraf an Größe sogar die Städte London und Paris. Ihr 8 km langer Mauerring mit 14 Toren gab der Stadt nach innen Sicherheit und nach außen Ansehen.

Dieses Bild wurde mit hochgelegtem Augpunkt gesehen und perspektivisch angelegt; die Fluchtpunktperspektive ist in der Art eines Fliesenbodens angelegt. Der Maler hat Köln als eine Stadt der Monumente dargestellt. Deutlich kann man die wichtigen kirchlichen und öffentlichen Gebäude unterscheiden: der gotische Domchor mit goldenem Dachreiter, Turm und Mauerfels des romanischen Doms, der erzbischöfliche Palast, Groß-St.-Martin, St. Severin, Maria im Kapitol, St. Maria Lyskirchen und St. Kunibert. Vor der Stadtmauer spazieren zwei Pilger und ein Jüngling in zeitgenössischer, modischer burgundischer Tracht. Schiffe ankern am Ufer des Rheins. In der Mitte des Flusses liegen Strommühlen, und zwei Fischer holen in ihrem Kahn die vollen Netze ein. Überhaupt hat der Maler Wert darauf gelegt, den Fischreichtum des Rheins besonders zu verdeutlichen. Im rechten Bilddrittel wird das Martyrium der Heiligen Ursula und ihrer Gefährtinnen geschildert. Nach der Legende erlitt die fromme Pilgerschar auf der Rückreise von einer Romfahrt hier in Köln den Tod durch die Hunnen.

Das Martyrium bot dem Maler die Gelegenheit, ausführlich das Bild der Stadt Köln wiederzugeben. Es ist das älteste, topographisch ziemlich getreue Dokument einer Kölner Stadtansicht. Es kann um 1411 datiert werden, denn Groß-St.-Martin steht noch ohne seinen Turmhelm, der 1378 abbrannte. Der 1411—1414 ausgeführte Rathausturm fehlt noch, während die Türme von St. Severin, 1411 vollendet, schon vorhanden sind.

Leinwand, 60,0 × 179,0 cm,
Köln,
Wallraf-Richartz-Museum,
Inventarnummer WRM 51

Ausschnitt des linken Bildteils: die Stadt Köln vom Bayenturm bis Groß-St.-Martin. Gut zu erkennen sind noch St. Pantaleon (im Hintergrund), die Kartäuserkirche und St. Maria im Kapitol (oberhalb der Rheinmauer). Im Vordergrund der Rhein mit den charakteristischen Strommühlen und Fischern

Das Martyrium der Heiligen Ursula vor der Stadt Köln, Köln um 1411. Ausschnitt des mittleren Bildteils: der Dom mit dem romanischen Turm, St. Kunibert und die Kunibertstorburg. Im Vordergrund ein Kahn mit Pilgern

Die Ankunft der Hl. Ursula in Köln und ihr Martyrium

Kölner Meister, um 1450—1460

Das Gemälde gehört zu dem gleichen Zyklus wie die Tafel mit der Ankunft der Hl. Ursula in Köln (S. 74 f.). Das Bild hält den Moment der Legende fest, in dem die Ankömmlinge in ihrem Boot von den Hunnen angegriffen werden und von Pfeilschützen und Kriegern mit Säbeln niedergemetzelt werden. Im Boote sieht man den Papst Cyriakus mit der Tiara, einen Kardinal mit Kardinalshut, einen Bischof mit Mitra, die Hl. Ursula als Königstochter mit Krone und ihren Bräutigam, den Hl. Aetherius, der nach der Legende in Mainz zu der Gruppe gestoßen ist, ebenfalls mit Krone. Sie werden begleitet von weiteren Heiligen Jungfrauen. Auf der rechten Seite ist der Tod der Hl. Ursula selbst wiedergegeben.

Den gesamten Hintergrund füllt die Silhouette der Stadt Köln aus. Am linken Bildrand ist in relativer Genauigkeit der Bayenturm mit dem Durchgang am Vorwerk wiedergegeben. Hinter dem Zinnenkranz der Mauer und über den wenigen sichtbaren Dächern erheben sich die wichtigsten und bedeutendsten Bauwerke der Stadt Köln. Diese, die so markante Silhouette prägenden Monumente sind von links nach rechts: St. Severin, die Kartäuserkirche, St. Pantaleon, die Antoniterkirche, St. Laurenz, der Rathausturm, Groß-St.-Martin, der Südturm mit Kranen, der Domchor und vermutlich St. Andreas. Die Genauigkeit der Wiedergabe, die besonders beim Rathausturm und bei Groß-St.-Martin auffällt — ansonsten sind die Gebäude etwas pauschal gekennzeichnet —, setzte beim Maler Ortskenntnis und Detailstudien voraus.

Das Bild ist kennzeichnend für die in der Kölner Malerei erreichte Position der Naturdarstellung. Der Goldgrund ist dem natürlichen Himmel gewichen, und man kann annehmen, daß der hier erreichte Realitätsgrad der Darstellung auch als Beweiskraft für die Legende diente. Die Steinfarben der Architektur zeugen davon, daß sich der Maler vor Ort mit dem Stadtbild auseinandersetzte. Der Türmereichtum der Stadt hinter dem dargestellten Martyrium ist vielleicht ein Hinweis auf Köln als die »Heilige Stadt«.

Eichenholz, 54,0 × 135,0 cm
Köln,
Wallraf-Richartz-Museum,
Inventarnummer WRM 721

Ausschnitt aus dem linken Bildteil: Bayenturm mit Stadtwappen und St. Severin. Hunnen greifen die Pilger an und töten sie

Ausschnitt der linken Bildhälfte: St. Severin (angeschnitten), die Kartäuserkirche, St. Pantaleon und die Antoniterkirche

Ausschnitt Mitte: St. Laurenz, der Rathausturm, Groß-St.-Martin, Domturm mit Kran

Ausschnitt des rechten Bildteils: links Groß-St.-Martin (angeschnitten), Domturm mit Kran, Domchor und St. Kunibert

Die Ankunft der Hl. Ursula und ihrer Gefährtinnen in Köln

Kölner Meister, um 1450—1460

Das Gemälde gehört zu einem Zyklus, der in 15 Tafeln die gesamte Legende der Hl. Ursula und ihrer Elftausend Jungfrauen von der Geburt der Heiligen bis zu ihrem Martyrium in Köln darstellt. Dieser Zyklus ist einer der ausführlichsten in der gesamten mittelalterlichen Kölner Malerei und wird nur noch von dem 1456 entstandenen in der Kölner Pfarrkirche St. Ursula übertroffen. Vermutlich hat der gesamte Zyklus früher einmal in einem Refektorium eines Kölner Klosters als Wandschmuck gehangen.

Nach der Legende war die Hl. Ursula die Tochter eines christlichen, englischen Königs. Sie wurde von einem heidnischen Prinzen mit Namen Aetherius zur Frau begehrt, wollte jedoch nicht gleich einschlagen. Während der vereinbarten Wartezeit zog die Prinzessin mit ihren Freundinnen und Hofdamen auf Weisung eines Engels rheinaufwärts über Köln nach Basel. Hier ließen sie die Schiffe vor Anker und zogen über die Alpen nach Rom. Dort wurde sie von Papst Cyriakus empfangen, der sein Amt niederlegte und sich der Pilgerschar anschloß, die sich von Rom aus wieder auf den Heimweg machte. Ihre Gefolgschaft wurde immer größer, zahlreiche Bischöfe, Mönche, Brüder und Jungfrauen schlossen sich der Heiligen auf ihrem Rückweg von Rom nach Köln an. Köln soll zu dieser Zeit von den Hunnen umzingelt gewesen sein. Diese griffen die fromme Pilgerschar bei ihrer Landung an und töteten die Begleiter der Heiligen. Die Hl. Ursula aber wurde zum Hunnenkönig geführt, der sie zur Frau haben wollte. Die Heilige aber lehnte ab und wurde daraufhin auf den Befehl des Königs von einem Pfeilschützen ermordet.

Das Bild zeigt die Ankunft der noch kleinen Heiligenschar am Ufer vor der Stadt Köln. Das Schiff, ein typischer Rheinkahn des späten 15. Jahrhunderts, mit einem Steuermann wird von zwei Pferden und einem Reitknecht auf dem Treidelpfad herangezogen. Wenige vornehme Bürger erwarten die Gruppe vor den Mauern. Mehrfach wird mit Wappen und Standarte darauf hingewiesen, daß es sich um die Stadt Köln handelt. Die Stadt selbst ist von einer zinnenbegrenzten Mauer umgeben, Bayenturm und Rheintor sind besonders hervorgehoben. Über wenigen Hausdächern erheben sich von links nach rechts St. Severin, Groß-St.-Martin, der Dom in seitenverkehrter Wiedergabe, St. Andreas und St. Ursula. Durch die Zusammendrängung der Stadtsilhouette wird ihr Türmereichtum besonders betont. Rechts im Bilde schaut man in einen offenen Raum: Hier wird man Zeuge der Erscheinung des Engels, der der Hl. Ursula die Weisung zur Rom-Pilgerfahrt erteilt.

Eichenholz, 54,0 × 159,0 cm
Köln,
Wallraf-Richartz-Museum,
Inventarnummer WRM 715

Ausschnitt des linken Bildteils: Groß-St.-Martin, Domturm, Domchor

Ansicht von Deutz, 1456

Kölner Meister von 1456

Das Bild ist ein Ausschnitt aus einer größeren Tafel — »Ursula kommt mit ihrer Schar nach Köln« —, die zu einem ausgedehnten Ursulazyklus gehört. Mit 19 Tafelbildern und darauf dargestellten 31 Szenen aus der Ursulalegende, vom Gebet der Eltern bis zum Märtyrertod, ist er der umfangreichste nicht nur in Köln. Der Zyklus wurde nach einer Inschrift auf der Tafel mit dem Martyrium 1456 von Jürgen und Johann van Scheyven gestiftet. Der Meister dieses und der anderen Gemälde ist in der weiteren Nachfolge Stefan Lochners zu sehen. Er war in der Lage, sich in einer naiven, aber verständlichen Bildsprache auszudrücken und dabei die jüngsten Entwicklungen in der Naturdarstellung (z. B. Himmel, Landschaft) zu berücksichtigen und zu verarbeiten. Stilistisch ist er, dessen Namen wir wie bei fast allen Kölner spätgotischen Malern nicht kennen, eng verwandt mit dem Meister der Ursulatafeln im Wallraf-Richartz-Museum (Abb. S. 69 ff. und Abb. S. 74 f.).

Für eine Ursulaszene ist die am oberen Bildrand sichtbare Architekturdarstellung höchst ungewöhnlich. Während nämlich die anderen Ursulazyklen fast ausnahmslos alle in Köln spielenden Szenen vor der Kulisse der Bischofsstadt mit Mauer, Dom und anderen wichtigen Gebäuden zeigen, wurde hier Deutz als Hintergrund gewählt. Der Empfang Ursulas mit ihrer Begleitung durch den Erzbischof findet vor den Mauern am Rheinufer statt und konsequenterweise sieht man dann natürlich Deutz.

Dargestellt ist ein unscheinbarer, eher bescheidener Ort mit Fachwerkhäusern und zwei Kirchen: Rechts St. Heribert und links St. Urban. St. Heribert wurde als ein der Gottesmutter geweihtes Benediktiner-Kloster von Erzbischof Heribert 1002 gegründet, dessen Namen es später erhielt (nach der Heiligsprechung). Ein oktogonaler Zentralbau nach dem Vorbild der Pfalzkapelle in Aachen und von St. Gereon in Köln wurde 1020 geweiht und stand bis 1376. In diesem Jahre schlugen sich die Deutzer, die schon oft unter den viel mächtigeren linksrheinischen Kölnern zu leiden hatten, in einem Streite zwischen der Stadt Köln und dem Erzbischof Friedrich von Saarwerden mutig auf die Seite des Erzbischofs. Die Kölner nahmen den Fehdehandschuh auf und brannten Deutz mit St. Heribert und St. Urban nieder. Daraufhin verhängten Papst und Kaiser den Kirchenbann und die Reichsacht über den Kölner Rat und die Bürgerschaft, bis diese sich zur Wiedergutmachung bereitfanden. 1382 wurde der Bann aufgehoben und die Stadt Köln finanzierte mit 26 000 Gulden den Aufbau der Kirche. Dieser neue gotische Zentralbau ist hier abgebildet und hat bis zu seiner endgültigen Zerstörung im Jahre 1583 so bestanden, wie uns zahlreiche Stiche belehren (u. a. Mercator 1571: Abb. S. 129; Woensam 1531, Abb. S. 116). St. Urban daneben, das näher am Rheinufer lag, war die eigentliche Pfarrkirche von Deutz und dort zuständig für die gesamte Seelsorge. Das Gemälde zeigt die Kirche als eine romanische basilikale Anlage mit gedrungenem Westturm und höherem Chor.

Von alledem hat die außerordentlich schwere Geschichte des Ortes Deutz, der sich immer wieder neben seinem mächtigen Gegenüber behaupten mußte, nichts übriggelassen. Die Abtei St. Heribert ist zwar nach den schweren Zerstörungen des letzten Krieges wieder restauriert, doch dies natürlich auf der Basis der barocken Anlage.

Holz, 80,0 cm hoch
Köln,
Pfarrkirche St. Ursula

Ansicht der Stadt Köln vom Rhein aus

Werner Rolevinck, Fasciculus temporum, 1474/1480

Diese Ansicht der Stadt Köln ist stark vereinfacht. Mit wenigen Linien wird die charakteristische Silhouette der Stadt angedeutet, nicht beschrieben. Auch wenn nur links der Bayenturm, Groß-St.-Martin, in der Mitte der Domchor mit Südturm und Domkran, rechts St. Kunibert und der Kunibertsturm angegeben sind, ist es doch das unverwechselbare, Jahrhunderte überdauernde Stadtbild. Zwar sind noch einige Türme und Turmspitzen mehr zu sehen, aber sie lassen sich von der Bauform her nicht eindeutig bestimmen. Wahrscheinlich wollte der unbekannte Holzschneider damit auch nur das turmreiche, »heilige« Köln vorstellen.

Nicht sehr viele Einzelheiten sind dargestellt. Am Bayenturm erkennt man das Stadtwappen mit den drei Kronen und dem unteren noch leeren Feld; den Dom umkreisen Vögel; Giebelhäuser überragen soeben die verkürzt wiedergegebene Stadtmauer; auf dem schollen- oder brettartig angelegten Ufer bewegen sich Passanten, zwei Leute mit einem Hund, ein Reiter und eine Gruppe. Der Holzschnitt geht nicht ganz an der Wirklichkeit vorbei — man achte zum Beispiel auf die Insel vorne links, das sogenannte Werthchen, die später zum Hafen ausgebaut wurde, auf die Strommühle und den Kahn am Ufer —, aber er faßt sie außerordentlich ornamental auf. Linienstrukturen und vor allem die Gestaltung des Rheinstroms unterstreichen diese Annahme. Der wirkliche Architekturbestand wurde der Bildgestaltung und besonderen Bildwirkung offensichtlich untergeordnet, wenn man einmal an die Drehung von Dom und St. Kunibert in dieser Ansicht denkt.

Das Bild stimmt in Teilen überein mit der frühesten Köln-Ansicht von 1411 und auch mit dem Bild des Meisters der Verherrlichung Mariae (Abb. S. 66 und Abb. S. 82), doch sind diese weitaus genauer und beschreibender. Mag es nun an dem anderen Material oder an der anderen Aufgabe des Bildes liegen, so ist dieser Holzschnitt doch die zweite graphische Darstellung des Kölner Stadtbildes überhaupt und damit von ganz besonderem Interesse. Er wurde 1480 im »Fasciculus temporum« erstmals veröffentlicht; durch die Beschränkung auf wenige Bauten und Andeutungen gewinnt die Darstellung sehr stark an Klarheit und Einprägsamkeit. Köln ist hier gewissermaßen auf eine Formel gebracht. Interessant ist vielleicht noch, daß in anderen Ausgaben des »Fasciculus temporum« die Ansicht der Stadt Köln durch eine solche der Stadt Venedig ersetzt wurde.

Die zu ihrer Zeit sehr bekannte Weltchronik wurde in der vorliegenden zweiten Fassung bei Heinrich Quentel 1480 in Köln gedruckt. Das Bild der Stadt Köln in der einige Jahre vorher entstandenen Fassung (1474—77) bei Arnold ter Hoernen unterscheidet sich erheblich von diesem.

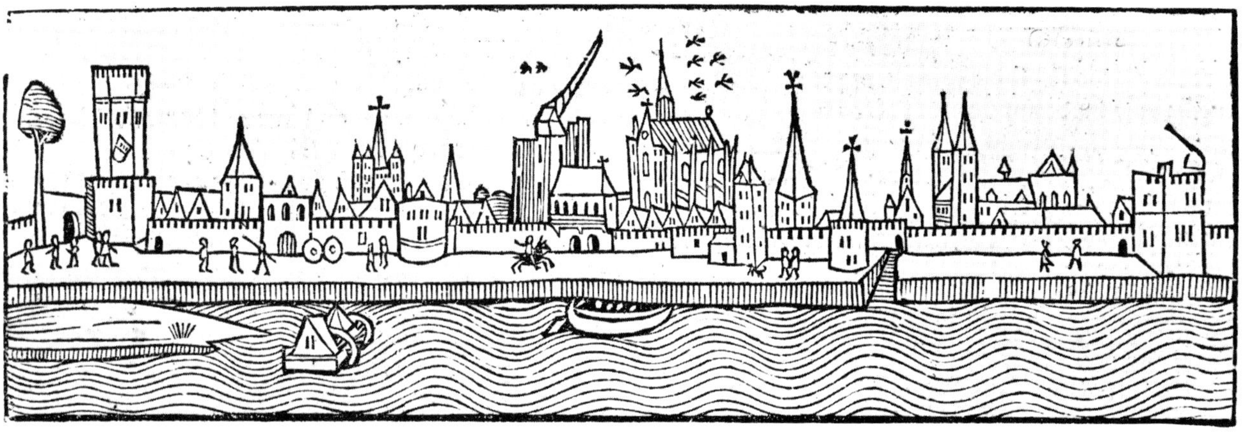

Holzschnitt, 7,0 × 21,8 cm
Köln,
Kölnisches Stadtmuseum,
Inventarnummer HM 1927/90

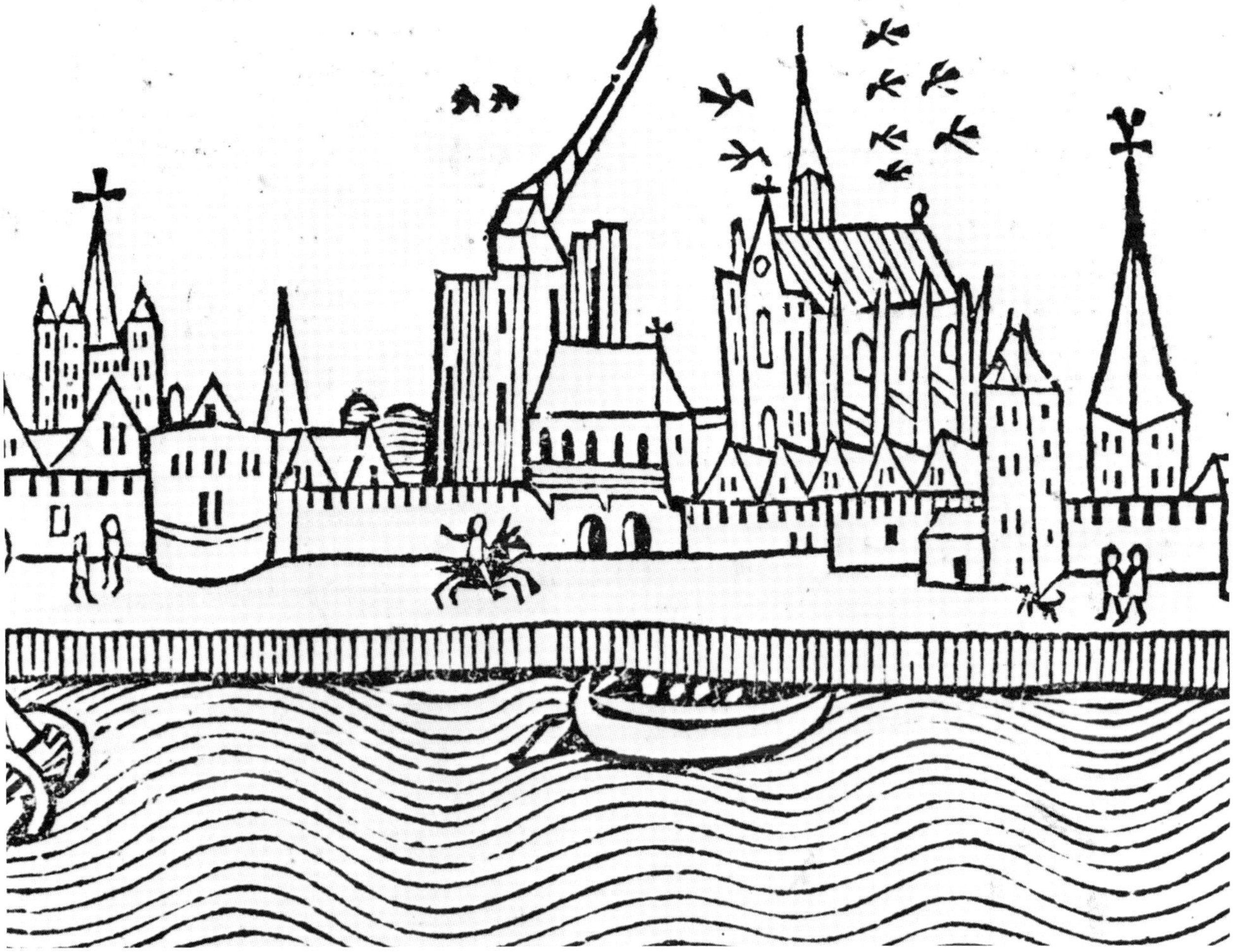

Ausschnitt des mittleren Bildteils: links Groß-St.-Martin, der Domturm mit Kran, der Domchor und am Rheinufer der Frankenturm. Auf dem Rhein links sind die Strommühlen angeschnitten

Esdras vor Darius (Dareios I.)

Aus der Kölner Bilderbibel, 1478/79

Dargestellt ist eine Begegnung zwischen Esdras und Darius, die wohl nie stattgefunden hat. Esdras, ein bedeutender jüdischer Priester, Gesetzeslehrer und Reformer (5.—4. Jahrhundert v. Chr.) führte eine Gruppe jüdischer Heimkehrer aus Babylon nach Jerusalem. Dareios I., der persische Herrscher und Neuorganisator des Reiches (521—485 v. Chr.), bestätigte den Juden unter Esdras den Erlaß seines Schwiegervaters Kyros II. von 538, der die Wiedererrichtung des Tempels in Jerusalem genehmigte und förderte. Dareios I. setzte sich, wie im Alten Testament (Erstes Buch Esdras, 5. und 6. Kapitel) berichtet wird, nachhaltig für den Tempelbau ein und ließ den Juden manche Förderung zukommen. Auf diesem Bilde geht Esdras gerade vor dem Perserkönig und seinen Beratern in die Knie.

Die Szene spielt vor einer Stadtkulisse. Am linken Bildrand ist offensichtlich der Kölner Domchor mit seiner westlichen Abschlußwand dargestellt und daneben steht der Südwestturm mit dem charakteristischen Kran. Auch die Stadtmauer erinnert von ferne an die Kölner Befestigungsanlage, auch wenn ein Turm in ein orientalisches Minarett verwandelt zu sein scheint. Im Ganzen meint die Darstellung wohl eine Stadt schlechthin und nicht unbedingt ein Porträt Kölns. Somit gehört sie zu den zahlreichen phantastischen Stadtbildern, für deren Komposition besonders gerne Elemente der Kölner Silhouette verwendet wurden.

Das Bild befindet sich auf Seite CCII der sogenannten Kölner Bibel, die 1478/79 durch Bartholomäus von Unckel mit finanzieller Unterstützung des Kölners Johann Helman und des Nürnbergers Anton Koberger in Köln gedruckt wurde. Diese erste niederdeutsche Bibelübersetzung, die in zwei sprachlich unterschiedlichen Ausgaben erschien, verfügte in der ersten Fassung über 113, in der zweiten über 123 Holzschnitt-Illustrationen. Stilistisch orientiert sie sich an niederländischer Kunst, wenn auch die direkten Vorlagen in den hundert Bildern der Kölnischen Bibelhandschrift von etwa 1460 (Staatsbibliothek der Stiftung Preußischer Kulturbesitz, Depot Tübingen: Ms. germ. fol. 516) zu sehen sind.

Linker oberer Bildausschnitt: links der Domchor, der Domturm mit dem charakteristischen Kran, daneben möglicherweise der Frankenturm

Holzschnitt, 36,2 × 24,8 cm
Köln,
Kölnisches Stadtmuseum,
Inventarnummer A I 2/4

Anna Selbdritt und die Heiligen Christophorus, Gereon und Petrus mit dem Kölner Stadtbild und der Siebengebirgslandschaft

Meister der Verherrlichung Mariae (Tätig in Köln, in der zweiten Hälfte des 15. Jahrhunderts)

Ein durchgehender Brokatteppich teilt das Bild in zwei Bereiche, einen oberen hinteren und einen unteren vorderen. Im Vordergrund stehen auf dem Fliesenboden von links nach rechts der Hl. Christophorus mit dem Christusknaben auf der Schulter, der Hl. Gereon mit seinen Attributen Schwert und Standarte, der Hl. Petrus als Papst in prächtigem liturgischen Gewand, mit Tiara, Kreuzstab und Schlüssel sowie die Gruppe der Anna Selbdritt.

Die in der Kölner Malerei beliebte Reihenkomposition mit Heiligen hat bis zu diesem Meister fortgewirkt. Ihre Gewänder sind mit großer Sorgfalt durchgestaltet, die Details des Christophorus- und Petrusgewandes sind von genauer Zeichnung und setzen das Studium der Wirklichkeit voraus.

Der Maler hat es verstanden, den unwirklichen, heiligen Goldgrund mit einer überaus realistischen, zum Teil bis in die Einzelheiten beschreibenden Darstellung der Stadt Köln zu kombinieren. Von allerhöchstem Reiz ist die topographisch weitgehend genaue Landschaftsdarstellung des südlichen und westlichen Kölner Umlandes sowie der Stadt Köln selbst. Im Hintergrund dehnt sich die Stadt Köln aus. Hier begegnet uns das erste vollständige, kaum verzerrte Kölner Stadtbild, in dem sowohl Gesamtanlage als auch einzelne Gebäude erkennbar sind. Köln ist nicht mehr die Stadt der Monumente, wie in einem Leinwandbild um 1411 (Abbildung S. 66), sondern jetzt eine Bürgerstadt mit Handel, mit zahlreichen Menschen, die vor der Stadtmauer Waren schleppen, tragen, fahren oder auf Schiffen heranbringen, und mit vielen Wohnhäusern. Der belebte Uferstreifen stimmt nun wirklich mit der großen Anzahl von Wohnbauten zusammen. Bei diesem Bilde glaubt man, daß Köln die bevölkerungsreichste Stadt des Mittelalters in Deutschland war und daß sie ihre Blüte und ihren Reichtum durch den immer stärker werdenden Handel erfahren hat. Köln verfügte als Mitglied der Hanse über weitverzweigte Handelsbeziehungen und über eigene Stützpunkte in Europa, so z. B. in Brügge und London. 1474 erhielt die Stadt die Münzhoheit und konnte fortan selbst Gold- und Silberstücke prägen. Am 19. September 1475 wurde die Stadt von Kaiser Friedrich III. schließlich zur freien Reichsstadt erklärt und war damit von der Huldigungspflicht gegenüber den Erzbischöfen befreit.

Die Stadt ist mit größter Sorgfalt und Genauigkeit beschrieben: Ihre Erstreckung sowie Gestalt und einzelne Bauwerke des großen Mauerrings sind exakt wiedergegeben. Besonders auffällig wird das etwa am Bayenturm, bei den Maueranbauten an der Rheinfront und bei den genau wiedergegebenen Stützbögen auf der Innenseite der Stadtmauer. Auch die zahlreichen Großbauten, Kirchen, Dom und öffentliche Gebäude sind im Stadtbild zu orten und wiederzuerkennen. Das beginnt rechts mit St. Kunibert, geht über St. Gereon zum Dom, dann weiter über Rathausturm mit Rathaus, St. Pantaleon, St. Maria im Kapitol zu St. Severin am linken Stadtrand.

Aber nicht nur das Stadtbild, auch kleine Nebenszenen wie etwa die Treidler am Ufer oder die Schiffsformen, sind von außerordentlich hohem Realitätsgrad. Die freie Reichsstadt Köln war ringsum von Landesherrschaften umgeben. Auf der linken Rheinseite, also das Gebiet, das wir auf dem Bilde sehen, lag kurkölnisches, erzbischöfliches Land, das bis auf zwei bis drei Kilometer, dem sogenannten Burgbann, an die Stadt herantrat. Auch dieses Kölner Umland ist topographisch genauestens beschrieben: Der Blick geht nach Brauweiler, zu den Voreifelhöhen, nach Brühl, zur Tomburg, nach Bonn, zur Godesburg, zum Rhein mit

Ausschnitt des oberen Bildteils: links das Siebengebirge mit Sieg und Rhein, dann die Eifel und davor die Stadt Köln vom Bayenturm bis Kunibertstorburg (rechts)

dem Siebengebirge und seinen Burgen und schließlich zur Sieg mit der Stadt Siegburg und dem Michaelsberg. Selbst Proportionen und Dimensionen stimmen annähernd. Der Meister, der seinen Notnamen nach einem

Gemälde der Verherrlichung Mariens im Wallraf-Richartz-Museum erhalten hat, war vermutlich ein Nachfolger Stefan Lochners und einer der führenden Maler der Kölner Spätgotik. Aus stilistischen Gründen wäre eine Datierung dieses Bildes bereits um 1470/80 möglich, doch ergeben sich aus dem dargestellten Bauzustand (vor allem Köln und Brühl) Argumente für eine Entstehung des Bildes ab 1493.

Die Tafel bildete früher die Innenseite eines Altarflügels. Die zugehörige Außenseite mit den Heiligen Franziskus, Bonaventura, Bernhardin und Klara vor der Stadt Köln, von der Landseite gesehen, befindet sich ebenfalls im Wallraf-Richartz-Museum (WRM 121, s. links) in Köln. Wie aus einer Bemerkung Ramboux' (Konservator des Museums) zum Katalog von 1864 hervorgeht, wurde der Flügel unter seiner Aufsicht gespalten.

Eichenholz, 131,0 × 146,0 cm,
Köln,
Wallraf-Richartz-Museum,
Inventarnummer WRM 120

Bildausschnitt oben links: im Hintergrund das Siebengebirge und Bonn. Im Vordergrund Köln vom Bayenturm mit der Ark über Severinstor bis St. Severin

Bildausschnitt oben Mitte:
Kartäuserkirche,
St. Pantaleon, St. Georg
und St. Aposteln

Bildausschnitt oben Mitte: St. Gereon, das Rathaus mit dem Rathausturm, Groß-St.-Martin. Im Hintergrund Kirche und Abtei Brauweiler

Bildausschnitt oben rechts: Domturm und Domchor, dicht daneben St. Andreas, das Dominikanerkloster zum Hl. Kreuz, St. Ursula und St. Kunibert

Ursulaschrein mit Ansichten der Stadt Köln, 1489

Hans Memling
(um 1433 Seligenstadt – 1494 Brügge)

Der Brügger Ursulaschrein ist eines der großartigsten Dokumente der mittelalterlichen Ursulaverehrung. Er wurde kurz vor 1489 von zwei Nonnen des Johannesspitals, also jener caritativen Einrichtung, in deren Gebäude er sich noch heute befindet, gestiftet. Eine von ihnen war die Priorin Josine van Dudzele, die einer begüterten Familie entstammte und die aufwendige Auftragsvergabe an einen hervorragenden Künstler zusammen mit Anna van den Moortele wohl finanzieren konnte. Der Schrein war hauptsächlich vorgesehen zur Aufnahme von Reliquien der Hl. Ursula und ihrer Gefährtinnen. Brügge war im 15. Jahrhundert ein wirtschaftliches und kulturelles Zentrum von europäischer Bedeutung. Hier trafen sich Händler aus ganz Europa, von Rußland bis Frankreich und von England bis Italien. Kunst und Kultur standen in voller Blüte; zahlreiche hervorragende Künstler, vor allem Architekten, Maler und Bildhauer waren hier tätig und zeugen von dem hohen Anspruch der Bürger und Auftraggeber.

Oberer Ausschnitt aus dem Bilde mit der Ankunft der Reisegesellschaft in Köln (Abb. S. 91): Domturm mit Kran, Domchor. Davor ein erfundenes Stadttor und die Erscheinung des Engels vor der Hl. Ursula

Der Ursulaschrein, der am 21. Oktober 1489, dem Festtag der Elftausend Jungfrauen, feierlich geweiht und in der Spitalskapelle aufgestellt wurde, konnte diesen hohen Ansprüchen wirklich gerecht werden. Der Schrein in kunstvoller Giebelarchitektur mit Satteldach zeigt auf den Schmalseiten einmal die Hl. Ursula als Schutzmantelheilige in einem gotischen Chor und auf der Gegenseite die stehende Gottesmutter Maria mit dem Jesusknaben und den beiden Stifterinnen. Auf den beiden Langseiten aber wird in reichem Erzählstil die Legende der Hl. Ursula und ihrer Gefährtinnen in sechs Episoden wiedergegeben: Erste Ankunft in Köln, Ankunft in Basel und Aufbruch zum Weg über die Alpen, Ankunft und Begrüßung durch Papst Cyriakus in Rom, Einschiffung in Basel zur Fahrt nach Köln, Ankunft und Beginn des Martyriums in Köln, Martyrium der Hl. Ursula in Köln.

Von besonderem Interesse ist für uns die Szene der ersten Ankunft in Köln, als die Heilige mit ihrer Begleitung die Domstadt erreicht und hier im Traum von einem Engel die Vorhersage des Martertodes und die Weisung zur Rom-Pilgerfahrt erhält (oben rechts im Bilde). Die Schar der frommen Reisenden, vornehme im Stil der Zeit frisierte und gekleidete Damen, begeben sich durch das Stadttor am Ufer in die Stadt. Dieses Stadttor entspricht zwar im allgemeinen Typus den Kölner Toren, läßt sich aber nicht genau bestimmen; vermutlich ist hier sehr allgemein ein Rheintor gemeint. Daß sich hier Erfindung und Wirklichkeit mischen, zeigt sich schon alleine daran, daß ähnliche Tore auch auf den beiden Tafeln erscheinen, die Baseler Szenen vorstellen. Ganz anders aber erscheint die übrige Architektur der Stadt: links der Bayenturm, daneben St. Severin, davor mächtig, wie es seiner realen Situation im Stadtbild auch entspricht, Groß-St.-Martin. Über dem Tore erhebt sich der gotische Domchor mit dem im Bau befindlichen Turm und dem Turmkran. Wenn das Rheinufer auch etwas verwinkelt und in seinen Dimensionen zusammengerückt erscheint, so ist doch die aufstrebende Architektur präzise und wirklichkeitsgetreu abgebildet.

Das trifft im gleichen Maße auch für die Szene der Ankunft und des Martyriums in Köln zu. Über den beiden Booten, deren bunte Besatzungen von Soldaten mit Schwert, Lanze, Pfeil und Bogen angegriffen und niedergemacht werden, erscheint die Stadt Köln ausschnitthaft in einem in Steinfarben sensibel erfaßten Architekturpanorama: Links der Bayenturm mit Torbogen und der doppelten Ark im Strom. Es schließen sich nach rechts St. Severin, St. Maria im Kapitol und Groß-St.-Martin an. Vor diesen Gebäuden säumt die Rheinbefestigung das Ufer. Das realistische Stadtbild korrespondiert mit der flachwelligen umgebenden Landschaft (Abb. S. 89).

Memlings Ursulaschrein, der zu den kostbarsten Zeugnissen spätmittelalterlicher Malerei zählt, ist bei seiner breiten erzählerischen Anlage von einer solchen Detailtreue, daß man bei Memling eine dauernde intensive Auseinandersetzung mit dem Vorbild und der Wirklichkeit voraussetzen muß. Nicht nur die Verwendung des Zeitkostüms, modischer Haartrachten, genau wiedergegebener Bootstypen oder Waffen, sondern auch die weitgehend individualisierten Gesichter und Kopftypen sprechen für einen Maler, der sich zunehmend die Beherrschung der Wirklichkeitsabbildung angeeignet hat. So geht Memling bei der Wiedergabe der Kölner Bauten bis in die Stein- und Skulpturentreue im kleinsten Maßstab hinein. Die Tafeln sind nach Aussage von Infrarot-Untersuchungen genau und differenziert unterzeichnet, das heißt: Memling hat mit Sorgfalt und vermutlich aufgrund von Skizzen gearbeitet. Daß er Ortskenntnisse von Köln besaß, steht außer Zweifel; sonst hätte er Zusammenhang und Einzelheiten nicht so präzise wiedergeben können. Wegen seines Stiles wird neben einer Lehrzeit bei Rogier van der Weyden auch ein Aufenthalt in Köln als Schüler Stefan Lochners angenommen. Vieles in seiner Malweise spricht dafür. Möglicherweise hat er auch bei Rogier in der Zeit gearbeitet, als der Columba-Altar (heute in der Alten Pinakothek, München) entstand, und vielleicht war Memling sogar dabei, als der Altar in der Columbakirche zu Köln angeliefert und aufgestellt wurde. Seine Kontakte zu Köln können vieler Natur sein; sicher ist jedenfalls ein Aufenthalt und eine Autopsie des Stadtbildes vorauszusetzen.

Eichenholz, Länge 91,0 cm,
Breite 33,0 cm,
Höhe 87,0 cm
Brügge,
St.-Jans-Hospital

rechts:
Hans Memling, Detail des Ursulaschreins: erste Ankunft der Hl. Ursula und ihrer Reisegesellschaft in Köln. Links der Bayenturm, St. Severin, Groß-St.-Martin, Domturm mit Kran und Domchor. Davor ein Stadttor und die Erscheinung des Engels

Ansicht der Stadt Köln vom Rhein

Hartmann Schedels Weltchronik, 1493

Die sogenannte Schedelsche Weltchronik erschien in der Reichsstadt Nürnberg, die neben Handels- und Messestadt auch eine Buchdrucker-Metropole war. Der aufwendig gestaltete und sorgfältig gedruckte Band erschien in einer lateinischen Ausgabe im Juli 1493 und in einer deutschen im Dezember des gleichen Jahres. Es war eine Gemeinschaftsproduktion, an der der Nürnberger Arzt Hartmann Schedel (1440—1514) als Verfasser des Textes und die beiden Nürnberger Maler Michael Wolgemut und Wilhelm Pleydenwurff als Illustratoren und Holzschneider beteiligt waren. Der Nürnberger Drucker und Verleger Anton Koberger, der übrigens der Pate Albrecht Dürers war, trug das verlegerische Risiko. Als Geldgeber fungierten außerdem noch der Humanist Sebald Schreyer und dessen Schwager Sebastian Kammermeister. Schon am 29. Dezember 1491 wurde der gemeinsame Vertrag abgeschlossen, der eines der großartigsten frühen Bücher ermöglichte.

Die Weltchronik ist eine aus vielen Überlieferungen zusammengestellte Weltgeschichte, in der sich Dichtung und Wahrheit mischen, in der ältere und zeitgenössische Berichte verwendet und abgeschrieben wurden. Sagen, Legenden, Biblisches, Mythologisches, Beschreibung und historische Kenntnisse stehen oft unbekümmert nebeneinander. Somit ist die Schedelsche Weltchronik auch eines der letzten großen und bedeutenden Zeugnisse mittelalterlicher Welt- und Geschichtsauffassung. Die Weltgeschichte ist auch ein Ausdruck nicht nur des gesteigerten Interesses an Gedrucktem und am Buch, sondern auch an fernen Ländern und an geschichtlichen Vorgängen. Man muß dabei bedenken, daß im Jahr des Erscheinens dieser Chronik Christoph Columbus von seiner ersten Amerika-Reise zurückkehrte.

Die lateinische Ausgabe verfügt über 326 Seiten und 1809 Holzschnitte. Mit diesem von 645 Holzstökken gedruckten Illustrationen gilt sie als das bilderreichste Werk der Zeit. Ihr Ruhm und die Nachfrage verbreiteten sich so schnell, daß die Chronik über ganz Europa gehandelt wurde. Die Qualität des Bandes liegt nicht nur auf den Illustrationen alleine, sondern vor allem auf der einzigartigen Einheit von Wort und Bild. So nehmen die Bilder zum Teil auf den Text, und dieser in seiner meisterlichen Gestaltung wiederum auf die Bilder Rücksicht.

Von besonderem Interesse sind für uns natürlich die Städtebilder. Nur 32 Ansichten von den insgesamt 116 Orten und Städten lassen sich eindeutig bestimmen. Dazu gehören u. a. Augsburg, Bamberg, Basel, Wien, Florenz und Nürnberg, die fast porträthaft abgebildet wurden. Vermutlich wurden diese Ansichten eigens für die Schedelsche Weltchronik angefertigt, andere im Rahmen der weitläufigen Geschäftsverbindungen Kobergers herbeigeschafft und wieder andere in der Holzschnittwerkstatt ziemlich eigenmächtig umgestaltet oder verändert. Daneben gibt es dann noch eine Gruppe reiner Phantasieprodukte.

Die Ansicht der Stadt Köln, die auf Folio XCI unter dem 5. Weltzeitalter dargestellt ist, erstreckt sich über eine Doppelseite, wie dies bei den meisten Städtebildern dieses Bandes der Fall ist. Die Ansicht gehört in die Rubrik der Stadtbildvariationen. Offensichtlich ist hier die Stadt Köln zwischen dem Bayenturm links und dem Kunibertsturm rechts gemeint. Abgesehen von der phantastischen Landschaft, die in der Umgebung Kölns nirgends zu finden ist, und auch abgesehen von dem klippenartigen Ufer des Rheins, das in seinen Dimensionen einfach nicht stimmt, mischen sich in dieser Stadtdarstellung Abbildung und Erfindung. Einigermaßen realistisch sind der Bayenturm mit dem Stadtwappen, dahinter wahrscheinlich die Severinstorburg, daneben St. Pantaleon, weiter nach rechts St. Severin und St. Kunibert am rechten Stadtrand mit der Kunibertsburg dargestellt. Es erstaunt besonders, daß der Dom in seinem damaligen Bauzustand als bewundertes Bauwerk und Wahrzeichen des »Heiligen Köln« absolut falsch dargestellt wurde. Nicht nur daß die Position im Bilde nicht stimmt, sondern hier ist der Turm fertig und der Kran steht auf dem unfertigen Chor. Entweder hat der Zeichner oder der Holzschneider eine Vorlage falsch verstanden oder eine falsche Vorlage zur Verfügung gehabt. Im Ganzen ist nämlich auch die Überbauung der Stadtmauer mit Fachwerkgiebelhäusern nicht ganz falsch, und weder sind die Elemente der Stadtmauer noch die angedeuteten Straßenzüge reine Erfindung. Daß Maler und Stecher die Stadt Köln nicht selbst gesehen hatten, geht aus der falschen Lage am Strom und aus vielen Einzelheiten ganz deutlich hervor. Wir müssen deshalb annehmen, daß der Illustrator aufgrund einer ungenauen Vorlage oder vielleicht mehreren Detailvorlagen sich sein Köln zusammenkomponierte. Dieses war in der Schedelschen Weltchronik ein durchaus übliches Verfahren, denn mit Bürgerhäusern, Kirchen, Türmen, Toren, Mauern und Landschaft als räumlichen Versatzstücken ging man ziemlich willkürlich um. So kommt etwa der hier abgebildete Kölner Domturm auch auf anderen Abbildungen vor. Ja man ging sogar soweit, daß einzelne

Holzschnitt, 22,5 × 55,0 cm
Köln,
Kölnisches Stadtmuseum,
Inventarnummer AI 2/8

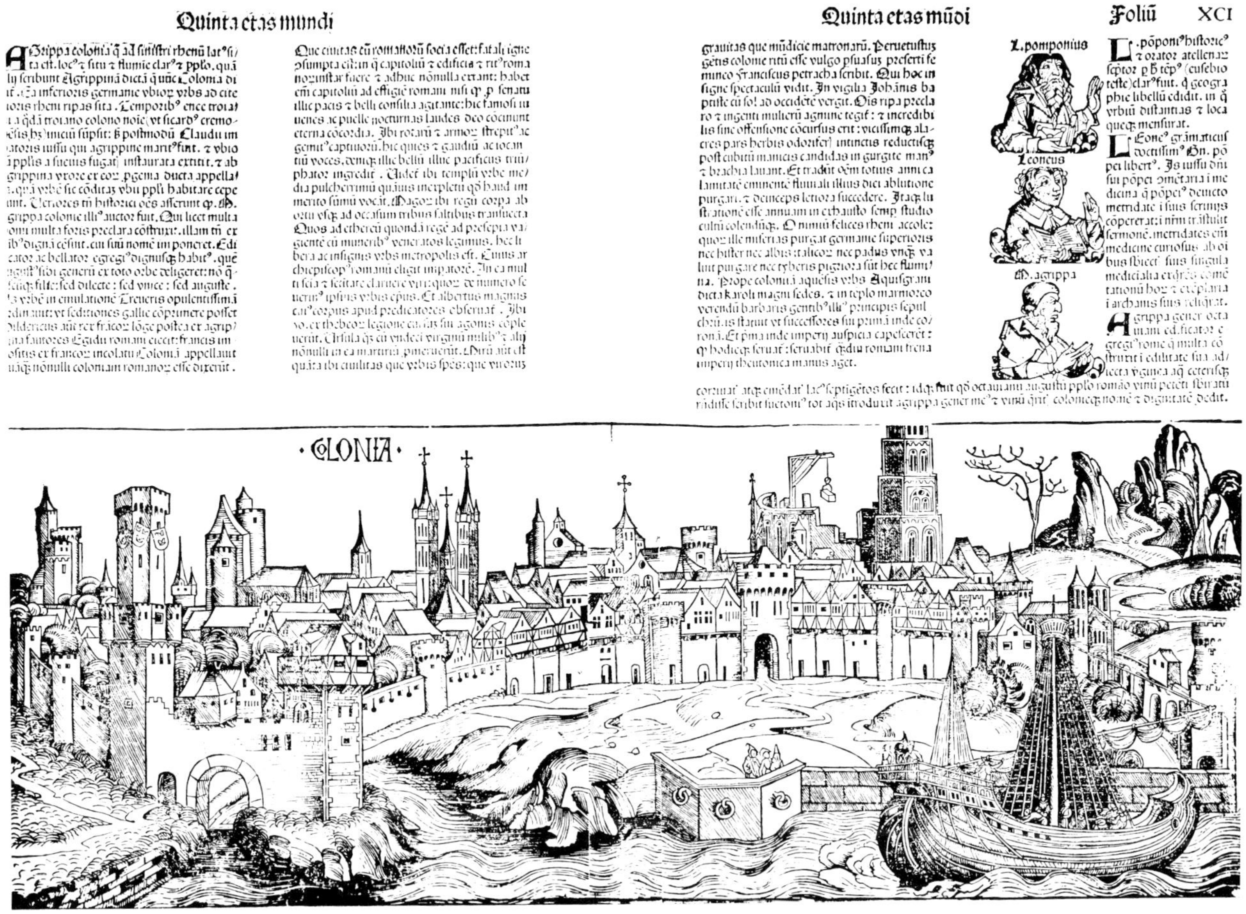

Städtebilder austauschbar waren, so daß man für Mainz, Lyon, Metz und Mailand den gleichen Druckstock benutzte.

Dennoch ist diese Weltchronik und damit auch die Abbildung der Stadt Köln für uns von erheblichem dokumentarischem Wert. Sie macht nicht nur Aussagen über die Gestalt der Stadt und über Stadt- und Geschichtsbild, sondern sie gibt Köln und die anderen Städte räumlich wieder, indem sie den Augpunkt hebt und somit eine teilweise Aufsicht bietet. Damit unterscheidet sie sich sehr stark von den Ansichten etwa eines Rolevinck (1474, Abb. S. 78) und Koelhoffs (1499, Abb. S. 97 ff.) und schließt sich in diesem Punkte enger an die Kölnansicht mit dem Ursulamartyrium von um 1411 an (Abb. S. 66). Es ist verständlich, daß dieses Meisterwerk der Buchkunst zu den begehrtesten Stücken gehört und als bibliophile Kostbarkeit außerordentlich hoch gehandelt wird.

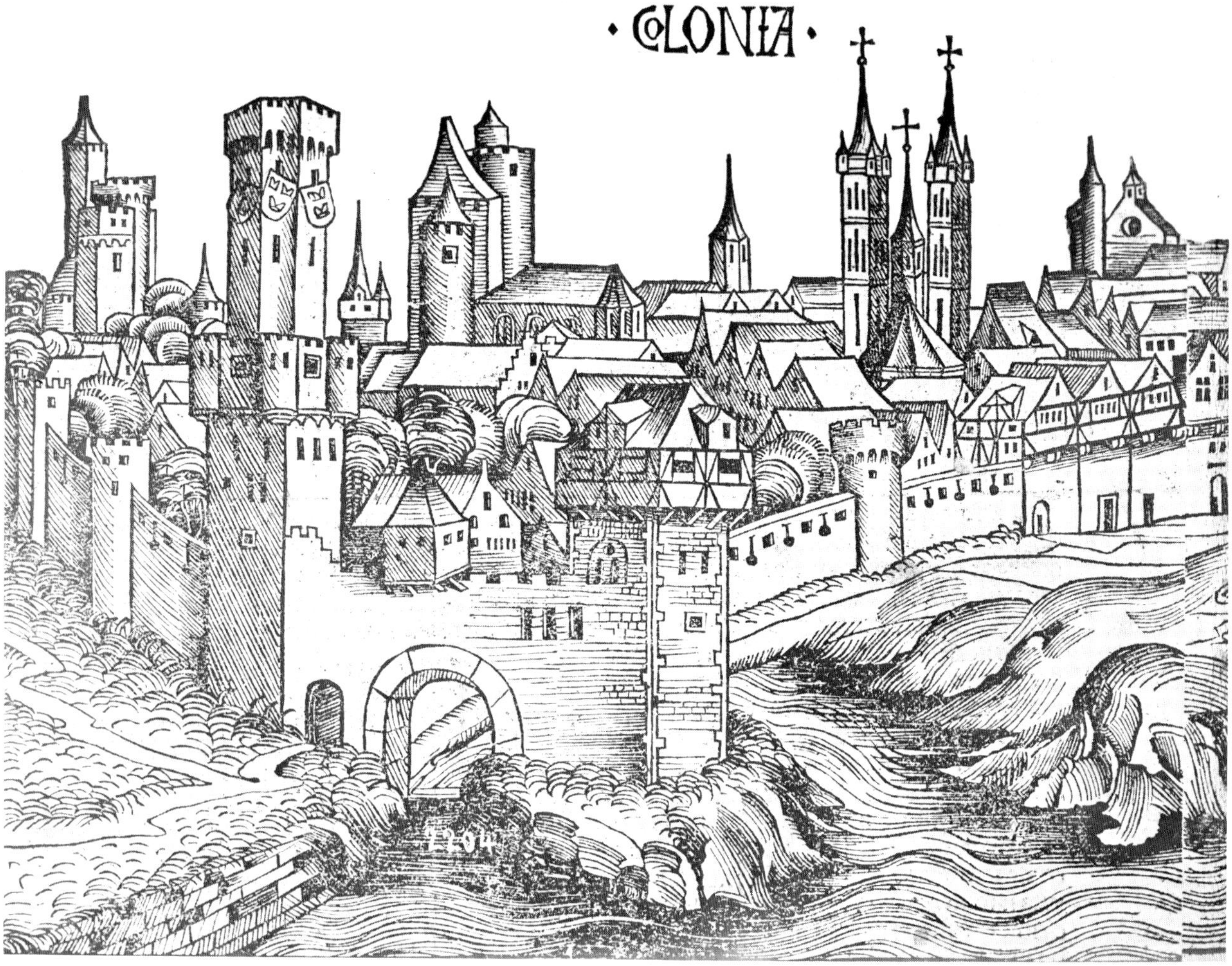

Hartmann Schedels Weltchronik, Ausschnitt des linken Bildteils: Severinstor, Bayenturm mit der Ark, St. Pantaleon und St. Severin

Hartmann Schedels Weltchronik, Ausschnitt des rechten Bildteils: Rheinfront, Domchor im Bau und Domturm (seitenverkehrt), St. Kunibert und die Kunibertstorburg

Martyrium der Hl. Ursula vor der Stadt Köln, 1499

Johannes Koelhoff (Sohn), 23. Aug. 1499
Cronica van der hilliger Stat van Coellen

Auf dem schmalen Rhein im Vordergrund das Schiff der Hl. Ursula mit ihren Gefährten, darunter Papst Cyriakus, ein Bischof und Jungfrauen. Die Heilige steht links im Schiff und ist von einem Pfeil in die Stirn getroffen. Tote Begleiterinnen hängen über dem Schiffsbord. Links am Ufer steht der Hunnenkönig und gibt den Befehl zum Gemetzel. Diese Szene gehörte natürlich unbedingt in eine Geschichte der Stadt Köln, soll sich doch das Martyrium der Tausenden von Heiligen vor ihren Mauern abgespielt haben und gehörte doch der reiche Reliquienschatz ihrer Gebeine zum Kostbarsten, das Köln neben den Gebeinen der Hl. Drei Könige aufbewahrte.

Immer wieder war diese Szene den Künstlern ein offensichtlich willkommener Anlaß, sich mehr oder weniger ausführlich mit dem Stadtbild auseinanderzusetzen. Im Hintergrund erhebt sich die mauerumwehrte Stadt mit dem bekrönenden Dom. Die Mauer erscheint außerordentlich hoch und besonders wehrhaft. Beim Lesen der spiegelverkehrten Darstellung erkennt man von rechts den Bayenturm, St. Severin, Groß-St.-Martin, Domturm und Domchor als beherrschende Erhebung, links St. Kunibert und die Kunibertstorburg.

Holzschnitt, 11,0 × 14,2 cm
Köln,
Kunst- und Museumsbibliothek

Das Blatt entspricht in seinem sparsamen Einsatz der Mittel den übrigen Stadtdarstellungen der Chronik. Der Holzschnitt mit dem Martyrium der Hl. Ursula befindet sich auf Blatt LXXXVIII v. und begnügt sich in sehr knapper Form mit dem für die Legende wichtigsten Ereignis, dem Martyrium. Dieses findet jedoch nicht am Ufer, sondern auf dem Schiff statt (vgl. Abb. S. 69). Die Stadtansicht ist zwar perspektivisch anders gesehen und verkürzt wiedergegeben, doch entspricht sie in ihrer Auswahl der Ansicht auf Blatt XXX des Bandes (Abb. S. 101).

Johann Koelhoff d. J. war der Sohn des Johann Koelhoff aus Lübeck, der 1472 in Köln eine eigene Offizin begründete, die sein Sohn nach dessen Tode übernahm. Die Verbreitung des Buches wurde nach dem Erscheinen vom Rat der Stadt Köln verboten, da es diesem unangenehme Äußerungen enthielt.

Ansicht der Stadt Köln, 1499

Johannes Koelhoff (Sohn), 23. Aug. 1499
Cronica van der hilliger Stat van Coellen

Dieses Blatt zählt sicher zu den knappsten aber ausdrucksstärksten Formulierungen des Kölner Stadtbildes. Vom Rhein her aufgenommen ruht die Stadt sockelhaft auf dem gerade geschnittenen, brettartigen Rheinufer. Die Rheinbiegung wird nicht zur Kenntnis genommen, wie dies sonst so oft in geradezu übertriebener Deutlichkeit geschah. Die klare lineare Struktur, dieses überraschend stabile Verhältnis von senkrechten, waagerechten und diagonalen Linien hat auch die Uferzone, Türme und Apsiden in den Griff genommen.

Umwehrend und als Unterzone im Bildganzen ruhig und offen wirkend, liegt die Stadtmauer mit Toren, Zinnenkranz, Bayenturm links und Kunibertstorburg rechts als Sockel der Stadt da. Gleich hinter ihr sieht man nur noch die Giebel der Bürgerhäuser, die damit zugleich Proportion und Höhe der Mauer angeben. In einer dritten Bildebene erscheinen dann die Kirchen mit ihren zahlreichen Türmen. Von links sind dies St. Severin, Antoniter-Kirche, Klein-St.-Martin, Groß-St.-Martin, Domturm und Domchor, St. Brigiden und ganz rechts St. Kunibert. In ihren Umrissen und Baukörpern sind diese Erkennungszeichen der »hilliger Stat van Coellen«, wie der Titel der Chronik war, angegeben, in den Details konnten sie freilich in diesem Format und dieser Technik nicht näher beschrieben werden.

Pyramidal baut sich also dieses Stadtbild von den Seiten her auf dem hellen Sockel auf, drängt sich nach oben immer dichter zusammen, gewinnt Höhe und engeres Linienspiel. Beherrschend und krönend, die realen Proportionen natürlich ein wenig überzeichnend, erscheinen hier Dom und Turm von Groß-St.-Martin.

Gewiß muß man hier eine Wertung und Würdigung ihrer Erscheinungsform und ihrer Wirkung im Gesamtstadtbild sehen. Die fette Überschrift »Coellen« war eigentlich unnötig, denn so knapp die Darstellung ist, so wenig wird man sie wohl schon damals mit anderen Stadtbildern haben verwechseln können. Köln erscheint auf eine Formel gebracht als volkreiche, tiefe, heilige und gesicherte Stadt. Der Holzschnitt scheint den stolzen Ausspruch in der Koelhoff'schen Chronik zu illustrieren: »Collen eyn Kroyn boven allen steden schoyn.«

Der herrliche Holzschnitt befindet sich auf Folio CXL v. der einzigartigen Kölner Stadtgeschichte. Der unbekannte Künstler hielt sich eng an die erste gedruckte Ansicht der Stadt Köln im Jahre 1477, die im »Fasciculus temporum« des Werner Rolevinck bei Heinrich Quentel 1480 erschienen war (Abb. S. 78). Vielleicht war es sogar derselbe Künstler und Holzschneider. Auch der Verfasser der Chronik ist uns noch unbekannt, gelegentlich wurde er unter den Kölner Dominikanern vermutet (Dominikaner Hamelmann und Magister Johann Stamp).

Der vor 1473 aus Lübeck nach Köln gekommene Druckerverleger Koelhoff hat an diesem aufwendigen Band mehr Ärger als Freude gehabt. Obwohl er sicher ein guter Geschäftsmann war, der unter anderem auch mit Wolle gehandelt hatte (1473), und dem die Verwendung moderner italienischer Typen (Rotunda) sicher ein gutes Geschäft einbrachte, mußte er nach dem Verbot des Buches durch den Kölner Rat Besitztümer verkaufen, um Schulden abzuzahlen. Koelhoff hat sich dennoch große Verdienste um die Buchdruckerkunst in Köln erworben, von der in seiner Chronik zum Jahre 1450 die Rede ist: »In diesem Zusammenhang muß ich besonders darauf hinweisen, daß in letzter Zeit die Liebe und der Eifer der Menschen fast erloschen und sehr befleckt sind durch eitle Ruhmsucht, durch ungezügelte Begierden wie auch durch Trägheit, die ganz besonders bei den Geistlichen verwerflich ist. Diese sind überhaupt viel sorgfältiger darauf bedacht, irdische Güter zu sammeln und sich leibliche Genüsse zu verschaffen als für die Seligkeit der Seelen zu sorgen, wodurch denn das einfache Volk in große Verwirrung gerät... Damit nun das schlechte Beispiel und die Befleckung des Gottesworts, die überall von den Predigern ausgehen, die ihre unersättliche (Geld)gier sogar in ihre Predigten einfließen lassen, den guten Christen nicht allzu hinderlich und schädlich werde und damit sich niemand (mit seiner Unwissenheit) entschuldigen könne, hat der ewige Gott in seiner unerforschlichen Weisheit nunmehr die löbliche Kunst erweckt, daß man Bücher drucken und vervielfältigen kann, so daß ein jeder den Weg der Seligkeit sich selbst suchen mag, indem er liest oder sich vorlesen läßt. Wie könnte ich all das Löbliche, all den Nutzen und alle die Seligkeit beschreiben und berichten, die aus dieser Kunst entspringen und entsprungen sind! ... Der Erfinder der Buchdruckerkunst ist ein Mainzer Bürger, gebürtig aus Straßburg, mit Namen Junker Johann Gutenberg (Gudenburch) gewesen. Von Mainz aus ist dann die Buchdruckerkunst zuerst nach Köln übertragen worden, dann nach Straßburg und darauf nach Venedig. Diesen Bericht über den Ursprung und die Entwicklung der Buchdruckerkunst verdanke ich dem ehrsamen Meister Ulrich Zell von Hanau, durch den diese Kunst in Köln eingeführt worden ist und der noch heute, im Jahre 1499, als Buchdrucker hier wirkt.«

Holzschnitt, 8,3 × 17,0 cm
Köln,
Kunst- und
Museumsbibliothek

Coellen

100

Ansicht der Stadt Köln mit Deutz, 1499

Johannes Koelhoff (Sohn), 23. Aug. 1499
Cronica van der hilliger Stat van Coellen

Bei dieser Inkunabel ist dem Holzschneider während des Übertragungsvorganges von der Zeichnung auf den Druckstock ein schwerwiegender Fehler unterlaufen, der sichtbar macht, wie ungeübt man in dieser Technik noch war und wie schwer man sich damit tat: Die Ansicht der Stadt Köln ist seitenverkehrt wiedergegeben (vgl. Abb. S. 97). So sieht man am rechten Bildrand den Bayenturm, daneben St. Severin. In der Mitte türmen sich Groß-St.-Martin, der Domturm mit Kran und der Domchor auf. Zwischen ihm und St. Kunibert mit der Kunibertstorburg steht vermutlich St. Maria ad gradus. Ufer, Uferweg mit wenigen Passanten und einem Verkaufsstand sowie Stadtmauer sind bogenförmig geschwungen, wohl um die Flußbiegung anzugeben. Boot, Schiffskran und einige Strommühlen beleben den Rhein, an dessen östlichem Ufer Deutz mit St. Urban und einigen Häusern liegt. Drüben liegt die Stadt mit Handel, Monumenten und Befestigung, hier auf der rechten Rheinseite ist Land: kleine Häuser, Getreideanbau, Obstbäume und ein Bauer mit der Schubkarre. Mit wenigen Linien wird die zusammengedrängte und aufgetürmte Stadt wiedergegeben. Durch den Einsatz sparsamster Mittel wird eine dennoch flächenfüllende Bildwirkung erzielt.

Über dem Holzschnitt die Bezeichnung »Agrippina of Coellen«. Er befindet sich auf Folio XXX der berühmten Kölner Chronik. Diese 1499 erschienene Chronik ist die erste umfassende Stadtgeschichte Kölns, die bis zum Jahre 1461 auf ältere Zusammenstellungen und Quellen zurückgeht und von ihnen abschreibt. Vor allem hat sie Abbildungen und Abschnitte aus den »Agrippina«-Handschriften des Heinrich von Beeck (Historisches Archiv der Stadt Köln: Chroniken und Darstellungen 21) übernommen und in die Holzschnitt-Technik umgesetzt. Erst dann setzte eine selbständige eigene Darstellung der Ereignisse ein. Der Band ist mit zahlreichen Holzschnitten geschmückt, darunter alleine sechs Darstellungen mit der Stadt Köln (vgl. Abb. S. 97, 99, 102, 103, 104).

Holzschnitt, 19,5 × 13,5 cm
Köln,
Kunst- und
Museumsbibliothek

Agrippina of Coellen.

Ansicht der Stadt Köln von Westen mit Schlachtszene, 1499

Johannes Koelhoff (Sohn), 23. Aug. 1499
Cronica van der hilliger Stat van Coellen

Diese auf Blatt XLIX r. befindliche Darstellung der Stadt Köln wurde vermutlich von der westlichen Landseite her aufgenommen. Der Augpunkt ist höher gelegt, so daß die Stadt über dem wilden Schlachtgetümmel hinter den Zelten im Vordergrund gut sichtbar wird. Dieses Verhältnis zwischen umwehrender Mauer und dahinterliegenden Gebäuden unterscheidet sich völlig von den anderen Darstellungen der Chronik. Durch die höhere Aufsicht sieht man mehr Gebäude und die Architektur wirkt dichter und verwirrter.

Topographisch genau sind dennoch viele Einzelheiten zur Kenntnis genommen worden: in der in ihrer Rundung zur Landseite hin besonders betonten Mauer fallen Gereonstor, Hahnentor und Severinstorburg besonders ins Auge. In der Stadt erheben sich links St. Kunibert, vorne hinter der Mauer der Zentralbau von St. Gereon, dahinter Domturm mit Kran, Domchor, der Rathausturm, Groß-St.-Martin und Klein-St.-Martin, weiter rechts St. Severin und der markante Bayenturm. Zahlreiche Wohnhäuser und andere Kirchen lassen den Eindruck von Dichte, Häufung und Enge in der Stadt entstehen. Man hat das Gefühl, daß es kaum Straßen und Pfade durch dieses Steingebirge zu geben scheint. Wenn auch die Beschränkung auf die sparsamen Linien den Bildcharakter bestimmt, wird doch sehr viel von Einzelerscheinung und Gesamtwirkung der Stadt deutlich.

Der Holzschnitt trägt die Überschrift: »Va(n) her Marsilius de(m) stoultze(n) Ritter burger zo Coelne.«

Zwischen der Stadtmauer und den vier Zelten im Vordergrund spielt sich ein wildes Schlachtgetümmel ab. Zahlreiche kräftig bewehrte Krieger schlagen aufeinander ein und drängen in Scharen von links und von rechts aus den Stadttoren im Hintergrund nach vorne zur Mitte, wo die beiden Schlachtblöcke aufeinander treffen. Ihre Führer sind durch die Standarten gekennzeichnet: auf der rechten Seite durch das kaiserliche Wappen und durch die Krone auf dem Haupte gekennzeichnet der Kaiser, ihm gegenüber mit der Standarte der Stadt Köln der Ritter Marsilius. Der Darstellung liegt eine kölnische Sage zugrunde, die besagt, daß sich die zahlreichen wichtigen Privilegien der Stadt Köln schon seit den Römerzeiten herleiten lassen. Danach hat sich folgendes ereignet: Die Stadt Köln wurde von einem römischen Kaiser belagert und kam durch großen Holzmangel in schwere Not. Da dachte sich ein Bürger namens Marsilius eine List zur

Befreiung aus. Frauen sollten wie zum Holzschlagen mit Karren aus einem Stadttor ausziehen, während die Bürgerwehr mit dem Hauptmann Marsilius an einem anderen Tor auf die angreifenden Feinde warten sollte. Als nun die Belagerer die Frauen tatsächlich angriffen, stürzten die Bürger aus ihrem Tor hervor, fielen dem Feind in den Rücken und umzingelten ihn. Diese Szene ist hier in dem Holzschnitt offensichtlich dargestellt.

Karl Simrock (Der Rhein. Das malerische und romantische Deutschland. In zehn Sektionen, Leipzig 1840—1860) schildert den Fortgang der Sage folgendermaßen: »Und Gott gab den Kölnern Glück, daß sie einen großen Teil erschlugen und viele fingen und unter diesen auch den Kaiser selbst. Sie brachten ihn mit den übrigen Gefangenen in die Stadt und legten ihn in einen tiefen Turm; nach einigen Tagen aber führten sie ihn

Holzschnitt, 22,3 × 14,0 cm
Köln,
Kunst- und
Museumsbibliothek

heraus und wollten ihm auf offenem Markt das Haupt abschlagen lassen. Und als er an die Stelle kam, wo er enthauptet werden sollte, da war ein köstliches Tuch ausgebreitet, darauf mußte er niederknien. Da bat er, daß sie ihn leben ließen: sein Leben solle ihnen nützer sein als sein Tod. Er wollte ihnen bestätigen, was sie von ihm verlangten. Das nahmen die Kölner an und brachten eine große Bulle mit vielen Gerechtsamen beschrieben; daran mußte er sein Siegel hängen. Darum begingen seitdem die Kölner den Donnerstag nach Pfingsten mit Sang und Spiel und großen Freuden und nannten ihn den Holzfahrttag. Und nach seinem Tod wurde Marsilius in einem Sarg bei St. Aposteln in die Stadtmauer gelegt, wo sein Denkmal, der Marsiliusstein, noch unlängst gesehen wurde; vor dem weltberühmten städtischen Kauf- und Tanzhaus Gürzenich aber steht Marsilius noch jetzt neben Agrippa, dem ersten Gründer der Stadt; ehemals las man bei jenem mit goldenen Buchstaben geschrieben: Marsilius heyden ind der sere stoultze Behaielte Coelle ind sy voiren tzo houltze.«

Ausschnitt des oberen Bildteils: in der Mauer die Stadttore Gereonstor, Hahnentor und Severinstor. In der Stadt von links: St. Kunibert, St. Gereon (vorne hinter der Mauer), Domturm und Domchor, Rathausturm, Groß-St.-Martin, Klein-St.-Martin, St. Severin und Bayenturm

Ansicht der Stadt Köln von Westen, 1499

Johannes Koelhoff (Sohn), 23. Aug. 1499
Cronica van der hilliger Stat van Coellen

Bewaffnete Soldaten sind vor der Stadt Köln aufgezogen und belagern sie zu Fuß, zu Pferde und in Zelten. Die hohe Mauer bietet der Stadt Schutz, die Wehrhaftigkeit Kölns steht außer Frage. Doch erfahren wir in diesem Bilde, daß die Lokalheiligen die eigentlichen Verteidiger der befestigten Stadt sind. Auf den Mauerzinnen erscheinen sie mit ihren Attributen: Ihre Waffen sind Attribute und Marterwerkzeuge; mit diesen Heilszeichen beschützen sie die Stadt Köln.

Diese ist durch wenige Hausdächer, durch nicht genauer bestimmbare Kirchen und vor allem durch den Dom in seinem charakteristischen Bauzustand gekennzeichnet. Die inhaltliche Aussage hat eine gewisse Nähe zu der großen Heiligentafel mit der Stadt Köln des Meisters der Verherrlichung Mariae (Abb. S. 82 ff.). Hier wie da erscheinen die Heiligen als Bürger und Schutzpatrone zugleich. Die beigedruckte Bezeichnung zu diesem Holzschnitt auf Folio CCXXIII r. bezieht sich darauf und lautet: »Wye got wonderlich den Greven van Cleve liess syen in dem legger, dat die hilligen bynnen der hilliger Stat Coellen rastende die selve beschyrmen ind bewaren.«

Holzschnitt, 11,1 × 14,3 cm
Köln,
Kunst- und Museumsbibliothek

Martyrium der Hl. Ursula und der Elftausend Jungfrauen

Meister der Ursula-Legende (Tätig in Köln 1490—1510)

In einem wilden Gemetzel morden die schwerbewaffneten und gerüsteten Hunnen die gesamte Begleitung der Hl. Ursula dahin. Die heiligen Jungfrauen und die männlichen Begleiter fallen auf abscheuliche Weise bis zur Zerstückelung ihren schrecklichen Schergen zum Opfer: die Schiffe bleiben leer am Ufer zurück. Die Heerschar der Hunnen hat ihre Zelte vor der Stadt

aufgeschlagen. Vor dem besonders prächtigen Hofzelt des Hunnenkönigs im Vordergrund muß die Hl. Ursula mit ansehen, wie ihr Bräutigam, der Hl. Ätherius, der nach der Legende in Mainz zu der Reisegruppe gestoßen ist, von einem Schergen erstochen wird. Da sich die Heilige dem Hunnenkönig verwehrte, der von ihrer Schönheit betört sie zur Frau nehmen wollte, wird sie auf seinen Befehl hin mit dem Pfeil erschossen. Das Gemälde hält wohl diesen spannungsgeladenen Augenblick zwischen Verweigerung, Todesurteil und Martyrium fest. Der vollziehende Bogenschütze wartet schon im Hintergrund. Engel tragen die Seelen der Verstorbenen in den Himmel und auch über der mit dem Nimbus bereits als heilig gekennzeichneten Ursula schweben Engel heran, um ihre Seele in Tüchern aufzunehmen.

Das fürchterliche Geschehen wurde vor die nördlichen Stadtmauern verlegt. Von Norden schaut man auf die Stadt Köln. Aus dem Blickwinkel auf die Kunibertstorburg links unten am Rhein und auf St. Gereon rechts hinten läßt sich der Standort einigermaßen sicher bestimmen: Gemeint ist offensichtlich das Gebiet der Pfarrkirche St. Ursula, die ja auf dem Orte des Martyriums errichtet sein soll. Als man 1106 die Ursulakirche in die Stadtbefestigung einbezog, entdeckte man auf dem sogenannten ager Ursulanus tat-

Leinwand, 162,0 × 247,0 cm
London,
Victoria and Albert Museum,
Inventarnummer 5938

sächlich unzählige Gräber. Diese Aufdeckungen haben der Legende und der Verehrung ungeheuren Auftrieb gegeben. Freilich stimmt hier nicht das hügelige Gelände, stimmt auch nicht die Position der Kunibertstorburg zum Stadtganzen. Die 1247 geweihte Kirche St. Kunibert selbst ist auch noch nicht dargestellt; der Maler hat sich also offensichtlich bemüht, ein historisches Stadtbild unter Weglassung einiger zu seiner Zeit bereits stehender Gebäude und Kirchen wiederzugeben. So weit wir sehen, ist das eine einmalige und außerordentlich abstrahierende rationale Leistung.

Es kann keinen Zweifel an der genauen Ortskenntnis des Meisters der Ursula-Legende geben. Dieser aus den Niederlanden nach Köln gezogene und hier seßhaft gewordene Maler hat nämlich den Mauerverlauf am Rheinufer mit dem Bayenturm im Hintergrund, Gesamtperspektive und viele Einzelheiten mit solcher Detailtreue geschildert, wie es nur ein mit der Stadt Vertrauter vermochte. So sind von diesem Blickpunkt aus tatsächlich Domchor, Domturm und das dazwischen liegende nördliche Langhaus-Seitenschiff, St. Maria ad gradus am Domchor und das Trankgassentor am Rhein zu sehen gewesen. Groß-St.-Martin und der Rathausturm mit dem zwischen ihnen sichtbaren Turm von Klein-St.-Martin sind so genau ins Bild gesetzt und beschrieben, daß nur ein Ortskundiger der Autor sein konnte. Das gleiche trifft auch für das am anderen Ufer liegende Deutz zu (vgl. Abb. S. 77), doch scheint die abgebildete, in Wirklichkeit damals ja nicht existente Rheinbrücke eine Reminiszenz an die römische Zeit zu sein; wohl auch ein weiterer Beweis für die Vermutung, daß der Maler ein historisches Bild der Stadt Köln vorstellen wollte. Zwar wurde das Martyrium der Heiligen in den meisten Gemälden an den nördlichen Stadtrand verlegt (vgl. Abb. S. 66 und S. 69), doch ist der dargestellte Blick auf Martyrium und Stadt Köln für das Mittelalter außergewöhnlich. Eine gewisse entfernte Verwandtschaft kann man zu dem Ursulaschrein Memlings in Brügge (1489, Abb. S. 88 ff.) feststellen.

Das breitformatige stattliche Gemälde gehörte zu einem Ursulazyklus, der formatmäßig der größte der spätgotischen Kölner Malerei gewesen ist. In insgesamt 19 Bildern wurden Leben und Martyrium der Heiligen geschildert, wobei in den ersten 10 Gemälden die Vorgeschichte der Legende mitgeteilt wird. Dem gesamten Ursulazyklus liegen die »Revelationes« von 1183—1187, erfindungsreiche Offenbarungen der Hl. Elisabeth von Schönau (1129—1164) zugrunde, die nach ihrem Tode von einem Steinfelder Mönch phantasievoll erweitert wurden. Unser Bild ist die sechzehnte Szene und zugleich das größte Bild des Zyklus.

Die Bilder sind zum Teil beschnitten, vor allem oben und unten; die ursprünglichen Maße sind nur noch in zwei Bildern enthalten. Sie waren einheitlich von einem maßwerkgeschmückten Rundbogen auf schlanken Halbsäulen gerahmt, der auf einem Sockel stand. Vermutlich befanden sich auf allen Sockeln Inschriften und Schriftrollen sowie Wappen und Stifter. Auf diesem Gemälde sind unten abgebildet und bezeichnet links: Wynant va(n) wickroid. lysbet syn huysfrau. rechts: Heynrich va(n) wickroid. hilge(n) syn huysfrau.

Der Maler gehörte zu den besten Künstlern seiner Zeit. Seine Szenen sind von reicher Erzählung. Die Pracht der Gewänder, das Schmückende und die Detailtreue finden starke Betonung. Das räumlich sicher angelegte Bild erstreckt sich weit in die Tiefe, seine architektonischen Verwinkelungen und Durchblicke erweitern die Möglichkeiten der Raum- und Gruppen-Komposition. Der Zyklus entstand vermutlich um 1492—1496.

Bildausschnitt oben Mitte: im Hintergrund Groß-St.-Martin, daneben der Turm von Klein-St.-Martin und der Rathausturm. Vor Groß-St.-Martin das Trankgassentor und die Kunibertstorburg. Weiter rechts St. Maria ad gradus am Domchor. Vor der Stadtmauer das Gemetzel der Hunnen. Ganz vorne rechts die Hl. Ursula, den Tod erwartend

Bestattung der Märtyrer vor der Stadt Köln

Meister der Ursula-Legende (tätig in Köln 1490—1510)

Überall sieht man in dem hügeligen Gelände außerhalb der Stadt Köln eifrige Helfer am Werk. Frauen und Männer, Jugendliche und Greise sind damit beschäftigt, die Leichen getöteter Jungfrauen und Begleiter aus der Reisegesellschaft der Hl. Ursula zusammenzutragen, Gräber auszuheben und sie zu bestatten. Es ist schon eine grausame Arbeit, der sich die frommen Helfer unterziehen, müssen sie doch die überall herumliegenden einzelnen Körperteile wie Hände und Köpfe in Tüchern und Körben einsammeln. Im Hintergrund kommt wohl der Kölner Erzbischof persönlich, der die Segnung der Gräber vornehmen wird. Es handelt sich um eine sehr selten dargestellte Szene im Rahmen der zahlreichen Ursula-Zyklen. Dieses Bild gehört als Nummer 18 zu dem großen Zyklus der Ursula-Legende, der zwischen 1492 und 1496 entstanden ist.

Von dem noch nicht genau bestimmbaren Standort aus (vielleicht St. Brigiden, St. Severin oder das Benediktinerinnenkloster zu den Hl. Machabäern) wurden die Gemälde über ganz Europa verstreut. Die meisten wurden beschnitten und verändert; ein Teil dieser großartigen Gemälde befindet sich im Wallraf-Richartz-Museum in Köln. Diese hier dargestellte Szene ist wie die anderen von reicher Erzählung. Die Pracht der Gewänder, die schon individualisierten Gesichter und die Landschaft finden starke Betonung. Die Gestalten tragen zeitgenössische Gewänder und sind ein Zeichen dafür, daß ihr Maler die ihn umgebende Wirklichkeit zur Kenntnis nahm.

Links im Hintergrund ist offensichtlich die Stadt Köln dargestellt, wobei sich viele der dargestellten Kirchen nicht mehr verifizieren lassen. Ganz im Hintergrund meint man, den Rathausturm zu erkennen und rechts hinter dem Baum vielleicht den Turm von Klein-St.-Martin. Die Stadtmauer selbst ist aber sicherlich genauer porträtiert worden, denn Vergleiche mit jüngeren Ansichten oder mit den noch bestehenden Stadttoren machen deutlich, daß der Maler mit dem linken Tor wohl das Eigelsteintor oder das Hahnentor, mit dem hinteren das Weyertor, eher aber wohl das Severinstor meint.

Die feldseitige Stadtansicht ist seltener dargestellt. Rechts am Bildrande sieht man dann noch eine romanische Architektur, bei der es sehr nahe liegt, an St. Kunibert zu denken, zumal genau die gleiche Architektur auf dem Martyrium der Hl. Ursula und ihrer Gefährtinnen von der Hand des gleichen Meisters (Abb. S. 105) dargestellt wurde. Freilich stimmt die Position dieser Pfarrkirche im Bildganzen dann nicht, wie wir sowieso annehmen müssen, daß der Maler hier kein Stadtporträt geben wollte, sondern eher eine allgemeine Lagebeschreibung. Es steht aber außer Zweifel, daß er dazu Elemente der Kölner Architektur verwendet hat.

Leinwand, 125,7 × 116,0 cm
Köln,
Wallraf-Richartz-Museum,
Inventarnummer WRM 849

rechts
oberer linker Bildausschnitt: Die Stadt Köln von der nordwestlichen Landseite gesehen. Während die Kirchen sich nicht genauer bestimmen lassen, könnte das vordere Tor das Eigelstein- oder Hahnentor, das hintere das Weyer- oder Severinstor sein

Martyrium der Hl. Ursula vor der Stadt Köln, Ende 15. Jahrhundert

Niederrheinischer Maler um 1500

Das Gemälde bildet den rechten Flügel des sogenannten Georgs-Altares im östlichen Mittelschiff. Auf dem linken Flügel des wahrscheinlich 1492 vollendeten geschnitzten Altarschreines befindet sich eine Darstellung mit der Abreise der Heiligen und mit der Ankunft in Rom. Diese beiden bedeutenden Szenen der Ursulalegende rahmen neun Szenen aus der Legende des Hl. Georg, die als Werk Meister Arnts von Kalkar angesehen werden (Hans Peter Hilger, Die Denkmäler des Rheinlandes, Kreis Kleve 2, Düsseldorf 1964, S. 26). Die Verbindung von Schnitzaltar und bemalten Flügeln gehörte zu den Gewohnheiten spätmittelalterlicher Altargestaltung.

Auf diesem Flügel sehen wir die Landung der heiligen Schar vor der Stadt Köln und einen Teil des Martyriums, wie es die Legenda Aurea des Jacobus de Voragine, 1263—1273 (übersetzt von Richard Benz, Heidelberg 1955, S. 807—812) beschreibt: »Also fuhren die Mägde alle mit den vorgenannten Bischöfen wieder gen Cöln; da funden sie die Stadt allbereits von den Hunnen belagert. Als die Hunnen die Mägde ersahen, fielen sie mit großem Geschrei auf sie und wüteten als die Wölfe unter den Schafen, und töteten sie allesamt. Da sie nun die andern alle erwürgt hatten und an Sanct Ursula kamen, da sah der Fürst der Hunnen ihre große Schönheit an, und verwunderte sich; und hub an, sie zu trösten über den Tod der Jungfrauen, und gelobte ihr, er wollte sie zu seinem Weibe nehmen. Das verschmähte Sanct Ursula. Da er sich also verachtet sah, legte er einen Pfeil auf sie an, und durchschoß sie; also ward ihr das Martyrium zuteil.« Das Bild hält den Moment fest, als die gekrönte Heilige, von einem Pfeil getroffen, vor dem Hunnenkönig niederfällt und von einer Helferin aufgefangen wird.

Im Hintergrund dieser prächtigen Szene ist ein Ausschnitt der Kölner Stadtkulisse wiedergegeben. Von den wichtigen Gebäuden erkennt man links den Rathausturm, daneben Groß-St.-Martin und in der Mitte Domchor und Baustelle des Südturmes. Ganz rechts noch ein Stadttor, aus dem weitere Heerscharen anrücken. Bei der Wiedergabe des Stadtbildes haben wohl weitgehend Erinnerung und Phantasie statt genauer Ortskenntnis Pate gestanden. Die Architektur des Rathausturmes hat Variationen erfahren, dem Turm von Groß-St.-Martin fehlt die Mittelhaube und das Stadttor ist wohl nur eine allgemeine Formulierung. Lediglich der Domchor entspricht eher der Wirklichkeit. Auch Stadtvorfeld und Hafenanlage haben niemals so ausgesehen.

Doch ist diese Darstellung von eigenem Reiz, weil sie einen Eindruck vermittelt, wie sich Vorstellung und Kenntnis des Kölner Stadtpanoramas bei einem spätmittelalterlichen Maler mischen konnten. Zweifellos hat jeder, und das nicht nur vom Ort des Legendengeschehens her, das dargestellte Stadtbild als Köln identifizieren können.

Die Szene, die prachtvollen Gewänder und die Architektur sind mit großer Sorgfalt gemalt und verraten die Hand eines fähigen und geschulten Meisters. Heute sehen wir die Qualität der Malerei in einer anderen Beurteilung als dies 1891 geschah (Die Kunstdenkmäler des Kreises Kempen, herausgegeben von Paul Clemen, Düsseldorf 1891): »Die Haltung der Figuren ist sehr steif, in Nichts die Aufregung des Kampfes verratend, es sind gute und interessante Kostümbilder mit sorgfältiger Durchführung des Stofflichen. Der Frauentypus ist unschön, große Köpfe mit hohen bleichen Stirnen, scharf umrissenen Augen, stumpfen Nasen, etwas herabhängenden, müden Lippen, die Schultern schmal abfallend, kleine dünne Hälse mit ausgeprägtem, aber zu weit nach der Halsgrube zu laufendem Sternokleidomastoideus, der Unterleib vorgereckt, lange Hände mit biegsamen Gelenken, leichenfarbiges ungesund graues und kaltes Inkarnat.«

Die Malereien wurden der Art der Dünnwegge nach 1500 gegeben, während in den Außenseiten (links Hl. Georg, rechts Hl. Christophorus) ein westfälischer Autor gesehen wurde. Nachdem nun die zugehörige Predella dem Derick Baegert um 1520 zugeschrieben wurde, kann man wohl davon ausgehen, daß der niederrheinische Maler der übrigen Tafeln aus dem Umkreis dieses Malers stammt.

Eichenholz, 362,0 × 241,0 cm
Kalkar,
Pfarrkirche St. Nikolai

Niederrheinischer Maler um 1500, Martyrium der Hl. Ursula vor der Stadt Köln, Ende 15. Jahrhundert

Bildausschnitt oben von links: Antoniterkirche (?), Rathaus, Groß-St.-Martin, Domturm mit Kran und gotischer Domchor

Martyrium der Hl. Ursula vor der Stadt Köln, 1517

Niederrheinischer Meister um 1480—um 1520
oder Jüngerer Meister der Hl. Sippe (Köln um 1480—um 1520)

Die Ursulalegende hat den Künstlern des Mittelalters immer wieder hinreichenden Stoff für Bildgeschichten und Legendenzyklen geboten (vgl. Abb. S. 66, 69, 74, 77, 89, 91, 97, 105, 108, 111). Vor allem das traurige Ende mit dem fürchterlichen Gemetzel an der Heiligen Ursula und ihrer vielköpfigen Begleitung war stets neuer Anlaß für figurenreiche, drastische Schilderungen und damit auch für die Wiedergabe des Bildes der Stadt Köln.

Dargestellt ist die Ankunft der heiligen Schar vor der Stadt Köln, ihre Landung und der Mord an den Heiligen. Zahlreiche Soldaten schwingen ihre Schwerter und erschlagen die Begleiter, während die Heilige Ursula selbst rechts vor den Zelten auf ihren Tod wartet. Im Hintergrund erstreckt sich in voller Breite die Stadt Köln. Ganz links der Bayenturm, daneben St. Severin; es folgt der Kranz der bekannten großen Kölner Kirchen und wichtigen Gebäude wie etwa Maria im Kapitol, St. Pantaleon, Groß-St.-Martin, der Rathausturm bis zu St. Kunibert am rechten Rande. Etwas deutlicher in der Mitte betont der fertige Domchor mit dem angefangenen Südturm. Interessant an diesem Stadtpanorama ist die leichte Biegung am Rheinstrom, die hier zum ersten Mal in einer gemalten Stadtansicht auftaucht. Das ist möglicherweise ein Hinweis auf die genauere Ortskenntnis des Malers, die sich auch in der gesamten Ansicht und zahlreichen Details wiederfindet. Ansichten ohne genauere Kenntnis der Stadt Köln sehen in der Regel anders aus und weisen eine viel höhere Fehlerquote auf (vgl. Abb. S. 93, 111). Wenn auch in mehreren Details sich Ungenauigkeiten in der Wiedergabe von Gebäuden, Mauern und Türmen finden, so ist doch der Gesamtcharakter der Stadt, ihre Proportion und das Verhältnis der Gebäude zueinander recht genau wiedergegeben. Neben den deutlich wiedergegebenen und sich aus der Ebene heraushebenden monumentalen Gebäuden liegen viele Bürgerhäuser hinter den Mauern. In dieser Beziehung, der Verbindung von Bürgerstadt und Stadt der Monumente, steht das Bild in der Nähe der großen Tafel des Kölner Meisters der Verherrlichung Mariae (Abb. S. 82 ff.).

Das Gemälde bildet die Predella des sogenannten Hüttener Altares. Am oberen Rand dieser Predella befindet sich eine auf die Stadt Köln bezogene rühmende Inschrift und die Jahreszahl MV^{c} XVII (1517). Der Altar stammt aus dem Kirchdorf Hütten bei Eckernförde. Der Schnitzaltar zeigt auf den Flügelinnenseiten links den Hl. Hieronymus, rechts den Hl. Augustinus und auf der Außenseite eine Verkündigung. Bei der Verkündigung wurde auf den Columba-Altar Roger van der Weydens hingewiesen, doch lassen sich ebenso nähere Beziehungen zu einer Verkündigung des Kölner Meisters der Verherrlichung sowie zu Arbeiten des Kölner jüngeren Meisters der Hl. Sippe sehen. Da der Stil der Predellamalerei eine größere Nähe zu zeitgenössischen Kölner Malereien aufweist, wobei man vor allem die Bezüge zum jüngeren Meister der Hl. Sippe hervorheben muß, scheint sicher zu sein, daß der Maler in engerer Beziehung zur Kölner Malerschule stand, zumindest aber Werke der wichtigsten Kölner Maler der Spätgotik persönlich kannte.

In dem Autor wurde ein niederrheinischer Maler vermutet (A. Matthaei, Werke der Holzplastik in Schleswig-Holstein, Leipzig 1901, S. 172 ff. und S. 219) oder der westfälische »Meister von 1473« gesehen (Harald Busch, Meister des Nordens, Hamburg 1940, S. 93 ff.). Dieses wurde aber von Arthur Haseloff (Aus dem Flensburger Museum, Flensburg 1953, S. 24) abgelehnt, der auf die Beziehungen mit Köln hinweist. Schließlich hat Alfred Stange zuletzt die Malereien dem »Meister des Schinkel-Altars« zugeschrieben (Die deutschen Tafelbilder vor Dürer, Band I, Kritisches Verzeichnis, München 1967, Nr. 735).

Öl auf Eichenholz,
179,0 × 61,0 cm (Flügel)
Städtisches Museum Flensburg

Niederrheinischer Meister um 1480—um 1520 oder Jüngerer Meister der Hl. Sippe, Martyrium der Hl. Ursula vor der Stadt Köln, 1517

Oberer Ausschnitt aus der Predella: Die Stadt Köln vom Bayenturm bis St. Kunibert (rechts)

Unterer Ausschnitt: rechter Teil des Stadtbildes vom Domchor bis St. Kunibert. Davor das Gemetzel der Hunnen

Große Ansicht von Köln, 1531

Anton Woensam
(vor 1500 Worms?—1541 Köln)

Als sich Kaiser Karl V. mit seinem Bruder Ferdinand I. anläßlich dessen Wahl zum König im Januar 1531 in Köln aufhielt, überreichte man ihm diesen prächtigen Stadtprospekt als Geschenk, bevor er von hier nach Aachen zur Krönung weiterreiste. Es war schon ein stattliches, prächtiges Geschenk, mit dem die Stadt Köln aufwartete: Mit dem schier unübersehbaren Gebäudereichtum, mit der dargestellten, erweiterten Ikonographie und durch die hohe Qualität der Technik äußerte sich in diesem Blatt ein außerordentlich hoher Anspruch. Mit seinen 3,50 m Breite gehörte es zu den größten Stadtprospekten des damaligen Europa und brauchte einen Vergleich mit den Stadtansichten von Antwerpen, Venedig und später auch Leeuwen nicht zu scheuen. Köln präsentierte sich in diesem Holzschnitt als eine Stadt von europäischem Format. Dem historischen und religiösen Anspruch der Stadt, der sich vor allem im oberen Teil äußert, tritt in den unteren Verszeilen noch ein Anspruch des modernen Humanismus gleichbedeutend zur Seite. In den Wolkenbergen schweben Stadtgründer, Engel und Stadtpatrone einher. Von links sind es: Marcus Agrippa, in der Mitte die Hl. Drei Könige über dem Kölner Dom und weiter rechts Agrippina und ganz rechts Marsilius.

Diese schon seit Jahrhunderten berühmte Kölner Stadtansicht steckt so voller Einzelheiten und detaillierten Architekturbeschreibungen, daß ohne ihre Kenntnis unser Wissen von der historischen Topographie Kölns wesentlich ärmer wäre. Der Holzschnitt ist sogar bis in die Details der Fenster- und Fassadengestaltung so genau, daß man sich bei Fragen der Rekonstruktion oder bei der Auseinandersetzung mit dem historischen Stadtbild, vor allem dem mittelalterlichen, stets auf diesen Holzschnitt beziehen muß.

Dargestellt ist die Stadt Köln in ihrer gesamten Erstreckung längs des Rheines vom Bayenturm im Süden bis zur Kunibertstorburg im Norden. Dabei fällt besonders auf, daß der Künstler die Biegung des Rheines bewußt außer Acht gelassen hat und stattdessen das Rheinufer in einer geraden, horizontalen Linie verlaufen läßt, ähnlich wie es über ein halbes Jahrhundert vor ihm bereits Rolevinck getan hat (Abb. S. 78). Aber was Rolevinck eher aus Gründen der Vereinfachung oder der damals bekannten Holzschneidetechnik tat, macht Woensam aus Gründen der Vervollständigung und der größeren Präzision. Um nämlich die Stadt Köln in dem dargestellten Zustand zu präsentieren, mußte der Künstler verschiedene Standpunkte einnehmen. Ein solches Stadtbild von Köln, wie wir es hier sehen, war unmöglich von nur einem einzigen Punkte zu überschauen. Selbst wenn man einen überhöhten Standpunkt auf dem Deutzer Ufer einnahm, wie das ja später häufig passierte, hätte man den hier gezeigten Überblick niemals gewinnen können. Auch Details machen das deutlich: So war gewiß niemals ein solcher Blick auf den Turm von St. Andreas möglich wie ihn der Woensam-Stich bietet, nämlich sichtbar zwischen Domchor und Südwestturm. Außerdem werden ja ohne Verkürzung, ohne Perspektive gewissermaßen, sogar die südlichsten und die nördlichsten Stadtteile dargestellt. Da sich der Künstler also offensichtlich um eine allerhöchste Gewissenhaftigkeit bemühte, da er alle Stadtteile und wichtigen Gebäude gleichberechtigt und gut sichtbar ins Bild rücken wollte, da er die Stadt nicht nur in ihrer Längserstreckung, sondern auch in ihren Tiefendimensionen darstellen wollte, rückt er weiter auseinanderliegende Gebäude näher zusammen und läßt dafür einige Grünzonen aus. Die Vogelschauperspektive bot ihm die Möglichkeit, auch weiter im Westen liegende Gebäude herauszuheben und gleichberechtigt groß darzustellen. Wir sehen also auf Deutz, auf den Strom, auf die Rheinuferstraße, auf die Stadtmauer, auf das Häusermeer entlang der Mauer und auf die fast an der Westmauer liegenden Gebäude. Wenn man dieses Stadtbild von links nach rechts durchliest, stößt man allenthalben auf bekannte, noch existierende oder schon längst verschwundene Kirchenbauten. Diese zahllosen Kirchen, die ja den Begriff vom »Heiligen Köln« geprägt haben, sind in diesem Stadtprospekt namentlich gekennzeichnet; neben ihnen nur noch die Stadttore. Woensam hielt also neben dem »Heiligen Köln« auch das »sichere Köln« für besonders wichtig. Mit welcher Präzision hier Architektur gesehen und wiedergegeben wurde, machen die zahlreichen Gebäude der Rheinmauerüberbauung, macht die außerordentlich genaue Baubeschreibung von Groß-St.-Martin, macht die sichere Wiedergabe der weiter weg liegenden Kirchen, etwa der Minoritenkirche und St. Gereons deutlich und zeigt alleine der Umstand, daß keine der vielen Pfarr-, Stifts- und Klosterkirchen fehlt. Die freie Reichsstadt Köln, deren riesige Mauer ja nun schon über dreihundert Jahre stand, ist in diesem Prospekt eine Stadt der Bürgerhäuser und der Monumentalbauten zugleich. Wenn man das Gewirre der Häuser, der Tore, der Straßen und der vielen Kirchen hinter dem damals über 8 km langen Mauerring sieht, dann will man schon glauben, daß Köln die volkreichste Stadt Europas war.

Auch als Stadt des Handels, des Verkehrs und der Wirtschaft wird Köln vorgestellt. Am Ufer liegen zahllose Niederländer und Oberländer Schiffe. Große und kleine Fischerboote, Frachtkähne und Fähren mischen sich dazwischen. Schiffe kommen und gehen, schwerbeladen und leer. Auf diesem Bilde ist Köln eine ganz bedeutende Hafenstadt. Ja, auf dem Werthchen, jener später zum Rheinauhafen umgebauten Insel, befindet sich eine Werft: eifrig wird dort an neuen Booten gearbeitet. Und auf dem Ufer herrscht reger Betrieb: da werden Schiffe entladen, Waren transportiert, Fässer gerollt, da geht man spazieren oder sitzt beisammen und schaut dem Treiben zu. Welche Idylle bietet gegen dieses städtische Treiben das kleine Deutz

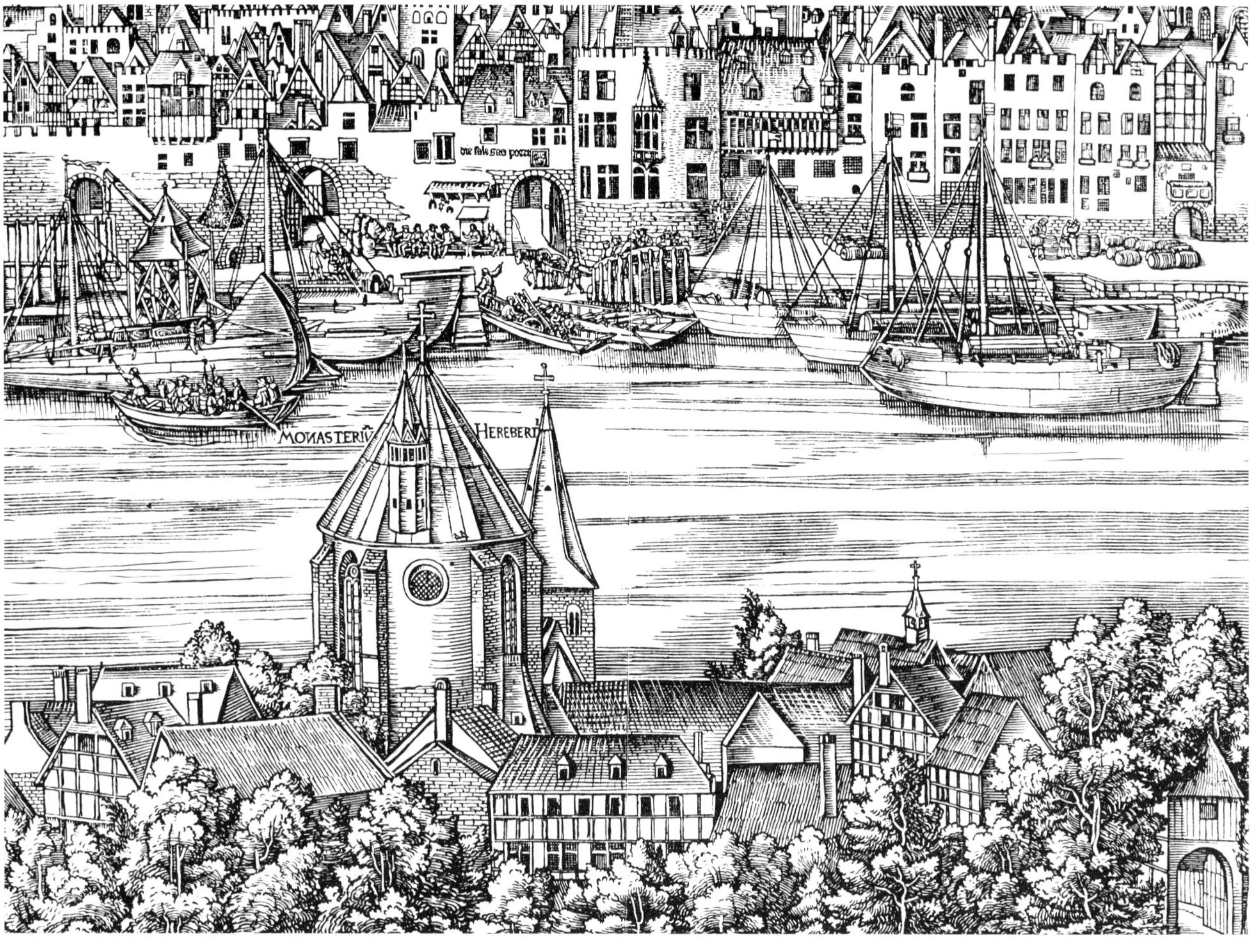

am rechten Rheinufer. Wenige Fachwerkhäuser mit zahlreichen Bäumen und Feldern, dazwischen hochaufragend der Zentralbau von St. Heribert mit dem Turm von St. Urban. Landleute gehen in die Stadt. Mit welcher Genauigkeit das alles auf diesem Ufer, auf dem Fluß und auf dem Kölner Ufer wiedergegeben ist, macht allein eine Betrachtung des Fährschiffes in der Mitte des Stromes deutlich. Nach den mehr oder weniger phantasievollen vorhergehenden Kölner Stadtansichten wird mit Woensams Total-Prospekt ein neues Kapitel in der Geschichte der Kölner Stadtdarstellungen aufgeschlagen. Die Wirkung dieses Holzschnittes war so groß, daß die meisten der nachfolgenden Stadtbilder sich auf ihn beziehen.

Dieser von 9 Holzstöcken gedruckte Holzschnitt gehörte, anders als die vorhergehenden, nicht zu einer Buchveröffentlichung, sondern erschien zusammengelegt als Einblattholzschnitt. Der Autor dieses Meisterwerkes war Anton Woensam, der 1513 mit seinem Vater aus Worms kam und ein in Köln zu seiner Zeit schon hochgeschätzter Maler und Holzschneider wurde. Über 600 Holzschnitte und 40 Gemälde sind bisher von ihm bekannt geworden. Woensams Wirkung auf den Kölner Buchschmuck für mehr als ein halbes Jahrhundert läßt sich kaum hoch genug einschätzen, erschien doch kaum ein Buch ohne seine Holzschnitte. Er erhielt in Köln zahlreiche Illustrationsaufträge von den vielen leistungsfähigen Kölner Druckern, unter denen als Hauptauftraggeber zwischen 1520 und 1540 für ihn Quentel, Hirtzhorn, Anton von Aich, Birckmann und Gennep herausragten. Der Kölner Stadtprospekt wurde von Woensam für den Drucker Peter Quentel (1520—1546), einem der erfolgreichsten Kölner Druckerverleger der Zeit, der in der Quentelei am Domhof lebte und arbeitete, angefertigt. Die Entstehung dieses Werkes fällt in die reife Zeit des Künstlers Woensam, die zwischen 1527 und 1535 datiert wird. Er beweist in dieser Arbeit, daß er sich in jeder Beziehung Köln und Kölner Kunst verbunden wußte und macht deutlich, welche große Bedeutung die Linie als umschreibendes und raumbildendes Element in seiner Kunst einnimmt.

oben:
im Vordergrund das rechtsrheinische Deutz mit Turm und Zentralbau von St. Heribert, gegenüber das Kölner Ufer mit dem Salzgassentor

Schon 1527 hatte Woensam für Quentel das große Stadtwappen für eine lateinische Vulgata angefertigt.

Unter dem Bild ist ein Preislied auf die Stadt Köln angebracht, das in Hexametern von dem Humanisten Hermann von den Busche gedichtet wurde und dem Widmungsworte auf Ferdinand I. angeschlossen wurde. Hier werden die Stadt Köln und ihre Bewohner ruhmreich besungen:

Herrlich steigen empor der Stadt gewaltige Massen! Wohnungen, große, glänzende, hoch von Dächern geschirmet,
Scheinen Sitze der Götter, der Könige stolze Palläste:
Also pranget ihr Bau! Es schau'n die erhabenen Giebel
Stolz auf den Boden herab, mit Tageshelle erleuchten
Weite Fenster den Raum. Viel sind der Höfe des Hauses,
Viel der Gemächer, dem unbehaglichen Froste zu wehren,
Wenn der strenge Dezember gliedererstarrend daher stürmt.
Prunkbetten stehen bereit, es ladet freundlich den Müden
Da und dort ein Lager an schicklichen Orten gebreitet, Dämmerung birgt in schönpolirter Umgebung das Eh'bett.
Schüchtern betritt den buntgetäfelten Boden der Fuß nur;
Was des Apelles, was des Parrhasius gepriesener Pinsel
Auf die Leinwand gezaubert, spricht in lebendigen Farben
Von den Wänden dich an; dem Vorsaal selber gebricht es
Nicht an köstlichen Bildern. Nirgend ist müßige Leere,
Nirgend wird Zierde vermißt, und bis an die Decke hinan ist
Allseits Gemäld' an Gemälde gedrängt und plastisches Bildwerk.
Soll ich des Markts, der Straßen, der reinen saubern, gedenken,
Wo das Menschengewühl unaufhörlich hin oder herwogt?
Oder der Gräben, die tiefabsteigend den Zugang bewahren,
Oder der Mauer selbst und der Thürme? Gehörten der Fabel
Solche Namen nicht an, der kunsterfahrnen Cyklopen
Arbeit würd' ich erkennen und ihrer nervigten Hände;
Oder gehorchten die Steine Amphions belebenden Tönen,
Thrazischer Leyer entlockt, hat Phoebus Spiel sie gefüget,
Als er Pergamus schuf, die unbezwingliche Veste
Ilions, luftige Zinnen hoch in die Wolken erhebend?
Wägst du den Reichthum der Stadt, und was ihre Kräfte vermögen,
Nennst du sie wahrlich mit mir im glücklichen Zeichen gegründet.
Ihr hat ein günstig Gestirn, es haben seelige Götter
Schon an der Wiege mit Huld dem Liebling entgegen gelächelt.
Hier ergießt sich Fortuna's Strom in befruchtender Fülle,
Seegen schüttet der Ueberfluß in die Häuser und Kammern
Aus geöffnetem Horn und spendet unendliche Gaben.

(Vers 44—78, nach einer Übersetzung von J. D. F. Sotzmann, 1819)

Diesen Versen ist dann noch eine Auflistung der zahlreichen Kölner Kirchen, Stifte und Klöster angeschlossen. Sowohl im Bildcharakter als auch im Text hat dieser Riesenholzschnitt offensichtlich Werbecharakter besessen. Er erschien erstmals 1531 — nur ganz wenige Originale sind erhalten — und später nochmals im Jahre 1557, herausgegeben von der Witwe des Johann Quentel, Sophie Quentel. In der zweiten Ausgabe sind die Widmung geändert und die beiden 1531 noch fehlenden steinernen Kranen am Rheinufer ergänzt worden. Die Neuauflage 1557 erschien anläßlich der ersten Erzbischofwahl.

»Die Kunst- und Geistesfreuden, die die Betrachtung des graphischen Monumentalwerkes vermitteln, erwachsen aus der Einsicht, daß dieses Blatt die

Gabe eines einmaligen Zeitpunktes in der Geschichte des Sehens und der Darstellung ist, der späten Dürerzeit, in der man diese Erdenbühne schon hochgenau wiederzugeben gelernt hatte, sie aber noch dem Bereich des Zeitlos-Unvergänglichen einzuordnen wußte, in dem mittelalterliche Kunst sich bewährt« (Wolfgang Braunfels, 1960).

Holzschnitt, 39,0 × 350,0 cm
Köln,
Kölnisches Stadtmuseum,
Inventarnummer
HN 1959/145 1—9

oben:
Bildausschnitt mit Beschriftung der dargestellten Gebäude — St. Mauritius, der Gürzenich und die Antoniterkirche

Anton Woensam, Große Ansicht von Köln: Bayenturm mit der Ark, Severinstor, St. Severin und das Kloster Maria-Sion. Im Vordergrund das Werthchen und die Strommühlen im Rhein

St. Bonifatius, das Kartäuserkloster, die Mühle auf der Ulrepforte

Anton Woensam, Große Ansicht von Köln: St. Maria Lyskirchen, die Karmeliterkirche, das Pantaleonstor, St. Georg bis Weyertor

St. Maria im Kapitol, Nikolauskapelle, Klein-St.-Martin, die Augustinerkirche, St. Peter, St. Cäcilien (heute Schnütgen-Museum), St. Mauritus, der Gürzenich, die Antoniterkirche, St. Alban, St. Aposteln

Anton Woensam, Große Ansicht von Köln: St. Columba, Rathaus mit Rathausturm, St. Laurenz, St. Brigida, Groß-St.-Martin, St. Clara (Klarenkloster), St. Gereon (angeschnitten)

St. Gereon (angeschnitten), Domturm mit Kran und Domchor; in der Baulücke dazwischen St. Andreas, St. Maria ad gradus, St. Maximin, St. Lupus, der Frankenturm, die Gereonswindmühle, St. Corporis Christi, St. Ursula (angeschnitten)

Anton Woensam, Große Ansicht von Köln: die Makabäerkirche (Zu den hl. Machabäern), St. Johann und Cordula, das Eigelsteintor

St. Kunibert und die Kunibertstorburg

Stadtpanorama vom Bayenturm bis St. Kunibert, 1548

Hans Rudolf Manuel Deutsch
(1525 Erlach am Bielersee—1571 Morsee)

Das Bild stellt die Stadt Köln in ihrer Erstrekkung längs dem Rheinstrom vom Bayenturm im Süden bis zu St. Kunibert im Norden dar; aber auch zahlreiche Gebäude, die in der Tiefe der Stadt abseits der Rheinfront liegen, sind hier dargestellt. In einer darunter befindlichen Legende werden die im Bilde mit Großbuchstaben von A bis Z bezeichneten Gebäude genau genannt. Interessant ist an der Darstellung, daß selbst sehr entfernt liegende Gebäude wie etwa das Kartäuserkloster (C), St. Pantaleon (E), St. Aposteln (L), das Clarenkloster (Q) und St. Gereon (R) noch ins Bild gerückt sind. Freilich konnte man alle diese Gebäude nicht von einem einzigen Standpunkte aus sehen, sondern man mußte um der Bildwirkung willen die wirkliche Architektur korrigieren. Wie aufgereiht wirken die vielen Türme, und für jeden mußte ein sichtbarer Platz gefunden werden. So hat der Turm von St. Andreas (P) noch soeben Platz in der Baulücke des Domes zwischen Turm und Chor. Woensam hat das wohl in seiner Köln-Ansicht 1530/31 (Abb. S. 123) ähnlich wie auf dem Woensam-Stich mit dem Heribertskloster und zahlreichen strohgedeckten Fachwerkhäusern als ländlicher Bereich und als Dorf deutlich von der Stadt Köln abgesetzt. Nach dem uns bisher bekannten Bestand an Kölner Stadtansichten ist dieses die erste, in der die Stadt in einem Halbrund entsprechend der Strombiegung dargestellt wird; dieses Halbrund erscheint fortan immer häufiger in Kölner Stadtbildern. Vorher war die Stadt stets auf einer horizontalen, geraden Linie angeordnet.

Der kolorierte Holzschnitt trägt rechts oben neben dem Reichsadlerwappen das verschlungene Monogramm HRMD und darüber die Jahreszahl 1548. Er gehörte zur ersten Ausgabe von Sebastian Münsters »Cosmographia, Das ist Beschreibung der ganzen Welt/...«, die 1548 erschienen ist. Auf Seite 885 der Kosmographie steht folgendes zu lesen: »Es ist Cöln ein überauß grosse Statt/ welche Anno 1180 in weitere Ringmawren/ daran heutigs tags 82. Thüern stehn/ gefast worden ist. Innerhalb derselbigen seind bey neben dem Herrlichen Thumb/ darinn die Heyligen drey König begraben ligen sollen: Item der Machabeer und eylfftausend Mägden Kirchen/ noch 19 Pfarrkirchen: Item 10 andere Stifften/ 15 Manns Cloester/ 8 beschloßne Frawen Cloester/ der ubrigen sampt den Beginen Haeusern seind 59. Darneben seind noch biß in die 30 Capellen.« Die Geschichte der Stadt Köln ist auf den Seiten 886—889 dargestellt.

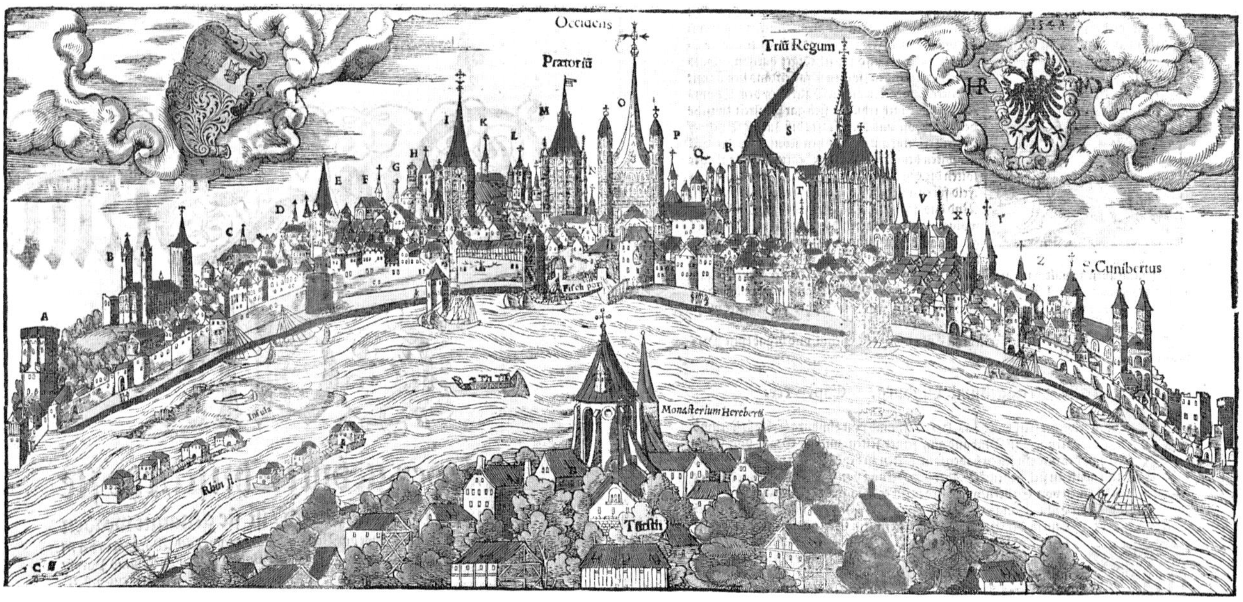

erstmals so gemacht. Diese vorliegende Stadtansicht ist in ihren Details sehr viel sorgfältiger gearbeitet als alle vorher für Chroniken verfertigten Beispiele. Es wurde versucht, Freiland, Baumbestand, die Masse der Bürgerhäuser und die wichtigen Monumente in ein vernünftiges Verhältnis zueinander zu bringen. Dabei sind natürlich einige Gebäude in ihren Maßen leicht überzeichnet worden, wie etwa die Türme von Groß-St.-Martin, Klein-St.-Martin und des Rathauses. Deutz ist

In dieser Weltchronik, die über ein halbes Jahrhundert nach der Schedels (Abb. S. 93—95) erschien, wurden einerseits nach altem Brauch noch viele Städte mit ein und demselben Bild charakterisiert, anderseits Städte aber schon auf Doppelblättern in großer Ausführlichkeit wiedergegeben. Zu letzteren gehört auch die Ansicht der Stadt Köln; das Doppelblatt trägt die Seitenangabe DCCII—DCCIII. Der Autor des Blattes, der Schweizer Dichter, Zeichner und Staatsmann

Ausschnitt des mittleren Bildteils in voller Höhe: im Vordergrund das rechtsrheinische Deutz mit Turm und Zentralbau von St. Heribert

Holzschnitt, 23,0 × 37,0 cm Köln, Privatbesitz

Hans Rudolf Manuel Deutsch hat für diese Kosmographie insgesamt 30 Holzschnitte angefertigt. Sie alle sind zwischen 1548 und 1549 datiert. Deutsch hatte die Aufgabe der künstlerischen Redaktion, d. h. er mußte die angelieferten, sehr unterschiedlichen Vorlagen umarbeiten und in einen einheitlichen Rahmen bringen. Vermutlich hat er nur einige Schweizer Städte persönlich aufgenommen und gezeichnet. Als Vorlage für die Kölnansicht diente der Prospekt der Stadt Köln von Anton Woensam von 1531 (Abb. S. 118—125), den Deutsch als Zeichnung für das Buch umgearbeitet hat. In der lateinischen Ausgabe von 1554, die bei Heinrich Petri in Basel erschien, finden wir den besonderen Hinweis, daß die Kölnansicht von Simon Richwin, einem Doktor der Medizin, an Münster geschickt worden ist. In Holz geschnitten wurde das Blatt entweder von Christoph Stimmer oder Conrad Schmitt; denn das Monogramm in der linken, unteren Bildecke »C. S.« läßt keine eindeutige Bestimmung zu.

Diese Holzschnitte, die sauber gezeichnet sind und sich durch eine gute Technik auszeichnen, sind das xylographische Hauptwerk Deutschs. Ab 1550 bis in das 17. Jahrhundert hinein hat die berühmte und viel gelesene Kosmographie zahlreiche neue Auflagen, in von Mal zu Mal verbesserter Form erlebt. Sie wurde in Latein, Italienisch und Französisch übersetzt. Eine verkleinerte Nachzeichnung findet man in dem nach 1642 erschienenen »Stätte-Buch« von Abraham Saurs auf Seite 291 (Holzschnitt, 9,0 x 7,0 cm, Köln, Kölnisches Stadtmuseum, Inventarnummer AI 2/21).

Als Vorlage wurde er benutzt und umgearbeitet schließlich für einen kolorierten Kupferstich, der um 1670 bei Crépy in Paris erschien. In dieser Zeit, als es noch kein Copyright gab, war es nicht unüblich, so zu verfahren und zu kopieren; selbst Münster und das Konkurrenzunternehmen, Hogenberg's Städtebuch von 1572, verwendeten wechselweise jeweils fremde Schnitte. Die Ansicht von 1670 ist wegen der interessanten Vergleichsmöglichkeiten mit abgebildet (Abb. unten).

Kolorierter Kupferstich
Um 1670
Erschienen bei Crépy in Paris.
20,6 × 25,7 cm
Köln
Kölnisches Stadtmuseum
Inventarnummer
HM 1910/277

Ansicht aus der Vogelschau, 1570/71

Arnold Mercator
(1537—1587 Kassel)

Köln, das in Woensams Stadtansicht von 1531 (Abb. S. 118 ff.) bereits ein Meisterwerk seines Aussehens besaß, schuf sich mit dem sogenannten Mercator-Plan ein ebensolches Meisterstück seines Grundrisses. Der Kölner Rat konnte für seinen Auftrag den hervorragenden Duisburger Kartographen, Geometer und Festungsarchitekten Arnold Mercator gewinnen. Dieser brachte von Hause aus bereits genügend Begabung — und wohl auch Erfahrung — für seinen Beruf mit, war er doch der Sohn des Gerhard Mercator, des berühmten Duisburger Kosmographen und Kartographen (1512—94), der die winkeltreue »Mercatorprojektion« erfunden hatte.

Ursache für den Ratsauftrag war sicher nicht nur der Wunsch nach Repräsentation, sondern wohl eher die Notwendigkeit einer Waffenbesichtigung in allen Häusern der Stadt 1568. Bei dieser Bestandsaufnahme aller 18 Kirchspiele wird sich die Eintragung in kartographische Grundrisse als am sinnvollsten erwiesen haben. Köln brauchte mit dieser geographischen Vermessung kein Neuland zu betreten, denn zuvor (1550—65) waren die großen Städte der Niederlande schon durch den Geographen Jacob van Deventer kartiert worden. Dieser Kölner Plan war auch kein Einzelwerk; viele deutsche Städte gingen zur gleichen Zeit an das Projekt der genauen Planaufnahme heran, und Köln selbst erhielt schon zwei Jahre später einen neuen Stadtplan, nämlich den von Braun-Hogenberg (1572) (Abb. S. 135). Doch kommt dem Mercator-Plan der Ruhm zu, der erste Kölner Stadtplan zu sein und damit eine lange Tradition eingeleitet zu haben.

Mercator hat Köln aus der Vogelschau gezeichnet, und das hat er so genau getan, daß man keine

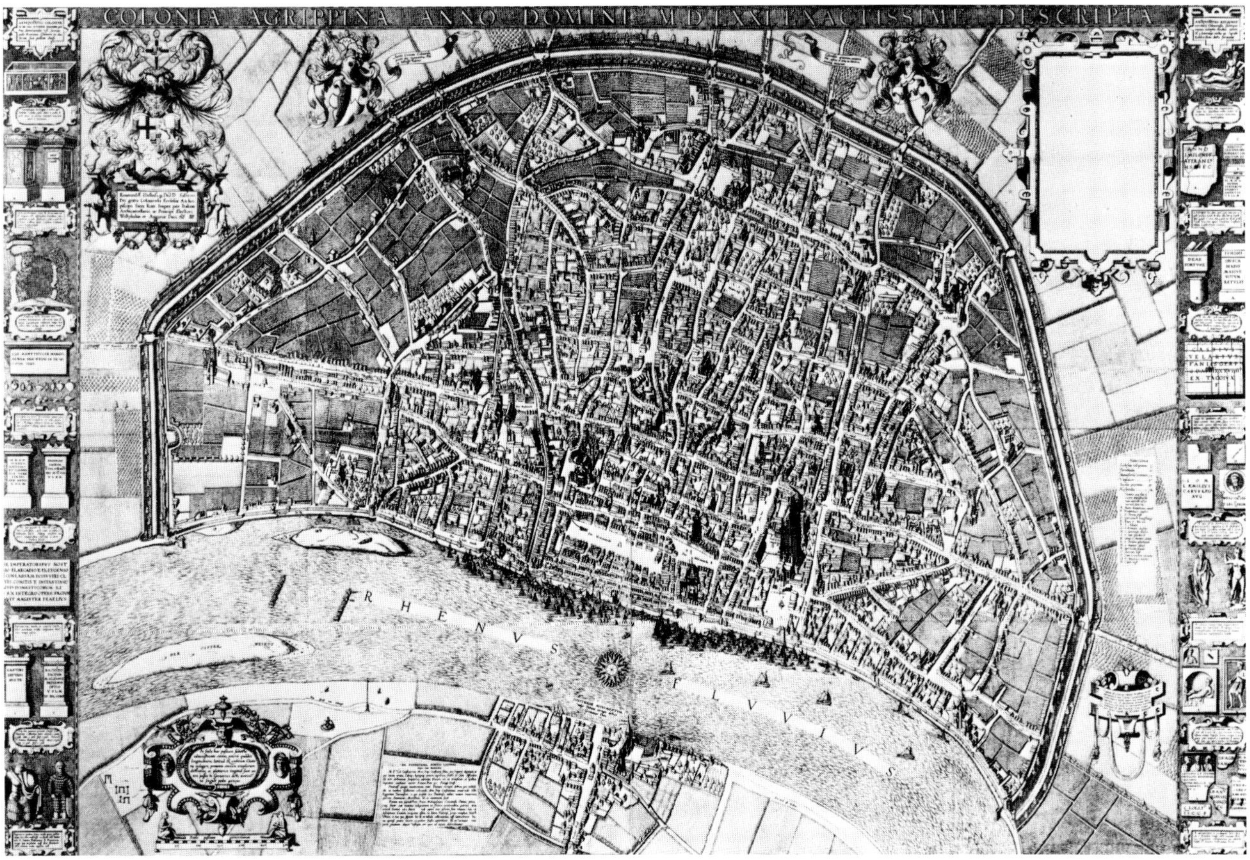

Schwierigkeiten hat, die Architektur zu identifizieren. Er verbindet in seiner Darstellung Aufriß und Grundriß miteinander, schafft also gewissermaßen Isometrien. Dabei gelang es ihm wie keinem anderen zuvor, die Stadt als Raum vorzustellen und deutlich zu machen, wie die realen Größen- und Breitenverhältnisse der Gebäude zueinander sind. So ist es sehr interessant, einmal wichtige Gebäude der Stadt, die auf den Ansichten so bestimmend für das Stadtbild sind, in einer anderen Perspektive wahrzunehmen und ihre Position zur Umgebung, zu den Bürgerhäusern und Plätzen festzustellen. Etwa der Dom, das Rathaus und Groß-St.-Martin wirken steiler, aber auch verwurzelter in ihren »Vierteln«. Die schräge Perspektive erlaubte es Mercator, Vogelschauansicht mit Lageplan zu verbinden, damit gleichzeitig die Ortung einzelner Häuser und Parzellen und die Wirkung des Gesamt-Stadtraumes zu ermöglichen.

Erstmals haben wir hier eine Ansicht, wo wir hinter die Fassade, die Schönseite, die Silhouette der Stadt schauen. Dabei wird die charakteristische halbrunde, zum Rhein hin geöffnete Kreisform der Stadt vollends klar. Deutlich lassen sich die bis dahin vollzogenen Entwicklungsstufen des Stadtbildes erkennen und nachvollziehen: die römische, fast quadratische Stadtanlage umfaßte etwa 99 ha und ist noch gut im Kern der Stadt mit ihren rechtwinklig verlaufenden Straßenzügen erkennbar. Besonders fällt auch die römische Durchgangsstraße von Norden nach Süden, vom Eigelsteintor zur Severinstorburg auf. Sie ist ja heute noch so im Stadtbild erhalten. Um 950 fand unter

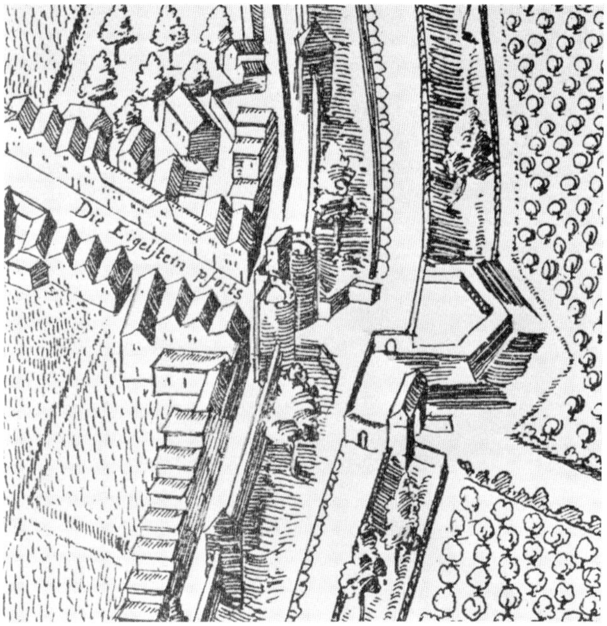

Erzbischof Bruno die erste Stadterweiterung statt, als die sogenannte Rheinvorstadt mit etwa 25 ha in die Stadtbefestigung einbezogen wurde. 1106 wurden weitere außerhalb der Mauer liegende Vororte im Süden, Norden und Westen »eingemeindet«. Dies machte eine Zunahme von etwa 80 ha aus. Seit 1180 begann man mit der Errichtung des neuen Mauerrings, seines Türme- und Torsystems. Diese großartige Wehranlage hat Köln trotz zahlreicher Belagerungen zu einer uneinnehmbaren Stadt gemacht. Das Areal der Stadt konnte sich sehen lassen: Ein rund 400 ha großes Stadtgebiet wurde von einer nahezu 8 km langen Mauer umschlossen. Rund 8000 Häuser standen dort, in denen an die 40.000 Einwohner lebten. Köln war neben Paris und London eine der größten europäischen Städte. Der Plan macht aber auch noch deutlich, wie viele Grün- und Ackerfläche innerhalb des Mauerrings für landwirtschaftliche Nutzung und für Obst- bzw. Weinanbau zur Verfügung standen. So hat sich die Stadt im Grunde genommen bis 1881 erhalten, als man begann, die Mauern niederzulegen (Abb. S. 291), nur wurden natürlich die Lücken in Mauernähe überall mehr und mehr geschlossen.

1570 hat Arnold Mercator seine Arbeit am Kölner Plan, der zu seinen frühen Werken zählt, bereits beendet. Im Ratsprotokoll (25, 308b) vom 11. September 1570 heißt es dazu: »Mercator. Arnoldi Mercatoris abcontrafeitung der stadt Cöln, und was er vor arbeit vorgewandt, ist beyden stigmeisteren zo besichtigen und widder an einen rat zo brengen bevollen.« Über dem Plan die deutliche Überschrift: »COLONIA AGRIPPINA ANNO DOMINI MDLXX EXACTISSIME DESCRIPTA« (Köln im Jahre 1570 sehr genau beschrieben). Auf den Seiten jeweils eine Rahmenleiste mit römischen Altertümern, die Mercator in den damaligen Kölner Sammlungen Helman und J. Hardenrath gesehen haben wird (nach Merlo).

Während Mercator die Originalzeichnung (1570), die sich im Historischen Archiv der Stadt Köln befindet, nebst Stadtwappen und längerem Text dem Senat der Stadt Köln widmete, erscheint auf dem von 16 verschieden großen Platten hergestellten Kupferstich (1571) das Wappen des Kölner Erzbischofs Salentin von Isenburg (1567—1577). Ihm ist nunmehr auch das Blatt gewidmet. Trotz anderer Stadtpläne und trotz zahlreicher Veränderungen im Stadtbild wurde Mercators Köln-Plan 1642 sogar neu aufgelegt. Sein Plan von 1570 ist ein einzigartiges Dokument für die Topographie und Stadtgestalt Kölns nach dem Ausgang des Mittelalters und steht gleichrangig unter den besten Stadtplänen seiner Zeit.

Kupferstich, 113,0 × 175,0 cm
Köln, Kreissparkasse
links:
stark vergrößerter Ausschnitt — der Eigelstein mit dem Eigelsteintor und Befestigungsanlagen
rechts:
Ausschnitt des südlichen Stadtteils bis Zentrum — vom Katharinengraben bis Heumarkt mit Maria Lyskirchen, Maria im Kapitol, Augustin-Kloster, St. Peter und St. Cäcilien (rechts oben)

Folgende Doppelseite
links:
Ausschnitt der Stadtmitte um Alter Markt mit Rathaus, St. Laurenz, St. Columba (weiter oben), das Minoritenkloster, der Dom mit St. Maria ad gradus, St. Lupus und St. Andreas
rechts:
der Dom in seinem ruhenden Bauzustand und der nächsten Domumgebung mit St. Maria ad gradus

Der Hewmarckt
R H E N V S

Der Aldemarckt
Dohm hoff
S. Mariengraden
Vyschmarckt
An der gulden wagen
Am hoff
Die lang gaß
Die nigaß
Hinder dem alten dhom
S. Peters vnd iij koningen kirch
Predikr closter
S. Lups kirch
S. Maximins

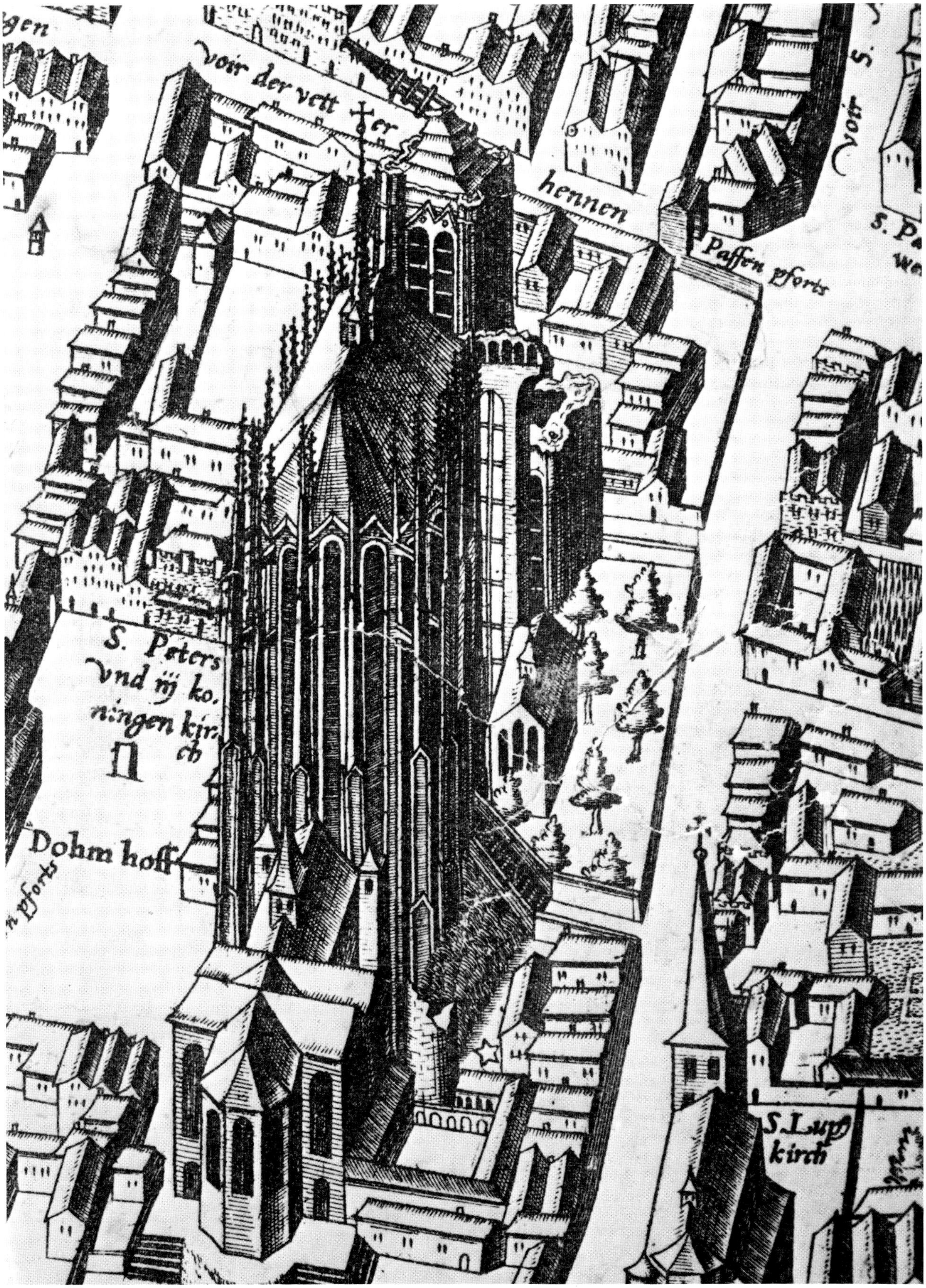
voir der vett ter
hennen
Paffen pforts
S. Peters
vnd iij ko.
ningen kirch
Dohm hoff
S. Lupf kirch

Große Ansicht von Köln und Deutz aus der Vogelschau, 1572

Franz Hogenberg
(Kupferstecher und Verleger
1540 Mecheln—angeblich 1590 Köln)
Georg Braun
(Geistlicher, Herausgeber)

Anders als in vielen Vogelschauansichten der Stadt Köln ist der Standpunkt des Betrachters aus der Vogelperspektive so gewählt worden, daß man aus Westen über Stadt, Rhein und Deutz schaut. Hier kann man genauer den westlichen, halbrund geschlossenen Teil der Stadt studieren und erkennen, wie sich diese mittelalterliche Großstadt zum Rhein hin öffnet. Der große, durch Mauerring und Graben umschlossene Halbkreis ist gefüllt mit einem Häusermeer, das durch die vielen kleinen und großen Straßen in Wohnviertel aufgeteilt ist. Deutlich heben sich die Plätze wie Domhof, Alter Markt und Heumarkt heraus. Sie machen das Gefüge und die Lockerheit dieses seit Jahrhunderten gewachsenen Stadtbildes sehr deutlich. Das alte römische Straßennetz ist gut erkennbar; seine rechtwinklige Anlage unterscheidet sich klar von den während der Stadterweiterungen angelegten Wegen und Straßen. Die Feldeinteilung des Umlandes korrespondiert mit den aus den Stadttoren auslaufenden Verkehrswegen. Als beherrschende Achse durchzieht die alte Römerstraße von Neuss nach Bonn die Stadt und bildet so eine wichtige Parallele zur Uferstraße. Die Situation der Stadt an der Rheinbiegung mit den Inseln und den Strommühlen ist korrekt wiedergegeben; ebenso entspricht die Darstellung des Fleckens Deutz dem zeitgenössischen Bestand. Die Qualität des Blattes liegt in der Genauigkeit der Beschreibung, in der Güte der technischen Durchführung und in der sicheren Gesamtgliederung des Blattes. So fällt auf, daß bei dem kleinen Maßstab des Bildes doch alle wichtigen Gebäude exakt gezeichnet und etwa auch das Verhältnis von Ackerland und Wohnbebauung innerhalb der Mauern genau dargestellt wurde. Im Fluß oben findet sich die Inschrift: COLONIA AGRIPPINA, flankiert von den Reichs- und Stadtwappen. Erklärende Tafeln zu Deutz und Köln sind geschickt in die Komposition eingefügt.

Der unsignierte Kupferstich ist vermutlich eine Arbeit von Franz Hogenberg und möglicherweise in der Nachfolge des Mercator-Planes von 1571 (Abb. S. 129) zu sehen. Er wurde erstmals in dem berühmten Städtebuch »Beschreibung Contrafactur der vornembster Stät der Welt«, I Köln 1572 als Tafel 38/39 veröffentlicht. Dieses Buch knüpfte an die Kosmographie des Sebastian Münster, 1548 (Abb. S. 126 f.) an und gelangte zu einem ähnlich guten Erfolg. Das reich ausgestattete Werk wurde erst durch die Arbeiten Merians (Abb. S. 162 f.) eingeholt bzw. überholt. Georg Braun, der Herausgeber, war Dechant von St. Maria ad gradus und offensichtlich sehr geschäftstüchtig, denn durch die Qualität des Werkes konnte er zahlreiche Neuauflagen besorgen. Im September 1575 überreichte er dem Rat ein Exemplar seines Städtebuches, wie aus einem Protokoll vom 9. September hervorgeht: »Als der wohlgeborene Dominus Georgius Braun meinen Herren ein opus civitatum etc. herrlich gemacht und gebunden dedicirt, haben meine Herren befohlen, ihm 50 Reichsthaler zu verehren und Vertröstung zu thun, ihm in vorfallender Gelegenheit mit einer Präbende zu bedenken.«

Der Kupferstecher und Mitherausgeber Franz Hogenberg, der vermutlich bei seinem Stiefvater Hendrik Ter Brugghen in Mecheln das Handwerk des Kartenmachers gelernt hatte, ist seit 1570 in Köln nachweisbar. Möglicherweise kam er als religiös Verfolgter nach Köln. Er besorgte für das Braun'sche Städtebuch, bis zu dessen vierten Band er mitarbeitete, zahlreiche weitere Stiche. Er soll in Köln die Ätztechnik eingeführt haben. Der Stadtplan erscheint 1618 in einer Auflage des »Theatrum praecipuarum urbium totius mundi«, die von seinem Sohn Abraham Hogenberg herausgegeben wurde. Dieser veränderte die Kostümfiguren in der linken unteren Ecke und gibt nur noch drei Personen statt der vier seines Vaters an. Diese abgeänderte Platte gelangte schließlich wohl in die Hand des Kölner Mediziners und Mathematikers Doktor Johannes Gigas, der das hier vorliegende Blatt 1620 in seinem Buche »Prodromus geographicus, hoc est archiepiscopatus Coloniensis annexarumque et vicinarum aliquot regionum descriptio nova« veröffentlichte, das er dem Erzbischof Ferdinand widmete.

Kupferstich, 34,8 × 49,0 cm
Köln,
Kölnisches Stadtmuseum
Inventarnummer A I 16/6

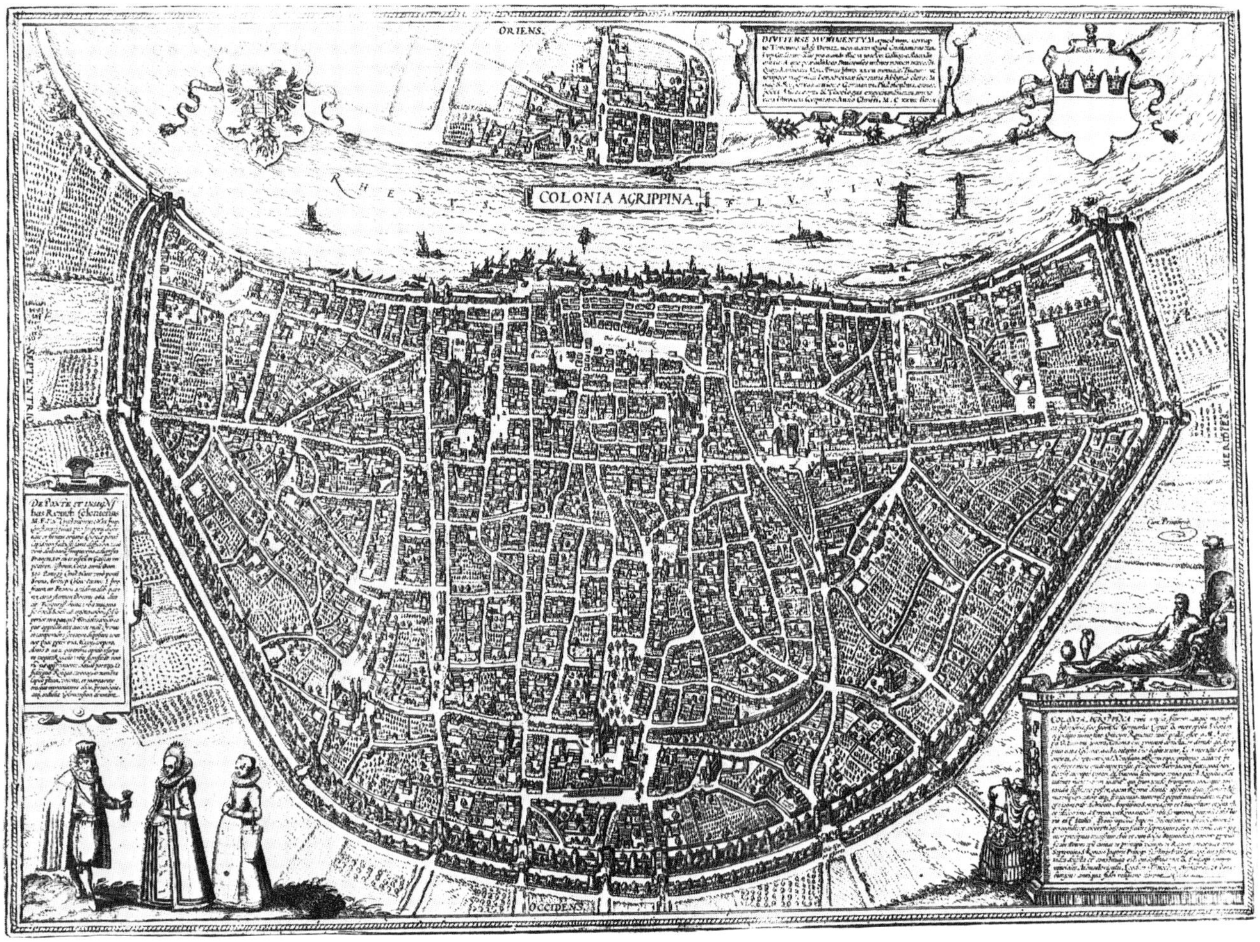
ORIENS.
COLONIA AGRIPPINA.
OCCIDENS.

Große Kölner Stadtansicht, um 1580—1585

Hans Weigel
(Herausgeber, 1555—1577 tätig in Nürnberg)

Diese »Warhafftige Contrafactur der Hochgelobten Statt Cölln am Rein«, wie die Überschrift lautet, zeigt eine aktive mächtige Stadt. Auf dem Rheine herrscht ein geradezu hektischer, quirliger Verkehr: überall stromauf- und -abwärts gehende Schiffe, schwerbeladen mit Fässern, Kisten und Säcken oder am Ufer bereits gelöscht. Während man auf den Kähnen und Schiffen Bootsleute sieht, sind am Ufer nur ganz wenige Menschen vereinzelt unterwegs. Dieses im Grunde genommen menschenleere Ufer stellt einen merkwürdigen Gegensatz zu dem vollen Strom dar.

Auch die in einer langgezogenen Biegung am anderen Ufer aufgetürmte Stadt weist auf ihren Bevölkerungsreichtum hin. Eine Fülle von kleineren und größeren Bürgerhäusern drängt sich hinter den starken, zinnenbekränzten Mauern zusammen; immer wieder erscheint hier der gotische Treppengiebel. Beherrschend und bekrönend im Stadtbild aber sind die monumentalen Gebäude, kirchliche wie profane. In der Mitte, dort, wo die Tiefe der Stadt nach Westen angedeutet wird, erheben sich Klein-St.-Martin, Rathausturm, Groß-St.-Martin, Domturm und Domchor. Die Größen- und Entfernungsverhältnisse untereinander und zu den anderen Gebäuden der Stadt stimmen hier überhaupt nicht: da ist der Domturm fast so groß wie der Turm von Klein-St.-Martin, der Rathausturm steht näher am Rhein als Groß-St.-Martin. Weiter nach links zum Bayenturm und nach rechts zur Kunibertstorburg, den beiden Außenpunkten des Stadtbildes, hin sind noch zahlreiche Kirchenbauten des »heiligen Köln« dargestellt; von ihrer Betonung her fallen St. Severin links und St. Kunibert rechts besonders auf. Es ist interessant zu sehen, wie geschickt gerückt wurde, um Platz zu schaffen für die Präsentation wichtiger anderer Gebäude, die in die Lücken plaziert wurden. Dabei notierte der Künstler aber auch manches eher Nebensächliche genau: so fehlt z. B. nicht die Mühle an der Ulrepforte (vgl. Abb. S. 221), so kann man die Bogenquaderung an den rheinseitigen Toren genau erkennen, so sieht man einen fliegenden Storch über St. Katharin und so entdeckt man auf dem Chor der Karmeliterkirche ein Storchennest mit Storch. Über den südlichen Stadtteil spannt sich ein Regenbogen, der vermutlich auch nur als Naturereignis verstanden werden soll. Oben links schweben der Kölner Bauer mit dem Reichswappen, oben rechts die Jungfrau mit dem Stadtwappen auf Wolken. Erstmals sind auch die Himmelsrichtungen mit Sonnenstandsbezeichnungen durch Beischriften angegeben. So steht neben dem Bayenturm »Mittag«, am oberen Bildrand zwischen Rathausturm und Groß-St.-Martin »Nidergang« und über der Kunibertstorburg »Mitnacht«. Am rechten Ufer liegt zwischen Bäumen versteckt das dörfliche Deutz (hier TVTSCH genannt) mit St. Heribert, kleinen Katen und Fachwerkhäusern. Kein städtischer Haustyp mit Treppengiebel ist hier zu sehen, dafür qualmt bei vielen Häusern tüchtig der Schornstein.

Unter den besonders breiten Holzschnitt wurde ein Lobgedicht auf die Stadt Köln in 12 Kolumnen mit je 12 Zeilen beigedruckt, bzw. beigeklebt. Dieses Gedicht ist ein Gemisch aus Beschreibung, Geschichte, überschwenglichem Lobpreis und Selbstmitteilung des

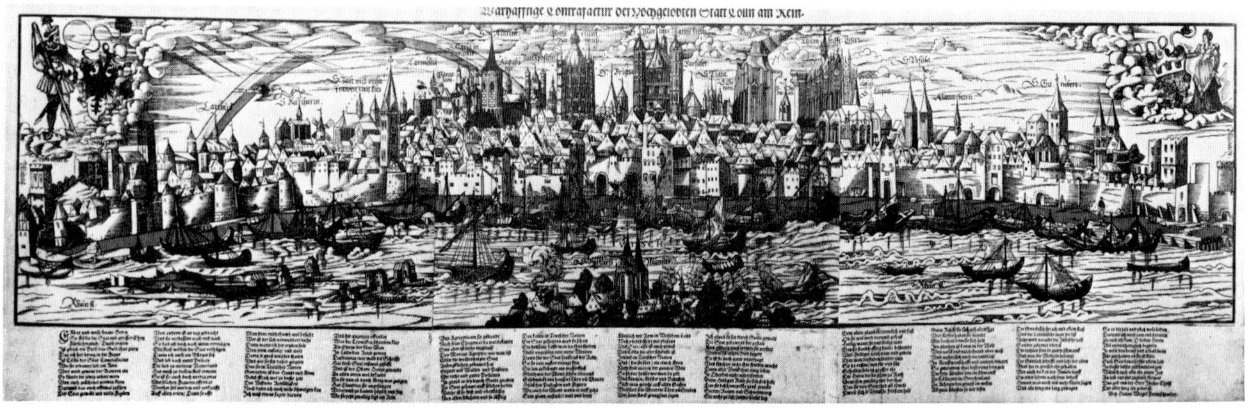

Abbildung rechts: Ausschnitt des mittleren Bildteils — Augustinerkirche, St. Aposteln, Rathausturm, St. Brigida, Groß-St.-Martin. Im Vordergrund das rechtsrheinische Deutz mit Turm und Zentralbau von St. Heribert

Maria.
Pretorium.
Rat hauß.
Nidergang
Martins
Zun Aposteln.
Augustiner.
S. Brigita
IVTSCH
S. Hereberts Münster.

Verfassers. Wir erfahren hier, daß der Autor des Blattes ein Bürger der Stadt Köln war: »So hab ich doch nach meim vermügen / Mit fleiss wöllen die Stat verhügen / Darin ich auch ein Bürger sey / Vnd leb nach guter Polizey / Die lieb zu meinem Vatterland / Hat mich zu diesem fleiss ermant / So ist sie auch doch widrig zwar / Mit sölchen Figuren offenbar / Verehrt sol werden vnd verkaufft / Auff allen orten, dann so offt / Man seine reichthumb wol besicht / Wer ist der sich verwundert nicht« (2./3. Kolumne). Aus purer Vaterlandsliebe hat der Künstler nun freilich nicht nur gearbeitet, denn seine Verkaufsabsichten in anderen Städten teilt er ja gleichzeitig mit. Das ist sicher eine Erklärung dafür, daß die Stadt mit Beischriften, Himmelsrichtungen und sogar einer zweifachen Bezeichnung des Rheins und der »Insel« topographisch genau eingeordnet wurde. Auch an wen sich Holzschnitt und Text zuvorderst wenden, wird durch den Text klargestellt: »ERbar vnd weise frome Herrn / So Kölln die Stat mit grosser Ehrn / Fürsichtiglich, Dund regirn« (1. Kolumne) und »Gehalten sein in grosser ehr / Die Herrn die da ghan zu Rath / Beweisen gwaltig mit der that / Das sie von Gott sind all erwelt / Dweil sich jr Volck so fridsam helt« (9. Kolumne) sowie »Zu euch ich kom, O lieben Herrn / Wil vnderteniglich begeren / Ir wölt den dienst vnd arbeit mein / Für gut halten ob sie ist klein / Euch Gott bewahr für allem leid / In dieser bösen geschwinden zeit / Wünsch euch alln ein gutes Jar / An leib vnd seel zugleich fürwar / Das geb vns der Herr Jhesus Christ / Der aller ding ein geber ist« (12. Kolumne). Es handelt sich also vermutlich um ein Neujahrsgeschenk an die Ratsherren, die so überaus gelobt werden. Solche Neujahrspräsente an den Rat waren ja in Köln — und anderen Städten übrigens auch — gar nicht so unüblich (vgl. Abb. S. 168 und S. 183). Über Köln gibt es in den übrigen Versen nur das Beste zu berichten, immer wieder wird die Stadt in Superlativen geschildert wie »... Das sie in Teutscher Nation / geworden ist das Haupt vnd Kron ...« (Kolumne 3) und »... hüpsch vnd fein / Wie sie jetzt gwaltig ligt am Rein ...« (Kolumne 4) und »... Cölln die wolberümpte Stat ... Ich glaub es sey Gott gnaden / Die Stat gebawt auf sölchen boden ...« (Kolumne 5) sowie »... Das kaum in Teutscher Nation / Ein Stat gefunden wird so schon ...« (6. Kolumne). Der Hymnus auf diese zweifellos herrliche mittelalterliche Stadt gipfelt dann schließlich in der gesamten siebenten Kolumne: »Kürtzlich wie Rom in Welschem Land / Weit vbertreffent mit plasant / Viel Stet, also ist auch gewiß / Das Cölln die aller schönste ist / Jetzund in Teutscher Nation / Vnd (die sie fürt) ein einich Kron / Nicht find man in der gantzen Welt / So schöne heuser wie man da zelt / Viel Kirchen, Klöster und Palasten / Sieht man gericht auff allen Gassen / Wer künd sein Mauren, Türn vn Graben / Vnd seine sterck genugsam sagen.«

Durch die Unterzeichnung des Lobgedichtes mit »Bey Hanns Weigel, Formschneider« wissen wir, daß der Nürnberger Verleger, Formschneider und Händler (nachweisbar 1555—1577), der auch andere Stadtprospekte verlegte, nicht der Autor des Blattes war. Aus den Versen erfahren wir dagegen, daß der Reimemacher mit dem Zeichner identisch war. Ihm gehört wohl das Monogramm MW, das sich auf einem Mühlstein (?) vor der Stadtmauer findet. Ihn können wir leider noch nicht identifizieren, obwohl sich dieses Monogramm auch auf anderen Stadtansichten aus dem Hause Weigels findet. Auch der Holzschneider, dessen Monogramm A sich auf einem Mühlstein unterhalb des Domes vor der Stadtmauer befindet, und der sich durch das beigefügte Messer als solchen kenntlich macht, muß vorerst noch anonym bleiben.

Dieser seltene Holzschnitt, bestehend aus drei aneinander geklebten Bögen, war gewiß eine eigenständige Arbeit, doch orientierte sich der Zeichner offensichtlich sowohl an Woensams Stadtprospekt von 1530/31 (Abb. S. 118 ff.) als auch an Manuel Deutsch's Stadtansicht von 1548 (Abb. S. 126). Die allgemeine Komposition, der Schiffsverkehr, Deutz und die Versbeigaben erinnern sehr an Woensam, während Krümmung und Auftürmung eher an eine Patenschaft Deutsch's denken lassen. Die Arbeit ist zum Teil roh, ungenauer in den Einzelheiten und oberflächlich in Dimensionen und Proportionen. Der Zeichner war sicherlich kein Meister vom Können eines Woensam, Merian oder Hollar, sondern einer jener Künstler, die über der ja durchaus erreichten plastischen Gesamtwirkung allzuoft die Feinzeichnung der Wirklichkeit vergessen haben. Bei unserem Monogrammisten MW fragt man sich jedoch an mehreren Stellen des Blattes, ob er wirklich ein Kölner war, wie er in seinen Versen behauptet. Vieles spricht eher dafür, daß er ortsfremd war und die Stadt aus Abbildungen kannte. Vor der Natur kann er dieses Stadtbild so jedenfalls nicht aufgenommen haben. So muß auch daran gezweifelt werden, ob das Fehlen der Ark am Bayenturm, die 1585 entgegen der Bürgermeinung abgebrochen wurde, tatsächlich eine Datierungshilfe darstellt oder ob auch dieser Umstand nur auf Ungenauigkeit beim Zeichnen zurückgeht. Wenn man den Versen glauben will, daß ein Kölner aus »Vaterlandsliebe« dieses Blatt anfertigte, dann scheint es fast wahrscheinlicher, daß dieser Kölner Zeichner eher in der Ferne aus Heimatliebe das Blatt aus Vorlagen komponierte, als daß er die Wirklichkeit vor Ort studierte. Doch auch dieses muß vorerst reine Hypothese bleiben. Nichts schmälert aber den Reiz und die Kraft dieses schönen Holzschnittes, mit dem ein Künstler der Stadt Köln ein Denkmal setzen wollte.

Holzschnitt, 34,0 × 110,0 cm
Köln,
Kölnisches Stadtmuseum,
Inventarnummer AI 2/23

oben:
Ausschnitt des rechten Bildteils — die Benediktinerkirche Zu den hl. Machabäern, St. Kunibert und die Kunibertstorburg

Deutz: Erstürmung durch die Truchsessischen Truppen am 11. August 1583

Michael Aitsinger (Herausgeber des Buches »De Leone Belgico«, 1585)
Franz Hogenberg (Kupferstecher und Verleger; 1540 Mecheln — angeblich 1590 Köln)

Die Radierung vermittelt in sehr bildhafter Sprache und Eindringlichkeit ein für Deutz besonders schmerzliches Ereignis. Deutz, das oft als Bollwerk für

Köln Angriffe abhalten oder auffangen mußte, das aber auch ebenso oft unter Angst, Eifersucht und Rache des mächtigen Köln leiden mußte, hat in seiner Geschichte unzählige Überfälle, Plünderungen und Zerstörungen erfahren.

Das Blatt illustriert einen Vorgang aus dem sogenannten Truchsessischen Krieg. Der 1577 gewählte Kölner Erzbischof und Kurfürst Graf Gebhard Truchsess von Waldburg hatte sich 1582 dem Protestantismus zugewandt, blieb aber trotz Kirchenbann im Amt, sicherte den Untertanen Religionsfreiheit zu, wollte das geistliche Kurfürstentum in ein weltliches umgestalten und heiratete 1583 Agnes von Mansfeld.

An Rücktritt dachte er nicht und wollte sich schließlich mit Waffengewalt behaupten. So kam es zu den Kölnischen bzw. Truchsessischen Kriegen. Neben Bonn hatte Deutz die Hauptschäden zu beklagen: Am 11. August 1583 wurde die Stadt von seinen Truppen erobert.

Diese Situation sehen wir im Bilde: Feuernde Truppen mit Büchsen stürmen den kleinen Ort, brennen die Klostergebäude, Fachwerkhäuser, die Abteikirche St. Heribert und die Pfarrkirche St. Urban nieder und morden Einwohner. Da gibt es grausige Szenen, z. B. wenn sich Bürger auf den Dachstuhl des Zentralbaus geflüchtet haben und nun hinunterstürzen. Große Qualmwolken und riesige Flammen machen deutlich genug, daß von Deutz nicht viel übrig bleibt. Was doch noch das Flammeninferno überstanden hatte, wurde einige Tage später auf Geheiß des Kölner Rates endgültig niedergelegt. Arnold Buchelius beschreibt 1587 in seinem Reisebericht den Zustand so: »Hier war ein Kloster, das in dem Kölnischen Krieg durch eine Feuersbrunst zerstört wurde; die Ruinen zeugen noch von der Größe des Bauwerkes.« Wie der Bau ursprünglich aussah, schildert Weinsberg in seinem Bericht anläßlich des endgültigen Abbruchs 1583 (Lau, das Buch Weinsberg, III, S. 199) so: »Das (S. Herbertsmonster) was inwendich ein ront torn und kirch mit acht gar starken peilern in gestalt wie S. Gereonskirch in Coln mit einem weiten gewolf allein, das war pliben unverletzt vom brande des ronden blientags, das auch nit hoich gewesen, und stunde der choir hinter der kirchen im cloister ins oisten.« Interessant ist der Vergleich der Zentralbau-Architektur von St. Heribert mit St. Gereon in Köln. Auf unserem Kupferstich fehlt ähnlich wie in Woensams Stadtansicht (Abb. S. 121) der Chor von St. Heribert. Deshalb wurde das Gemälde von 1456 in St. Ursula (Abb. S. 77) für glaubwürdiger gehalten (Paul Clemen, KDM, 2. Bd. III. Abtlg., 1934, S. 941 f.).

Das Blatt am oberen Rande undeutlich bezeichnet: DEVTSCH. Es gehörte zu dem von Michael Aitsinger herausgegebenen Buch »De Leone Belgico ejusque topographica atque histor. descriptione liber. Col. Ubior 1583«, das in erweiterten Nachdrucken 1585, 1586 und 1588 erschien. Die Arbeit beschreibt die niederländische Geschichte und die Unruhen von 1559 bis 1583. Franz Hogenberg, einer der besten Kupferstecher der Zeit (vgl. S. 134) hat die 112 Kupferstiche für den Band angefertigt. Unsere Abbildung findet sich auf S. 568/69 des Buches und ähnelt einem Holzschnitt mit der Ansicht der brennenden Abtei in dem Werk von M. von Isselt »De bello Coloniensi«, 1584, S. 326, Fig. 139.

Kupferstich, 17,5 × 28,0 cm
Köln,
Privatbesitz

links:
Ausschnitt des oberen mittleren Bildteils — der brennende Zentralbau von St. Heribert in Deutz

Das Martyrium der Elftausend Jungfrauen

Venezianischer Meister des späten 16. Jahrhunderts

Im Vordergrund liegt ein Schiff mit den Jungfrauen, die betend ihren Tod erwarten. Dahinter folgen weitere Boote. Mordlustige Hunnen verrichten ihr Werk: mit Schwertern und mit Pfeil und Bogen töten sie die Mitglieder der Pilgergruppe.

In leichter Aufsicht ist die Szene in eine weite Landschaft eingebettet. Zwar zieht der Rhein in einem großen Bogen dahin, doch entstammt die Wiedergabe des Umlandes wohl dem Reich der Phantasie.

Links am Ufer liegt die Kirche der Abtei St. Heribert in Deutz. Sie ist isoliert von ihrer tatsächlichen Umgebung in der ursprünglichen Rundform wiedergegeben, die sie bis zu ihrem Umbau im 17. Jahrhundert besaß. Auf dem gegenüberliegenden Ufer Köln, das bei den meisten Ursulamartyrien als Hintergrund dient. Vom südlichen Teil der Stadt erkennt man ein Stück des Mauerrings, den Bayenturm und St. Severin. Auch unter den übrigen Gebäuden glaubt man Bekanntes zu entdecken, doch mischen sich hier Abbildung und Erfindung auf intensive Art.

Das Gemälde ist die Rückseite zu Szenen aus dem Leben des Hl. Sebastian und stellt ein interessantes Beispiel für die Verarbeitung architektonischer Formen in Unkenntnis der wirklichen lokalen Situation dar.

Der Maler war eben kein Kölner und hat vermutlich auch die Stadt nie besucht. Bei der Darstellung des Ursulamartyriums, zu dem die Stadt Köln als Kulisse nun einmal gehörte, hat er sich wahrscheinlich mündlicher Erzählungen und fragmentarischer Stiche oder Zeichnungen bedient. Denn die Stadtarchitektur ist nicht völlig in den Bereich der Phantasie zu verweisen.

Holztafel, 90,0 × 128,0 cm
Galerie Füssl & Jakob, München
rechts:
Ausschnitt der rechten oberen Bildhälfte — Bayenturm und St. Severin (?)

Darstellung des festlichen Empfangs der Braut des Herzogs Johann Wilhelm von Jülich-Berg, Antonia von Lothringen, 1599

Augustin Braun
(1570 Köln—1622 Köln)

Die Stadt Köln gibt hier eine prächtige Kulisse für ein besonderes Ereignis ab, das ihr im Jahre 1599 zuteil wurde und das eine Menge schaulustiger Kölner ans Ufer trieb. Die Stadt ist in einem weiten Bogen, der wie der Ausschnitt eines Kreises aussieht, angeordnet. Vom Bayenturm bis zur Kunibertstorburg wird die Stadt mit ihren wichtigsten Gebäuden vorgeführt. Diese prächtigen Bauten, die alle beschriftet sind, erheben im Detail sicherlich keinen Anspruch auf Genauigkeit. Zahllose Schiffe sind zwischen Deutz und Köln unterwegs, um einen hohen Gast vor der Stadt und in der Stadt zu begrüßen: Antonia von Lothringen, die Braut des Herzogs Johann Wilhelm von Jülich-Berg, machte auf ihrer Reise nach Düsseldorf in Köln halt und wurde vom Rat der Stadt empfangen. Das Haus des Bürgermeisters Arnold von Siegen, in dem die fürstliche Braut abstieg, ist unter den übrigen Gebäuden besonders hervorgehoben und durch eine Beschriftung gekennzeichnet: »Des Hern Burgermaisters Siegen behausung in welchem die Furstliche braut iren abstandt genummen«. Das berühmte seit 1541 aus mehreren Häusern vereinigte Anwesen lag am Holzmarkt. Die Kölner waren an solche fürstlichen und kaiserlichen Aufmärsche gewohnt, denn immer wieder

Dic Stadt Köln hat offensichtlich alles aufgeboten, um einen standesgemäßen Empfang zu bereiten. Am Ufer in der Höhe des Bayenturms und in der Höhe des Kunibertbollwerks haben feuernde Batterien Aufstellung genommen. Böller- und Freudenschüsse gehen auch vom Bayenturm, von der Kunibertstorburg, von zahlreichen Booten und Schiffen aus, ja, sogar von den Strommühlen werden die Freudenschüsse erwidert. In einem Geleitzug wird die fürstliche Braut, deren Schiff bezeichnet ist, und die unter einem Baldachin die zahlreichen Ehrungen annimmt, an der Stadt vorbeigeleitet. Überall gibt es Zuschauer: Auf dem Werthchen, am Ufer und sogar auf der Deutzer Seite. Der 5. Mai 1599 war für Köln ein ganz bedeutender Tag, und ihn werden die vielen Zuschauer so schnell nicht vergessen haben, zumal dieses Gedenkblatt daran erinnerte.

Das Blatt ist überschrieben: »O FOELIX AGRIPPINA NOBILIS ROMANORUM COLONIA«. Unter dem Bild eine ausführliche Erklärung zu der Darstellung: »Eygentliche Contrafactur vnnd abriss, mit was stattlicher pracht vnd eheren ein Hochweiser Rhatt der statt Colln am Rhein, die Durchleuchtigst vnd auss dem hochloblichen hauss von Lothringe hocgeporne Furstinne ANTONIAM, Furstliche Spons vnd Brautt des Durchleuchttigsten Hochgepornen Fursten vnd hern hern Hansen Wilhelm Hertzog zu Cleue, Geulich vnd Berge entpfangen«. Darunter ein sechsstrophiges Gedicht: »ANTHONIA ein Hertzogin / Geborn aus dem haus Lotharing / Johan Wilhelm von Cleuf vertrawt / Als seiner furstlich Gnaden braut / Beleit von manch gut Edelman / Statlich zu Colln kommen an / Vier fähnlein burger wolgerust, / Schoßen so dapffer das ein lust / Groß feurwerck grobe stuck darbey, / Am ufer machen groß geschrey. / Als wen die stadt solt undergehn / Ist am funfften tag May gesehen./

kamen hohe und herrschaftliche Gäste in die Stadt. Die Kölner liebten solche Aufmärsche und solche öffentlichen Veranstaltungen, beteiligten sie sich doch in großer Zahl jährlich an der Römerfahrt, an den zahlreichen Prozessionen, an den Umzügen der Schützenbruderschaften und an öffentlichen Huldigungen.

Da sie nu solt fahren herab, / Nach drey Wochen sich auch begab, / Das man der Furstin gabs geleit / zwelff grobe stuck stunden bereit / Untter Rhein bey Sanct Cunibert. / Veil... neben auff der erdt / zu machen freud und groß gedöhn, / Als die braut solt langs fahren schön / Godt gibt ihr gluck und seligkeit / Ein

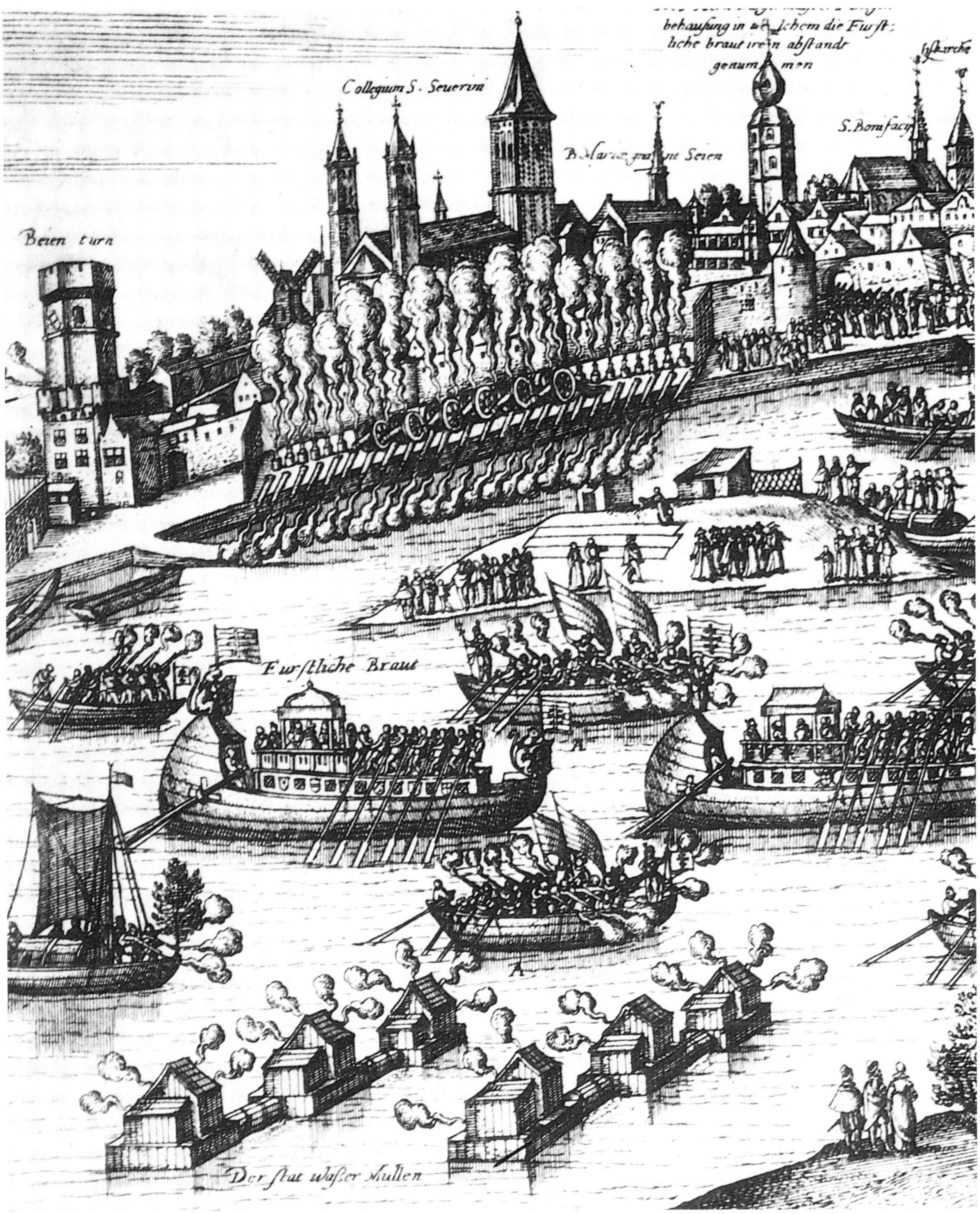

vingen Erb fursichtigheit / Friedt zu schaffen in ihrem landt / Das kreig und unruhe werdt gewandt.«

Augustin Braun war in Köln um die Jahrhundertwende ein bedeutender Künstler, der zahlreiche Aufträge in den Bereichen von Malerei und Kupferstich ausführte.

Kupferstich, 23,2 × 53,9 cm
Köln,
Kölnisches Stadtmuseum,
Inventarnummer A I 2/25

Große Kölner Stadtansicht mit der Rheinfront vom Bayenturm bis zur Kunibertstorburg, um 1610 (?)

Michel L. Birboum
(1608—1612 nachweisbar tätig)

Der Künstler, dessen großer Antwerpen-Prospekt 1612 ebenfalls in Köln (bei »Petter Ouerraht«) erschien, war keiner der ganz großen Zeichner und selbständigen Künstler. Es besteht kein Zweifel daran, daß er sich bei dieser Kölner Stadtansicht hauptsächlich an dem großen Vorbild des Woensam-Stiches von 1531 (Abb. S. 118 ff.), orientiert hat. Erstreckung der Stadt, Anlage des Bildes, Perspektive, Dimensionen und Verhältnis der Gebäude zueinander stimmen mit Woensams Meisterwerk weitgehend überein. Doch ist dieser Kupferstich grober gearbeitet, oftmals sehr vereinfachend und wahrscheinlich nicht von der besten Ortskenntnis der Stadt und ihrer Gebäude getragen. Wenn man zum Beispiel den Dom auf beiden Blättern vergleicht, dann sucht man bei Birboum vergeblich das reiche Strebewerk mit Strebebögen und Fialen. Vergleiche von Groß-St.-Martin, Maria im Kapitol, St. Severin und St. Kunibert auf beiden Blättern machen diese verschleifenden und entstellenden Unterschiede noch weiter deutlich. Das Häusermeer ist zwar wiedergegeben, doch merkt man, daß dies ohne große Mühe um topographische Genauigkeit geschah. Andererseits muß er doch bestimmte Eigenheiten des Stadtbildes genauer wahrgenommen und gekannt haben, so wenn er zum Beispiel die Mühle auf der Ulrepforte, die Woensam wiedergibt, fortläßt und stattdessen die Bottmühle ins Bild nimmt oder die Kranen und das neue Bollwerk zeigt. Details bei den Schiffen fallen als deutliche Übereinstimmungen mit dem Woensam-Stich auf, so u. a. an der Insel und vor dem Rheingassentor, während die Strommühlen abweichend im Rhein postiert sind. Es scheint so, als habe Birboum die segmentartige Gestaltung des Ufers, dessen Torbeschriftungen, die Neubauten am Kölner Ufer und den unbefestigten Landort Deutz (TEVTSCH) wiederum Merians Stadtansicht von 1620 (Abb. S. 148) entnommen.

Mit diesem Datum stellt man natürlich die bisherige Datierung des Birboum-Blattes in Frage. Wenn man nun noch einen eventuellen dritten Paten, nämlich die große Kölner Stadtansicht des Wenzel Hollar von 1656 mit ihrer Gaffel-Liste in der unteren Reihe hinzuzieht, wäre eine Datierung in die zweite Jahrhunderthälfte näherliegender. Vom Woensamstich hat Birboum, der offensichtlich ein fleißiger Kompilator war, auch die auf Wolken schwebenden historischen und heiligen Gestalten in sehr roher vereinfachender Form übernommen. Auf eine Merkwürdigkeit sei noch hingewiesen: links unten im Strom erkennt man neben einem beladenen Kahn mehrere sehr schwach gezeichnete Häuschen, die offensichtlich unter Wasser liegen. Man fragt sich, ob dies versunkene Hütten oder ganz einfach falsch in die Platte übertragene und nicht korrigierte Mühlen sind.

Auf ganzer Breite finden wir unter dem aus drei Blättern zusammengeklebten Kupferstich auf 44 Täfelchen die Wappen und Bezeichnungen der 22 Kölner Gaffeln, die nach dem Aufstand der Zünfte (1396) und der endgültigen Abschaffung der Geschlechterherrschaft in Köln die Gewalt übernahmen. Sie waren Begründer und Träger der fortschrittlichen Kölner demokratischen Verfassung, die im Verbundbrief vom 14. September 1396 dargelegt wurde: »Im Namen der hl. Dreifaltigkeit, Amen. Wir, die Bürgermeister, der Rat von Köln und die gesamte Gemeinde, Arme und Reiche, aller in Köln eingesessenen Zünfte und Gaffeln, die hierunter namentlich aufgeführt sind (hier folgt eine Aufzählung der 22 Gaffeln mit den dazugehörigen Zünften), und alle diejenigen, die mit einer der genannten Zünfte oder Gaffeln verbunden oder auf sie vereidigt sind, ... machen allen Menschen der Gegenwart und Zukunft, die diese Urkunde sehen oder vorlesen hören, für ewige Zeiten kund ... wir uns allesamt einträchtig in Liebe und Güte verbunden haben, und wir verbinden uns mit dieser Urkunde noch fester durch die Eide, die wir auf alle Punkte und Bedingungen dieser Urkunde geleistet haben, und durch die Gelöbnisse, die zu erfüllen und zu halten Wort für Wort, wie sie hier aufgezeichnet sind.

1. Alle Ämter (= Zünfte) und Gaffelgesellschaften, eins mit der ganzen Gemeinde von Köln, ... geloben und verpflichten sich durch diese Urkunde, dem jeweiligen Rate der Stadt Köln treu und beständig ergeben zu sein und ihm Macht zu geben und zu lassen in allen Angelegenheiten ...« (Historisches Archiv der

Stadt Köln, Haupt-Urkunden-Archiv, 5788). Die 22 Gaffeln — jeder Bürger der Stadt mußte Mitglied in einer solchen Gaffel sein — wählten und entsandten 36 der insgesamt 49 Ratsmitglieder. Die restlichen 13, das sogenannte »Gebrech«, wählten sich diese Ratsherren dann noch zu. Der Kupferstich ist ein Zeichen dieser engen Verbundenheit zwischen Gaffeln und der Stadt, mit der sie sich identifizierten.

Das Bild ist oben bezeichnet: COLONIA AGRIPPINA. Am unteren Bildrand die Bezeichnung ML. Birboum fe. 1699 erschien ein Exemplar dieses Kupferstiches »Cölln, Bey Martin Fritz auf dem Thum-Hoff in den HH. 3 Königen zu finden«.

Kupferstich auf drei zusammengeklebten Blättern, 20,5 × 99,6 cm
Köln,
Kölnisches Stadtmuseum
Inventarnummer A I 2/28

oben:
Ausschnitt des mittleren Bildteils — von St. Jacobus bis zum Domchor mit St. Maria ad gradus

unten:
rechter Bildausschnitt — von St. Maria ad gradus bis zur Kunibertstorburg

Ansicht von Deutz aus, 1620

Matthaeus Merian d. Ä.
(1593 Basel—1650 Schwalbach)

Es fällt auf, daß in dem Band seiner Topographia Germaniae, der die Erzbistümer Mainz, Trier und Köln (1646) behandelt, nur ein Grundriß, ein Plan der Stadt Köln, nicht aber eine Ansicht vom Rheine aus enthalten ist. Doch hat Merian bereits 27 Jahre vorher, wie man annimmt auf seiner Reise von Paris nach Frankfurt, die Metropole am Rhein besucht und aufgenommen. 1620 erschien sein Kupferstich, verlegt von dem Kölner Kupferstichhändler Gerhard Altzenbach. Altzenbach war ein sehr geschäftstüchtiger Verleger, der in Köln vermutlich über drei Verkaufsstellen verfügte: auf dem Domhof, in der St.-Maximin-Straße und am Minoritenkloster. Er verlegte auch die Blätter vieler anderer Künstler wie Aubry, Toussyn oder Hollar (vgl. Abb. S. 171 ff.) und stand wohl auf bestem Fuße mit dem Kölner Rat, erhielt er von diesem doch Geldzuweisungen (so im Dezember 1634 und 1635), und die Ratsherren von ihm zum Neuen Jahr jeweils Kalender und Stadtansichten. Möglicherweise handelt es sich bei dem vorliegenden Kupferstich um ein solches Neujahrspräsent.

Merian hat die Stadt 1620 anders als in seiner Darstellung der Deutzer Pulverexplosion (1632) (Abb. S. 153) wiedergegeben: während er später die Stadt an einer leichten Strombiegung gelegen zeigt, steht er hier der Tradition des Manuel Deutsch von 1548 (Abb. S. 126) noch wesentlich näher und zeigt eine starke Krümmung. Sein Standort ist eine gedachte Anhöhe östlich von Deutz, so daß der Blick über den rechtsrheinischen Ort und über den Rhein auf die Stadt Köln schweifen kann.

Durch den hochgelegten Augpunkt sieht man nicht nur die Rheinfront der Stadt mit ihren Mauern, Türmen, Toren, Kranen und den zahlreichen an oder auf die Mauer gebauten Giebelhäusern, sondern auch den Binnenbereich. Da liegen zahllose Bürgerhäuser, zwischen denen sich die Kirchen und Türme hochrekken. In diesem Stadtbild zwischen Bayenturm und Kunibertstorburg, einer Art Standardansicht, wird die Hauptwirkung einmal durch die beherrschenden Bauten im Vordergrund wie St. Severin, Klein-St.-Martin, dem Domkomplex und St. Kunibert, durch deren Höhe, Genauigkeit der Beschreibung und kräftigere Hell-Dunkel-Wirkung erzielt. Zum anderen aber machen Türmereichtum und Häusermeer einen bestimmenden Reiz aus, vermitteln dem Bilde in der Tiefe etwas Filigranhaftes. Wenn auch Licht und Schatten sehr bewußt um der Beschreibung und der Bildwirkung willen eingesetzt wurden, ist die Perspektive noch nicht voll beherrscht, kommen Verzerrungen noch vor. Das sieht man am deutlichsten an der Wiedergabe der Rhein-Bollwerke.

Alle wichtigen kirchlichen und profanen Gebäude sind durch Beischriften gekennzeichnet. Vor allem wurde der aktuelle Zustand porträtiert: die Bastionen um Deutz, am Bayen- und Kunibertsturm sind noch nicht errichtet, wohl aber die Bastion S. Georg (hier als »New boll werck« bezeichnet) und das 1604/05 nach dem Plan von Johannes Pasqualini angelegte sogenannte neue Bollwerk (hier als »gross bol werck« bezeichnet) (vgl. Abb. S. 181). Dieser übereck stehende mächtige Wehrbau lag nordöstlich von Groß-St.-Martin am Rhein und wurde 1898 beseitigt. Durch die Beischrift »new Jesuiter Kirch« wird auch die ehemalige Jesuitenkirche St. Mariä Himmelfahrt als neu im Stadtbild angezeigt. Der Neubau an der Marzellenstraße wurde 1618 nach dem Entwurf von Christoph Wamser begonnen, aber erst 1629 in Benutzung genommen.

Das fein gearbeitete Blatt gibt die Stadt Köln als steinernes Gebilde ohne Bäume und ohne die damals

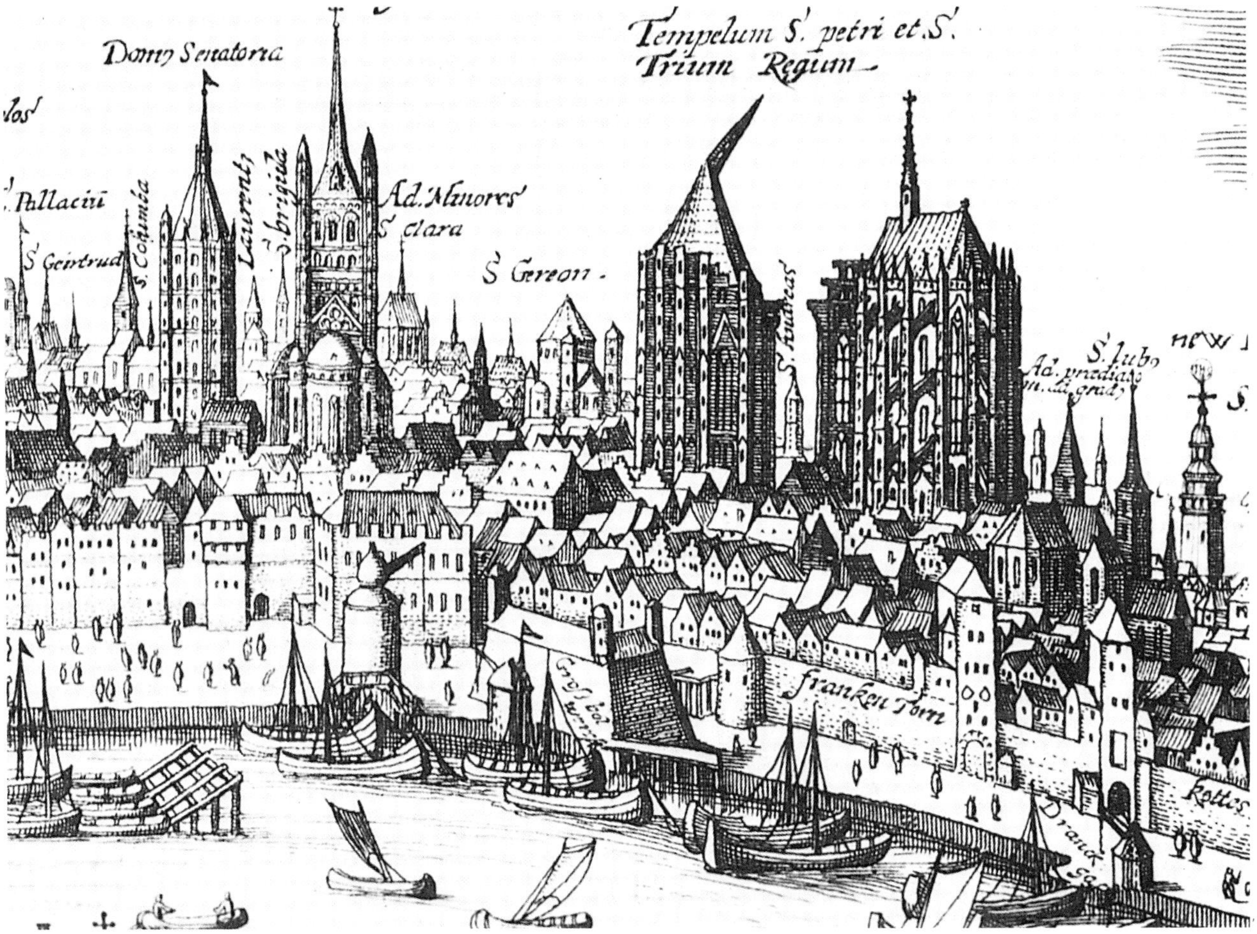

noch reichlich vorhandenen Grünflächen (so z. B. um St. Severin) wieder. Die weite Erstreckung des Stadtraumes nach Westen soll durch die dünnere und hellere Zeichnung der Gebäude im Hintergrund bewußt gemacht werden: also eine in die Zeichnung übertragene Farbperspektive. Köln ist eine Hauptstadt, eine kirchliche und weltliche Metropole, eine Stadt des Handels und der wirtschaftlichen Blüte. Vor allem am Hafen und auf dem belebten Ufer wird das deutlich, wenn man die vielen Details entdeckt: da ziehen Treidelpferde entlang, da sind Pferdekarren unterwegs, zahlreiche Menschen gehen spazieren und verfolgen das Kommen und Gehen der Schiffe. Lob und Beschreibung der Stadt mischen sich in diesem Bild, wie in dem Texte Zeillers in der Topographia Germaniae (Mainz, Trier, Köln, 1646): ». . . Im übrigen ist Cölln / wie obgemeldt / eine Reichsstadt / erkennet den Kaiser für ihren Herrn / hat ihre besondere Freyheiten / Regalien und Policey-Ordnungen / . . . Es ist Cölln auch eine Hanse-Stadt / und zwar das Haupt deren / so in den Niderlanden und Westphalen ligen. . . . Es führet Cölln in ihrem Schild drey Kronen / das dreyfache Regiment in der Stadt / als deß Herrn Ertzbischoffs / deß Raths / und deß Rectoris der Hohen Schul allda / dadurch anzuzeigen: . . .« (S. 61). Neben dem neuen Kölner Wappen und dem Reichsadler in der Mitte ist auch das alte Stadtwappen rechts abgebildet. In einer breiten Leiste unter dem Bilde werden die derzeit wichtigsten Amtsinhaber mit ihrem Wappen vorgestellt.

Links: »2. REGERENDE BVRGERMEISTER DESER ZEIDT
H. IOHAN HARDENRAHD (und) H. WILHELM HACKSTEIN

Mitte: 2. RENDTMEISTER DESER ZEIDT
H. IOHAN VON BOLAND (und) H. MELICHOR GAILL

Rechts: 2. ABGEGANGNE BVRGERMEISTER DESER ZEIDT
H. IOHAN THERLAHNG VAN LENNEP (und) CONSTANTINUS VON LEISZKIRCHEN«

Das Blatt ist links unten mit »G. Altzenbach ex.« und rechts unten mit »M. Merian fecit« bezeichnet. Ganz unten rechts die Datierung »ANNO 1620«.

Kupferstich, 16,5 × 32,5 cm
Köln,
Kölnisches Stadtmuseum,
Inventarnummer A I 2/35

Titelblatt zu den Werken des Hrabanus Maurus, 1626

Augustin Braun (Maler und Zeichner, 1570 Köln—1622 Köln)
Peter Isselburg (Kupferstecher, um 1580 (1568?) Köln—1630 ?)

Im unteren Teil dieses Titelblattes wird die Ansicht der Stadt Köln mit den Schiffen der Hl. Ursula und ihrer Gefährten wiedergegeben. Auf dem vorderen Schiff, welches mit S. VRSVLA bezeichnet ist, befindet sich die Hl. Ursula in Gesellschaft des Papstes Cyriakus, eines Bischofs und zahlreicher Jungfrauen. Die vielen Schiffe fahren stromabwärts und scheinen sich auf die Landung in Köln vorzubereiten. Die Versammlung so vieler Beter und Pilger auf den Schiffen erinnert sehr stark an die Mülheimer Schiffsprozession, die ja vermutlich seit dem 14. Jahrhundert ein wichtiger Bestandteil des Kölner kirchlichen Lebens ist.

Die Verbindung des Ursulathemas mit der Vorstellung des Stadtprospektes ist in Köln seit dem frühen 15. Jahrhundert überliefert (vgl. Abb. S. 66, 69, 74, 77, 89, 91, 97, 105, 111, 114). Diese Stadtansicht ist besonders fein und zart ausgeführt. Die gesamte Rheinfront vom Bayenturm bis zu St. Kunibert wird detailliert vorgestellt: Im Vordergrund der Bayenturm mit Ark, besonders groß und mächtig dargestellt. Es folgt dann die breitangelegte Stadt mit unzählbaren Häusern und ihren zahlreichen Türmen, besonders hoch aufragend darunter der Rathausturm, Groß-St.-Martin und der Dom. Nördlich das Werthchen, dem später ausgebauten Rheinau-Hafen, liegen viele Schiffe am Ufer. Diese porträthaft genau wiedergegebene Stadtansicht geht sicherlich auf ein sorgfältiges Naturstudium zurück. In besonders geschickter Weise ist sie in die Rahmenarchitektur des Blattes hineinkomponiert. Auf dem Rahmen über dem Stadtbild steht: O FOELIX COLONIA AGRIPPINA. Der Balken mit der Schrift bildet gewissermaßen den Architrav eines Triumphbogens, der reich gegliedert und verziert das Bild der Stadt Köln überspannt und überhöht. Über der aufwendig gestalteten Titelkartusche befindet sich als Pendant zur Ursuladarstellung die Anbetung der Heiligen Drei Könige. Die Verwendung des Stadtbildes als Titelkupfer ist im Kölner Buchdruck des 17. Jahrhunderts durchaus geläufig (vgl. Petrus Holtzemius, Pharmacopoea sive dispensatorium Coloniense, 1648. — Vergil, Aeneis, Teilausgabe, 1628. — Ägidius Gelenius, De admiranda acra et civili magnitudine Coloniae Claudiae Agrippinensis Augustae Ubiorum urbis libri 4, 1645. — Alle in der Universitäts- und Stadtbibliothek, Köln).

Diese Ursulaszene wurde offensichtlich auch für andere Veröffentlichungen verwendet, so vorher in der Beda Venerabilis: Opera, Köln 1612 (Katalog: 500 Jahre Buch und Zeitung in Köln, Köln 1965, Kat.-Nr. 95, Abb. 28). Die Lebensdaten des Kölner Kupferstechers Isselburg sind nicht genau zu ermitteln. Mit dem 1612 erstmals veröffentlichten Titelblatt beschloß er vermutlich seine Tätigkeit für Buch- und Kunsthändler in Köln und übersiedelte nach Nürnberg. Peter Isselburg muß ein zu seiner Zeit sehr bekannter und geschätzter Künstler gewesen sein, ging doch der Maler und Kunstschriftsteller Joachim von Sandrart (1606—1688), der das für die deutsche Kunstgeschichte grundlegende Quellenwerk »Teutsche Academie der Edeln Bau-, Bild- und Mahlerey-Künste« 1675 schrieb, bei ihm in Nürnberg zeitweilig in die Lehre, wie er selbst bekundet: »Peter Yselburg von Cölln bürtig, hat, als ein fürnehmer Kupferstecher in Nürnberg, wo er gewohnet, die Kunst in grosses Ansehen gebracht, wie seine vier grosse Evangelisten, sein Christus und die 12 Apostel neben vielen andern meistens grossen Stucken gnugsam bezeugen: Daher ich mich, im Anfang meiner Lehr-Jahre, bey ihm, als dem zu seiner Zeit berühmtisten teutschen Künstler Anno 1620 aufgehalten.«

Kupferstich, 31,9 × 20,5 cm
Köln,
Privatbesitz

HRABANI
MAVRI
ABBATIS primùm
FVLDENSIS, posteà AR-
CHIEPISCOPI MO-
guntini,
OPERA
Quotquot reperiri potue-
runt omnia;
à
R.D. Iacobo Pamelio olim collecta, & nunc
primum in lucem edita.
COLONIÆ AGRIPPINÆ,
Sumptibus Antonij Hierati.
ANNO
M.DC.XXVI.
O FOELIX COLONIA
AGRIPPINA
S. VRSVLA

Angriff der Schweden auf Deutz, 1632

Matthäus Merian d. Ä.
(1593 Basel—1650 Schwalbach)

Deutz ist auf der Landseite von Truppen umringt: man sieht Marschblöcke mit erhobenen Lanzen, Reitertrupps, schußbereite Kanonen mit Pferden davor. Die vorderen Blockwerke werden beschossen, schwach wird das Feuer erwidert. Während St. Urban in einer großen Rauchwolke in die Luft fliegt — der abkippende Turm und herumfliegende Menschen sind genau wiedergegeben —, ziehen im Westen schon schwedische Sturmtruppen an den Bollwerken vorbei zum Ufer. Auch vom linksrheinischen Ufer wird vereinzelt geschossen. Durch das Tor rechts stürmen schießende Truppen in die Stadt. Köln ist in seiner ganzen Türmevielfalt dargestellt: die wichtigsten Gebäude und Kirchen vom Bayenturm bis St. Kunibert sind namentlich gekennzeichnet. Sehr interessant im Strom die aufgereihten 10 Strommühlen. Die Stadt Köln, in Dimensionen und Details genau wiedergegeben, dient hier eher als Hintergrund für das kriegerische Vordergrundsgeschehen. Die Szene wurde von einer gedachten Anhöhe in Deutz aus gezeichnet. Von dieser angenommenen Höhe ziehen noch weitere Truppen nach unten in die Schlacht.

Über dem Bilde die Beischrift: »Abbildung der Statt Cöln: und der gegenübergelegener new befestigten Freijheit Duijtz, sampt des Gen: Baudissin darauff geschechnen anfals 1632.« Das Blatt wurde vermutlich von einem Schüler Merians gestochen. Es steht in einem gewissen Zusammenhang mit der Ansicht von 1620 (Abb. S. 148).

Dargestellt ist also ein für Köln und Deutz bedeutsames historisches Ereignis: Die Stadt Köln, die während des Dreißigjährigen Krieges zwar ihre Neutralität erklärt hatte, aber dennoch daran ging, Deutz stärker zu befestigen, wurde von den seit November 1632 heranrückenden Schweden aufgefordert, damit einzuhalten. Nach Ablehnung durch den Rat wurde Deutz am 20. Dezember 1632 schließlich von den schwedischen Truppen unter Führung des Grafen Baudissin eingenommen. Bei diesem Streich und der folgenden Plünderung explodierte das in der Pfarrkirche St. Urban untergebrachte Pulvermagazin und kostete 300 Menschen das Leben.

Während in Merians »Theatrum Europaeum« Band II (1. Edition von 1633, S. 648; 2. Edition von 1637, S. 688), zu dem dieses Blatt gehört, berichtet wird, ein von den Kölnern in St. Urban gefangen gehaltener schwedischer Soldat habe die Explosion verursacht, erzählt der Deutzer Benediktinerpater Rupertus Hollwegh folgendes: ». . . Am folgenden Tag, welcher war der 22. Dezembris, lagen die Köllnische Wachtschützen auff dem Kirch-Hoff und worfen (weiß nicht auß was Ursach) Fewer in die Pfarr-Kirch. Dieses fiel in das Pulver, welches die Schweden dorten hinterlaßen hatten, und sprengte die Kirch in die Lufft . . .« (Historie der Schmertzhaffter Mutter Mariä zu Kalk, 1715). Die Original-Druckplatte hierzu befindet sich im Kölnischen Stadtmuseum.

Kupferstich, 24,2 × 33,8 cm
Privatbesitz

links:
Ausschnitt des mittleren Bildteils — vorne St. Urban in Deutz im Augenblick der Explosion, oben die Stadt Köln von der Augustinerkirche (links) bis zum Domturm mit Kran

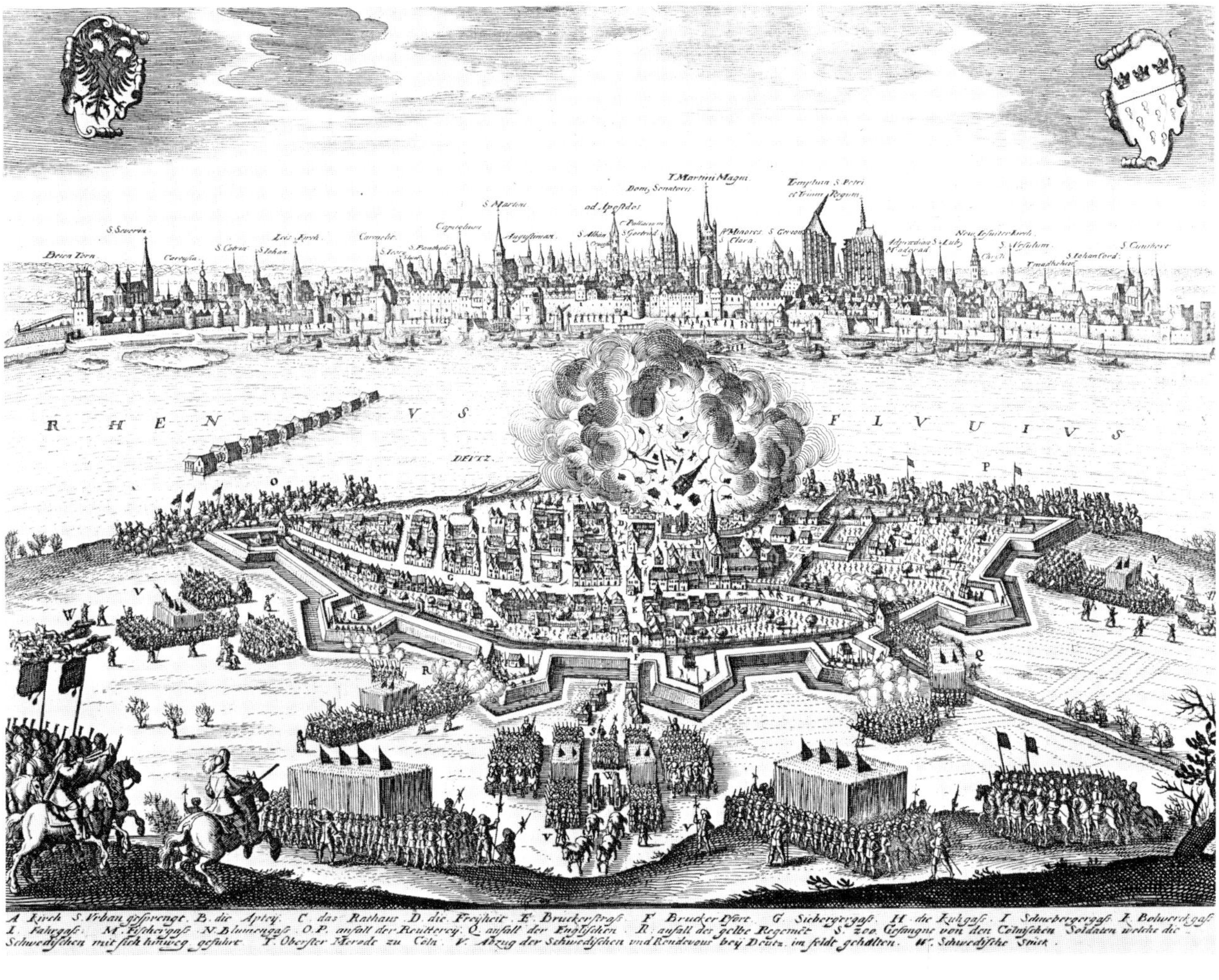
RHENVS FLVVIVS
DEUTZ
A Kirch S. Vrban gesprengt. B. die Aptey. C. das Rathaus. D. die Freyheit. E. Bruckerstraß. F. Brucker Pfort. G. Siebergergaß. H. die Kuhgaß. I. Schnebergergaß. K. Bolwerckgaß.
L. Fahrgaß. M. Fischergaß. N. Blumengaß. O.P. anfall der Reutterey. Q. anfall der Englischen. R. anfall des gelbe Regemët. S. 200. Gefangne von den Cölnischen Soldaten welche die
Schwedischen mit sich hinweg gefuhrt. T. Oberster Merode zu Cöln. V. Abzug der Schwedischen vnd Rondevous bey Deutz im feldt gehalten. W. Schwedische Stück.

Ansicht der Stadt Köln mit dem Angriff des Generals Baudissin auf Deutz, 1632

Unbekannter Meister

Sichelförmig liegt am anderen Ufer die Stadt Köln. Der Standpunkt des Betrachters ist aus einer gedachten Höhe östlich von Deutz angenommen. Durch die Vogelschauansicht wirkt die Stadt Köln ein wenig in die Schräge geklappt, so daß ihre halbkreisförmige Erstreckung nach Westen andeutungsweise mitgeteilt wird. Dicht zusammengedrängt erheben sich die vielen Kirchen, Kapellen, Klöster und Stifte in den Himmel. Am markantesten wirkt auch hier die Gruppe mit dem Dom, Groß-St.-Martin und dem Rathausturm. Darüber die Inschrift: »Eigentliche Abbildung des H: Romischen Reichsfreyer Statt Cöln wie auch der gegen uber gelegener Freyheit Duytz, und des Baudischen den 21. Decmb. 1632 darauff gschen anfals.« In der linken oberen Ecke der Kölner Bauer mit dem Reichswappen und darüber der ihm zugeordnete Spruch: »Halt dich fein Jungfraw seuberlich Geist und weltlich bulen umb dich.« Im rechten beigelegten Spruch: »Halt dich fest Keiserlicher Baur Beim Reich es fall süß oder saur.«

Der ungewöhnlich breite Raum, den die Darstellung der Stadt Deutz einnimmt, macht deutlich, daß der Schwerpunkt der Bilderzählung hier auf einem anderen Geschehnis liegt. Die Stadt Köln dient nur als Kulisse und Hintergrund für die bildliche Mitteilung der kriegerischen Auseinandersetzung um Deutz im Dezember 1632 (vgl. Abb. S. 152 f.). Als sich die Kriegsfurie des Dreißigjährigen Krieges dem Rheinland und der Stadt Köln näherte, wurde der Flecken Deutz auf Kölner Ratsbeschluß vom 16. Februar 1632 zur Festung ausgebaut. Auf diesem Kupferstich wirken die Festungsanlagen freilich etwas schmächtiger als auf der Darstellung Merians. Was die Beschreibung des Festungsinnenraumes allerdings angeht, so stimmen beide Bilder weitgehend überein. Hier wie dort liegen auch Tote auf den Straßen, fliegt St. Urban in die Luft, ziehen Truppen in die Stadt, andere verlassen sie fluchtartig. Es scheint so, als habe der unbekannte Zeichner und Kupferstecher zwei zeitlich auseinanderliegende Ereignisse in einer Darstellung zusammengefaßt. Der Einzug von Reitertruppen, feldseitig durch ein offenes Stadttor und auch die Erstürmung durch Reitertruppen, die vom Rheine her die Stadt eroberten, entsprachen wohl der historischen Wahrheit. So soll nämlich am Abend des 20. Dezember 1632 der schwedische General Graf Baudissin in Deutz eingefallen sein, weil die Kölner Besatzung es vergessen hatte, ein Tor zu schließen. Auch die Sprengung der Pfarrkirche St. Urban, die als Pulvermagazin diente, hat sich tatsächlich zugetragen (vgl. Abb. S. 152). Dabei war nach wie vor ungesichert, ob die Explosion durch Beschießung aus dem gegenüberliegenden Köln oder durch die Unachtsamkeit eines schwedischen Soldaten, der in der Kirche war, verursacht wurde. Ersteren Standpunkt vertritt Pater Rupertus Hollwegh (Historie der Schmertzhaffter Mutter Mariä zu Kalk, 1715), den zweiten Merian (Theatrum Europaeum, 1650). Auf unserer vorliegenden Darstellung sind die Schußlinien vom Bayenturm, vom Kunibertsturm und von den beiden Bollwerken genau eingezeichnet. Die gerade explodierende Urbanskirche wird nicht getroffen.

Wenn auch dieses Blatt immer wieder als Angriff der Schweden auf Deutz beschrieben wird, so kann sich dies nur auf die kriegerischen Vorgänge zu Lande beziehen. Die über den Rhein setzenden zwölf Boote — weitere werden vermutlich drüben noch beladen, dort, wo viel Volk zusammengelaufen ist — werden in der beigefügten Legende in der rechten unteren Ecke ausdrücklich als »Der entsats von Cöllen« bezeichnet. Pater Rupertus Hollwegh schildert den Vorgang folgendermaßen: ». . . Unterdessen plünderten die Schweden das Gotteshaus von oben bis unten aus. Sie trugen den Wein in das Refektorium und füllten damit große Waschbütten, da soff, wer nur ein Maul hatte. Die Kölnischen schossen mit Kanonen stark auf die Schweden. Auch wurden die Bürger, Soldaten und Handwerker in der Nacht durch Trommelschlag versammelt; sie setzten auf St.-Thomas-Tag am frühen Morgen mit vielen Schiffen über und trieben die Schweden aus der Abtei und aus Deutz . . .« Dagegen wird im Theatrum Europaeum berichtet, daß erst nach dem Abzug der Schweden ». . . etlich volk und junges gesindlein von Cöln zu schiff getretten, über den Rhein zu fahren und an den baudischen große thaten zu verüben . . .«

Jedenfalls kann die Simultandarstellung der zu verschiedenen Zeiten erfolgten Ereignisse nicht der Wirklichkeit entsprochen haben. Nach Aussage der Chronik der Deutzer Abtei (übersetzt von Wilhelm Becker, in: Rechtsrheinisches Köln, Köln 1980) hat sich die Kölner Besatzung nach dem Handstreich des General Baudissin am 20. Dezember 1632 auf dem befestigten Kirchhof und in die Pfarrkirche St. Urban zurückgezogen und hat diese auch halten können. Am 21. Dezember 1632 wurden die Schweden von Köln aus beschossen und zogen ab. Erst am 22. Dezember 1632, als keine Schweden mehr in der Festung waren, sprengten die »Colnischen Wartschützen« den Turm in die Luft. Es ist also an der Zeit, die Geschichte von Köln und Deutz in diesem Punkte zu korrigieren.

Kupferstich, 29,5 × 35,5 cm
Köln,
Kölnisches Stadtmuseum,
Inventarnummer A I 2/40

Halt dich fein Jungfraw seuberlich
Geist und weltlich bulen umb dich.
Eigentliche Abbildung des H: Römischen Reichs freyer Statt Cöln wie auch der gegen
uber gelegener Freyheit Duytz, und deß Baudischen den 24 Decemb. 1632. dar auff gschehen anfals.
Halt dich fest Keiserlicher Baur
Beim Reich, es fall süß oder saur.
RHENUS
FLUVIUS
A die Kirch zu S: Urban
D die Freyheit
E. Brucken strass
I Schneberger gaß
T.V. Reißaus des

Verherrlichung der Trinität durch Heilige der Stadt Köln, um 1635

Johann Hulsmann
(Urkundlich nur 1640 nachzuweisen; nach Daten auf seinen Bildern zwischen 1634 und 1644 in Köln tätig)
Johann Toussyn
(1608 Köln, 1631 Mitglied der Kölner Malerzunft, verstarb in Oppenheim)

Dieses großformatige Leinwandbild wurde für den Sebastiansaltar von St. Gereon gemalt und trägt alle charakteristischen Züge barocker Malerei. Es ist eines jener im 17. Jahrhundert so sehr beliebten Verherrlichungsbilder. Dargestellt ist die Verherrlichung der Heiligen Dreifaltigkeit durch die Heiligen der Stadt Köln über der weiten Stadt- und Rheinlandschaft. Das Gemälde ist in etwa sechs waagerechten Zonen übereinander aufgebaut. Unten über der Stadtlandschaft Köln in einem schmalen Streifen das Umland mit dem Rheinlauf von Süden kommend. Darüber die erste Zone der Heiligen: links der Hl. Sebastian mit den Pfeilen als seinen Marterwerkzeugen und ganz rechts die Hl. Helena mit ihrem Attribut, dem Kreuz Christi. Da sie als die legendäre Stifterin der Stiftskirche St. Gereon galt, steht vor ihr das Modell dieser Kirche. Zwischen ihr und dem Hl. Sebastian mehrere heilige Kölner Bischöfe, darunter der Hl. Kunibert in Ornat und Mitra, rechts neben sich das Modell der Kirche St. Kunibert, in seiner Nähe St. Severin, auf das Modell dieser Kirche weisend. Etwas weiter rechts, stehend und ohne Mitra, Ferdinand von Bayern, der damalige Kurfürst und Erzbischof von Köln (1577—1650). In der Ebene darüber drängen aus dem Hintergrund Scharen von Heiligen nach vorne. Auf der linken Seite sind dies offensichtlich St. Gereon und St. Mauritius mit der Thebäischen Legion, denen auf der rechten Seite die Hl. Ursula mit ihren Gefährten und Begleiterinnen gegenüberstehen. In der Zone darüber schweben auf Wolken Engel, links auch St. Petrus und Paulus und rechts die Hl. Drei Könige. Bekrönt im halbrunden Abschluß wird diese Szene von der Gruppe der Dreifaltigkeit mit Christus links, Gottvater rechts und der zwischen ihnen schwebenden Taube. Links vor ihnen kniet Maria, die Mutter Christi. Es sind hier also alle für das Wohlergehen und das Heil der Stadt Köln wichtigen Heiligen versammelt, darunter Stadtpatrone, Kirchenpatrone und Altarpatrone. Sie alle fungieren als Schutzheilige der Stadt, so, wie wir es auf der Tafel des Meisters der Verherrlichung Mariae bereits kennengelernt hatten (Abb. S. 83).

Während man das Figurale dieses Bildes, also die Verherrlichung der Trinität durch die Heiligen, dem Kölner Maler Johann Hulsmann zuschreibt, hat man gute Gründe, für die Stadt- und Landschaftsdarstellung als Autor Johann Toussyn, einen ebenfalls kölnischen Künstler, anzunehmen. Hulsmann stand ebenso wie die meisten anderen kölnischen Künstler völlig unter dem Einfluß von Peter Paul Rubens, der hier in Köln ja seine Kinderjahre verbracht hat, und der im Jahre 1636 den Auftrag für das große Altargemälde mit der Kreuzigung Petri in der Pfarrkirche St. Peter in Köln von Eberhard II. Jabach erhielt. Toussyn dagegen orientierte sich in seinen Landschaftsdarstellungen offensichtlich stärker an der niederländischen Malerei, an deren Farb- und Luftperspektiven, so wie an deren Fähigkeit, besonders weiträumige Landschaften wiederzugeben.

Die Stadt Köln ist in ihrem Umland von einer gedachten Anhöhe im Norden der Stadt, etwa in der Höhe des Thürmchens, dargestellt. Im Vordergrund eine Personenstaffage: Reisende zu Fuß, zu Pferde und mit dem Karren zur Stadt Köln ziehend. Toussyn wählte vermutlich diesen gedachten Punkt, um einmal einen Vordergrund zu haben, zum zweiten den Überblick zu gewähren und vor allem, um die Krümmung des Rheins wiederzugeben. Am Kunibertsbollwerk beginnt die Stadt, hier geht der Feldweg in eine Uferstraße über und sie zieht sich in diesem weiten, charakteristischen Bogen bis links hinüber zum Bayenturm. Ein Häusermeer liegt vor uns: Giebel an Giebel in langen Straßenzügen gereiht. Daraus erheben sich die wichtigsten Kirchen und öffentlichen Gebäude burgengleich. Vorne St. Kunibert, dahinter der Chorturm der neuen Himmelfahrtskirche, die 1629 in Benutzung genommen wurde. Links davon Domturm und Domchor. Hinter ihnen die türmereiche Baugruppe von St. Aposteln, weiter links St. Kolumba, die Minoritenkirche und ganz weit im Hintergrund an der Westmauer St. Pantaleon, weiter nach vorne der Turm des Rathauses und Groß-St.-Martin, zwischen ihnen die Türme von St. Maria im Kapitol. Noch weiter links St. Maria Lyskirchen und in der Nähe des Bayenturmes die charakteristische Silhouette von St. Severin. Sehr gut kann man von hier oben den Verlauf der Mauer zur Landseite in dem weiten Bogen verfolgen. Deutlich erkennt man auf ihrer Südseite drei Mühlen: links die Bottmühle, dann die Mühle auf der Ulrepforte und schließlich die Pantaleonsmühle. Vor Groß-St.-Martin das Bollwerk mit dem Stapelhaus und dem Stapel, dicht umlagert von Schiffen und ihrem Mastenwald. Ruhig ziehen ein paar Segel- und Ruderboote auf dem spiegelglatten Rhein. Am anderen Ufer liegt Deutz, das aussieht wie ein befestigter Park. Man sieht die Bastionen, die 1632 begonnen, 1643 aber erst vollendet wurden. Dazwischen lag der Überfall der Schweden unter ihrem Feldherrn Baudissin am 20. Dezember 1632. Damals wurde die Pfarrkirche St. Urban in die

Leinwand, 244,0 × 140,0 cm
Köln,
Basilika St. Gereon

Luft gesprengt, und 300 Menschen kamen dabei ums Leben (vgl. Abb. S. 153, 155). Auf unserem Bilde steht nur noch der Turm der Pfarrkirche St. Urban. Erst 1637 begann man mit dem Neubau von Chor und Schiff. Auch das Kloster St. Heribert erscheint hier als kleine, bescheidene Anlage mit der Kapelle, die von Abt Gerhard Foller (1595—1625) errichtet worden war. Die ehemalige Abteikirche mit ihrem schönen Zentralbau (vgl. Abb. S. 77, 116, 126, 141) wurde in dem truchsessischen Krieg 1583 bereits eingeäschert, und ihre stehengebliebenen Reste wurden auf Befehl des Kölner Rates im gleichen Jahre abgetragen.

Von hier oben kann man den Blick weit schweifen lassen über die rheinische Landschaft mit dem windungsreichen Rhein, an dem zur Linken im Hintergrund das Siebengebirge und zur Rechten die Stadt Bonn liegen. Weiter nach rechts erstrecken sich Vorgebirge und Ausläufer der Eifel. Das Gemälde ist von einem ganz eigenartigen Reiz, und Toussyn hat es verstanden, die Atmosphäre dieser rheinischen Landschaft ein wenig spüren zu lassen.

Die Ikonographie des Gemäldes, die Schutzheiligen über der Stadt Köln, findet ihre Begründung in der Stiftung des Sebastiansaltares. Der Altar wurde nämlich von Alexander Simonis, Propst an St. Kunibert und Kanonikus an St. Gereon, aus Dankbarkeit und zur Erinnerung an den Umstand, daß Köln von den Schweden nicht erobert wurde, gestiftet. Die Kölner, die am 14. Januar 1632 bereits ihre Neutralität erklärt hatten, hatten mächtig Angst vor den Schweden, die ja das kleinere Deutz schließlich im Dezember 1632 auch einnahmen. Ganz entgegen der bisherigen Politik hat Köln den Bau der Bastionen seit 1632 auch selbst betrieben. Köln war noch einmal davongekommen und dankte es seinen himmlischen Fürsprechern und Schutzpatronen.

Johann Hulsmann/
Johann Toussyn,
Verherrlichung der Trinität, 1635.
Rechte untere Bildhälfte: Groß-St.-Martin bis Kunibertstorburg

Vermählungsanzeige, 1643

Johann Eckhard Löffler
(Tätig in Köln um 1630—um 1675)

Das Brautpaar, äußerst vornehm gekleidet, reicht sich die Hände. Aus ihrem Munde gehen Strahlen hervor, in deren Mitte man das Wort AMA liest. Links schreitet der geflügelte Liebesgott Amor mit der Fackel und dem Pfeileköcher vorbei; mit dem Trauring weist er auf das Brautpaar. Diese allegorische Szene spielt auf einer gedachten leichten Anhöhe. Von hier oben schaut man über den Rhein hinüber auf die Stadt Köln, die in kleinem Maßstabe, aber doch präzise dargestellt ist. Allerdings sind die Proportionen und Höhen zwischen Rathausturm, Groß-St.-Martin und vor allem dem Dom erheblich verschoben: der Chor des Domes geht fast als bescheidene Kirche im Häusermeer unter. Neben den zahlreichen Schiffen am Ufer und den Strommühlen hat Löffler noch eine wichtige neue Einzelheit im Bilde festgehalten: Am Ufer sind zwei der sechs neuen Bastionen zu sehen, die während des Dreißigjährigen Krieges um 1632 von der Stadt angelegt wurden. Möglicherweise hat sich der Künstler an einem Kupferstich von J. J. Milheuser und Gerh. Altzenbach, 1634, orientiert, doch zeigt das kleine Blatt sehr eigenständige Züge.

Löffler, der gewissermaßen ein Spezialist für Gedenkblätter war — er hat solche zu allen Gelegenheiten von der Vermählung über Doktorpromotion bis zum Sterbefall angefertigt —, hat das Stadtbild sicher auf Wunsch der Dargestellten »Gualterus Boschaert et Maria de Groote« wie darunter angegeben, einbezogen. Im Hinblick auf barocke Gewohnheiten darf man hier einen Hinweis auf den gemeinsamen Wohnort oder aber sogar eine besondere Identifikation mit der Stadt Köln interpretieren.

Kupferstich, 11,9 × 13,7 cm
Köln,
Kölnisches Stadtmuseum,
Inventarnummer G 6940a

Ansicht von Köln und Deutz aus der Vogelschau, 1635

Wenzel Hollar
(1607 Prag—1677 London)

Wenzel Hollar war einer der ganz großen Portraitisten der Stadt Köln. Dieser Sohn eines böhmischen Adligen wanderte 1627 nach Verarmung der Familie von Prag fort und hielt sich in Frankfurt vermutlich von 1627 bis 1629 auf. Dort ging er bei Matthäus Merian d. Ä. in die Lehre und lernte Zeichnen und Kupferstechen. Nach einem Zwischenaufenthalt in Straßburg 1629/30 erreichte er schließlich 1632 Köln. Hier blieb er bis zum Jahre 1636, als ihn der Earl of Arundel, Botschafter Karls I., des englischen Königs, auf einer Reise zum deutschen Kaiser in Köln traf und auf seinen weiteren Reiseweg als Zeichner mitnahm. In der relativ kurzen Spanne (1632—36) war Wenzel Hollar äußerst produktiv.

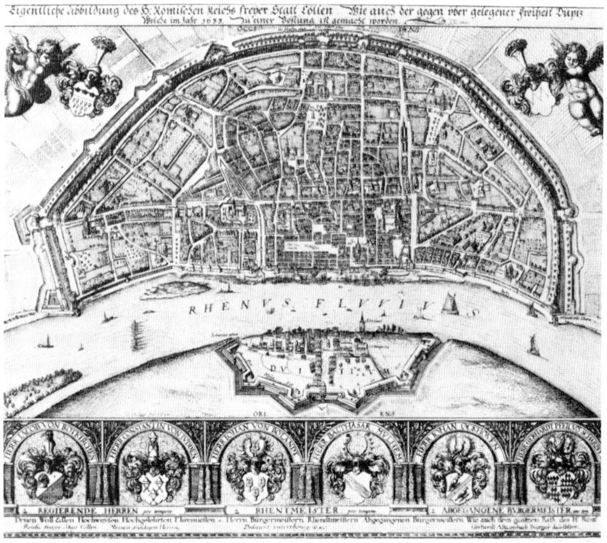

Die Stadtansicht aus der Vogelschau läßt sich gut mit den Ansichten Mercators (Abb. S. 129) und Merians (Abb. S. 162 f.) vergleichen. Diese aus einer gedachten Schwebeposition über dem heutigen Stadtbezirk Kalk aufgenommene Ansicht weicht in der Darstellung der Wirklichkeit kaum von den beiden anderen ab. Da ist die innere Kernstadt, in der die römischen Straßenzüge noch sichtbar sind, ein dicht bebautes und besiedeltes Gebiet; da wird die Stadtmauer mit der erst teilweise errichteten »neuen Fortification« genau wiedergegeben; und da wird vor allem deutlich, wie ausgedehnt die Grün- und Freiflächen innerhalb der Mauern noch sind und welcher intensiven landwirtschaftlichen Nutzung sie dienen. Ringsum längs den Mauern erstreckt sich dieses Garten- und Ackergelände, das teils von armen Bauern, die ihre kleinen Häuser an den Rändern stehen haben, teils von den reichen Stiften bewirtschaftet wurde.

Der wesentliche Unterschied zu den beiden anderen Vogelschauansichten liegt in der Plastizität der Hollar-Ansicht. Die Verbindung von Grundriß und perspektivischer Darstellung der Architektur lag Wenzel Hollar offensichtlich so sehr, daß er selbst in eine so nüchterne und objektiv vorgegebene Darstellung noch persönlich Charakteristisches einbringen konnte. Der Unterschied zwischen Dichte und Weite, zwischen Architektur und Landschaft, zwischen neuem und altem Straßennetz wird nur hier so deutlich. Gerade dadurch gewinnt ein solcher lupengenauer Stadtplan an Reiz und Atmosphäre. Zahlreiche Beschriftungen erklären die wichtigsten kirchlichen und profanen Gebäude. Die Himmelsrichtungen sind an den Rändern angegeben: links MERIDIES (Süden), oben OCCIDENS (Westen), rechts SEPTENTRIO (Norden) und unten ORIENS (Osten). Am unteren Rand die Signatur »W. Hollar, fec: 1635.«

Das Blatt trägt die zweizeilige Überschrift: »Eigentliche Abbildung des H: Romischen Reichs freyer Statt Cöllen Wie auch der gegen vber gelegener Freiheit Duytz/Welche im Jahr 1633 zu einer Vöstung ist gemacht worden.« Unter der Ansicht eine Zeile mit den Namen und Wappen der amtierenden Bürgermeister und Rentmeister von Köln.

Es wurde vermutet, daß dieses Blatt als Bildschmuck zu einem Kalender gehörig als Neujahrspräsent diente. Gerhard Altzenbach, der Verleger des Blattes, hat mehrmals solche Geschenke an den Rat der Stadt Köln gemacht. Die in einer schmalen Leiste ganz unten angebrachte Widmung scheint das zu bestätigen: »Denen Woll Edlen, Hochweysen, Hochgelehrten, Ehrenuesten, etc: Herrn Bürgermeistern, Rhendtmeistern: Abgegangenen Bürgermeistern, Wie auch dem gantzen Rath, des H: Röm: Reichs freyer Statt Cöllen, Meinen gnädigen Herren, Dediciert vnterthönig. Gerhardt Altzenbach Bürger daselbsten.« Auch in den Protokollen der Kölner Ratsverhandlungen (82, 687b) findet sich ein Hinweis, der wohl nur mit diesem Blatt in Verbindung gebracht werden kann: »1635 Dec. 5. Gerhardt Altzenbach hat einem ers: rat des jahrs 1636. Calendaria in kupferstück mit abriss der Stadt dediciren und jedem herrn ein exemplar praesentiren lassen, darauf demselben allermassen wie vorm jahr zwölf reichstlr. zur verehrung auß der guedeßtages rentcammer zu zahlen bevohlen.«

Kupferstich, 26,1 × 31,7 cm
Köln,
Kölnisches Stadtmuseum,
Inventarnummer AI 1b/11

rechts:
Ausschnitt des mittleren Bildteils — im Vordergrund das befestigte Deutz, oben die Stadt Köln vom Holzmarkt (links) bis zum Dom und St. Lupus

Die Weyer Pfort
Die Ceron pfort
Die Vriesen port
S. Peter
Der Dom
S. Mareen
S. Vrbani
Siburger pfort
C.S Heribertus
RHENVS FLVVIV
DVITIVM
Die Neüe Fortification
ORI ENS

Plan der Stadt Köln aus der Vogelschau, 1646

Matthaeus Merian d. Ä.
(1593 Basel—1650 Schwalbach)

Matthaeus Merian d. Ä. war der bedeutendste deutsche Illustrator des 17. Jahrhunderts. Er war Kupferstecher, Radierer und Verleger in Frankfurt, nachdem er ab 1609 in Zürich, ab 1613 in Nancy gelernt hatte — und nach Studien in Paris, Stuttgart und den Niederlanden. In Frankfurt heiratete er 1618 die älteste Tochter des Verlegers J. T. de Bry, dessen Geschäft er nach dessen Tode 1623 übernahm. Die Firma blieb schließlich bis 1726 in Familienbesitz der Merians. Von 1627 bis 1629 arbeitete Wenzel Hollar (vgl. S. 160) in seiner Werkstatt, die zu den produktivsten der Zeit gehörte. Zwischen 1625 und 1630 veröffentlichte Merian seine Illustrationen zur Bibel, 1633 begann er mit der Folge »Theatrum Europaeum« und ließ schließlich zwischen 1642 und 1688 sein Hauptwerk, die »Topographia Germaniae« folgen, die das bis dahin umfangreichste topographische Werk überhaupt darstellte

und zu schneller und dauernder Berühmtheit führte. Gerade heute greift man teils mit Vergnügen, teils aus fachkundlichem Interesse immer wieder auf diese Dokumente zurück.

Diese in 46 Jahren abgeschlossene Reihe der »Topographia Germaniae« umfaßte insgesamt 30 Bände mit 2142 Ansichten und Plänen; außerdem enthalten die Bände 92 Landkarten. Das großartige Werk, das während des Dreißigjährigen Krieges begonnen wurde, führte der gleichnamige Sohn zu Ende. In den nach politischen Landschaften geordneten Bänden findet man in vielen Fällen, vor allem bei kleineren Städten und Besitztümern, die ersten porträthaften Wiedergaben überhaupt. Insofern sind die Darstellungen von unersetzlichem historischen Wert, zumal viele von ihnen noch den längst untergegangenen Zustand vor den Zerstörungen des Dreißigjährigen Krieges mitteilen. Die Bilder sind sowohl von historischem als auch von kunsthistorischem, volkskundlichem und geographischem Interesse. Das gleiche trifft für den Text zu, der graphisch zweispaltig sehr schön gestaltet ist und von Martin Zeiller aus Ulm verfaßt wurde. Genau wie Merian auf ältere Stichvorlagen zurückgreift und diese verwertet, so zitiert und verarbeitet Zeiller ältere Städtebücher und Chroniken. Dazu gehören u. a. »deß Georgen Braunen Staedtbuchs« und »des Herrn Reckmanns Lübeckischer Chronick«, wie auf Seite 60 des entsprechenden Bandes vermerkt wird.

Das Blatt gehört nämlich zu dem 1646/75 erschienenen Bande »TOPOGRAPHIA ARCHIEPISCOPATUVM MOGUNTINENSIS, Treuirensis et Coloniensis. Das ist Beschreibung der Vornembsten Stätt und Plätz in denen Ertzbistumen Mayntz, Trier und Cöln. An Tag gegeben durch Matth: Merian, 1646«. Die Plandarstellung der Stadt Köln befindet sich zwischen den Seiten 64 und 65 des Textes über Köln, der eine interessante Mischung aus historischer, politischer und topographischer Information darstellt. Diese Vogelschauansicht läßt sich sehr gut mit der des Mercator von 1571 vergleichen, wobei einige Unterschiede ins Auge fallen: Das Straßensystem, das, von einigen Detailabweichungen abgesehen, im großen und ganzen übereinstimmt, ist im Merianstich besser erkennbar. Dafür sind im Mercatorplan die bebauten und bepflanzten Flächen deutlicher voneinander unterschieden. Merian hat links und rechts unter dem Wappen eine ausführliche Legende von »1. S. Seuering« bis »33. S. Cuniberty« und von »A. Rathhause« bis »Q. S. Cuniberts thurn«, also streng zwischen kirchlichen und profanen Gebäuden getrennt, beigegeben. Der wesentliche Unterschied zwischen beiden Blättern besteht aber in der topographisch genauen Wiedergabe der neuen Bastionen. Diese wurden 1632 von dem Ingenieur Johannes Galleus aus Lüttich geplant und von dem Werkmeister Dierix gebaut. Der Plan zeigt uns, daß diese vor der mittealterlichen Mauer liegenden Bastionen lediglich vor dem Bayenturm (vgl. Abb. 168, 172), vor dem Severinstor, vor der Ulrepforte, vor der Pantaleonspforte, vor der Bachpforte, vor dem Weyertor, vor dem Eigelsteintor und vor dem Hasengassentor am Rhein ausgeführt wurden. Rundum befestigt ist bereits Deutz, dem damals als Vorbastion auf dem rechten Rheinufer ausnahmsweise die besondere Sorge der Stadt Köln galt. Während des Schwedenkrieges 1632/41 wurde die Befestigung von Deutz als zusätzlicher Schutz der eigenen Stadt angesehen.

Kupferstich, 27,5 × 35,6 cm
Köln,
Kölnisches Stadtmuseum,
Inventarnummer AI 1b/13

COLONIA AGRIPPINA.
Cölln.
FLVUIVS
Der Rh
Duÿts.
Occidens.
Meridies.

Platzbild mit Kölner Architekturen, um 1650

Gerrit Adriaensz Berckheyde (1638 Haarlem—1698 Haarlem) und Job Adriaensz Berckheyde (1630 Haarlem—1693 Haarlem)

Der Betrachter schaut auf einen weiten, von Kirchengebäuden und Häusern umstandenen Platz. Im Vordergrund eine Marktszene; Händlerinnen haben ihre Waren auf dem Boden ausgebreitet, Käuferinnen scharen sich um sie, Pferde und Esel stehen bei der Gruppe. Links ein Ochsenkarren und vor der Mauer ein großer Brunnen. Die Kirche zur Linken soll offensichtlich St. Gereon sein. Diese aus verschiedenen Bauteilen zusammengesetzte, ehemalige Stiftskirche stammt in ihrem Kern aus dem 4./11. Jahrhundert und ist eine der interessantesten Baugruppen Kölns. Glücklicherweise geht sie nun ihrer endgültigen Wiederherstellung entgegen. Wenn die Architektur auch nicht ganz exakt wiedergegeben ist, so meint der Maler mit dem Bauteil ganz links offensichtlich die Vorhalle, dann den Zentralbau und dann den sich anschließenden frühstaufischen Ostchor mit einem Flankenturm. Unter dem Kirchengebäude im Hintergrunde rechts, in dem man schon einmal die abgebrochene romanische Mauritiuskirche sehen wollte, haben wir wohl die ehemalige Damenstiftskirche St. Maria im Kapitol, eine dreischiffige Basilika des 11. Jahrhunderts, zu verstehen. Wir schauen auf die Südseite der Kirche, deren südliche Vorhalle der Maler hier in eine westliche Position gerückt hat. Er hat also einen Zustand, den er bereits auf einem anderen Gemälde (Abb. S. 167) einmal dargestellt hatte, bewußt verfälscht bzw. verändert. Das gesamte Gemälde ist ein Phantasieprodukt. Denn niemals konnte man die beiden Kirchen in einem Zusammenhang sehen, liegen sie doch kilometerweit auseinander.

Die beiden Brüder Berckheyde, die beide an diesem Gemälde beteiligt waren— man schreibt Gerrit die Architektur und Job die Figurengruppe zu —, haben vermutlich vor 1654 eine längere Reise durch Deutschland gemacht und auf dieser Reise in Köln, Bonn und Mannheim verweilt. Gerrit Berckheyde war geradezu ein Spezialist für Platz- und Stadtdarstellungen, und er ging immer sehr großzügig mit den gesehenen Architekturen um. So störte es ihn überhaupt nicht, einmal eine Rom-Ansicht, die sich heute im Louvre befindet, anzufertigen, ohne jemals in Italien gewesen zu sein. Berckheyde hat sich besonders für das Leben der Menschen in der Stadt, in ihrer Architektur interessiert, und so sind uns ähnliche Bilder aus Bonn und Heidelberg erhalten. Der Maler hat nicht die Kölner Totale porträtiert, sondern hat sich wohl stärker in das Innenleben der Stadt versenkt. Doch darf man sich dabei nicht darüber hinwegtäuschen, daß dieses Bild einen ausgeprägten niederländischen Charakter hat, auch wenn die Requisiten kölnischen Ursprungs sind. Das trifft übrigens für alle anderen Köln-Ansichten dieses Malers ebenso zu. Menschen und Architektur waren für ihn offensichtlich nur in der Zusammenstellung ein Kunstwerk.

Für die Berckheydes waren stimmungsvolle Genreszenen im Architekturbild wichtiger als genaue topographische Beschreibungen. So legten sie deutlich mehr Wert auf die malerische Gesamtwirkung einer Szene als auf die Hervorhebung architektonischer Details. Sie bedienten sich dabei eines warmen Kolorits, das sich vor allem auf die gekonnte Wiedergabe des Sonnenlichts auswirkte.

Öl auf Holz, 47,0 × 61,0 cm
Köln,
Kölnisches Stadtmuseum,
Inventarnummer
HM 1944/195

St. Maria im Kapitol, um 1650

Gerrit Adriaensz Berckheyde (1638 Haarlem—1698 Haarlem)

Die Szene spielt auf dem Lichhof, dem ehemaligen Friedhof, der rings um den Chor von St. Maria im Kapitol lag. Der Friedhof war freilich längst aufgegeben, als Berckheyde dieses Gemälde schuf. Links im Hintergrunde die alte Damenstiftskirche St. Maria im Kapitol, die aus dem 11. Jahrhundert stammt. Wir schauen von Süden auf Kirche und südliche Vorhalle, die beherrschend als Hintergrund für die Szene auf dem Platze gewählt wurde. Hier hat ein wandernder Quacksalber eine einfache Bühne und Bude aufgeschlagen, auf der er einem staunenden oder bewundernden Publikum seine halbmedizinischen Künste vorführt. Publikum ist genügend da: Vornehm gekleidete und ärmlich gewandete Leute umstehen das Podium; ein Reiter, Kinder und alte Leute harren der Dinge, die da kommen werden. Links eine Frau mit dem Spinnrocken, daneben eine Händlerin und Käufer. Der vorgebliche Meister der Medizin in rotem Überrock weist offensichtlich seine Lizenz vor, während ein Opfer hinter ihm auf dem Schemel angstvoll wartet und im Budeneingang ein Musikant sogar auf der Geige fidelt. Weitere Kundschaft sitzt wartend dort oben oder steigt gerade die Leiter zum Podium empor. Dieses Genrebild zeigt uns also, wie man im 17. Jahrhundert auf Kölner Straßen und Plätzen medizinische Vorführungen gab. Man erinnert sich dabei an die Worte von Ernst Weyden in seinem Buche »Köln am Rhein vor fünfzig Jahren«, Köln 1862: ». . . Hatten wir auch tüchtige, ja, berühmte Ärzte, . . . so hatte der geringere Bürger, ging die Noth nicht gerade an den Mann, doch mehr Vertrauen zum Wasenmeister Eßmann auf dem alten Graben, welcher, der Himmel weiß was curirte. Auch hatten sich in mehreren Familien Mittel gegen einzelne Gepreßte vererbt. Um Geld und gute Worte waren diese Mittel zu haben. Den Zapfen brechen, die Drüsen einreiben, konnte jede alte Frau und gab es bei Kindern eine Kopfbeule, mußte die Klinge des Brodmessers helfen und frische Petersilie mit Baumöl. An Quacksalbereien war kein Mangel, und gar Mancher mag auf diesem Wege in die andere Welt spedirt worden sein . . .« (S. 110). Oder an anderer Stelle: »Auf mich machte immer einen unheimlichen Eindruck die Fremde Erscheinung der ungarischen ›Triakelkrämer‹ (theriaca) . . . In viereckigen Kistchen trugen sie ihre Medicamente ihre Panaceen feil, kannten Mittel für jede Krankheit und jedes Gebrechen bei Menschen und Vieh — und hatten stets große Kundschaft, besonders unter den Frauen. Man schilderte sie zudem uns Kindern als Seelenverkäufer, welche besonders in Deutz hausten, wie man uns vormalte, um uns nur jedes Gelüste zu nehmen, uns jemals über den Rhein zu wagen.« (S. 41)

Der holländische Maler Gerrit Berckheyde, der ein Schüler seines Bruders Job Berckheyde war, entwikkelte sich geradezu zu einem Spezialisten der Platz- und Straßendarstellungen von Städten, die er besucht hatte. Seine Bilder, die sehr beliebt waren und sogar von Dichtern besungen wurden, zeichnen sich durch eine geschickte Beleuchtung und durch die genrehafte Kombination von Architekturen und Menschengruppen aus.

Öl auf Leinwand,
51,0 × 62,0 cm
Köln,
Kölnisches Stadtmuseum,
Inventarnummer HM 1929/20

rechts:
linker Bildausschnitt —
St. Maria im Kapitol

Köln aus der Vogelschau, 1654

Johann Schott
(Zeichner, am 19. August 1632 in die Malerzunft in Köln aufgenommen)
Abraham Aubry
(Kupferstecher, geboren in Oppenheim, tätig um 1650 in Straßburg, um 1653 in Frankfurt/M., danach in Köln, wo er 1682 noch lebte)

Eine wunderbare Fernsicht bietet sich dem Betrachter von einer gedachten Anhöhe bei Poll. Weit kann der Blick schweifen über die Stadt Köln in ihrer ganzen Erstreckung längs dem Rheine, über das Rheintal und über die Umgebung Kölns von der Voreifel bis rechts zu den Ausläufern des Bergischen Landes. Köln ist eingebettet in ein flachwelliges Umland, wenige Straßen führen von und zur Stadt. Kleine Weiler und Dörfer umgeben die Stadt ringsum; dieses sind die Siedlungen, die später im 19. Jahrhundert eingemeindet und zu Vorstädten werden. Der Blick von hier oben reicht bis Brauweiler, Neuss und Düsseldorf, die am Horizonte namentlich bezeichnet sind. Das rechte Rheinufer ist im Vordergrunde als »Poller Kop« bezeichnet. Dahinter sieht man Deutz mit wenigen Häusern und St. Heribert; an der Stromkrümmung weiter nördlich wird dann Mülheim mit der Clemenskirche sichtbar. Zwischen Deutz und Köln liegen die typischen Strommühlen wie eine Barriere im Flusse. Vor Köln in der Höhe zwischen Bayenturm und Groß-St.-Martin etwa erstreckt sich das sogenannte Werthchen, eine Insel, die teils landwirtschaftlicher Bewirtschaftung, teils dem Werftbau lange Zeit diente und die später zum Rheinauhafen ausgebaut wurde.

Mächtig und geschwungen liegt am linken Rheinufer die Stadt Köln wie ein steinernes Segment aus der Landschaft herausragend. Die Stadt ist von Südosten gesehen worden und durch die gewählte Vogelperspektive haben wir die Möglichkeit, Einblick in die Binnenstruktur dieser Stadt zu nehmen. Mit großer Sorgfalt ist der Zeichner ans Werk gegangen. Viele der charakteristischen Kirchengebäude sind im Detail erkennbar: im Süden der Stadt St. Severin und das Kartäuserkloster, mehr zum Zentrum hin St. Georg, St. Pantaleon und Maria Lyskirchen, südlich und westlich des Domes ragen dann mächtig empor die Kirchen von St. Aposteln, St. Maria im Kapitol und St. Gereon. Aus der Vogelperspektive betrachtet ragt der Dom nicht besonders aus dem Stadtganzen hervor, vielmehr scheint er eingebettet in das steinerne Meer der anderen Kirchen und Gebäude. In seiner Baulücke zwischen Chor und Südwestturm wird vermutlich St.

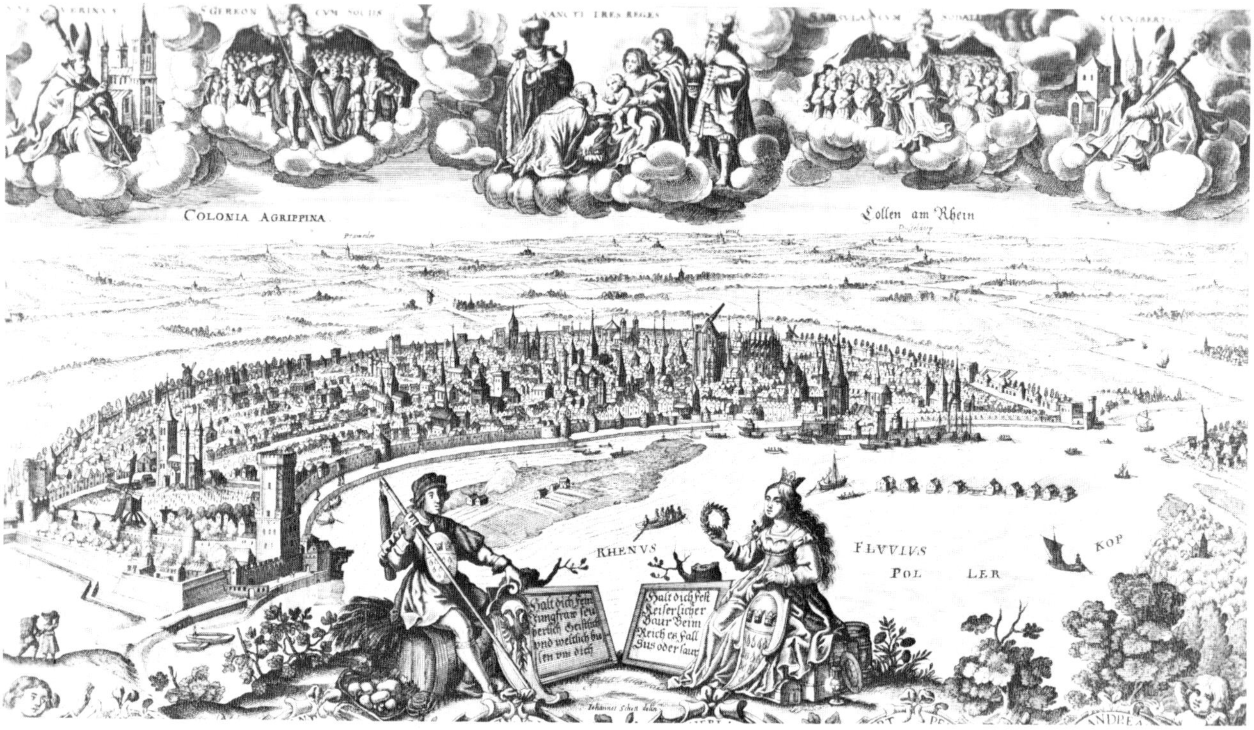

Kupferstich, 25,5 × 38,0 cm
Köln,
Kölnisches Stadtmuseum,
Inventarnummer A I 2/57

rechts:
stark vergrößerter Bildausschnitt — im Vordergrund die Kölner Jungfrau. Oben die Stadt Köln von St. Gereon bis St. Kunibert (rechts)

ENVS
FLVVIVS
POL
Halt dich Fest
Keiserlicher
Baur Beim
Reich es Fall
Sus oder saur
Schott delin.

Ursula sichtbar. Vor dem Südwestturm sieht man den Rathausturm und rechts vom Chor, schon weit an das Rheinufer gerückt, Groß-St.-Martin. Spätestens an dieser Stelle merkt man, daß der Zeichner mit der perspektivischen Verkürzung noch seine Schwierigkeiten hatte: durch die Verschiebungen einiger Gebäude nach Norden stimmen hier nun die Entfernungen zwischen St. Kunibert und Groß-St.-Martin überhaupt nicht mehr. Zwischen den zahlreichen Kirchengebäuden sieht man eine Fülle kleiner charakteristischer Bürger- und Giebelhäuser und es fällt hier besonders auf, wie ausgedehnt teilweise noch die Grünflächen innerhalb des Stadtgebietes sind. Das betrifft vor allen Dingen die Bereiche um St. Severin, um St. Pantaleon und längs der Stadtmauer. Diese Stadtmauer, die Köln noch ganz geschlossen umgibt, ist mit großer Präzision gezeichnet. Vor allem die Südwestecke mit Bayenturm, abgebrochener Ark, dem neuen Bollwerk (Abb. S. 168) und der Severinstorburg sind sehr genau wiedergegeben. Bei dieser Stadtansicht handelt es sich um ein detailliert gezeichnetes Bild, das man mit der Lupe studieren kann. Dabei wird man manche Entdeckungen machen: so findet man zum Beispiel die Bottmühle, die Windmühle auf der Ulrepforte (Abb. S. 221) und die Gereonswindmühle wieder; man kann alle Kirchen und Tore identifizieren, man kann Menschen in den Booten oder am Ufer beobachten, und man wird sogar bemerken, daß der Zeichner die Spiegelung der Gebäude im Wasser nicht vergessen hat, wie dies am Bayenturm deutlich wird.

Das Bild ist oben gerahmt von Kölner Lokalheiligen und wichtigen Kirchenpatronen. Von links nach rechts sind dies der Hl. Severin, Hl. Gereon mit seinen Gefährten, in der Mitte an zentraler Stelle über der Stadtmitte die Heiligen Drei Könige, die Hl. Ursula mit ihren Gefährtinnen, über die sie den Schutzmantel ausbreitet, und ganz rechts der Hl. Kunibert vor der Kunibertskirche. Alle diese Heiligen waren seit Jahrhunderten von großer Bedeutung für die Stadt Köln und genossen hier uralte Verehrung. Auf ihren Wolkenbänken schweben sie wie die Beschützer über der Stadt, galten sie doch auch als die Schutzheiligen von Köln.

Am unteren Bildrand sind die Wappen von Kölner Würdenträgern dargestellt. Von links sind es erst die beiden Wappen der regierenden Herren, wie es in der Unterschrift heißt: Herr Peter von Wolfskel, Herr Frans Brassart. In der Mitte die beiden Wappen der Rentmeister: Herr Constantin von Liskirchen, Herr Peter Therlan von Lennep. Rechts die beiden Wappen der sogenannten abgegangenen Bürgermeister: Herr Gerhart Pfinsthorn und Herr Johan Andreas von Mvlheim. Über dieser Wappenreihe im Vordergrund sitzen der Bauer links und die Jungfrau rechts mit ihren Attributen, Wappen und jeweils einer Schrifttafel. Auf der Schrifttafel des Bauern steht: »Halt dich fein Jungfrauw seuberlich Geistlich vnd weltlich bulen vm dich.« Auf der Tafel der Jungfrau steht zu lesen »Halt dich fest Keiserlicher Baur Beim Reich es fall sus oder saur.« Unter den beiden Schrifttafeln finden wir die Signatur des Zeichners: »Johannes Schott delin.« und rechts unten im Bildwinkel die des Kupferstechers »AAubry fecit«. Das Blatt entstand 1654 und orientierte sich sicherlich an dem Vorbild des großen Altares »Verherrlichung der Trinität durch Kölner Heilige« in St. Gereon, der 1635 von den beiden Kölner Künstlern Hulsmann und Toussyn gemalt wurde (Abb. S. 157). Während die Toussyn'sche Ansicht der Stadt Köln von Norden aus aufgenommen wurde, hat Schott sich die Perspektive von Südosten ausgewählt. Wie aus einer schmalen Unterschrift am untersten Bildrand hervorgeht, war das Blatt eine Widmung des Kölner Druckers Gerhard Altzenbach, der es untertänigst den Herren Bürgermeistern, Rentmeistern und abgegangenen Bürgermeistern, wie auch dem ganzen Rat des Heiligen Römischen Reiches freier Stadt dedizierte.

Vor allem in dieser Widmung, aber auch im gesamten Aufbau erinnert das Blatt von Schott an die große Ansicht aus der Vogelschau von Wenzel Hollar, die 1636/37 entstand (Kölnisches Stadtmuseum, Inventarnummer AI 2/42). Schott hat dieses Blatt ganz sicherlich gekannt und auch verwendet.

rechts:
Wenzel Hollar,
Große Ansicht der Stadt Köln,
Ausschnitt: Deutz mit einem Teil seiner Befestigungsanlage

Große Ansicht der Stadt Köln von Deutz aus, 1656

Wenzel Hollar
(1607 Prag—1677 London)

Wenzel Hollar war einer der bedeutendsten Kuperstecher seiner Zeit, der bei Matthäus Merian in Frankfurt am Main gelernt hatte. Er hielt sich 1632—1636 in Köln auf. Hier zeichnete er im Auftrage des bekannten Verlegers Gerhard Altzenbach, der viele bedeutende Künstler seiner Zeit beschäftigte, und dessen künstlerischer wie technischer Anspruch sehr hoch war. Für ihn hat Hollar unter anderem die große Ansicht von Köln und Deutz (1635) (Abb. S. 160) hergestellt.

Die Stadt Köln ist in dieser großen Ansicht von der Rheinseite aus gesehen und wie in zahlreichen anderen Stichen in ihrer vollen Ausdehnung vom Bayenturm bis zur Kunibertskirche dargestellt. Perspektivisch ist der Stich so angelegt, daß man von einem erhöhten Standpunkt östlich von Deutz über den Rhein und die beiden Ufer schaut. Auf dem rechten Ufer des Rheines sieht man den kleinen Ort Deutz, der von den mächtigen Festungswerken umgeben ist. Diese Deutzer Festungswerke, die von dem Lütticher Ingenieur Gallé geplant wurden, haben dem Einfall der Schweden unter ihrem General Baudissin am 20. Dezember 1632 nicht standhalten können. Die Kölner sorgten aber mit starkem Geschützfeuer vom linken Rheinufer dafür, daß die schwedischen Truppen den Flecken und die Bastion nach kürzester Zeit wieder verlassen mußten (vgl. Abb. S. 155). Der Pater Rupertus Hollwegh, Mönch in der Abtei St. Heribert zu Deutz, schreibt folgendermaßen über den Schweden-Einfall: »Im Jahre 1632, bald zu selbiger Zeit, da König Gustav Adolf bei Lützen in Meißen in einer Schlacht todt blieb, that der Schwedische General Baudis, den 20. Dezembris, auff St. Thomä-Abend, einen Einfall in Deutz. Er raubte und plünderte den Flecken auß, überfiel auch die Abtey in Meynung, die Geistliche darin zu fangen. Die aber hatten sich in Eyl in einen hohen Thurm salviert und die Brück, worüber sie waren eingangen, zu sich in den Thurm gezogen. Es kam aber der Wohl-Ehrwürdiger Herr Everhardus Bleckmann, nachmaliger Pastor von Deutz, etwas zu spät. Und als die Schweden hinter ihm her waren und er in den Thurm springen wollte, falliert ihm der Sprung. Er fiel herunter und brach beyde Bein.«

Obwohl die Kölner in den Wirren des Dreißigjährigen Krieges zuerst ganz glücklich über die gegen-

Wenzel Hollar, Große Ansicht der Stadt Köln; Ausschnitt des linken Bildteils: oben der Bayenturm mit dem Bollwerk und St. Severin. Vorne Kölner Trachten

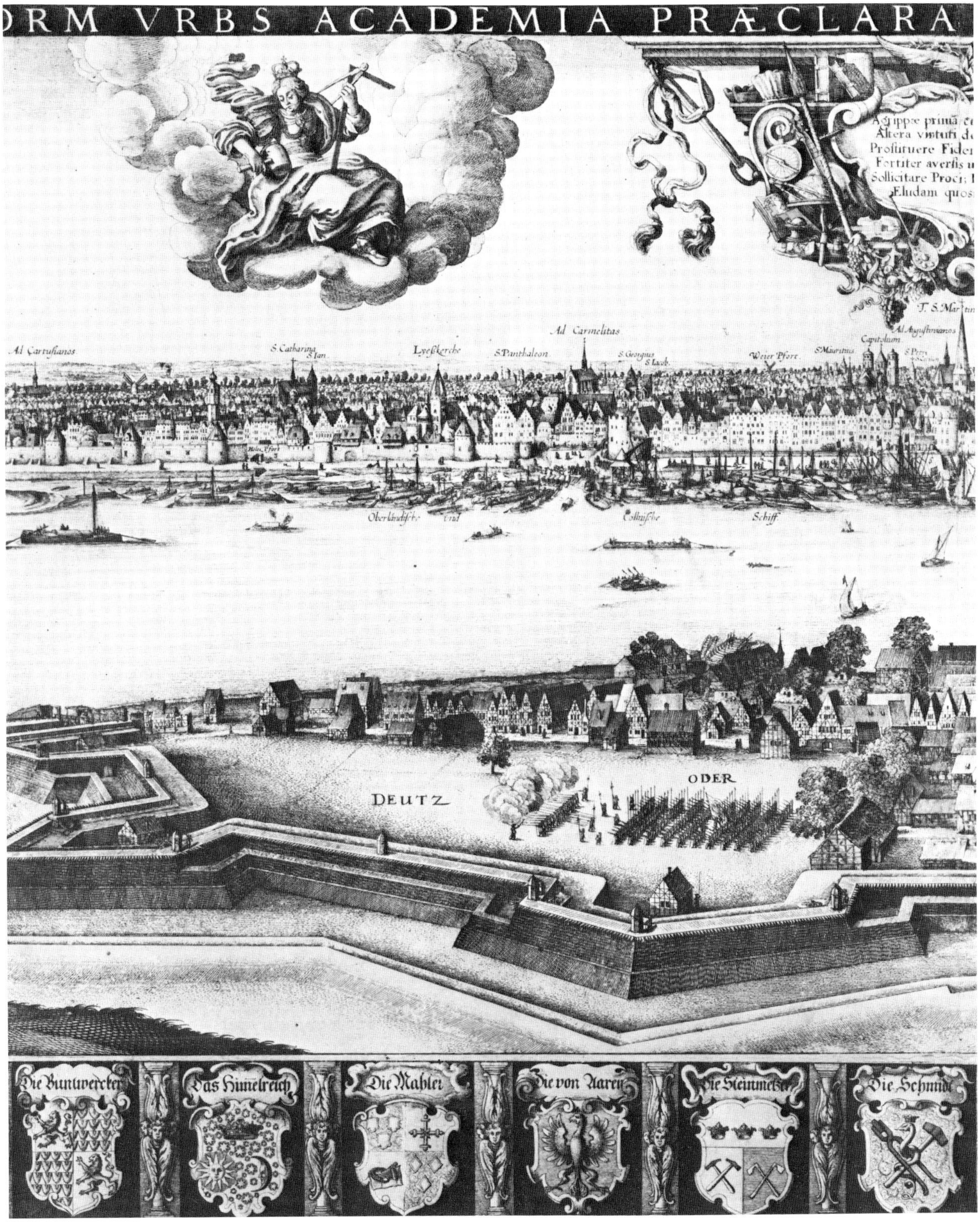

Ausschnitt der linken Bildhälfte: oben die Stadt Köln mit dem Kartäuserkloster (links), St. Katharina, St. Maria Lyskirchen, St. Pantaleon, der Karmeliterkirche, St. Georg, St. Jakob, dem Weyertor (Windmühle), St. Mauritius, St. Maria im Kapitol, St. Peter und St. Cäcilia (heute Schnütgen-Museum), der Augustinerkirche und Klein-St.-Martin. Im Vordergrund der südliche Teil des befestigten rechtsrheinischen Deutz

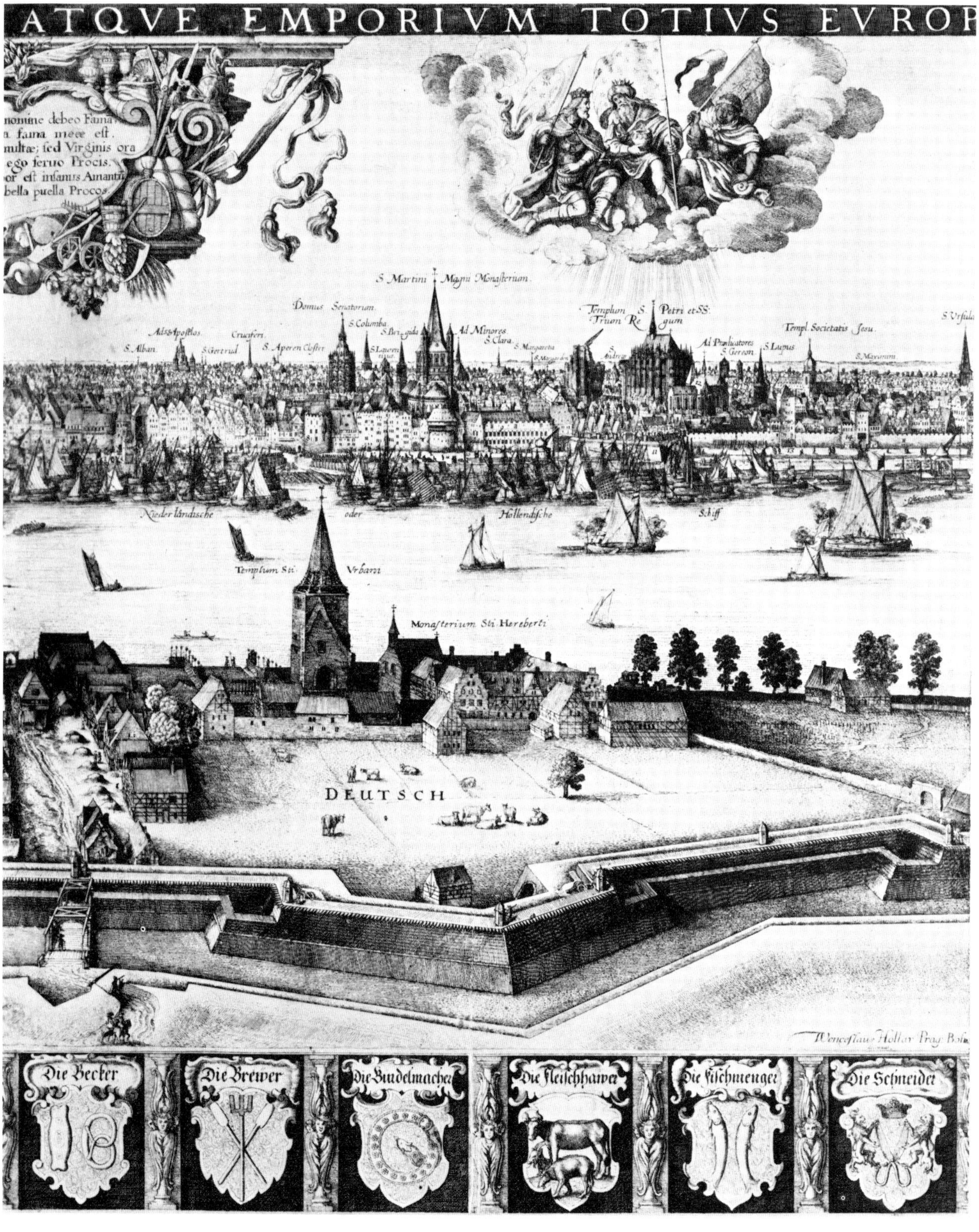

Rheinhafen mit Niederländern und Oberländern. Darüber St. Alban (links), St. Aposteln, St. Gertrud, St. Apernkloster, Rathausturm, St. Columba, St. Laurenz und St. Brigida, Groß-St.-Martin, Minoritenkirche, Klarenkloster, St. Margaretha, St. Mariengarten, Domturm mit Kran, St. Andreas, Domchor, Predigerkirche, St. Gereon, St. Lupus, Jesuitenkirche St. Mariä Himmelfahrt, St. Maximus und St. Ursula (angeschnitten). Im Vordergrund Deutz mit seiner Befestigungsanlage (siehe Abb. S. 161)

Ausschnitt aus der rechten Bildhälfte:
oben der nördliche Teil der Stadt Köln — Kirche Corpus Christi, die Gereonsmühle, Kirche zu den Hl. Machabäern, St. Johannes und Cordula, St. Kunibert. Im Vordergrund der nördliche Teil der Deutzer Befestigungsanlagen

überliegende Festung als Vorwerk der Stadtbefestigung waren, hat der Kölner Rat 1641 doch die endgültige Schleifung der gesamten Festungsanlage betrieben. Obwohl der Gesamtstich 1656 erst veröffentlicht wurde, muß die Herstellung von Zeichnung und Platte doch 1633 schon weitgehend abgeschlossen gewesen sein. Hollars Ansicht zeigt nämlich die Situation nach dem Schweden-Einfall und nach der Teilzerstörung des Ortes. In dem bäuerlichen Ort Deutz sieht man links aufmarschierte Soldaten, die offensichtlich ein Übungsschießen absolvieren, und rechts auf einer weiten Fläche zwischen Mauer und Abtei weidende Kühe. Der Kölner Rat war 1656 natürlich nicht zufrieden mit der Darstellung des befestigten Deutz, das er wohl längst vergessen glaubte. Deshalb veranlaßte er Gerhard Altzenbach zu einem erklärenden Wort, das hier unterscheiden: südlich die »Oberländische und Collnische Schiff« und rechts, also nördlich, die »Niederländische oder Hollendische Schiff«. Große Betriebsamkeit herrscht dort drüben am Ufer, vor allem im Bereich um die vier großen Krane. Wenzel Hollar setzt damit gewissermaßen die Quelle des kölnischen Reichtums, nämlich die durch die so besonders günstige Lage am Rhein geförderte Wirtschaft und den Handel mit ins Bild. Zu dieser Zeit, als die Hanse praktisch bedeutungslos geworden war und der Schiffsverkehr sich stärker zu den Weltmeeren und damit mehr zu den neuentdeckten Ländern orientierte, sah die Stadt Köln die Chance zur Wahrung ihres Reichtums nur noch beschränkt im Binnenhandel, vor allem aber in dem seit Jahrhunderten verbrieften Stapelrecht. Dieses ließ sie sich 1635 durch Kaiser Ferdinand den

unter dem rechten Winkel der Festungsanlage abgedruckt ist: »Hiebeij abgetruckter, in den Ertzstifft Cölln gehöriger flecken Deutz ist in Decembri Jahrs 1632. beij nächtlicher zeit von den Schwedischen völkkern vberfallen, so doch alß bald von deß H: Reichs freijer Stadt angehörigen hindertrieben, ond folgends auß verordnung eines Ersamen Hochweisen Rhats wolg. Stadt, wiehiebeij zuersehen, fortificirt, endlich auch nach auf gehörter gefahr wider demolijrt, und invorigen stand gestelt worden, gestalt das es nunmehr kein Vestung mehr ist.«

Auf dem Rheine fahren zahlreiche kleinere und größere Schiffe und Fähren. Am jenseitigen Ufer haben Segler und Kähne in großer Zahl festgemacht. Zwei Gruppen von Schiffstypen sind durch die Beischrift zu Großen nochmals bestätigen: »Diese Stapelgerechtsame hat die Stadt Köln von jener Zeit an bis zu dieser Stunde sowohl mit den Schiffern als auch zu Lande mit den ankommenden Karren in steter Übung gehalten und ununterbrochen fortgesetzt. Jetzt bitten Bürgermeister und Rat der Stadt Köln, ihnen das genannte uralt hergebrachte und bisher fortgesetzt geübte Stapelrecht gleichergestalt in Gnaden zu bestätigen und auch dahin zu erweitern, daß für alle den Rhein ... von oben herab oder von unten herauf oder auch zu Lande ... ankommenden Kaufmannswaren und -güter — gleichgültig, ob sie zu Köln verkauft oder verhandelt oder ob sie nur umgeschlagen und durchgeführt werden — etwas mehr gezahlt werden soll, jedoch nicht über einen Goldgulden für jedes einfache Fuder Wein und desgleichen für andere Waren und Güter ... Angesichts der Treue und Ergebenheit, besonders aber der ... Dienste, die uns und dem Heiligen Reiche ... Bürgermeister und Rat zu Köln auf mancherlei Art, vor allem aber bei den gegenwärtigen Kriegsunruhen ... erwiesen haben und weiter zu leisten gehorsamst erbötig sind, haben wir die besondere Gnade gehabt, ihnen genannte Freiheiten und Stapelgerechtsame ... nicht allein zu bestätigen und zu befestigen, sondern auch ... zu erweitern ... Mit Urkunde dieses Briefes besiegelt mit Unserem anhängenden Insiegel, das gegeben ist in unserer Stadt Wien, den 3. April 1635« (Historisches Archiv der Stadt Köln, Haupturkundenabteilung 19095).

Das Bild der Stadt Köln ist mit großer Präzision sowohl in der Gesamtanlage als auch in den Details wiedergegeben. Schon die dargestellte Landschaft mit den akkurat aufgeteilten und durch Hecken gesäumten Feldern, entspricht der tatsächlichen flachwelligen Landschaft rund um Köln. Der Umfang der Stadt mit dem türmereichen intakten Mauerring ist sogar in seiner westlichen Begrenzung genau zu erkennen, Tore, Türme und Mauerüberbauungen sind bis in die Einzelheiten genau gezeichnet. Bottmühle, Mühle auf der Ulrepforte, Pantaleonsmühle und Gereonsmühle lassen sich leicht unter den zahlreichen Gebäuden ausmachen. Das noch weite Grün-Areal innerhalb des Mauerrings vor allem um die Stifte St. Severin und St. Pantaleon sowie im Norden der Stadt sticht aus dem Häusermeer deutlich hervor. Dieses Meer von Bürgerhäusern, d. h. von zahllosen aufragenden Giebeln, baut sich hinter der stattlichen Rheinfront mit ihren höheren und repräsentativen Gebäuden auf. Die größeren Kirchen und profanen Gebäude erheben sich wie Burgen aus diesem Gewirr. Das beginnt links bei St. Severin, setzt sich über die seit Jahrhunderten charakteristische Stadtmitte mit dem Rathausturm, Groß-St.-Martin und der Domgruppe bis nach St. Kunibert im Norden fort. Die wichtigen Gebäude, also hauptsächlich Kirchen, sind durch Beischriften erklärt; außerdem finden sich an anderen Gebäuden, vor allem profanen, Numerierungen, die in einer Legende erklärt werden. Man kann davon ausgehen, daß Wenzel Hollar, der sich auf das Porträtieren von Landschaften, Städten und Gebäuden spezialisiert hatte, hier ein außerordentlich wirklichkeitsnahes Abbild der Stadt Köln geschaffen hat. Die Genauigkeit seiner Beobachtung, die Qualität seiner Ortskenntnis und die Präzision der Wiedergabe werden in jedem Teil dieses großartigen Stiches deutlich, vor allem wenn man ihn mit anderen Arbeiten vergleicht. Dieser hundert Jahre nach Woensam (Abb. S. 118—125) entstandene Stich zeigt uns auch den Zuwachs an Erfahrung und technischem Können. Er macht uns aber auch die Veränderungen des Stadtbildes deutlich: So sehen wir auf der Kölner Seite schon das neue Stapelhaus, das neue Jesuitenkloster, die Bollwerke und niederländische Renaissancehäuser. Auf der Deutzer Seite findet sich dort, wo St. Urban stand, ein freier Platz. Das Heribertkloster ist wieder aufgebaut, an der Deutzer Freiheit steht ein Rathaus und daneben Fachwerkhäuser mit Strohdächern. Von höchster Qualität ist darüber hinaus, also neben der zeichnerischen Qualität und Genauigkeit, die malerische Wirkung der gesamten Ansicht. Hollar verstand es, nicht nur zu beschreiben, sondern mit einem ganz neuen Einsatz von Licht und Schatten eine neue Tiefen- und Raumwirkung zu erzielen. Das setzte gewiß eine gute Kenntnis der zeitgenössischen niederländischen Malerei voraus.

Über dem Stadtbild schweben, gewissermaßen als Beschützer der Stadt, auf Wolken links Marcus Agrippa, links neben dem Mittelschild Agrippina, rechts daneben die Heiligen Drei Könige über dem Kölner Dom und ganz rechts Marsilius. Darüber die Inschrift: COLONIA AGRIPPINA NOBILIS VBIORM VRBS ACADEMIA PRAECLARA ATQUE EMPORIVM TOTIVS EVROPAE CELEBERRIMVM ANNO M. DC. XLXVI. Unter der Darstellung sind die Wappen der Kölner Gaffeln aufgereiht, und darunter findet sich noch eine ausführliche »Kurtze Erklähr- und Beschreibung der weit berümbten Stadt Cöllen«. Links vorne, neben dem Deutzer Festungswerk, sind zwölf Kölner Bürger abgebildet. Die sechs Frauen und Männer, darunter ein Bürgermeister in Amtstracht mit einem Hund und dem Stabjungen hinter ihm, tragen zeitgenössische Kleider (vgl. Abb. S. 176). Bei diesen Gestalten erinnert man sich an die Verse unter dem Stiche von Woensam (S. 117), in denen die Einwohner der Stadt Köln charakterisiert werden. Überschwenglich wird hier die Kölner Bevölkerung gelobt: »Mäßig, emsig, aufmerksam, scharfsinnigen Geistes/Vorsichtig stets und bescheiden, geschickt, an Arbeit gewöhnet/Meidet den Müßiggang das Volk und hasset die Trägheit/Nicht sein Götze ist ihm der Bauch, noch lechzet die Kehle/Immer dürstend nach Trunk, der der Sinne Empfänglichkeit abstumpft/Einfach ist seine Kost, gemessen die Zeit der Erholung/Schnell ist, was nützet, erspäht, und nicht enteilet vergebens/Theuer ist ihm des Augenblicks Gunst, die gewichtige Stunde/Hier ist Faulheit verbannt, die leicht den Menschen beschleichet/Daß, hinbrütend in Dumpfheit, des Stillstands schmählicher Rost ihm/Trübt den hellen Verstand, die kräftigen Glieder erschlaffet/Sparsamkeit wehrt nicht, wenn's Noth thut, wieder zu spenden/Edler Neigung nur zu genügen, dienet der Reichthum/Jugend kennet man hier und weiß ihren Ruhm zu bewahren/Denn die Gottheit selbst hat ihren Namen geheiligt ...«

Die aus ursprünglich 16 Druckplatten bestehende Stadtansicht führte Wenzel Hollar wahrscheinlich zwischen 1633 und 1636 im Auftrage von Abraham Hogenberg durch. Vermutlich infolge der Zeitumstände, schließlich war es die Zeit des Dreißigjährigen Krieges, blieben die Platten ungedruckt liegen, bis sie Gerhard Altzenbach erwarb und erstmals 1656 veröffentlichte. Vier der Originalplatten befinden sich übrigens heute noch im Besitz des Kölnischen Stadtmuseums. Altzenbach war es wohl auch, der die Widmung

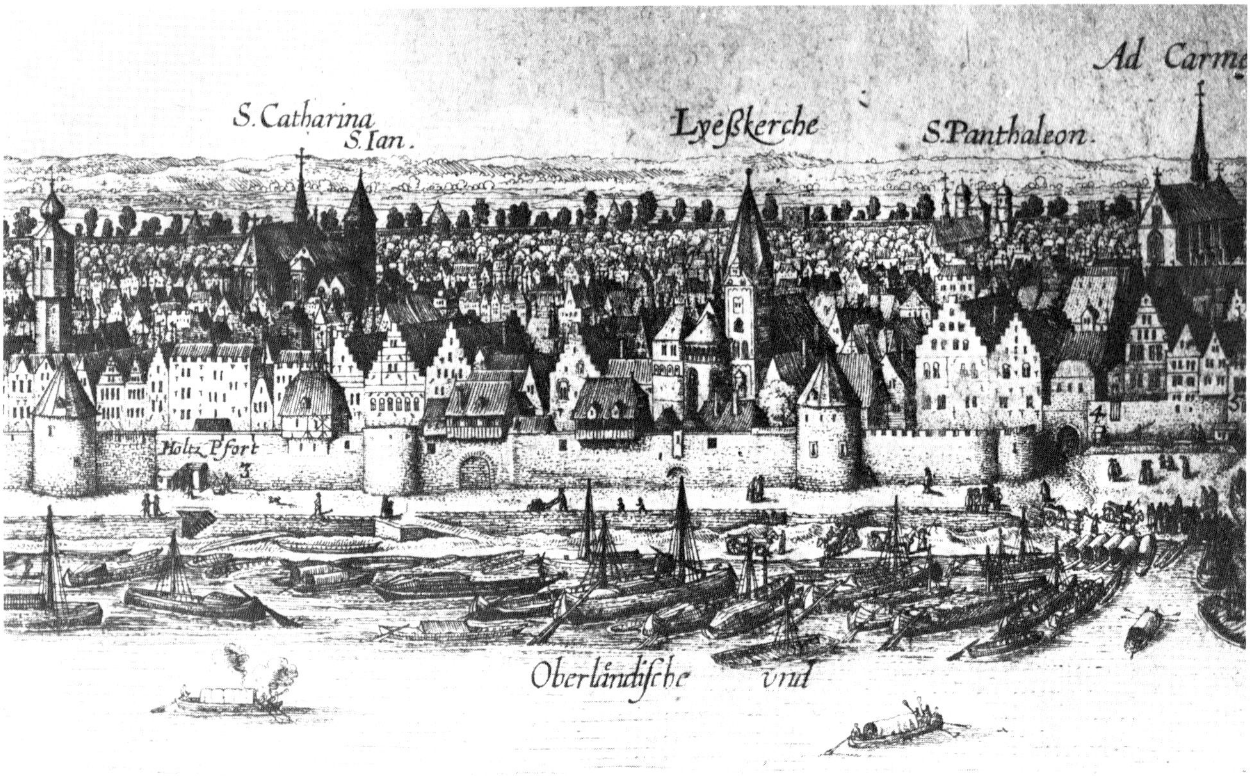

an die regierenden Bürgermeister der Stadt Köln, die sich rechts neben dem Deutzer Festungswerk befindet, anbrachte.

Wenzel Hollar, der rund 3000 Arbeiten hinterlassen hat, hat nicht sehr lange in Köln gelebt. Denn hier traf er 1636 den Botschafter des englischen Königs Karl I., den Earl of Arundel, der den jungen Künstler erst auf lange Reisen, dann schließlich mit nach London nahm, wo er 1677 verarmt starb. Er war einer der bedeutenden Künstlerpersönlichkeiten des 17. Jahrhunderts, der im Bereich der Graphik perfektes technisches Können mit hohen malerischen, künstlerischen Fähigkeiten verband. Zweifellos gehört die große Köln-Abbildung zu den wichtigsten Werken seines Gesamtschaffens.

Kupferstich, 70,0 × 159,0 cm
Köln,
Kölnisches Stadtmuseum,
Inventarnummer A I 2/58

oben:
Wenzel Hollar, Große Ansicht der Stadt Köln; Ausschnitt des oberen linken Bildteils — links der Turm des Wohnhauses des ehemaligen Bürgermeisters Arnold von Siegen, dann die Deutschordenskommende St. Katharina und St. Johann Baptist, St. Maria Lyskirchen, St. Pantaleon und die Karmeliterkirche (rechts). In der Rheinmauer vorne links das Holztor, dahinter der Holzmarkt. Auf dem Rhein liegen die „Oberländische und Collnische Schiff" vor Anker

Ansicht von Deutz aus, um 1660—1680

P. Schut (Zeichner, 1618/19—nach 1660 Amsterdam)
N. Visscher (Stecher)

Das Kölner Stadtbild, vor allem die Silhouette gegen den hellen Himmel, hat sich während des 17. Jahrhunderts, abgesehen von einigen neuen und einigen verschwundenen Bauten kaum verändert. Wohl aber unterlag die Sehweise und die Verwendung dieses Stadtbildes im Bildganzen sehr unterschiedlichen Tendenzen. In diesem Kupferstich dient die Stadt Köln im Hintergrund als Architekturkulisse. Die Stadt ist in voller Breite zwischen Bayenturm links und Kunibertstorburg rechts wiedergegeben und leicht pyramidal angeordnet. Filigranhaft recken sich die dünnen, vielleicht zu dünnen Turmspitzen, in den Himmel, und nur die größeren Gebäude von St. Severin, St. Maria im Kapitol, der Rathausturm, Groß-St.-Martin, der Domkomplex und St. Kunibert fallen als breit angelegte Bauten auf. Dabei ist die relativ kleine Stadtansicht

noch sehr genau gezeichnet und entbehrt nicht vieler Details. Stadtmauer, Bollwerk, Krane, überhaupt das ganze Ufer mit der Überbauung und dahinterliegenden Häuserzeilen ist ziemlich getreu abgebildet worden. Die Krümmung der Stadt an der Flußbiegung wird diskret verschwiegen, statt dessen hat der Künstler wieder auf die waagerechte Anlage zurückgegriffen. Köln ist längst nicht mehr die blühende Stapel- und Hafenstadt am anderen Ufer; obwohl noch viele Schiffe auf dem Rhein verkehren, herrscht nicht mehr der lebhafte Hafenbetrieb von einst.

Schut hat dieses Bild von einer gedachten Anhöhe sehr nahe östlich von Deutz aufgenommen. Man steht genau in der Achse der Deutzer Freiheit und schaut auf das ablegende Fährboot. Noch immer macht Deutz einen sehr ländlichen Eindruck, und die Landleute im Vordergrund scheinen vollständig zu diesem Orte zu passen. Auf diese Vordergrundszene hat der Künstler offensichtlich den größten Wert gelegt. Marktleute kehren aus der Stadt zurück: links ein auf einem Esel reitender Mann mit dem Korb, hinter und neben ihm Bauersleute, die den Berg hinansteigen, und rechts eine rastende Gruppe. Besonders diese Gruppe erinnert an die Zeit der Schäferidylle, an die Vorliebe für Genreszenen, die eine Zeitlang auch die Darstellung der Stadt Köln zu überlagern scheint. Ländliche Szene in einer üppigen Vegetation hier und steinernes Köln in weiter Erstreckung dort, das ist ein Gegensatz und eine Ergänzung zugleich. Der üppige Barockrahmen mit der Bezeichnung Cölln faßt beide Teile zusammen. Das Blatt wurde für den Amsterdamer Verleger C. J. Visscher gearbeitet und hat nach seinem Erscheinen offensichtlich einen großen Zuspruch gefunden. Es erschien bis nach 1700 in zahlreichen Wiederholungen und auch in fremdsprachigen Auflagen, so in Holländisch, in Latein, in Italienisch und in Englisch. Die neuartige Erfindung und die hohe Qualität der außerordentlich feinen Zeichnung mag das breite Interesse mit verursacht haben. Ein gleiches, um 1700 im Verlag Pierre van der Aa, Leiden, erschienenes Blatt trägt die lateinische Unterschrift »Colonia Agrippina urbs ampla, florens atque magnifica, inferioris Germaniae caput« (Köln, eine weite blühende und großartige Stadt, Hauptstadt des unteren Germaniens).

Vogts (Das alte Köln, Düsseldorf 1940, Nr. 25) machte auf den Bauzustand von St. Maria im Kapitol mit dem besonders betonten dreitürmigen Westwerk aufmerksam: während der hier noch sichtbare Mittelturm schon 1637 einstürzte, wurden die Seitentürme erst 1780 verkürzt. Das Blatt ist bisher sowohl um 1700 als auch um 1660 datiert worden. Eine Datierungshilfe mag uns das abgebildete Fährboot (Abb. S. 180) bieten: Offensichtlich handelt es sich dabei um den segelbestückten großen Nachen, mit dem man auch Pferde — wie abgebildet — und große Ladungen transportieren konnte. Er wurde »Schalde« oder »Vlotschiff« genannt und verkehrte von altersher in zweistündigem Abstand von 6 Uhr morgens bis 9 Uhr abends. Erst 1674 wurde der Nachenbetrieb eingestellt, als die vorher in Bonn stationierte »Fliegende Brücke« oder »Gierponte« an die Deutzer Fahrherren verkauft wurde. Der Stich muß also vor der Umrüstung des Fährbetriebs entstanden sein.

Kupferstich, 22,0 × 28,5 cm
Köln,
Kölnisches Stadtmuseum,
Inventarnummer A I 2/81

Ansicht von Deutz aus,
um 1660—1680,
linker Bildausschnitt:
Köln von St. Severin (links)
bis zum Heumarkt

Ansicht von Deutz aus, um 1660—1680, rechter Bildausschnitt: Köln vom Rathausturm bis St. Ursula (rechts)

Ansicht der Stadt Köln aus der Vogelschau mit weiter Fernsicht nach Süden, 1658

Johann Toussyn
(Zeichner, 1608 Köln, 1631 Mitglied der Kölner Malerzunft, verstarb in Oppenheim)
Abraham Aubry
(Kupferstecher, geboren in Oppenheim, tätig um 1650 in Straßburg, um 1653 in Frankfurt/M., danach in Köln, wo er 1682 noch lebte)

Das Blatt ist das direkte Gegenstück zu der Abbildung der Stadt Köln aus dem Süden gesehen, das Aubry nach einer Zeichnung von Schott 1654 gefertigt hatte (Abb. S. 168), Format, Aufbau und Dedikation stimmen weitgehend überein. Auch dieses Blatt diente vermutlich als Neujahrspräsent des rührigen Kölner Druckers und Verlegers Gerhard Altzenbach an den Rat der Stadt Köln. In der untersten Zeile unter dem Kupferstich heißt es wie folgt: »Denen Wol Edlen, Hochweysen, Hochgelehrten, Ehrenuesten, etc: Herrn Bürgermeistern, Rendtmeistern, Abgegangenen Bürgermeistern, Wie auch dem gantzen Rath des H. Römischen Reichs freyer Statt Cöllen Meimen gnädigen Herren Dediciert underthönig v Gerhardt Altzenbach Bürger daselbsten«.

Der Blick ist auch hier wieder von einer gedachten Anhöhe genommen, hier von der gleichen, die Toussyn schon einmal verwendete, nämlich in seinem Altarbild des Sebastiansaltars in St. Gereon (Abb. S. 157). Es ist offensichtlich die gleiche Position außerhalb des Stadttores etwas nördlich des Thürmchens, nur Bepflanzung und Staffage sind leicht verändert. Man hat einen guten Blick über die Stadt bis weit hinüber zum Siebengebirge und auf die Stadt Bonn sowie die umliegenden Ortschaften, die freilich ein wenig zu nahe an die Stadt herangerückt wurden. Innerhalb des Kölner Stadtbildes hat Toussyn mit deutlichen Hell- und Dunkeleffekten gearbeitet. Da heben sich die Hauptbauten, die das Stadtbild seit Jahrhunderten bestimmten, wie Bayenturm, St. Severin, Groß-St.-Martin, der Rathausturm, der gesamte Domkomplex, St. Gereon, St. Kunibert und die Kunibertstorburg durch eine dunklere Tönung deutlich hervor. Die anderen Teile der Stadt sind nicht so scharf konturiert, sondern heller und stärker ineinander übergehend. Gegenüber seinem Altarbild von 1635 hat Toussyn die Draufsicht ein wenig verkürzt, so daß etwa der Domkomplex nur bis an die westliche Stadtmauer reicht. Andere wichtige Gebäude, die auf dem Sebastiansaltar noch gut erkennbar waren, wie etwa St. Pantaleon und St. Aposteln, sind hier nicht mehr besonders betont. Wohl aber noch die Mühlen, links die Bottmühle, dann folgt die Mühle auf der Ulrepforte und schließlich auch die Pantaleonsmühle. Der Fluß ist mit kleinen Seglern und Ruderbooten belebt, am rechten Ufer wird ein Schiff von einem Reiter auf dem Treidelpfad geschleppt. Auf dem Sebastiansaltar vollführten diese Arbeit auf beiden Ufern des Rheins Menschen. Von besonderem Interesse, aus topographischer und bauhistorischer Sicht, ist die Darstellung von Deutz (DUYTZ) auf dem anderen Rheinufer. Während Toussyn auf seinem Altargemälde von 1635 noch die Bastionen um Deutz angibt, zeigt er hier den kleinen Ort wieder ohne die Festungswerke und gibt damit einen tatsächlichen historischen Zustand wieder: Nach dem Abzug der Schweden im

Dezember 1632 ging man zielstrebig an die Fertigstellung der Deutzer Befestigung. Besonders Köln konnte um des eigenen Schutzes willen die Fertigstellung der Bastionen kaum erwarten und schloß mit dem Erzbischof einen Vertrag, daß die Stadt die Kosten vorausbezahlen wollte und der Erzbischof die Hälfte der Stadt zurückerstatten sollte. Als dies aber nicht geschah und als man bemerkte, daß der Erzbischof wohl auch nicht in der Lage sein würde, dieses zu leisten, ließ die Stadt Köln für die bescheidenen Kosten von 3500 Gulden die Deutzer Befestigungen wieder abreißen. Das geschah im Jahre 1647; noch weitere architektonische Veränderungen nehmen wir auf der Deutzer Seite wahr: St. Urban, von dem auf dem Sebastiansaltar richtigerweise nur noch der Turm zu sehen war, wurde seit 1637 wieder aufgebaut und hier auch schon wieder als Kirche abgebildet. Auch St. Heribert ist wieder als stehendes Gebäude verzeichnet, denn unter dem Abt Johann Hasert (1641—1672) wurde die jetzt noch bestehende Kirche erbaut.

Kupferstich, 26,2 × 37,6 cm
Köln,
Kölnisches Stadtmuseum,
Inventarnummer AI 2/61

Ausschnitt aus dem Bildteil rechts von der Mitte: die Stadt Köln vom Neuen Bollwerk mit Hafen und Groß-St.-Martin bis zur Kunibertstorburg (vorne)

S. SEVERINVS
S. GEREON Cum Socijs
SANCTI TRES REGES
S. VRSVLA cum Sodalibus
COLONIA AGRIPPINA
Cöllen am Rheyn
RHENVS FLVVIVS
2. REGIERENDE HERREN pro tempore
2. RHENTMEISTER pro tempore
2. ABGEGANGENE BVRGERMEISTER

Allegorie: Verherrlichung Kölns, um 1660

Johann Eckhard Löffler (tätig in Köln um 1630—um 1675)

In einem Rahmen aus reichem Bandelwerk mit zahlreichen Früchten, Ranken und Engelsköpfen ist im unteren Teil die Stadt Köln ausschnitthaft dargestellt: von der Kunibertstorburg rechts bis südlich von St. Maria im Kapitol. Wichtig waren dem Zeichner offensichtlich die Anhäufung vieler Gebäude, der Türmereichtum der Stadt, der die Silhouette bestimmt, und die Befestigungswerke am Rheinufer. So kommt es wie bei der Vermählungsanzeige Löfflers (Abb. S. 159) zu Verzerrungen und Entstellungen: der Dom ist viel zu niedrig dargestellt, die um 1632 angelegten Bastionen sind zu mächtig geraten. Im Vergleich erreichen diese fast die Scheitelhöhe des Domchores. Das Stadtbild ist zwar auch hier unverwechselbar, doch darf man bei diesem Format keine allzu große Genauigkeit im Detail erwarten.

Von besonderem Interesse ist aber die Gesamtszene, die Einbindung des Stadtbildes in den allegorischen Rahmen. Am vorderen linken Rande sitzt ein bärtiger weinlaubgeschmückter Alter, der Wasser aus einem Kruge entleert: der Flußgott oder hier vielleicht sogar eine Personifizierung des Rheins. Der Flußgott schaut nach oben, wo zwei Löwen einen Sonnenwagen mit einer Göttin ziehen, die aus ihrem Füllhorn Blüten schüttet. Vielleicht ist hier die Blütengöttin Flora gemeint.

Durch diesen Gesamtrahmen erfährt die Abbildung der Stadt Köln eine Überhöhung. Nach den Darstellungsregeln des Barocks ist hier die Verherrlichung der Stadt Köln zu verstehen, deren Ruhm bis in den Himmel geht. Göttliche Blumen fallen schließlich auf die Stadt nieder. Seit dem 17. Jahrhundert wurde es mehr und mehr zu einer beliebten Gewohnheit, solche miniaturhaften Köln-Ansichten in Titelblättern und Frontispizen vor allem von Kölner Heiligenbüchern zu verarbeiten.

Das Blatt ist im unteren linken Winkel mit »Löffler« bezeichnet. Vermutlich handelt es sich bei dem Autor um Löffler senior.

Kupferstich, 15,0 × 15,7 cm
Köln,
Kölnisches Stadtmuseum,
Inventarnummer A I 2/71c

oben:
unterer Bildausschnitt — die Stadt Köln von St. Severin links bis zur Kunibertstorburg (rechts)

Löffler
fecit

Der Dom zu Köln, 1663/um 1670

Lambert Doomer
(vermutlich 1623 Amsterdam—
1700 Amsterdam)

Man schaut von Nordwesten auf den Dom in seinem fragmentarischen Bauzustand. Im Hintergrund der 1248 begonnene und 1322 geweihte Chor mit dem Dachreiter und der westlichen Abschlußwand. Diese westliche Chorwand ermöglichte nach dem Abschluß der Ostpartie Meß- und Liturgiefeiern in diesem fertigen Teil des Domes, während das Langhaus mit den Westtürmen über Jahrhunderte im Bauzustand verblieb. Rechts der südliche Westturm, der um 1350 begonnen wurde und 1437 soweit fertiggestellt war, daß man hier Glocken anbringen konnte. Seit man 1559 aus Geldmangel die gesamte Bautätigkeit am Dom einstellte, prägte dieser mittelalterliche Bauzustand — fertiger Chor und Turmstumpf mit dem mächtigen Kran — über Jahrhunderte die Silhouette des Stadtbildes, bis erst im 19. Jahrhundert Weiterbau und Vollendung einen Bildwandel verursachten.

eines Domkapitelprotokolls von 1657 und mehrerer Ratsprotokolle von 1658 auf den Beginn eines Umbzw. Neubaus in diesem Jahr schloß. Unser Blatt entstand Anfang der siebziger Jahre des 17. Jahrhunderts in Amsterdam und ist eine Wiederholung der 1663 in Köln geschaffenen Zeichnung in Rotterdam (Museum Boymans-van Beuningen, Prentenkabinet MB 171). Die Beschreibung und Wiedergabe der Gebäude, Personen und Einzelheiten sind teilweise sehr exakt; um so mehr verwundert es, daß die Vertikaltendenz der Domarchitektur so wenig betont wurde. Diese sonst so oft und gerne herausgestellte Höhenerstreckung von Chor und Turm ist eher einer Breitenwirkung gewichen. Der mächtige Südturm ist hier sogar noch gedrungener geraten als in der Rotterdamer Zeichnung.

Solche Ungenauigkeiten in den Proportionen kommen bei Doomer öfters vor (vgl. Abb. S. 187) und haben ihren Ursprung vielleicht sogar in der Kunst Rembrandts, der dieses auch eigen war. Doomer hat vermutlich 1644 bei Rembrandt gelernt, seine Eltern — Besitzer einer Rahmenwerkstatt — wurden von Rembrandt porträtiert, und Lambert Doomer erwarb schließlich als Kunstsammler mehrere Objekte aus Rembrandts Besitz auf den Auktionen 1657 und 1658.

Doomer zeigt die Situation um den Dom im Jahre 1663, als er auf einer ausgedehnten Rheinreise in Köln länger Station machte und die Stadt auch noch anderweitig im Bilde festhielt (Abb. S. 187).

Der Bauzustand der nördlich vor dem Dom liegenden Dom-Dechanei hat früher Anlaß zu Datierungen des Blattes vor 1658 gegeben, da man aufgrund

Braune Feder, graubraun und blaugrau laviert, auf gelblichem Kassenbuchpapier, 24,0 × 41,2 cm
Köln, Wallraf-Richartz-Museum, Graphische Sammlung, Inventarnummer 1958/2

Blick von Mülheim auf Köln, 1663

Lambert Doomer
(vermutlich 1623 Amsterdam—
1700 Amsterdam)

Wir sehen auf ein Bild voller Beschaulichkeit: Im Vordergrund liegen nahe dem Ufer träge zwei Last- und Fährkähne im Rhein. Links am hohen Ufer in dunkleren Farben die romanische Pfarrkirche von Mülheim in ihrem alten Zustand vor dem barocken Umbau von 1692, als sie in eine dreischiffige Hallenkirche umgewandelt wurde.

Der Blick geht von hier aus weit über den Strom nach Köln auf dem linken Ufer. Dabei fällt auf, daß die Stadt weiter nach Norden vorgerückt wurde und somit entfernungsmäßig näher und eher als Gegenüber erscheint.

Das Stadtpanorama ist mit seinen wesentlichen Erhebungen zweifelsfrei gekennzeichnet: ganz links liegt St. Severin, mehr zur Mitte hin die Dreiergruppe

der Türme von Klein-St. Martin, Groß-St.-Martin und Rathaus, dann Maria ad gradus, die 1819 abgebrochene Stiftskirche, die unmittelbar am Chor des Domes stand, daneben der Domchor und der Südturm mit Kran. Weiter rechts liegen wohl St. Kunibert, St. Gereon und am rechten Bildrand vielleicht St. Ursula. Der hier noch sichtbare gotische Turm wurde erst 1680 nach einem Brand durch die barocke Haube ersetzt.

Die Zeichnung ist oben beschriftet: Hoek der Stadt MULHEM met de Kerck, d'Stadt Ceulen, in't verschiet (Winkel der Stadt Mülheim mit der Kirche, die Stadt Köln in der Ferne).

Lambert Doomer hat Köln vermutlich auf einer längeren Rheinreise 1663 besucht. Er folgte damit einer niederländischen Tradition, denn im 17. Jahrhundert war Köln stets Anziehungspunkt für Künstler und Händler aus den Niederlanden. Während der Rheinreise hat der Maler mehrere Ansichten aus der Stadt Köln geschaffen: das Rheinufer, St. Maria im Kapitol, den Dom (Abb. S. 186) und St. Aposteln. Für Doomer war offensichtlich die breite, dunkle und bewegte Silhouette der Stadt von besonderem Interesse. Sie setzte er in Kontrast zur stillen Weite des Flusses und verband beides mit toniger Farbe zur besonderen Atmosphäre dieses Blattes. Nach Ausweis der vorhandenen Zeichnungen kam Doomer von Kranenburg über Mönchengladbach nach Köln und reiste nach längerem Aufenthalt links-rheinisch weiter bis nach Bingen.

Bleigriffel, braun und grau laviert, 25,0 × 40,4 cm
Köln,
Wallraf-Richartz-Museum,
Graphische Sammlung,
Inventarnummer 1964/72

Ansicht von Köln mit dem Rheintal, 1747

François Nicolas de Sparr (tätig um 1735—1750 in Wien)

Köln liegt eingebettet in die weite rheinische Flußlandschaft. Weit im Hintergrund links erscheint das Siebengebirge mit seinen Höhenzügen und Burgen. Rechts hinter Köln erst das sanftwellige Vorgebirge und dahinter dann die ansteigenden Eifelhöhen. Die Entfernungen zwischen Eifelhöhen und vor allen Dingen dem Siebengebirge und der Stadt Köln sind arg zusammengeschrumpft. Der Strom ist ziemlich windungsreich und hat einige sehr kantige Biegungen. Die Fähre zwischen Deutz und Köln geht leer von Ufer zu Ufer. Deutz, das ein bißchen sehr knapp wiedergegeben ist, wird umstanden von vielen Bäumen und Wäldern und hinter Deutz steigen sehr schnell die Berge und Höhen an. Hier hat sicherlich die Erfindung eher Pate gestanden als die Naturbeobachtung. Der Maler nimmt den Blick auf die Stadt Köln und das Rheintal von Norden auf und vermutlich war sein gedachter Beobachtungspunkt die Gegend von Thürmchen und Alter Münze.

Bayenturm. Überall findet man im Stadtbild kleine Türme im Hintergrund, eine Andeutung des Kirchen- und Türmereichtums, der die Silhouette der Stadt ja bestimmte. Schön zu sehen, wie das Ufer vor der Stadt Köln breit ausgebaut ist und wie es außerhalb des Stadtbereiches in einen Feldweg übergeht.

Im ganzen macht dieses Bild deutlich, daß sein Autor mit der Landschaft um Köln und mit der Stadt selber nicht besonders vertraut gewesen ist. Er kam wohl auf einer seiner Reisen durch die Stadt und hat hier, überrascht von der Schönheit der Stadt und der Rheinlandschaft, beides ein wenig zusammengerückt, so daß er sie in einem gemeinsamen Bilde festhalten konnte. Dieses charakteristische barocke Stadt- und Landschaftsporträt ist von einem gemalten aufwendigen Rahmen umgeben, in dessen unterer Mitte sich folgende Inschrift befindet: »Vue, Et Prospect de la Ville de Cologne, la Ville de D'Uist Sur le Rhin, ou l'on découvre de loin les 7 montagnes. Desinné sur les lieux par FN de Sparr en 1747.« (Ansicht und Prospekt der Stadt Köln, der Stadt Deutz am Rhein, wo man in der Ferne die Sieben Berge erblickt. Gezeichnet an Ort und Stelle von F. N. de Sparr 1747.) Der Künstler legt also Wert darauf, daß er dieses Bild vor Ort gemalt hat. In der Landschaftsaufnahme hatte er wohl einige Erfahrung, denn der in Wien für den Prinzen Karl Alexander von Lothringen tätige Maler hat auch Landschaften aus dem Bosnatal bis Sarajewo und den Donaulauf von Ulm

Die Stadt Köln selbst ist in knappen Zügen, wenn auch an verschiedenen Stellen detaillierter, wiedergegeben: von St. Kunibert mit der Kunibertstorburg im Vordergrund über den Dom und den Domturm mit dem überdimensional gezeichneten Domkranen geht der Blick weiter zum Rathausturm und zu Groß-St.-Martin. Weiter links sieht man St. Severin mächtig und noch nicht zugebaut und ganz links den

bis Widdin in 112 getuschten Ansichten 1751 angefertigt.

Tuschfeder und Pinsel auf Papier, 34,0 × 60,0 cm
Köln,
Kölnisches Stadtmuseum, Inventarnummer 1961/48

Alter Markt mit Rathaus, 1750

Georg Balthasar Probst
(im 18. Jahrhundert als Bildnis- und Vedutenstecher in Augsburg tätig)

Wir schauen von Osten auf den Alter Markt mit seiner bereits am Ende des Mittelalters ausgewachsenen Struktur. Der ringsum geschlossene Platz war von ausgesprochenem niederrheinischem Charakter und architektonisch von solcher Schönheit und Klarheit, daß seine Zerstörung einen nicht wiedergutzumachenden Verlust für das Stadtbild und das Stadtleben in Köln bedeutet. Er erhielt seine im Bilde gewachsene Form und Größe nach 1503, als infolge Brandes eine Häuserinsel im Süden niedergelegt werden mußte.

Ursprünglich war dieser Platzbereich wesentlich größer, erstreckte sich bis zur Westseite des Heumarktes und erst eine Abtrennung des Heumarktes gegen Ende des 11. Jahrhunderts führte zur Ausbildung des Alter Marktes. Freilich war dieses Gebiet zwischen alter Römerstadt oben und dem Rhein mit seinem Hafen unten schon seit über einem Jahrtausend Handelsplatz. Der Verbrauchsgüterumschlag war wohl auch überhaupt der Grund dafür, daß dieser Bereich bebaut und umbaut wurde, daß sich hier eine lange Tradition des »stationären und ambulanten« Einzelhandels entwickelte, der sich im Grunde genommen, wenn auch etwas rudimentär, bis heute erhalten hat.

Das Bild zeigt uns das Marktgeschehen zu einer Zeit, als die Blütezeit und der Höhepunkt Kölns als Fernhandelsstadt und als Wirtschaftszentrum schon längst vorbei waren. Der Kleinhandel, der noch stärker die Bauern und Händler der Umgebung miteinbezog (vgl. auch Abb. S. 269), wurde zu einer wichtigen Erwerbsquelle und zu einem bedeutenden Versorgungselement der Stadt Köln. Auf diesem Markte wurde so ziemlich alles angeboten, was man zum täglichen Bedarf im Haushalt benötigte.

Auf den beiden Abbildungen des Marktbildes (Kupferstich, 26,4 × 38,6 cm) des Johann Toussyn (geb. 1608 Köln; Zeichner) und des Abraham Aubry (geb. in Oppenheim; Stecher), das bei Gerhardt Altzenbach (Kupferstichhändler in Köln) 1650 verlegt wurde,

Kolorierter Kupferstich,
26,4 × 38,6 cm
Köln,
Kölnisches Stadtmuseum,
Inventarnummer
HM 1911/296

wird man des reichen Angebots gewahr. Der Markt ist nach einzelnen Warengruppen geordnet und diese wiederum sind in dem Kupferstich wie in einem Orientierungs- und Werbeprospekt genau bezeichnet: Da gibt es auf der Südseite des Marktes »Limbersche Keß Kram« (Limburger Käsekram), dahinter »Korpmacher Kram« (Korbwaren), im Südwestwinkel »Frechener Duppfen« (Frechener Töpfe), »Schottel Kram« (Molkwaren) und »Kappes« (Weißkohl), an der Westseite im rechten Bildteil »Hollendtische Kaß Kram« (Holländer Käse), dann »Duppfen Kram« (Topfwaren), daneben »Die Fischwag« (Fischwaage), im rechten unteren Winkel verkauft man »allerley Fischwerck« (Fische aller Art), weiter links »Pfennings Kram« (Pfennigware); vorne stehen »Die Kotzbanck« (hier kaufte man Fleisch von minderer Qualität) und »Die Botterwag« (Butterwaage); im linken vorderen Marktteil kauft man »Peffertz Kräm« (Gewürze) und darüber »Däglicher nuis Kräm« (frisches Gemüse). In der großen Käufer- und Händlerschar am unteren Bildrand entdeckt man noch Eier, Brot und Geflügel als Angebote. Die Waren werden teils in festen Ständen, teils auf dem Boden oder in Kisten, Säcken, Körben und Käfigen feilgeboten.

Der kolorierte Stich von Probst geht zweifellos auf den Kupferstich Toussyns zurück, er hat ihn in seinem architektonischen Bestand als Vorlage benutzt, beim Kopieren aber das Marktleben sehr eingeschränkt dargestellt. Auch das 1645 neuerbaute Wachthaus in der Platzmitte, die Marktglocke daneben, den Pranger mit Runddach und den »Käx«, den Strafkäfig, in dem Marktfrevler öffentlich zur Schau gestellt wurden, sowie einen Brunnen ließ der Kopist fort. Aber die Platzarchitektur mit den hohen Giebelhäusern und den Buden davor ringsum wirkt hier fast noch eindrucksvoller. In der gegenüberliegenden Häuserzeile fallen besonders die Frührenaissancefassade der Rathausrückseite, die 1549—1551 fertiggestellt und 1554 durch den Erker ergänzt wurde, auf sowie das rechts vom Turme liegende Haus »zum Blasbalg« mit Renaissancefassade und Pfeilergliederung und daneben das prächtige Haus »Birklin« mit dem dreiteiligen Giebel. Vorherrschend sind aber noch die gotischen Giebel. Der Markt wurde im Westen vom Rathausturm und im Süden vom Turme der Benediktinerkirche Groß-St.-Martin überragt; zweifellos ein Ensemble von großartiger Wirkung.

Diesem Eindruck der Architektur und des dazugehörigen Markttreibens konnte sich gewiß so mancher Köln-Besucher nicht entziehen. Ähnlich erging es wohl Johann Haselberg, der 1531 als fahrender Buchhändler von der Insel Reichenau nach Köln kam und in »Eyn lobspruch der Keyserlichen freygstath Coellen«, Köln 1531, auch den Alter Markt schildert: »... Durch die Lintgasse tat ich gehn, den alten Markt sah ich da stehn, da fand man Laken, von mancher Art, Atlas, Camelot, Seiden und Samt, viele Apotheken und Kräuterhändler; Ringsumher trank man guten Wein und Bier, Äpfel und Birnen waren da viel, Käse, Butter, Kraut, Rüben, Brot und Mehl, all dieser Speisen war ich froh. Nahe dabei verkauft man Heu und Stroh. Über einen weiten Platz ging ich aus, da sah ich gar manches schöne Haus, gar guten Wein tat man da schenken: Geld mußt der haben, der ihn wollt trinken. Vier Garküchen standen in der Mitte; alte Kleider zu verkaufen, war das Sitte. Da findet man auch eine Fleischküche. Eine schöne Fleischhalle sah ich erst: deren sind fünf zu Köln, wie man wohl weiß. Da verkauft man's Fleisch auch nach dem Pfund, das findet man da feil zu jeder Stund. ... Fünf Kaufhäuser und Waagen auch da sind, denen laufen die Kaufleute nach geschwind, um gut zu verkaufen mit dem Gewicht; der Waagmeister weiß das wohl ...«

Der Stich ist in Deutsch, Niederländisch und Französisch bezeichnet: »Prospect des Alten Markts, samt dem Rath-Hauß, zu Cölln«. Da die französische Bezeichnung über dem Bilde spiegelverkehrt angebracht wurde, liegt die Vermutung nahe, daß es sich hier um ein Guckkastenbild handelt (vgl. Abb. S. 199). Nach dem Toussyn-Stich hat nicht nur Probst gearbeitet: eine weitere gleiche Marktdarstellung mit anderen Personen, vielleicht von Abraham Aubry um 1660, ist bekannt. Der Kölner Lithograph Peter Schieffer (1811—1869) wiederholte ihn um 1860 für das siebente Heft von Franz Kreuter »Wanderung durch das mittelalterliche Köln«.

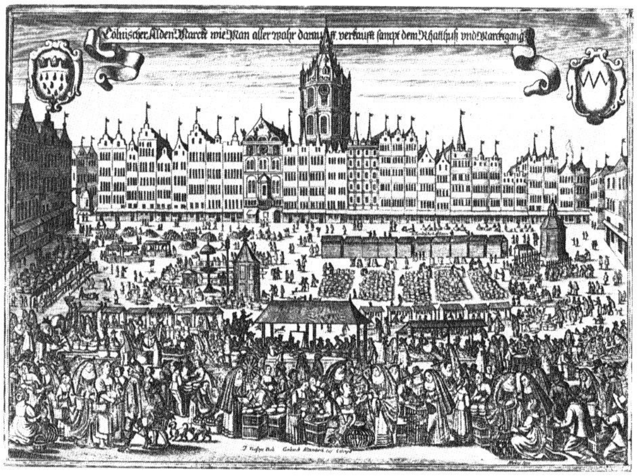

oben:
Johann Toussyn/Abraham Aubry, Alter Markt mit Rathaus, 1650, verlegt bei Gerhardt Altzenbach

rechts:
Ausschnitt des rechten unteren Bildteils mit dem vielgestaltigen Marktleben

Die Fischwag
allerley Fischwerck

Rathausplatz mit Westansicht des Rathauses im 18. Jahrhundert

Unbekannter niederländischer Meister 1760/80

Wir schauen auf den Rathausplatz und auf das Kölner Rathaus. Es ist wohl später Vormittag, wie wir von der Beleuchtung aus schließen können. Geschäftiges Treiben herrscht rings um das Rathaus. Im Vordergrund spielen drei Jugendliche mit den Ringen ein Wurfspiel; vornehm und einfach gekleidete Leute gehen auf dem Rathausplatz spazieren oder stehen im Gespräch beisammen. In der linken östlichen Ecke des Rathausplatzes, gleich neben dem Rathausturm, hat ein Bänkelsänger seinen Stand aufgeschlagen und trägt gestikulierend einer großen Zuhörerschar seine Moritaten vor. »Jeder Markttag bringt seinen neuen Bänkelsänger, stets von hellen Haufen umlagert, besonders von Landleuten, die bei den gräßlichen Mordgeschichten, den überschwenglichen Ungeheuerlichkeiten, von der heiseren Stimme eines Weibes mit dem größten Pathos erzählt und gesungen, gar oft von ihren Gefühlen überwältigt, in Thränen zerfließen« (E. Weyden, Köln am Rhein vor 50 Jahren, Köln 1862, S. 39). Zwei Wagen kreuzen diese »Fußgängerzone«, vorne ein einfacher Planwagen mit zwei Pferden und hinten scheint von rechts kommend eine vierspännige Equipage am Rathaus vorzufahren.

Der Rathausplatz mit den ihn umstehenden Gebäuden war einstmals sicherlich einer der prunkvollsten und schönsten Plätze Kölns. Nur ganz schwach läßt sich heute noch ahnen, von welcher Noblesse dieser Platz einstmals war. Der Rathausplatz, der zwischen der Judengasse im Osten und der Straße Unter Goldschmied im Westen lag, entstand erst nach der Zerstörung des Judenviertels 1349. An der Ostseite des Platzes befindet sich das Rathaus in seinem prachtvollen Zustand, der nach den Zerstörungen des Zweiten Weltkrieges unlängst weitgehend wiederhergestellt wurde. Um 1360 begann man wohl mit dem Neubau des Rathauses, jenem langgestreckten zweigeschossigen Bau, der im Kern noch heute erhalten ist. Dieser Bau muß wohl 1367 bereits fertig gewesen sein, denn in diesem Jahre hat im großen Ratssaal des Obergeschosses bereits die Hanse getagt. Dieser Raum erhielt denn auch im 19. Jahrhundert die Bezeichnung Hansasaal. Waren die Räume dieses Gebäudes schon prächtig genug mit Skulpturen und Wandmalereien geschmückt, so konnte sich die Kölner Bürgerschaft im Bau des Rathausturmes noch weiter steigern. Als die Kölner Zünfte 1396 die bis dahin herrschende Geschlechterherrschaft im sogenannten Verbundbrief stürzten und gewissermaßen erstmals die Demokratie in Köln einführten, zogen sie das Vermögen der geflüchteten Patrizier ein und beschlossen am 19. August 1406 den Bau des Rathausturmes. In dem entsprechenden Ratsprotokoll heißt es: »Sodann haben unsere Ratsherren darüber gesprochen, daß es der Stadt zur Ehre und zum allgemeinen besten gereichen werde, wenn das Grundstück neben dem Bürgerhaus bebaut werde. Also sind unsere Herren sich darüber einig geworden, daß man im nächsten Sommer das Grundstück bebauen solle und daß der Bau enthalten solle: 1. einen Keller für die Weine der Stadt, 2. ein Ratszimmer, 3. ein Gewölbe zur Aufbewahrung der Privilegien der Stadt und 4. ein Zimmer oder ein Gewölbe zur Aufbewahrung der städtischen Gerätschaften. Vereinbart im obigen Jahr am 5. Tage nach Mariä Himmelfahrt« (Ratsmemorial I, f. 34). Der fünfgeschossige Rathausturm gehört zu den schönsten profanen Türmen des Rheinlandes. Er orientierte sich an flämischer und niederrheinischer Kirchen- und Profanarchitektur und war mit Maßwerk und Skulpturenschmuck reich ausgestattet. Glücklicherweise ist er nach den schwersten Zerstörungen des letzten Krieges wiederhergestellt worden. 1414 war der Rathausturm fertiggestellt und König Sigismund hat nach dem Bericht der Koelhoff'schen Chronik zum Jahre 1414 in diesem Jahre den Turm bereits bestiegen. Es heißt dort: »Er ging auch in das neue Rathaus und auf den neuen Rathausturm in die Kure (Kure war die Stelle für die Nachtwache) und übersah die Stadt Köln nach allen Richtungen, wie er es sich gewünscht hatte« (f. 240).

Im 16. Jahrhundert erfuhr das Rathaus schließlich nochmals eine großartige Erweiterung. 1569—1573 errichtete Wilhelm Vernukken die zweigeschossige Vorhalle im Stile der niederländischen Renaissance. Die obere Vorhalle diente einst den regierenden Bürgermeistern für die sogenannten Morgenansprachen, in denen sie die offiziellen Ratsbeschlüsse den Bürgern der Stadt verkündeten. Diese mit reichem plastischen Schmuck versehene Vorhalle, die im 19. Jahrhundert leider stark verändert wurde, hat den letzten Weltkrieg fast unbeschadet überstanden. In Brauns »Städtebuch«, 1572, (Bd. 1, S. 39) wird über den Bau der Rathausvorlaube unter dem Jahre 1567 folgendermaßen berichtet: »Dieses Jahr ist das Rathaus mit einer Galerie oder Vorlaube (Moenian) auf das herrlichste verziert worden. Sie wurde von kunstreichen Meistern mit besonderem Fleiß und in vortrefflicher Arbeit auf sechzehn Säulen, die aus hartem schwarzem Marmor und aus einem Stück gehauen sind, gebaut und mit lustigen Bogen oben und unten versehen; sie hat in der mittleren Höhe einen bequemen Spaziergang und ist nicht ohne merkliche Kosten vollzogen worden.«

Öl auf Leinwand,
78,0 × 63,0 cm
Köln,
Kölnisches Stadtmuseum,
Inventarnummer HM 1952/27

Köln, Deutz und Mülheim im großen Eisgang, 1784

Peter Maassen
(Kupferstecher, war um 1784 in Köln tätig)
Johann Peter Goffart
(Kupferstecher, Kupferdrucker und Bilderhändler, tätig in der zweiten Hälfte des 18. Jahrhunderts in Köln)

Dieses Panoramabild gibt uns von einer gedachten Anhöhe einen weiten Überblick über den Rhein mit den Ortschaften Rodenkirchen links oben am Bildrand, Köln in der Mitte, Deutz am rechten Rheinufer und Mülheim unten rechts. Hochwasserkatastrophen und Eisgänge wie diese waren zu ihrer Zeit nicht nur Naturkatastrophen, sondern wurden auch als Sintfluten, Gottesstrafen oder Androhung des Weltunterganges verstanden. Deshalb sind die bildlichen, natürlich auch die verbalen Schilderungen solcher Ereignisse oft besonders drastisch, manchmal sogar ein wenig übertrieben. Auf diesem Bilde gibt es nun eine Menge zu sehen, mochte sich der damalige Betrachter schon ganz ordentlich geschaudert haben. So sieht man wie oben links von Rodenkirchen kommend das Eis mit ungeheurer Gewalt gegen den Bayenturm und dann gegen die Stadt Köln andrückt. Die riesigen Eisschollen treiben an der Stadt vorbei weiter stromabwärts Richtung Mülheim, wo sie den größten Schaden anrichten. Zwischen den treibenden Eisschollen, die wie riesige Kieselsteine aussehen, entdeckt man untergehende Schiffe und bedrängte Gebäude, vor allem Mühlen. Zahlreiche Schiffe sollen in der Tat bei diesem Hochwasser und Eisgang zerquetscht worden sein. Das Hochwasser ist über das rechte Ufer getreten und hat weit das Land um Deutz und Deutz selber überschwemmt. Auch hier treiben vereinzelt Eisschollen; Kapellen ragen nur noch mit ihren Türmchen aus dem Wasser, Straßen und Wege sind schon nicht mehr zu entdecken. Die Stadt am anderen Ufer ist, wie es der naive Künstler wohl nicht anders vermochte, pauschal aber doch in ihrem charakteristischen Umriß dargestellt worden. Von den charakteristischen Gebäuden erkennt man links neben dem Bayenturm St. Severin, dann St. Maria im Kapitol, den mächtigen Rathausturm, den Turm von Groß-St.-Martin mit dem Chor, den Südwestturm des Domes mit Kranen und den Domchor; die beiden Türme daneben meinen vermutlich St. Mariae Himmelfahrt und St. Ursula. Rechts am Ausgang der Stadt sieht man St. Kunibert und die Kunibertstorburg. Von der Stadtmauer ist gar nichts zu erkennen, hat das Eis sich ja nach zeitgenössischen Berichten auch bis zu ihrer Höhe aufgetürmt. Interessant ist im Bilde noch festzustellen etwa in Höhe von St. Severin, wie das Eis ganze Häuser vor sich herschiebt. Der Künstler deutete aber die charakteristische Rheinfront mit einer ganzen Reihe der typischen Giebelhäuser an.

Doch das Treiben der Eisschollen auf dem Strom ist für ihn wohl das Hauptthema. Auf zahlreichen dieser Eisschollen sieht man Menschen liegend, sitzend, um Hilfe rufend, zeichengebend. Manche Menschen werden auch zwischen den Eisplatten und Blöcken zermalmt. Es läßt sich immer wieder beobachten, daß mit solchen Eisgängen und Eisschollen besondere Legenden und Erzählungen verbunden wurden. So wurde zum Beispiel von der Überschwemmung am 21. Februar 1595 berichtet: »Daß zu Deutz ein Galgen mit drei Dieben auf dem Rheine ankam.« Von der Katastrophe des Jahres 1784 berichten Mering und Reichert auch einen interessanten Fall: »Eine Frau hatte sich mit zwei nackten Kindern auf eine Eisscholle gerettet und trieb, zum größten Entsetzen aller Zuschauer, den Strom hinunter bis zum Kloster Sion, wo sie erst gegen Abend mit großer Mühe gerettet wurde.« (S. 118)

Unter der Darstellung befindet sich eine zehnzeilige Erklärung des Geschehens: »Eigentliche Vorstellung Zum Imerwärende Andencken Des Traurigen Schicksals der Stadt Cölln. Da im Jahr 1784 Der gewaltigen Rhein Strom Sich durch Die Zum Höchstengrad gestiegene Kält 16 Fus Dieff Zusamen Sackte, und 47 Tag Maur Fest die Schwerste Läst Von Einem Uffer Zum Anderen Beförderte, je Tieffer nun die Zufrierung des Stroms Ware, desto Gewaltsamer Muste der Aufbruch Sein. Da am 27 Febr. Wurden Durch den Gewaltsamen Drang des Eises 4 Krahnen Zugrunde gerichtet, Die Landbrück Schiffbrück Eisbock Seind von den Reissenden Strom Mit genohmen Worden, 16 Holländische und viele Oberländische Schif ZuGrunde Gegangen. Die Stadt Mauren Umgeworffen Samt den Angräntzenden Häuser und Unzähligen Menschen Zerschmettert, das Wasser Ware bey Diesem Sturm 11 Schuhe, 3 Zoll Höher als 1740. Wodurch Dan Beynächst die Gantze Stadt in Wasser Gesetzet wurde. Auch hat Diese Entsetzliche Hohe Flut jenseit dem baÿenthurm Einen ausbruch Gethan, Wovon Viele Felder überSchwemmet. Auch alle Graben Rings um die Stadt Mit Wasser Angefüllet, und der unter der Müntze Ausgebrochene Flut Hat in Mauenheim Und andere Örther Viel Schaden gethan. A. Deutz Hat Etlige Häuser und allen Ihr Vieh Verlohren. B. Mülheim hat 161 Häuser und Viel Menschen Eingebüset. C. Rodenkirchen Hat Gleiches Schicksall Gehabt. AltenMarck und Heumark Waren 4 bis 7 Fus unter Wasser Gesetz.« Das Blatt ist unten rechts bezeichnet mit »Bey Maassen Und Goffart«.

Kupferstich,
16,1 × 23,0 cm (Ausschnitt)
Köln,
Kölnisches Stadtmuseum,
Inventarnummer AI 2/122

rechts:
vorne das überschwemmte und von Eis bedrängte rechtsrheinische Deutz. Hinten die Stadt Köln von St. Maria im Kapitol (links) bis St. Kunibert

A

Mülheim mit großem Eisgang, 1784

Der unbekannte Zeichner und Stecher dieses Blattes zeigt uns Mülheim während der schrecklichen Naturkatastrophe im Februar 1784. Der Rhein, der seit dem Nachmittag des 26. Februars ungeheuer stark angeschwollen war und bei Westhoven bereits über das Ufer getreten war, staute sich in der Höhe von Mülheim an dem zusammengetriebenen und aufgetürmten Eis. Am 27. Februar überstieg der Rhein die Dämme und ein großer Teil der Dämme brach sogar. Das Wasser stieg immer höher und die Katastrophe in Mülheim war nicht mehr aufzuhalten. Nach zeitgenössischen Berichten waren rund 160 Häuser eingestürzt und 28 Tote zu beklagen. Mülheim war damals in einem Maße zerstört, wie es nach einem Kriege nicht hätte schlimmer sein können. Auszugsweise sei der Bericht des Vogtes Schall an den Reichsgrafen J. I. Wolff Metternich (Archiv Schloß Vinsebeck in Westfalen) mitgeteilt: »1784, den 26. Februar, wurde Vogt Schall Nachmittags gegen 4 Uhr benachrichtiget, daß der Rhein zu Westhoven über das Ufer zu steigen anfange, worauf derselbe sogleich in den Straßen am Rhein dieses durch den Schellenklang bekannt machen und jeden anmahnen ließe, sich mit seinen Mobilien und Viehe, so viel immer möglich, zu flüchten und in den höheren Theil des Ortes zu retten. Den 27. Februar gleich nach 1 Uhr Mitternachts erhielte gemelter Vogt die Nachricht, daß der Rhein gewaltig starck von Westhoven herunter käme und anscheinlich die neue angelegte Dämme nichts helfen, sondern das Waßer solche Dämme weit übersteigen werde, welches auch erfolget ... konnte man gegen 10 Uhr sehen, wie die Häuser gegen den Rhein zu und auf der Bach einstürzten, wodurch das Schreyen, Weinen, Lärmen und Weheklagen so groß und gemein wurde, daß ein steinern Herz sich hätte erbarmen und mitweinen müßen. Das Waßer bliebe zwar noch beständig im Wachsen, jedoch stunde die Fluth und der Eißgang bisweilen ein, auch anderthalb Stund still, binnen welcher Zeit die Leute, und zwar gewiß noch wohl 300 von den eingestürzten Häuser über dieses sich alsdann neuerdings vestgesetzte Eiß und über den noch stehenden mit Eiß bedeckten Rhein-Strom geflüchtet und mit der offenbarsten Todesgefahr gerettet haben ... Jedoch der allerhöchste hat das Jammeren, Weinen und Weheklagen der Mülheimer Einwohner erhöret, und zwischen 12 und 1 Uhr Mittags, unter einem erschröcklichen Krachen und Brausen den Haupt-Rhein-Strom loßbrechen laßen, wodurch das Waßer den Abfluß bekommen ...« (Anton Jux, in: Romerike Berge, 7. Jg. 1957/58, S. 178 f.).

Der Zeichner dieses Bildes hat offensichtlich die Situation in dem Momente eingefangen, als das Eis gebrochen war und das Wasser abzufließen begann. Grau in Grau liegen Land und Fluß hier, die Grenze zwischen eisigem Strom und Ort am Ufer ist nicht auszumachen, die schroffen und spitzen Eisformen der Schollen auf dem Rhein wiederholen sich ähnlich in den Formen der Gebäude und Dächer. Dieses Bild mutet fast an wie eine Illustration zu der Beschreibung von Mering und Reichert in ihrem Buche »Zur Geschichte der Stadt Köln am Rhein«, Köln 1839, wo es auf S. 102—103 folgendermaßen heißt: »Welch ein kläglicher und schauervoller Anblick! — Haushohe, gräßliche Eishaufen hatten die Stellen der eingestürzten Häuser eingenommen. Selbst die vormaligen Bewohner suchten die Stätte vergebens, wo ihre Häuser gestanden hatten; keine Spur war Anfangs davon zu entdecken. Aus den gräulichen Eishaufen ragten noch der lutherische Kirchthurm mit einem Stück Mauer der Kirche, die Krautmühle und etwa 4 bis 5 andere, zum Theil zertrümmerte Häuser hervor, welche die Verwüstung noch auffallender machten. Die stehen gebliebenen Häuser waren, nach dem Verhältniß ihrer Lage, mit Eis vollgepfropft, welches durch die eingerissenen Thüren und Fenster hineingedrungen war, und die Gassen waren bis an die oberen Stockwerke von Eis gleichsam zugemauert; so daß man, um in die Häuser zu kommen, mit viel Gefahr und Beschwerlichkeit über die Eisberge weg, in die Zimmern klettern mußte.«

Kupferstich, 22,9 × 31,0 cm
Köln,
Kölnisches Stadtmuseum,
Inventarnummer
HM 1896-97/10

Hochwasser in Köln, 1784

Johann Baptist Bergmüller
(1724 Augsburg—1785 Augsburg)

Das Blatt zeigt uns ein grauenvolles Geschehen und der Zeichner konnte sich offensichtlich nicht genug damit tun, immer neue dramatische Details auszumalen. Ein weiter Platz, um den prächtige Gebäude stehen und von dem mehrere Straßen abgehen, ist vollständig überflutet. Echte und behelfsmäßige Boote fahren in den Fluten umher und versuchen zu retten,

was zu retten ist. Menschen, Tiere, Wracks treiben im Wasser, aus Fenstern und von Dächern ruft man um Hilfe und fleht Rettung herbei. In schrecklichen Details können wir Zeuge dieser fürchterlichen Sintflut werden, so wenn sich untergehende Menschen an einem Brett festhalten, wenn Pferde ertrinken und sich Leute noch eben über eine Leiter auf das nächste Dach retten können.

Unter dem Bilde befindet sich die Bezeichnung in französischer und deutscher Sprache: »Vorstellung des erbärmlichen Zustandes, in welchen 1784, den 28. Februarius die Stadt Cöllen Versetzt worden; als der Eisbruch auf dem Rheinflus geschehen. Bey dieser Schröckens vollen Begebenheit stürzten an mehreren Orten die Stadt Mauren durch die große Gewalt des Wassers ein, welches in die Stadt eindrung und an einigen Gegenden derselben über 6. Schuh anstieg.« Es handelt sich hier also um eine Schilderung der fürchterlichen Hochwasserkatastrophe vom Februar 1784, von der besonders die Stadtteile Köln, Deutz und Mülheim so schwer betroffen wurden. Die Katastrophe entwikkelte sich während des Monats Februar 1784, als in den ersten 10 Tagen eine große Menge Schnee fiel, der Rhein zufror und ab dem 22. Februar starke Regengüsse einsetzten. Seit dem 21. Februar schwoll der Rhein unaufhörlich an und ab dem 26. Februar befürchtete man den drohenden Eisbruch. Am 27. Februar endlich brach tatsächlich das Eis und die gewaltigen Massen schoben sich gegen den Bayenturm, von dort gegen das rechte Rheinufer nach Deutz und wurden wiederum zurückgeworfen auf die Stadt Köln. Hier brachen Mauern, stürzten Tore und Gebäude ein und das Wasser stieg unaufhörlich höher in die Stadt. Das Hochwasser hatte in diesen Tagen hauptsächlich die Pfarreien St. Kunibert, St. Martin, St. Brigiden, St. Lupus, St. Johann Baptist, St. Johann Evangelist, St. Maria Lyskirchen, St. Severin, St. Mauritius und St. Jacob betroffen. Von Mering und Reichert berichten in ihrem Buche »Zur Geschichte der Stadt Köln am Rhein«, Köln 1839, folgendermaßen über die Jahrtausendkatastrophe: »Der Altenmarkt, der Heumarkt und alle in gleicher Höhe liegenden Gegenden waren bereits überschwemmt, als sich gegen halb eilf Uhr Morgens, das Eis von neuem setzte. Der Gedanke, »vielleicht ist jetzt eben der Oberrhein in Bewegung«, setzte Alles in Furcht und Schrecken, »Weh uns«, sagte jeder, »wenn er die hiesige Eisdecke stehend anträfe; außer der göttlichen, wäre alsdann für Köln keine Rettung zu finden.« . . . Den ganzen Nachmittag dieses unvergeßlichen Tages brachte man mit Rettung der Menschen, der Hausgeräthe und anderer Güter zu. Die gählingen und allgemeinen Unglücksfälle hatten zwar aufgehört; allein, da man anfing, sich in den überschwemmten Häusern ein wenig genauer umzusehen, so fand man unzählige derselben so zugerichtet, daß man sich keinen Augenblick in denselben sicher glaubte . . . Nun sah man ganze Familien, die ihre Häuser den Fluthen überlassend, zu ihren Freunden eilten; andere, besonders Arme, welche keine Freunde kannten, überdach-

Kolorierter Kupferstich,
25,5 × 41,5 cm
Köln,
Privatbesitz

ten erst, da sie gerettet waren, einen Zufluchtsort zu finden, wo man sie unterbringen möchte: und da sie sich keinen solchen denken konnten, standen sie mit thränenden Augen, als wären sie von einem neuen Schlage getroffen. Allein jeder erhielt Herberge und Nahrung, ohne daß ein einziger, soviel bekannt, trostlos geblieben wäre. Der Senat, unzählige Patrioten, die hiesigen Klöster und vorzüglich die Hirten dieser irrenden Schaafe, die Herren Pfarrer und Kapläne, kurz, Alles trug dazu bei, den elenden Flüchtlingen Obdach und Nahrung zu besorgen.« (S. 118, 119)

Dieses Hochwasser war nach den uns bekannten Daten das höchste gemessene überhaupt. Der Pegel von Köln, der seit Jahrhunderten als Hauptpegel am Rhein galt und relativ zuverlässig registriert wurde, verzeichnet seit Juli 1342 nur ein vergleichbar katastrophales Hochwasser vom 9.—11. Februar 1374 mit einer Pegelhöhe von 12,30 m. Das Hochwasser von 1784 erreichte mit 12,55 m aber eine noch größere Höhe. In Köln, als einer Stadt am Strom, waren Hochwasser natürlich Tradition. Man hat ihre Höhe oft in sogenannten Hochwassermarken markiert, die auch heute noch gut sichtbar sind. So finden wir am Hauptportal von St. Maria Lyskirchen gleich zwei bedeutende Maße: am rechten Pfosten des Hauptportals die älteste Hochwassermarke des Rheinlandes, vermutlich aus dem Jahre 1432 und links oben über dem Kirchenportal die Markierung »Rheinhoehe 28. Febr. 1784«. Wenn man dort steht und sich die Höhe des Wassers im Jahre 1784 vorzustellen versucht, glaubt man gerne dem Chronisten, daß bei dieser Katastrophe weit über 1000 Menschen zu Tode kamen. Die Unglücksnachricht hat sich über ganz Deutschland schnell verbreitet und so wundert es uns nicht, daß Bergmüller, ein Maler, Kupferstecher und Kunsthändler aus Augsburg, ein Guckkastenbild zu diesem Thema anfertigte. Dabei scheint es ihn wenig gestört zu haben, daß er keine allzu große Ortskenntnis von Köln besaß. Dieser Umstand äußert sich übrigens auch auf einem weiteren Guckkastenbild aus seiner Hand, das die Überführung der Gebeine der Heiligen Drei Könige in den Dom darstellt. Offensichtlich hat sich Bergmüller bei der Herstellung des Blattes von älteren Beispielen, etwa dem großen Woensamstich (Abb. S. 118 ff.) oder den Merianstichen (Abb. S. 148, 153), vermutlich aber am meisten vom Hörensagen leiten lassen. Denn was auf diesem Bilde als kölnische Stadtansicht oder als Kölner Gebäude ausgegeben und in der darunter befindlichen Erklärung als St. Maria im Kapitol, Rathaus, Groß-St.-Martin, Klein-St.-Martin und Augustinerkloster bezeichnet wird, hat absolut nichts mit der Kölner Wirklichkeit zu tun gehabt. Vielmehr macht der Stil der Häuser, Stadtpaläste und Kirchen klar, daß sich Bergmüller an der Augsburger Architektur, die er täglich vor Augen

hatte, orientierte. Für die Betrachter dieses Guckkastenbildes — die Spiegelschrift über der Darstellung macht deutlich, daß es sich um ein solches handelt —, war das wohl unerheblich: sie mag das schreckliche Geschehen, von dem man allerorts hörte, hier im Bilde mehr interessiert haben als die Architektur, die nur den Rahmen abgab.

Ansicht von Mülheim im Winter, 1795

Joseph Michael Laporterie (Geboren 1761 in Bonn)

Man schaut vom linksrheinischen Ufer von Süden über den Strom nach Mülheim. Der Standort des Betrachters war vermutlich knapp außerhalb der Stadt Köln, also nördlich der Kunibertstorburg etwa in der Gegend des Thürmchens. Gleich links vor uns am Rheinufer ein paar Gebäude, die vermutlich die spätere Münze in Riehl darstellen, ein Gebäudekomplex des 18. Jahrhunderts, den 1771 der Hofrat von Bewer besaß. Der Rhein ist zugefroren, Schnee ist auf die Höhen ringsum gefallen und das ganze Land, das Städtchen Mülheim, die stillstehende Windmühle und die beschneiten Höhenzüge machen einen sehr idyllischen Eindruck. Dabei denkt man zurück an den Eisgang und die schreckliche Hochwasserkatastrophe des Jahres 1784 (Abb. S. 197), bei der Mülheim doch so stark zerstört wurde, jetzt aber schon weitgehend wieder aufgebaut ist. Links hinter dem Gebäudekomplex liegt die sogenannte Mülheimer Heide, und man gewinnt in diesem Bilde einen Eindruck von der Beschaulichkeit und Weite des unbebauten Landes rund um Köln. Diese beiderseitige Uferlandschaft gehörte zu den Bereichen, die die Stadt Köln notwendigerweise eingemeindete: Riehl wurde 1888 eingemeindet, Mülheim 1914. Laporterie, der damals bekannter war als Zeichner kölnischer Münzen, kölnischer Erzbischöfe und Kurfürsten, hat sich oftmals vor den Mauern der Stadt umgeschaut und das Umland porträtiert. Von diesem Blickpunkt hier hat er nicht nur diese Winterszene, sondern auch ein Sommerbild gezeichnet. Wallraf sprach von ihm als einem »damaligen leidenschaftlichen Ausspürer und Zeichner unserer Alterthümer« (Merlo, 1895, Sp. 524).

Als dieses Bild gezeichnet wurde, war Köln unter französischer Besatzung. Am 6. Oktober 1794 war die Stadt dem Feinde übergeben worden und fortan hatte Köln unter fürchterlichen Kontributionen zu leiden. Links auf dem Wege sieht man patrouillierende Soldaten; nach ihrer Kleidung zu urteilen, handelt es sich um Franzosen, die offensichtlich vor dem Tore Streife gehen. Das Blatt trägt unter dem Rahmen eine Beschriftung »Aussicht von Mülheim im M. Jenner 1795.«

Tuschzeichnung,
25,5 × 40,5 cm
Köln,
Kölnisches Stadtmuseum,
Inventarnummer
HM 1928/358

Ansicht von Köln mit Bayenturm, 1798

Lorenz Janscha
(Zeichner, 1749 in einem Dorfe des Bezirkes Radmannsdorf/Krain—1812 Wien)
Johann Ziegler
(Kupferstecher, um 1750—um 1812 Wien)

Es ist Nachmittag am Rhein: Die Sonne scheint von Südwesten und erzeugt Dunst und Flimmern über dem Fluß. Steil erhebt sich im Vordergrunde links der Bayenturm, die südliche Eckbastion der Kölner Stadtmauer. Ende des 18. Jahrhunderts war er bereits stark mitgenommen: die Ark im Wasser ist nur noch im Bogenansatz sichtbar. Von hier aus erstreckt sich die Stadt bis hinauf zum nördlichen Ende an der Kunibertstorburg. Von der Stadt, die Ende des 18. Jahrhunderts einen Tiefpunkt erreicht hatte, sind hier zu sehen: St. Maria Lyskirchen, der Rathausturm, Domturm und Domchor, St. Ursula, St. Maria Himmelfahrt, Groß-St.-Martin, St. Lupus und St. Kunibert. Am Ufer erblickt man Kranen sowie Masten und Tauwerk mehrerer Schiffe. Im Strom liegen fünf Strommühlen; Boote mit Waren und Passagieren kreuzen die Seiten, am Ufer vor Deutz liegt die »Fliegende Brücke«.

Das Blatt, das ebenfalls zu dem Band »Fünfzig malerische Ansichten des Rheinstromes von Speyer bis Düsseldorf« gehörte, ist von sehr ruhigem, weichem Charakter. Janscha, dessen Hauptarbeitsgebiet die reich staffierte landschaftliche Aquarellvedute war, verfügte über eine am Klassizismus gelernte, klare Formensprache und gleichzeitig über die Fähigkeit, mit zarten Farben und zurückhaltenden Linien Atmosphäre zu vermitteln.

Lorenz Janscha hat häufig mit Johann Ziegler an Stichwerken zusammengearbeitet; berühmt wurden vor allem ihre Wiener Stadtansichten von 1785/95. In seinem Werk mischen sich häufig Elemente des Rokoko und des Klassizismus, wie in diesem Blatt auch. Janscha betont in der Bezeichnung links unter dem Bilde »Nach der Natur gezeichnet von L. Janscha«, daß er vor Ort war und aus eigener Kenntnis die Stadt porträtiert hat. Rechts unten »Gestochen von J. Ziegler«; unter dem Bilde die Bezeichnung in Deutsch und Französisch »Ansicht der Stadt Cöln«.

Kolorierter Kupferstich,
39,8 × 52,3 cm
Köln,
Kölnisches Stadtmuseum,
Inventarnummer AI 2/142

Ansicht des Domplatzes zu Köln, 1798

Lorenz Janscha
(Zeichner, 1749 in einem Dorfe des Bezirkes Radmannsdorf/Krain—1812 Wien)
Johann Ziegler
(Kupferstecher, um 1750—um 1812 Wien)

Man schaut von Südosten auf den Dom in seinem charakteristischen Bauzustand, den er seit der Einstellung der Bauarbeiten hatte: Der vollendete Chor wurde mit einer Westfront geschlossen und in Gebrauch genommen, die Bauarbeiten am südwestlichen Turm blieben 1560 stecken; so wurde der Domkran zu einem neuen Wahrzeichen der Stadt. Auf dem Domdach sitzt der 1744 erneuerte, hölzerne Dachreiter, der 1811 wieder niedergelegt wurde. Die Architekturdetails im Maß- und Strebewerk des Domes sind nicht allzu genau, aber man spürt doch das Bemühen um weitestgehende Wirklichkeitstreue. Farblich bereits deutlich unterschieden, hebt sich der Dom im Stil und in der gotischen Vertikaltendenz schroff von der an seiner Südseite liegenden barocken Bebauung ab. In dem großen Gebäude rechts befand sich das Priesterseminar, das aber erst wieder ab 1824 diesem Zweck diente. Damals, nach der französischen Besatzungszeit, wuchs das Interessse am Priesterberuf so stark an, daß man dieses Gebäude mit dem größeren Jesuitenkloster in der Marzellenstraße, dem heutigen General-Vikariat, mit der Stadt tauschte. Die daneben liegende Pfarrkirche St. Johannes Ev., eine Barockanlage, die als

Kapelle des Priesterseminars benutzt wurde, wurde 1829 niedergelegt. Der Kontrast zwischen den niedrigeren, breiteren und hellen Fassaden um den Platz und dem dahinter steil aufsteigenden dunklen Dom, hat Lorenz Janscha offensichtlich fasziniert.

Im großen und ganzen war dies der Bauzustand bis zum Jahre 1840, als man sich an den Weiterbau bis zur Vollendung des Domes machte. Immer wieder wurde vor allen Dingen diese »Paradeansicht« des Domes vom Domhof aus wiedergegeben. Das ist ungefähr die Gegend, wo heute der Domplatz liegt, und der Standort des Betrachters muß in etwa in Höhe des heutigen Diözesan-Museums angenommen werden. Wie ländlich Köln am Ausgang des 18. Jahrhunderts geworden war, zeigt sich daran, daß sogar Kühe auf dem Domhof weiden. Auf einem Stich von Batty/Rederway, der denselben Blick einnimmt, fehlt übrigens bereits der Dachreiter des Domes. Vermutlich hat Batty den weitbekannten Stich Janschas/Zieglers als Vorlage oder Orientierungshilfe benutzt. Das Blatt gehörte als Illustration zu dem Band »Fünfzig malerische Ansichten des Rheinstromes von Speyer bis Düsseldorf«, Wien 1798. Der Wiener Landschaftsmaler, Radierer, Kunstsammler und spätere kaiserliche Rat Janscha hat sich auf Landschaftsansichten und Veduten der österreichischen Alpenländer, der Donaulandschaften und des Rheins besonders gut verstanden. Sein klarer, am Klassizismus orientierter Stil fand weite Zustimmung und Gefallen.

Kolorierter Kupferstich,
29,3 × 44,5 cm
Köln,
Privatbesitz

rechts:
Ausschnitt des mittleren Bildteils — links der Domturm (angeschnitten), rechts der Domchor (ebenfalls angeschnitten). Davor der sog. Domhof mit der Pfarrkirche St. Johannes Ev. und dem Priesterseminar rechts daneben

Ansicht der Stadt Köln von Norden, um 1800

Franz Joseph Manskirch
(1768 Ehrenbreitstein—1830 Danzig)

Von der Kunibertstorburg im Vordergrund schwingt sich die Stadt Köln in einem leichten und sanften Bogen bis zum Bayenturm ganz im Hintergrund hin, so als habe die Stadt gar kein Hinterland, als sei sie Hafenstadt am Meer. Das wird unterstützt von der Weite und Ruhe des Rheins, an dessen östlichem Ufer sich das kleine Deutz wie eine Insel ausnimmt. Von diesem Blickpunkt, nämlich vom Ufer- und Straßenniveau, und nicht von einer gedachten Anhöhe aus, vermittelt die bekannte Silhouette der Stadt einen ganz neuen Eindruck. Beim Bayenturm beginnend sieht man die Bottmühle, St. Severin, Groß-St.-Martin, den Rathausturm, St. Maria ad gradus, Domchor und Domturm sowie St. Kunibert. Am Stapel, in der Höhe von Groß-St.-Martin, liegen sehr viele Schiffe mit bewimpelten Masten. Die Architektur der Stadt spiegelt sich auf der glatten Wasseroberfläche. Von Deutz sind Fährboote und die fliegende Brücke unterwegs nach Köln. Ganz im Vordergrund hat ein Fischernachen festgemacht, der ent- und beladen wird, auf dem Uferweg, dem Treidelpfad, hat ein Schleppgespann von zwei Pferden mit ihrem Treiber haltgemacht. Das Stadttor ist weitgeöffnet, und zwei Soldaten halten Wache. Offensichtlich sind es Franzosen, denn Köln steht zu dieser Zeit unter französischer Besatzung. Es ist schwer, die Tageszeit auszumachen; dem Lichteinfall und dem Schatten gemäß muß es sich um einen frühen Morgen handeln, und die völlig leere Uferstraße in Köln scheint für diese Vermutung zu sprechen.

Franz Joseph Manskirch, der einer bekannten rheinischen Künstlerfamilie des 18. Jahrhunderts entstammte und dessen Vater, der Landschaftsmaler Bernhard Gottfried Manskirch, wie viele andere Koblenzer Maler nach Köln übergesiedelt war, war seit etwa 1790 in Köln tätig. Seine sehr seltenen Arbeiten sind von stiller Natur, sie orientieren sich ganz deutlich an der Wirklichkeit und sehen sie doch intensiv mit romantischen Augen. Dieses Bild ist kein Hymnus auf die Größe, den Reichtum und die Weitläufigkeit der Stadt Köln, sondern eine ganz persönliche Sicht und Auseinandersetzung mit einem eher idyllisch aufgefaßten Stadtbild. Die Aufteilung des Bildes und vor allem die Gestaltung des Himmels erinnern noch sehr stark an die niederländischen Vorbilder, an denen sich Manskirch in seiner Frühzeit orientiert hatte.

Öl/Holz, 38,0 × 62,5 cm
Köln,
Kölnisches Stadtmuseum,
Inventarnummer
RM 1939/799

rechts:
Ausschnitt des rechten Bildteils; vorn links Rathausturm, St. Maria ad gradus am Domchor, der Domturm mit Kran, St. Kunibert und die Kunibertstorburg (vorne)

Ansicht der Stadt Köln von Deutz aus, um 1800

Dieses Gemälde von einem anonymen Meister orientierte sich wohl neben der Wirklichkeit auch an bedeutenden früheren Stichen. Es trägt Spuren von Unbeholfenheit und ist doch von einer sicheren Strichführung in der Zeichenkunst.

Im Vordergrund sieht man noch den Turm von St. Urban in Deutz. Auf dem spiegelglatten, völlig unbewegten Rhein zahlreiche kleine und größere Segelschiffe. Viele Boote haben am Ufer angelegt, ruhen dort unbeladen. Die fliegende Brücke kreuzt an ihrem langen Seil mit wenigen Passagieren und Gütern von einem Ufer zum andern. Das früher so belebte und geschäftige Kölner Ufer ist auf dieser Darstellung leer und ohne das geringste Zeichen von Handel, Transport und Betriebsamkeit. Die Krane stehen dort wie ausgediente Requisiten. Wenn man diese Uferpartie mit den Formulierungen etwa eines Woensam (Abb. S. 118 ff.) oder eines Hollar (Abb. S. 172 ff.) vergleicht, wirkt der Unterschied besonders kraß. Die wenigen Menschen auf dem Uferstreifen wirken vor dem Häusermeer wie verloren.

Dagegen hat die Silhouette der Stadt nichts von ihrer anziehenden Wirkung verloren. Eingebunden in dieses Gewirr von Häusern und Kirchen wirken die höheren Gebäude als besondere Akzente. Rechts steht der Domchor, mit dem angefangenen Südwestturm. In der Baulücke sieht man den Turm von St. Andreas und östlich des Chores steht noch das Stift Maria ad gradus, das 1802 aufgehoben und nach 1816/17 abgebrochen wurde. Nach Schließung der Kirche 1803 war hier ein französisches Tabak- und Proviantmagazin untergebracht. Im Hintergrund erhebt sich der charakteristische Bau von St. Gereon und weiter rechts Jesuitenkirche und Jesuitenkolleg in der Marzellenstraße. Am Ufer zwischen Dom und Groß-St.-Martin das Bollwerk mit dem Stapelhaus links daneben. Links neben Groß-St.-Martin der prächtige Rathausturm, weiter links im Hintergrund St. Aposteln, St. Pantaleon, Maria Lyskirchen und Maria im Kapitol. Türme und Tore der ehemaligen flußseitigen Mauer sind zum Teil noch erhalten, zum Teil sind aus der Mauerüberbauung regelrechte Wohnhäuser geworden. Die Spuren des schweren Eisganges von 1784 (Abb. S. 195, 199) sind entweder schon beseitigt oder nicht dargestellt. Wenn man sich in das Häusermeer hinter den Mauern verliert, irrt das Auge ziemlich orientierungslos umher: Straßenzüge sind kaum erkennbar.

Köln steht am Übergang zum 19. Jahrhundert, noch unberührt von neuen technischen Entwicklungen. Die Stadt wirkt wie ein mittelalterliches Gemeinwesen, das zur Ruhe gekommen ist. Joseph Gregor Lang, der 1740 in Koblenz geborene Lehrer, der 1834 in seiner Heimatstadt starb, hat im zweiten Teil seiner »Reise auf dem Rhein. Von Andernach bis Düsseldorf«, Koblenz 1790 (S. 245), die Stadt des ausgehenden 18. Jahrhunderts folgendermaßen charakterisiert: »Noch zu Ende des 16. Jahrhunderts zählte man 10 000 Häuser. Daß sich diese Zahl nicht vergrößert haben soll, kann keinem Menschen auffallen, der weiß, daß seitdem der Handel, mithin die Bevölkerung sehr abgenommen hat; allein daß man nach einer bei gegen-

Aquarell,
Köln,
Kölnisches Stadtmuseum,
Inventarnummer A I
rechts: Bildausschnitt der Mitte — Hafen und Krane am Rhein. Im Hintergrund St. Aposteln und die Antoniterkirche

wärtigen Mißhelligkeiten in der Stadt gemachten Schätzung kaum 8000 mehr darin finde, ist sehr auffallend und läßt zweifeln, ob die Angabe, nach welcher ein Viertel dieser Stadt, ausschließlich aller öffentlichen Plätze, vollends unbebaut sein soll, nicht eher viel zu gering als zu hoch sei. Unter diesen Häusern sind sehr wenige, die mehr als eine Familie oder Feuerstätte haben, und sehr viele, die manche Jahre hindurch ganz unbewohnt stehen. Enthält nun ein Haus daselbst nicht mehr als eine Familie, läßt man die kleinen Ausnahmen der mehr bewohnten gegen die vielen leerstehenden aufgehen, und errechnet man endlich jede Familie zu fünf Menschen, ... so erhält man die Zahl von 40 000 Seelen für eine der größten Städte Deutschlands. Noch auffallender aber und ohne Beispiel ist es, daß sich in einer Stadt, die 8000 Häuser und 40 000 Einwohner zählt, nach einer bei gegenwärtigen inneren Unruhen angestellten Untersuchung nur 6000 Bürger, d. h. Leute, die sich von ihren Interessen, Handel oder Handwerk ernähren, finden.«

Köln. Ansicht von Norden, 1817

Karl Friedrich Schinkel
(Zeichner, 1781 Neuruppin—1841 Berlin)
Ludwig Schnell
(Stecher, um 1790 Darmstadt—1834 Karlsruhe)
Christian Haldenwang
(Stecher, 1770 Durlach—1831 Rippoldsau)

Das weniger bekannte, aber sehr imposante Bild wurde vom Turm der Kunibertskirche im damaligen Kölner Norden aus aufgenommen. Diese seltener gewählte Perspektive zeigt die Stadt in einer anderen Dimension und in einem anderen Lichte. Breit liegt die Stadt vor uns, nach wie vor gekennzeichnet von den prächtigen Kirchen und Türmen, die sich hier wie Burgen präsentieren. Von links nach rechts lassen sich bestimmen: Groß-St.-Martin, St. Severin, Klein-St.-Martin, Rathausturm, St. Maria ad gradus, Domchor und Südturm, Minoritenkirche, St.-Mariae-Himmelfahrt, die Turmspitze von St. Andreas, St. Aposteln und St. Gereon.

Am Rheinufer zieht sich die türmebewehrte Mauer hin bis zum Bayenturm ganz im Hintergrund. Zahlreiche Schiffe liegen am Ufer, vor allem im Bereich des Hafens am mächtigen Bollwerk bei Groß-St.-Martin. Am anderen Ufer sieht man unscharf Deutz mit St. Heribert. Der breite Strom erscheint hier besonders betont; ein Segler und ein Floß ziehen ruhig dahin. Überhaupt strahlt dieses Blatt besondere Ruhe aus.

Die Stadt ist noch das Köln des 18. Jahrhunderts: keine Schornsteine in der Silhouette des Stadtbildes, keine Dampfer auf dem Rhein, noch nicht die Brücken, keine Eisenbahn, keine Industriewerke. Doch wenige Jahrzehnte später hätte sich dem Betrachter wohl schon ein wesentlich anderes Bild geboten, denn Industrie und Verkehr des 19. Jahrhunderts griffen tüchtig ein in die alte Substanz dieser Stadt. Dabei ging unter anderem auch die Grünzone um das Jesuitenkolleg im Vordergrund verloren. Dort, nördlich des Doms, lag der öffentliche Botanische Garten der Stadt Köln, der leider nach 1850 dem Bau des Centralbahnhofs (Abb. S. 273) und der Bahnanlagen zum Opfer fiel. Schinkels Bilddokument macht uns deutlich, wie die nördliche Altstadt besonders unter den modernen Veränderungen gelitten hat.

Das Blatt war die Titelvignette in Sulpiz Boisserées Domwerk, die 1823 im ersten Heft erschien (s. Boisserée, Geschichte und Beschreibung des Domes zu Köln, Stuttgart 1823). Karl Friedrich Schinkel, Architekt und Maler, seit 1810 im preußischen Staatsdienst, nach 1830 sogar Oberlandesbaudirektor, hielt sich in dienstlichen Geschäften häufig in Köln auf. 1816 war er im September zweimal in der Rheinstadt, einmal von Heidelberg kommend und zum anderen auf der Rückreise von Belgien. (Spätere Aufenthalte: 1824, 1826, 1830, 1833 und 1838.) Damals hat er die Zeichnung von St. Kunibert aus aufgenommen (heute im Schinkelmuseum IX, 22. Neg. Nr. 9962) und 1817 danach den Entwurf für die Vignette ausgearbeitet (Schinkelmuseum IX, 24). Freilich unterschieden sich beide von dem vorliegenden Blatt dadurch, daß Schinkel darin eine untere Begrenzung der Vignette mit einer zerbrochenen mittelalterlichen Maßwerkbrüstung vorsah. Doch äußerte sich dieser in einem Schreiben an Boisserée vom 7. März 1821 sehr zufrieden über den Abdruck seines Werkes: »Der Abdruck der Vignette für das Domwerk ist außerordentlich schön. Alles ist in großer Erwartung auf das nunmehr nahe Erscheinen dieses Werkes.« Bei der Umsetzung der Zeichnung in einen Stahlstich wurde arbeitsteilig vorgegangen: Schnell stach die Architektur und Haldenwang die Landschaft.

Die Wahl des Standpunktes und der Blickrichtung begründete der Künstler in einem Schreiben an Boisserée vom 28. Juli 1817 ausführlich folgendermaßen: ». . . Meine Ansicht war folgende: 1. wünschte ich Köln seiner ganzen Lage nach am Strome zu zeigen. Dahin gehört auch der Zusammenhang mit Deutz. 2. Den Strom in seinem Verlauf vorteilhaft anzudeuten. 3. Die Gegend umher sehn zu lassen, besonders das Siebengebirg. 4. Den Dom vorzüglich hervorstechend zu stellen. 5. Einen verdeckenden oder nichts bedeutenden Vordergrund zu vermeiden, der z. B. bei einer Aufnahme von Deutz aus stattfindet, weil man einen breiten Streifen Wasser und einen schmalen Streifen Stadt erhält.
Die Aussicht von der Kunibertskirche hinab schien mir am vorteilhaftesten. Man sieht hier links: Deutz, den Rhein in seinen großen Schwunglinien bis zum Siebengebirge folgend; auf demselben ist die fliegende Brücke und ein Rheinfloß bemerkbar. Rechts breitet sich die Stadt aus und in der Mitte erhebt sich der Dom. Die Wasserstraße mit ihren Schiffen, Türmen, Basteien und Toren ist ganz zu verfolgen. Die belaubten Gärten um Kunibert herum, in die man hinabsieht, machen die nächste Umgebung freundlich und reich. Ganz in der Ferne über der Stadt sieht man die Anfänge der Eifel und den spitzen Berg von Kloster Laach . . .«

Stahlstich, 15,0 × 49,0 cm
Köln,
Privatbesitz

Ansicht von Köln und Deutz, 1819

Christian Georg Schütz d. J.
(1758 Flörsheim/M.—1823 Frankfurt/M.)

Vor dem Betrachter liegt der ruhig dahinfließende Rhein mit dem dörflichen Deutz am rechten und der Stadt Köln am linken Ufer. In der Ferne, hinter den Strommühlen und der »fliegenden Brücke«, verengt sich der Fluß so stark, daß der Strom-Charakter im Bilde fast verlorengeht und die Macht des Flusses sowie seine Wirkung für das Stadtbild nicht zum Tragen kommen. Auch das Stadtbild ist perspektivisch sehr verkürzt: Bayenturm im Vordergrund und St. Kunibert im Hintergrund liegen hier so nahe beieinander, wie man es selbst bei besten Lichtverhältnissen nie erleben konnte. Schütz d. J. hat mit Sicherheit keinen natürlichen Betrachterstandpunkt eingenommen, sondern einen konstruierten, gedachten. Er drängt das durchaus erkennbare Stadtbild so zusammen, daß von den besonders wichtigen Gebäuden lediglich der Domkomplex, der im Maßstab wohl etwas zu klein geratene Rathausturm und Groß-St.-Martin noch sichtbar sind. Es war also bewußt kein Panoramabild mit Kirchen-, Häuser- und Türmereichtum und keine Vedute gewollt. Auch die Stadtmauer, die in Teilen noch erkennbar ist, war für ihn kein entscheidender Bildgegenstand, verbaut er sie doch mit einem Wald von Masten und Tauwerk der vor Anker liegenden vielen Kähne. Dieses vertikale Linienspiel verbindet reizvoll den etwas abrupt nebeneinanderstehenden Vorder- und Hintergrund und korrespondiert darüber hinaus auch noch mit den Senkrechten der Türme. Köln wirkt wie eine Idylle am Fluß; Ruhe, Vergangenes und Beschaulichkeit sind einige der Assoziationen, die einem einfallen.

Dieses eher noch dem Rokoko verhaftete Bild, dieses fast noch an die Niederländer des 17. Jahrhunderts erinnernde (Abb. S. 187) Aquarell gehört als letztes Blatt zu einer Serie von 24 Rheinansichten zwischen Mainz und Köln, die Christian Georg Schütz 1818/19 für den Freiherrn J. J. von Gerning in Frankfurt/M. anfertigte. Schütz, der bei seinem gleichnamigen Onkel Christian Georg Schütz d. Ä. (1718—1791) gelernt hatte, bereiste 1779 erstmals den Rhein bis Düsseldorf. Er kannte also auch Köln vom eigenen Besuch und Augenschein her, doch nahm er sich, wie in anderen Fällen, den Bildaufbau von Vorbildern. Entwurf und Aufbau des Köln-Bildes erinnern deutlich an die Stadtansicht von Janscha/Ziegler (Abb. S. 201). Mit den beiden hatte Schütz ja auch an den 1778—1798 gestochenen Wiener Ansichten zusammengearbeitet. Die 24 Aquarelle dienten als Illustrationen der englischen Ausgabe von J. J. von Gernings »Die Rheingegenden von Mainz bis Köln«, Wiesbaden 1819, die 1820 in London bei R. Ackermann erschien. Die Illustrationen wurden von Thomas Sutherland (um 1785 geboren) und Daniel Havell (gestorben 1826) gestochen. Der Band wurde von John Blake übersetzt und trug den Titel »A picturesque Tour along the Rhine from Mentz to Cologne with Illustrations of the Scenes of remarkable events and of popular traditions. By Baron J. J. von Gerning. Embellished with twenty-four highly finished and coloured engravings from the drawings of Ch. G. M. Schutz«.

Schütz hat noch an weiteren Veröffentlichungen mit Rheinansichten mitgearbeitet, so in den Jahren 1804, 1809 und 1819. Goethe lobte an seinen aquarellierten Federzeichnungen bereits die »bewundernswürdige Rheinheit und Sorgfalt der Ausführung«.

Aquarell, 21,0 × 28,5 cm
Wiesbaden,
Städtisches Museum,
Gemäldegalerie,
Sammlung Gerning

rechts:
Ausschnitt des linken Bildteils — der Bayenturm, Domturm und Domchor, der Rathausturm und Groß-St.-Martin

Köln vom Fluß aus gesehen, 1820

Joseph Mallord William Turner (1775 London—1851 Chelsea)

Köln liegt in der Spätnachmittagssonne eines heißen Sommertages. Von Flößen und Kähnen im Vordergrund sind Schwimmer in den kühlenden und damals noch sauberen Rhein gestiegen. Die Hitze des Tages liegt wie ein Flimmern über der Stadt und über dem allzu ruhigen Wasser, auf dem vollbeladene Boote dahinziehen.

Die Stadt Köln erstreckt sich in einer langen Schwingung vom Bayenturm im linken Vordergrund bis zum Kuniberts-Viertel im Hintergrund. Während der Bayenturm mit angrenzenden Gebäuden und Festungswerk in etwa der Wirklichkeit entspricht, würde eine Identifizierung der übrigen Gebäude erhebliche Schwierigkeiten machen, wenn sie nicht in diesem Gesamtzusammenhang abgebildet wären. Sowohl der Rathausturm, Groß-St.-Martin, die Uferbebauung, als auch St. Kunibert und sogar der Domchor samt dem vom Bayenturm überschnittenen Südturm mit Kranen haben recht wenig mit der damaligen Wirklichkeit gemein. So stimmen die Dimensionen nicht in Höhe und Breite, auf dem Domchor fehlt der Dachreiter, die Häuser sind weder gotisch noch kölnisch. Und auch Deutz am rechten Ufer ähnelt eher einer italienischen Hafenfestung als dem Kölner Gegenüber, das zwischen 1808 und 1813 eine neue Umwallung erhielt. St. Heribert mit den beiden Türmen ist zwar angedeutet, aber die betonte Hügellage und die übrige Architektur stimmen nicht.

Trotz solcher »Schreibfehler« hat dieses Stadtbild dennoch einen besonders hohen Realitätsgrad. Er bezieht sich freilich nicht auf die genaue Abbildung der Wirklichkeit, sondern auf die Wiedergabe der Atmosphäre. Hier wird deutlich, daß die Stadt im Ganzen wirkt, daß die Austrahlung des Stadtbildes nicht ohne Wirkung auf sensible Augen blieb.

Offensichtlich war Turner von der Stadtgestalt mit den niedrigen Bürgerhäusern und den sie überragenden Kirchen und Türmen ebenso gefangen wie Generationen von Künstlern vor ihm. Diese Gesamtwirkung, in der Details unwichtig werden, und die Sonnenhitze, die alle Architektur in gleiches Licht tauchte, kamen den künstlerischen Bestrebungen entgegen.

Diese andere Ebene des Bildes, das Kunstwollen Turners, sein im künstlerischen Sinne notwendiger freier Umgang mit der Wirklichkeit, äußert sich in der Komposition, die hauptsächlich von der Farbe lebt. Zwei Grundfarben, Ocker und Blau, bestimmen in ihren unterschiedlichen Stärken und Werten den Bildklang. Wie zwei Keile schieben sich Blau von rechts und Ocker von links gegen- und schließlich übereinander. Diese Farben überziehen ohne Rücksicht auf Gegenstände oder Bildgründe Flächen. Diese Bilderfindung aus malerischen Elementen führt vom Farbkontrast über die Einbindung einzelner Bildteile zur Gesamtkomposition. Es war eines der neuen Stilelemente der Kunst Turners.

Er unternahm seine erste Rheinreise 1817. Am 10. August 1817 verließ er London und erreichte nach Aufenthalten in Brüssel und Waterloo am 18. August 1817 Köln. Von dort zog er dann weiter rheinaufwärts bis Mainz, wo er sich bis zum 26.8.1817 aufhielt. In Köln weilte er auf der Heimreise wiederum am 29. und 30. August 1817 und reiste dann über Aachen und Rotterdam nach Hause zurück. Auf dieser Reise benutzte Turner ein größeres und ein kleineres Skizzenbuch, die sich heute im British Museum in London befinden. Die dort aufgezeichneten Skizzen dienten ihm als Grundlage für seine Aquarelle. 51 solcher Rhein-Aquarelle (zwischen Köln und Mainz) schuf er nach seiner Rückkehr und verkaufte sie an seinen Mäzen Walter Fawkes 1817 in Farnley Hall für £ 500. Unser Bild, 1820 entstanden, geht vermutlich auf diese Skizzen von 1817 zurück und verwendet vielleicht ein Aquarell von 1817 in unbekanntem Privatbesitz. Erst 1825 sollte er nochmals an den Rhein zurückkommen. Eine Entstehung aufgrund der Eindrücke seiner ersten Rheinreise ist also sicher. Es geht nur ein Aquarell von 1817 »Rheintor, Köln« voraus, das aber weder vom Motiv noch von der Blickrichtung etwas mit diesem gemein hat. Auch scheint es, daß Turner seine Licht- und Farbeindrücke der Italienreise von 1819, die für seinen Stil so entscheidend waren, bereits verarbeitet und auf dieses Bildthema umgesetzt hat.
Zweimal wurde das Aquarell als Vorlage für Stiche verwendet: 1824 von E. Goodall und 1859 von A. Willmore.

Aquarell, 30,8 × 46,3 cm
Washington,
Seattle Art Museum
(Schenkung von Mr. und Mrs. Louis Brechemin)

Prager Hof, 1824

Samuel Prout
(1783 Plymouth—1852 Camberwell, London)

Vor einem etwas heruntergekommenen, aber dennoch vornehmen Anwesen hat ein feiner Reisewagen Halt gemacht. Offensichtlich wurde bereits abgeladen; auf der einen Seite unterhalten sich die Reisenden, auf der anderen Kutscher und Dienstpersonal. Der stillen Vornehmheit und dem erblassenden Glanz der Architektur tut das auf den Mauern wachsende Gras keinen Abbruch.

Das Gebäude war einst eines der schönsten in Köln, war von auserlesener Architektur und galt als beste Adresse. Es handelt sich um den »Hackeneyschen Hof« oder das später sogenannte Richmodishaus. Dieses weitbekannte Anwesen in bester Kölner Lage am Neumarkt entwickelte sich in langer und reicher Geschichte aus ursprünglich zwei Höfen »Heidenreich« und »Schornstein«, die 1430 wiedervereinigt wurden. Der Kaiserliche Rechenmeister Nicasius Hackeney (gestorben 1518), ein reicher und gebildeter Kölner Bürger, der unter anderem auch den »Altar der Hl. Sippe« (um 1500) im Wallraf-Richartz-Museum gestiftet hat, ließ um 1504 einen prächtigen Neubau errichten. Den Plan dazu hatte er von Kaiser Maximilian I. aus Mecheln erhalten, diente doch das aufwendige Gebäude als kaiserliches Absteigequartier in Köln. Das brachte ihm den Namen »Palatium«, oft hohen Besuch (hier verweilten zum Beispiel Karl V. und Ferdinand I.) und eine kostbare Ausstattung ein (so befand sich hier in der Hauskapelle der herrliche »Flügelaltar mit dem Tod Mariens«, 1515, des Joos van Cleve d. Ä., der sich heute im Wallraf-Richartz-Museum befindet). Nach dem Tode des Erbauers folgte eine wechselvolle Geschichte mit Teilungen und ständig neuen Eigentümern. 1725—1737 wohnte hier der päpstliche Nuntius.

Samuel Prout hat die bauliche Situation zu Beginn des 19. Jahrhunderts festgehalten. Der englische Aquarellist und Lithograph, der zu den Pionieren von Rheintourismus und Rheinromantik gehörte, hielt sich auf einer seiner Kontinentreisen 1819 auch in Köln auf, wo er zahlreiche Eindrücke mit dem Zeichenstift festhielt. Sein Hauptaugenmerk galt wohl der Architektur. Es ist anzunehmen, daß Prout während seines Köln-Aufenthaltes hier gewohnt hat: der linke Teil, das Gebäude mit dem wunderschönen spätgotischen Erker, war seit etwa 1800 der Gasthof »Zur Stadt Prag«, der rechte Teil ab 1822 »Gasthof zum großen Englischenhof«, also wohl bevorzugte Absteige für die Inselgäste, die ja damals in großer Zahl zum Rhein kamen. Zwischen beiden Gebäuden steht der schlanke, etwa 28 m hohe achtseitige Treppenturm, der mit Helm und Wetterfahne auch auf Woensams Stadtansicht (Abb. S. 121) zu sehen ist. Der Prager Hof wurde bereits 1835/36 bei Anlage der Richmodisstraße abgerissen. So stellt diese Lithographie das letzte Dokument dieses Prachtstückes spätmittelalterlicher Kölner Architektur dar. Der Englische Hof blieb in veränderter Form als »Heusersches Haus« noch bis 1928 stehen. Dann wurden auch er und der Turm abgebrochen; der Turm wurde beim Neubau des Geschäftshauses 1928/29 nördlicher und höher neugebaut. Die beiden weißen Pferdeköpfe, die oben herausschauen, beziehen sich auf die bekannte Kölner »Richmodissage«, die sich allerdings nicht in diesem Anwesen abgespielt hat. Doch sei erwähnt, daß der Komponist Max Bruch am 6.1.1838 hier geboren wurde.

Das Blatt gehört zu der Lithographiefolge »Illustrations of the Rhine«, die 1824 erschien. Es ist unten mit »at COLOGNE« bezeichnet. Auf einem Gepäckstück links neben dem Wagen das Monogramm SP.

Lithographie, 40,3 × 28,8 cm
Köln,
Privatbesitz

Carle Quidde
Taback Fabrick
No 10
HOTEL DE PRAGUE
COLOGNE

Der Rinkenhof mit Turm und Brunnen, 1824

Samuel Prout
(1783 Plymouth—1852 Camberwell, London)

Ein stiller Winkel aus dem alten, an hervorragender Architektur so reichen Köln, ist hier wenigstens noch im Bilde erhalten geblieben. Man schaut auf den sogenannten Rinkenhof, der bis zu seinem Abriß 1911 am Rinkenpfuhl 24 stand. Ursprünglich war das von 1473 bis 1628 im Besitz der Familie Rink befindliche dreiflügelige Anwesen wohl von großer architektonischer Schönheit und glich in der Gesamtanlage den anderen Stadthöfen, vor allem dem Hackeneyschen Hof am Neumarkt (Abb. S. 215).

Der Hof wurde um 1500 von Bürgermeister Johann Rink (gestorben 1516) errichtet und hat in seiner Geschichte zahlreiche Besitzer kommen und gehen sehen. Die Familie Rink war eine der führenden Kölner Patrizierfamilien, die sich durch manche Altarstiftungen und Portraitaufträge ein Denkmal gesetzt hat. Die Anlage zeugt von hohem Anspruch. Erhalten blieben und hier abgebildet sind zwei Flügel und der schlanke hohe »Ritterturm« mit der reichen Maßwerkverzierung unter der Laterne. Diese Türme zierten manche Kölner Hofanlage und haben das Stadtbild wesentlich mitbeeinflußt (vgl. Abb. S. 215, S. 145).

Am Rinkenhof hatte der Zahn der Zeit schon kräftig genagt, als Prout bei seinem Köln-Aufenthalt 1819 diese Szene zeichnete: Fensterläden hängen schief, Mauerwerk bröckelt, Verwahrlosung schleicht sich ein. 1831 wurde der Turm noch einmal repariert; 1890 war der schöne Brunnen, vor dem man hier gerade ein Schwätzchen hält, bereits abgebrochen. Mit dem Abriß des Anwesens 1911 hat Köln ein weiteres architektonisches Kleinod verloren. Hans Vogts (»Kunstdenkmäler der Rheinprovinz«, hrsg. von P. Clemen, II 4 Profanbauten, 1930, S. 537) behauptete mit Recht: »Die Zerstörung des Hauses, besonders des Turmes, kann nur als ein bedauernswerter Vandalismus bezeichnet werden.«

Samuel Prout hat dieses mit »AT COLOGNE« bezeichnete Blatt 1824 als Lithographie bei R. Ackermann in London veröffentlicht; gedruckt wurde es bei C. Hullmandel. Prout, der sich als Veduten- und Landschaftsmaler neben Aquarell auf die Lithographie spezialisiert hatte, verstand es besonders gut, mit dieser dem Pinsel nahestehenden Technik Tonigkeit und Atmosphäre in seinen Blättern einzufangen.

Kolorierte Lithographie,
24,0 × 18,5 cm
Köln,
Privatbesitz

Stadtansicht mit Bayenturm, 1824

Samuel Prout (1783 Plymouth—1852 Camberwell, London)

Der Blick reicht vom südlichen zum nördlichen Eckpfeiler der Kölner Stadtbefestigung. Auf allen Stadtansichten seit dem »Martyrium der Hl. Ursula vor der Stadt Köln« um 1411 (Abb. S. 66) markieren der Bayenturm im Süden und die Kunibertstorburg im Norden die Erstreckung der Stadt entlang dem Rhein. Im Zuge der monumentalen Stadtmauer mit ihren vielen Toren und Türmen, zwischen 1180 und 1240 entstanden, war der Bayenturm jahrhundertelang das wichtigste Schutz- und Bollwerk im Süden der Stadt. Bis in den Rhein schoben sich seine Vorwerke, die sogenannte Ark mit dem Rundbogen, die 1585 abgebrochen wurde. Das »neue Bollwerk«, wie es auf einem Kupferstich des Wenzel Hollar 1635 bezeichnet wurde (Abb. S. 219 unten), war die neue Bastion des 17. Jahrhunderts.

Seit den Umbauten, den Hafen- und Bahnanlagen des 19. Jahrhunderts, hat der Bayenturm seine alte Position als Wächter am und im Rhein verloren und seine wichtige Rolle im Stadtbild gründlich eingebüßt. Wie in diesem Bilde haben seit dem 16. Jahrhundert unzählige Künstler an ihm Maß genommen, mit ihm das Stadtbild linksseitig stabilisiert, hier die Proportionen festgelegt, ihn als Schwerpunkt für Nahsichtigkeit und Detailtreue im Bildganzen eingesetzt. Auf Prouts Stadtansicht sind hinter dem Bayenturm noch der Dom mit dem Südturm, der Rathausturm, ein Turm von St. Mariä Himmelfahrt, Klein-St. Martin, Groß-St.-Martin, ganz in der Ferne St. Kunibert und am rechten Bildrand Deutz zu sehen. Masten und Boote verdecken die Uferfront weitgehend. Der Stadtbereich von St. Maria im Kapitol an südwärts bis St. Severin ist bei einer Sicht vom Bayenturm und mit dem Bayenturm gewöhnlich nicht im Bilde, da das vorspringende Festungswerk diesen in einem leichten Rheinbogen liegenden Stadtteil unserem Blick entzieht.

Kolorierte Lithographie, 18,8 × 26,6 cm
Köln, Kölnisches Stadtmuseum, Inventarnummer A I 3/78

Im Vordergrund ein kleiner Schiffslandeplatz — der Haupthafen war zwischen Rheintor und Trankgassenturm — mit zwei sogenannten Wasser-Diligencen, Kähnen mit schmalen Kajüten, die für Rheinreisen Verwendung fanden.

Wenzel Hollar (1607 Prag—1677 London)
Ansicht von Süden, 1635
Kupferstich, 8,9 × 17,3 cm
Köln, Kölnisches Stadtmuseum, Inventarnummer A I 2/45

COLOGNE

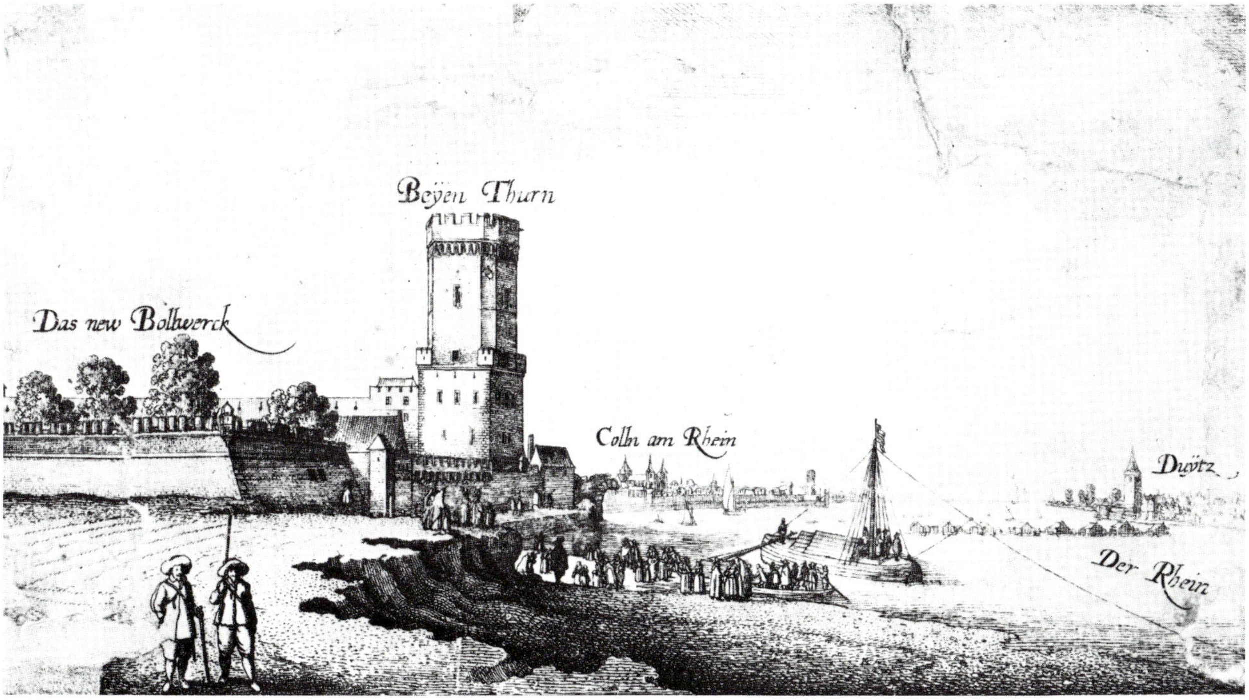
Beÿen Thurn
Das new Bolwerck
Colln am Rhein
Duÿtz
Der Rhein

Ulrepforte, 1824

Samuel Prout
(1783 Plymouth—1852 Camberwell, London)

In diesem Winkel an der Ulrepforte mischte sich Ländliches mit Städtischem. Köln, das bis in das 19. Jahrhundert hinein ausgedehnte landwirtschaftliche Flächen innerhalb der Stadtgrenzen besaß, darunter Gärten, Weiden, Felder und Weingärten, hat immer ein gutes Maß an Selbstversorgung damit sichern können. Vor allem in den mauernahen Stadtteilen gab es stets eine Anzahl Höfe, die auch Land außerhalb der Mauern bestellten. Mühlen gehörten als unbedingt notwendige Verwertungsbetriebe dazu. Jahrhundertelang haben diese Funktion zum Teil die immer wieder abgebildeten Strommühlen im Rhein ausgefüllt. Was die einen mit Wasserkraft leisteten, vollbrachten die anderen mit Wind. Vor allem an der Stadtmauer standen solche Windmühlen: Pantaleonsmühle, Gereonswindmühle oder die Bottmühle.

Auch die Bottmühle ist in veränderter Form noch heute erhalten; sie liegt an der gleichnamigen Straße in der Nähe des Ubierringes. Sie ist ein Rest der mittelalterlichen Stadtbefestigung zwischen Bayenturm und Severinstor. 1643 stand dort noch eine 1587 errichtete Bockwindmühle, die wir aus einem Stich von Wenzel Hollar kennen. »Bott« nannte man die 1550/52 errichtete Plattform (Stützpunkt) an der Innenseite der Mauer, auf der 1677/78 vom Stadtsteinmetz Andreas von Gülich in städtischem Auftrag ein Mühlenturm errichtet wurde.

Die Ulrepforte war ursprünglich ein Torbau der mittelalterlichen Stadtbefestigung mit einer mittleren Durchfahrt und seitlichen flankierenden Türmen ähnlich dem Weyertor. Dieses 1245 bereits erwähnte Tor wurde vermutlich um 1400 beim Bau der Windmühle aufgehoben. Der Mühlenturm, der in den nördlichen Flankenturm hineingesetzt wurde, hatte eine Gesamthöhe von 23,50 m und einen Umgang, der zur Stadt hin von acht Gewölben auf Pfeilern getragen wird. Die bis 1841 städtische Mühle wurde in der »Kleinen Chronik« von 1528 folgendermaßen beschrieben: »eine schönstarke steine Windmühl, bowen umb mit ein steinen verhauen Umbgang ind unden mit eynen steinen Boghen ind Pilarden umbher gebaut« (eine schöne starke steinerne Windmühle oben herum mit einem steinbehauenen Umgang und unten mit Steinbögen und Pfeilern umbaut; Vogts 1930, S. 95).

So ist der Bau, durch Reparaturen von 1588 und durch Umbauten infolge Ausbaus zu einer Gastwirtschaft von 1885/86 leicht verändert noch heute erhalten, freilich ohne Mühlenflügel und Mahlwerke.

Den Mühlenturm auf der Ulrepforte hat Samuel Prout bei seinem Aufenthalt in Köln gesehen und gezeichnet. 1824 hat er seine Reiseeindrücke in einer Lithographiefolge von 25 Blättern »Illustrations of the Rhine« umgesetzt und veröffentlicht (vgl. Abb. S. 215, 217, 219). Dabei muß ihm in der Erinnerung an Köln einiges durcheinandergeraten sein, denn in der dargestellten Architektur mischen sich Bauelemente der Bottmühle munter mit denen der Ulrepforte. Vor allem das Obergeschoß gleicht in Höhe und Form eher dem der Bottmühle, besonders der Turm mit seiner Geschoßteilung, Verjüngung und dem Rundbogenfries. Auf der Plattform oben sieht man Männer, die die Segel der Flügelbespannung zum Trocknen aushängen. Im Hintergrunde links soll wohl das Kartäuserkloster gemeint sein, aber weder Lage noch Architektur stimmen. Auch die Höhe und Stelzung des Unterbaus entsprechen nicht der Wirklichkeit. Über der Türe rechts das Monogramm des Künstlers: SP. Das Blatt ist unten bezeichnet: On The Walls, Cologne.

Wenn auch eine Menge phantastischer Zutaten aus der Erinnerung heraus mit der Wirklichkeit vermischt wurde, so gibt uns Prouts Lithographie doch einen guten Eindruck von der Beschaulichkeit und Schönheit dieses Winkels. Scheiners erhaltene Zeichnung und Aquarell von 1878 (Kölnisches Stadtmuseum, HM 1936/47) vermitteln uns den Zwischenzustand vor der Wiederherstellung von 1888. Heute ist die Ruhe und Intimität, die wir noch in den Bildern finden, Lärm und Hektik gewichen: die Ulrepforte liegt jetzt nämlich an einer Hauptverkehrsstraße Kölns dort, wo sich Ulrichgasse/Vorgebirgsstraße und Sachsenring kreuzen.

Kolorierte Lithographie,
41,5 × 27,5 cm
Köln,
Privatbesitz

Ansicht der St. Gereons-Kirche, 1826

Ernst Fries
(Zeichner, 1801 Heidelberg–
1833 Karlsruhe)
Ludwig Schnell
(Stecher, um 1790 Darmstadt–
1834 Karlsruhe)

Das Bild ist zweisprachig bezeichnet: Ansicht der St. Gereons-Kirche in Cöln/Vue de l'église St. Géréon à Cologne. Es entstammt einem Sammelband »Malerische Ansichten des Rheins, der Mosel, des Haardt und Taunus-Gebirges in 72 Blättern« und wurde bei Joseph Engelmann 1826 in Heidelberg verlegt. Für diesen Band lieferten neben Fries auch Kuntz, Rottmann und Xeller Zeichnungen. Fries hielt sich um 1820 während einer seiner Rheinlandreisen in Köln auf und hat wohl damals dieses Blatt gezeichnet.

Ein ziemlich seltener Blick auf Köln ist hier zu sehen. Die Stadt wurde von West-Nordwest gesehen; wichtig war dem Zeichner wohl die Umgebung von St. Gereon und die Kirche selbst, doch geht der Blick weiter hinaus auf die nördliche und östliche Umgebung. Die nördlichen Stadtteile sind von der Landseite her aufgenommen, offensichtlich vom Gereonswall aus. Dort im hügeligen Gebäude — die dargestellten Höhenunterschiede entsprachen wohl nicht ganz der Wirklichkeit — zieht sich die Stadtmauer hin; teils ist sie noch unbeschädigt, teils hat sie schon Steine lassen müssen und weist Lücken auf. Vorne im Schatten von Mauer und Büschen ruhen Frau und Kind aus. Am linken Bildrand sieht man das Gereonstor, »das am besten erhaltene und als Wehrbau interessanteste Werk der Kölner Stadtbefestigung«. Das Tor ist erstmals 1259 bezeugt, wurde aber wohl schon einige Jahrzehnte vorher errichtet (wie die anderen Tore um die Jahrhundertwende). Das zweitürmige Tor hatte drei Geschosse und eine obere Plattform mit feldseitigem Zinnenkranz. Der Zeichner hat auch eine Besonderheit des Tores genau registriert: die Wurfschächte am Zinnenkranz, die nur dieses Kölner Stadttor besaß. Verkehrsmäßig war das Gereonstor ohne Bedeutung, da innen die sogenannte Gereonsimmunität vorgelagert war, doch befand sich in den Türmen das strengste Kölner Gefängnis.

Am 11. Juni 1881 erfolgte in feierlicher Form der erste Durchstich durch die Mauer am Gereonshof: damit war der Abbruch der gesamten Kölner Stadtbefestigung mit Ausnahme einiger Tore eingeleitet. Auch das Gereonstor fiel dieser Maßnahme im Juni 1882 vollständig zum Opfer. St. Gereon ist architektonisch (bis in die Details) sehr exakt dargestellt. Der im Westen vor der Kirche gelegene Kreuzgang wurde 1814 abgebrochen, der Platz vor der Kirche ist nunmehr frei. Auch die nördlich neben St. Gereon gestandene Pfarrkirche St. Christoph fehlt, sie wurde 1806 niedergelegt. Doch die 1837 erst abgebrochenen Umfassungsmauern der Kirche und des Friedhofs sind noch zu sehen.

Rechts hinter St. Gereon, bescheiden in den Hintergrund gerückt, der Südturm des Domes, links neben St. Gereon werden St. Ursula und St. Mariae Himmelfahrt sichtbar. Weiter links steht auf der Mauer noch die Gereonswindmühle, die um 1400 erbaut wurde.

Die Dimensionen und die Lage der Gebäude im Bilde sind nicht hundertprozentig richtig. Die Darstellung ist von einem sehr romantischen Charakter, wie er in Köln-Ansichten seltener ist. Das Bild der Stadt, das sonst in der Hauptsache vom Dom und vom mächtigen Vierungsturm von Groß-St.-Martin bestimmt wurde, hat sich durch den Standortwechsel des Zeichners vom Hoheitsvollen zum eher Gemütlichen, Idyllischen gewandelt.

Stahlstich, 14,5 × 21,4 cm
Privatbesitz

rechts unten:
Ausschnitt aus
oberem Bildteil links von der Mitte — die Stadtmauer mit der Gereonswindmühle und St .Ursula (rechts)

Fischmarkt mit Groß-St.-Martin, 1826

Robert Batty
(Zeichner, 1789—1848 London)
John Godden
(Stecher, 1801 London—1862 London)

Das interessante Bild zeigt einen besonders reizvollen Winkel der ehemals an solchen Ausblicken überreichen Stadt Köln. Wir schauen von Südosten auf den Fischmarkt; noch scheint es früher Morgen zu sein, denn die Sonne fällt von Osten auf den Platz. Der Fischmarkt lag genau im Osten der Klosterkirche Groß-St.-Martin zwischen Mühlengasse im Norden und Lintgasse im Süden. Seine Fortsetzung nach Süden fand er im Buttermarkt. Im Gegensatz zum Heumarkt und zum Alter Markt (Abb. S. 269) handelte es sich bei dem Fischmarkt um einen kleineren schmalen Markt, der sich längs des Rheines hinzog. Wie der Name schon sagt, wurde hier mit Fisch gehandelt: auf dem Fischmarkt selber wurde der Frischfisch verkauft, in der Lintgasse, also südlich, wurde gesalzener und getrockneter Fisch gehandelt und zwischen Lintgasse und Rhein lagen die sogenannten Salmenbänke, das heißt, hier wurde der Lachs verkauft. Natürlich wurde auch Fisch auf dem Heumarkt und auf dem Alter Markt verkauft, aber dieser Fischmarkt hat doch seine ursprüngliche Bedeutung bis weit in das 19. Jahrhundert hinein behalten, auch wenn der Bau des Fischkaufhauses vor 1426 seine Bedeutung ein wenig geschmälert hat. An der Westseite dieses Platzes, der hier wohl ein wenig breiter und ausgedehnter gezeichnet ist als er überhaupt war, standen eine Reihe jener typisch kölnischen stattlichen Giebelhäuser mit dem vorkragenden Obergeschoß und den Kranbäumen unter dem Dach. Fünf dieser Häuser, von der Lintgasse in Richtung Norden, haben glücklicherweise den letzten Weltkrieg überstanden. Sie sind in restauriertem Zustand erhalten, darunter als erstes Haus links in der Zeile das sogenannte Stapelhäuschen. Glücklicherweise ist somit hier wenigstens noch ein Hauch jener herrlichen Altstadtatmosphäre Kölns wiederzufinden. Gegenüber, hier im Bilde ganz rechts, liegt das ehemalige 1558—1561 erbaute Fischkaufhaus, das seit dem 19. Jahrhundert den Namen Stapelhaus trägt. Auch dieses Gebäude ist nach dem letzten Weltkrieg verändert und restauriert worden. Johann Haselberg, der 1531 als fahrender Buchhändler von der Insel Reichenau nach Köln kam, beschreibt den Fischmarkt in seinem poetischen Reisebericht »Eyn lobspruch der Keyserlichen freygstadt Coellen ...«, Köln 1531 folgendermaßen: »An der Mauren deth ich abe gon, / da fand ich ein schoennen fischmarckt ston, / Der was gespeist fur alle welt; / Ein ieder kauft da umb sein gelt / Nach allen seines hertzen lust; / Niemans gab man nichs umbsunst. / Die visch die warent gross und clein / Dar tuz gesaltzen und auch grun; / Stockfisch herin wie es sich bast / Verkauf man einem nach der Last.«

Mächtig überragt, beschirmt und bewacht zugleich Groß-St.-Martin mit seinem hohen Vierungsturm Markt und Viertel. Choranlage und Vierungsturm sind in Breite und Höhe ein wenig überzeichnet, das beeinflußt natürlich erheblich das Verhältnis zwischen Bürgerhäusern und Kirche. Doch die Details der Kirche sind genauestens studiert und festgehalten worden. Die beiden westlichen Flankierungstürme des Vierungsturmes fehlen, der südwestliche stürzte nämlich bereits 1527 ein, der nordwestliche wurde 1789 niedergelegt. Erst bei einer dringend notwendigen Wiederherstellung wurde das nordwestliche Flankierungstürmchen 1847, das südwestliche 1875 wiedererrichtet.

Das vorliegende Bild gehörte als Blatt 28 zu einem Stahlstichbuch, das Robert Batty 1824—1826 als Lieferungswerk bei Robert Jennings in London herausgab. Dieses Buch mit dem Titel »Scenery of the Rhine Belgium and Holland« war das erste Rheinbuch mit Stahlstichen überhaupt. Robert Batty war ein Captain der Grenadiergarde, der ursprünglich Medizin in Cambridge studiert hatte, dann aber Soldat wurde und unter anderem bei Waterloo gekämpft hatte. Auf einem Pyrenäenfeldzug 1813/14 hatte er bereits Gebirgslandschaften skizziert, später war er an der Herausgabe der ersten Stahlstichbücher beteiligt, die unter dem Titel »French scenery« 1822 und »German scenery« 1823 erschienen. Dieses Blatt erinnert zwar noch an die Kupferstichtechnik, deutet aber gleichzeitig schon in ganzer Breite die neuen feineren Möglichkeiten des Stahlstiches an.

Stahlstich, 20,3 × 13,7 cm
Köln,
Privatbesitz

Blick auf Mülheim und Köln von Norden, 1826

Rudolf Kuntz
(Stecher und Zeichner,
1797 Mannheim—1848 Illenau)

Über üppig bewachsenem Ufer vorne links das Städtchen Mülheim am breiten Strom. Deutlich zu erkennen sind dort die Uferbefestigungen, der große Kran und beherrschend in der Silhouette die Clemenskirche. Dagegen drückt sich die linksrheinische Stadt am Horizont tief hinunter. Insofern erinnern dieser Blick und diese Darstellung an das Bild von Lambert Doomer (Abb. S. 187), das eine ähnliche Blickrichtung und eine verwandte Köln-Impression wiedergibt. Freilich war Doomers Standpunkt näher an die Clemenskirche herangerückt. Bei aller Feinheit und Kleinheit der Darstellung sind doch noch die charakteristischen Gebäude von St. Severin links bis St. Kunibert rechts zu erkennen.Rechts unterhalb der Clemenskirche liegt die fliegende Brücke, die Fähre von Mülheim. Daneben ist offensichtlich die 1822 fertiggestellte Schiffsbrücke zwischen Köln und Deutz angedeutet. Im Vordergrund kommen von rechts zwei Reiter mit vier Pferden am Ufer entlang, wohl die Schlepper auf dem Treidelpfad. Vermutlich wurde der Blick vom Stammheimer Treidelpfad aus aufgenommen. Stromaufwärts mußten die meist »holländischen Beurtschiffe« von alters her mit Pferden geschleppt werden. Wenn der Wind gut stand, konnte auch gesegelt werden; so schwankte die Reisedauer von Rotterdam nach Köln je nach Windstand und Windstärke zwischen zwei und sechs Wochen. Getreidelt wurde auch mit Menschenkraft (vgl. Abb. S. 158); kleinere Schiffe wurden von einem Pferde (Abb. S. 182), größere mit Gespannen von zwei Pferden aufwärts (Abb. S. 74) gezogen. Ernst Weyden geht in seinem Buch »Köln am Rhein vor fünzig Jahren«, Köln 1862 (S. 12/13) auch kurz auf das Treideln ein: »Hat sich der Schiffer glücklich und in aller Bequemlichkeit von zwanzig bis dreißig Gäulen — der Hauptbeschäftigung der Bewohner der am Rhein liegenden Dörfer, der so genannten Rheinhalfen — bis nach Köln heraufpferden lassen, kümmert er sich nicht weiter um seine Ladung, dafür hat er seine Knechte und die städtischen Bestätter, welche ihm die Frachtgelder einziehen.«

Der interessante Gegensatz von üppiger Vegetation, die noch an die Fruchtbarkeit der wassernahen Auwälder erinnert, mit der Tier-/Menschengruppe vorne und die vieltürmige Architektur im Hintergrund bestimmen den Bildcharakter zum einen. Andererseits wird er unterstützt von der kleineren, aber hervorgehobenen Stadt Mülheim gegenüber der im weiten Bogen angelegten Stadt Köln, die hier so bescheiden erscheint. Großstadt Köln und Kleinstadt Mülheim, ein Gegensatz, der von den Zeitgenossen auch so gesehen und verstanden wurde.

Das Blatt stammt aus dem Bande »Malerische Ansichten des Rheins, der Mosel, des Haardt und Taunus-Gebirges« und wurde 1826 bei J. Engelmann in Heidelberg verlegt. Es gehörte also zu der gleichen Ausgabe wie die Ansicht der St.-Gereons-Kirche von Ernst Fries (Abb. S. 223) und damit zu einem der frühesten illustrierten Rheinreisebücher des 19. Jahrhunderts. Der Künstler Rudolf Kuntz ist weniger durch Veduten als durch seine zahlreichen Pferdebilder bekannt geworden.

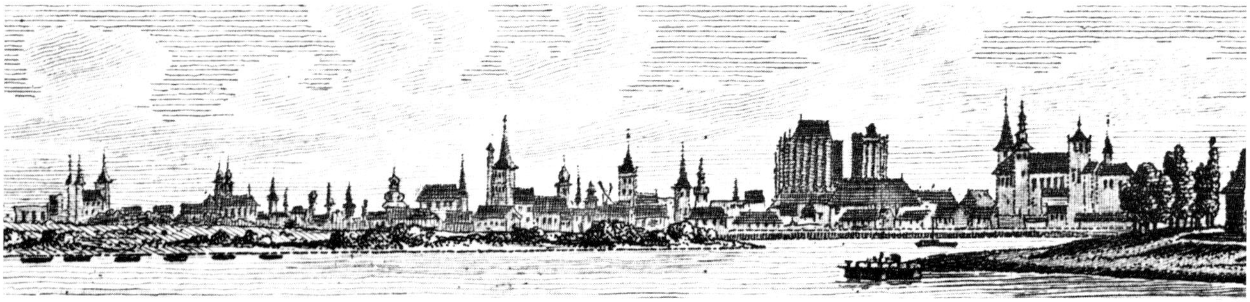

Stahlstich, 11,5 × 21,4 cm
Privatbesitz

oben:
Ausschnitt oben, Mitte bis rechter Bildrand — die Stadt Köln von St. Severin (links) bis St. Kunibert (rechts)

Köln, Ankunft eines Postschiffs: Abend, 1826

Joseph Mallord William Turner (1775 London—1851 Chelsea)

Seit dem Ende des 18. Jahrhunderts war es üblich geworden, bestimmte Routen auf dem Rhein regelmäßig zu befahren. Sehr beliebt und stark genutzt war darunter vor allem die Postschiffahrtslinie auf der Strecke von Köln nach Mainz. Diese sogenannten Eilfahrten wurden mit den »Wasserdiligencen« durchgeführt und waren, wie man sieht, beim Reisepublikum sehr geschätzt. Die erheblich zunehmende Mobilität im Geschäfts- und Handelswesen hatte das Bedürfnis nach regelmäßigem Schiffsverkehr auf Nieder- und Mittelrhein geweckt. Während der Sommermonate beförderte diese Linie Reisende und Gepäck in zwei Tagen von Mainz nach Köln und in drei Tagen von Köln nach Mainz. In den Wintermonaten kam pro Route jeweils ein Tag hinzu.

Dabei muß man wissen, daß in dem Jahr, in dem Turner dieses Gemälde schuf, 1826, bereits die »Preußisch Rheinische Dampfschiffahrtsgesellschaft« gegründet wurde, und daß bereits 1816, also zehn Jahre vorher, das erste Dampfschiff an Köln vorbeifuhr. Aber noch war das Dampfschiff wohl die Ausnahme auf dem Rhein, noch waren die Kölner Schiffer durch die moderne Entwicklung auf dem Rhein nicht ruiniert.

Turner hat in einer seiner besonders beliebten Abendstimmungen die Ankunft des voll besetzten Bootes und das Festmachen am Ufer festgehalten. Wahrscheinlich hat er die Skizzen dazu auf seiner zweiten Reise an den Rhein (über Holland und Belgien) im Jahre 1826 angefertigt.

Im stillen Rheinwasser spiegeln sich der bewölkte Himmel, das beigedrehte Boot, dessen Segel einen kräftigen Flächenkontrast zur Architektur der Stadt bieten, und das Bollwerk mit Groß-St.-Martin dahinter. Von der Stadt sieht man weiter nach vorne noch den Frankenturm, die Rheinmauer und das Trankgassentor mit dem Durchgang zur dahinterliegenden Trankgasse. Ganz vorne rechts wird Holz gespalten, gestapelt und geschleppt: ein Hinweis auf Schiffsarbeiten und auf die Werft. Vor dem Bollwerk erwartet eine große Menschenmenge das Schiff. Links hinter dem Postschiff sieht man die Schiffsbrücke und Deutz. Durch außerordentlich differenzierte Tonabstufungen innerhalb eines einheitlichen Farbklangs gelang es Turner, die Atmosphäre eines Sommerabends am Kölner Rheinufer überzeugend zu vermitteln. Dabei korrespondieren die allgemeine scheinbare Ruhe mit dem bewegten Reise- und Geschäftsleben im Hintergrund und auch die relative Genauigkeit dieses Stadtbildes mit der für Kölner Stadtansichten neuartigen Farberfindung. Stilistisch steht dieses großartige Köln-Bild dem »Hafen von Dieppe« (1825) in der gleichen Sammlung außerordentlich nahe. Es lebt nicht vom Hell-Dunkel-Kontrast, sondern innerhalb einer milden, alles überziehenden Helligkeit vom Blau-Ocker-Gegensatz, der dem Werk Transparenz und Dichte zugleich verleiht.

Als das Gemälde 1826 in der Royal Academy ausgestellt war, hing es zwischen zwei Porträts von Sir Thomas Lawrence. Ruskin, der sich 1843 im ersten Band seines Werkes »Modern Painters« hauptsächlich mit Turner befaßte und ein hervorragender Turner-Kenner war, schreibt dazu: »Der Himmel von Turners Bild war außerordentlich strahlend, hatte aber eine höchst nachteilige Auswirkung auf die Farbe der beiden Porträts. Lawrence fühlte sich natürlich gedemütigt und beschwerte sich offen über die Hängung seiner Bilder . . . Am Morgen der Ausstellungseröffnung führte bei einer privaten Besichtigung ein Freund Turners, der Köln in seiner Pracht gesehen hatte, eine Gruppe erwartungsvoller Kritiker zu dem Bild. Entsetzt fuhr er davor zurück. Der goldene Himmel hatte eine graubraune Farbe angenommen. Der Freund lief zu Turner, der an einer anderen Stelle des Saals stand. ›Turner, was haben Sie mit Ihrem Bild gemacht?‹ ›Oh‹, brummte Turner mit leiser Stimme, ›der arme Lawrence war so unglücklich. Es ist nur Lampenruß. Er läßt sich nach der Ausstellung wieder abwaschen!‹ Er hatte wirklich eine dünne Schicht Lampenruß in Aquarellfarben über den ganzen Himmel gelegt und sein Bild zeitweilig stark verdorben, und so beließ er es während der ganzen Ausstellung, damit es den Bildern von Lawrence nicht schadete.«

Nach der Ausstellung in der Royal Academy entfernte der Künstler den Ruß schließlich wieder.

Öl auf Leinwand,
150,0 × 225,0 cm
New York,
Frick-Collection
(Inventarnummer 14.1.119)

Ansicht der Stadt mit Bayenturm, vor 1830

Louis (Johann Ludwig) Bleuler (1792—1850; tätig in Schaffhausen und Laufen)

Mächtig erhebt sich im Vordergrunde der Bayenturm über dem Rhein. Dieser Turm war die südliche Eckbefestigung der rheinseitigen Stadtmauer. Der Bayenturm hatte, ähnlich wie der Kunibertsturm im Norden der Stadt, die Aufgabe, die Rheinmauer mit der landseitigen Befestigung zu verbinden und die Uferstraße sowie das kleine Tor zu überwachen. Dieser Wächteraufgabe dienten außer dem Turm noch ein befestigtes Vorwerk und die Ark, ein in den Rhein vorspringender Mauerzug. Der Turm, mit dem quadratischen Unterbau und den zwei achtseitigen Obergeschossen, ist ein Bau des 14. Jahrhunderts; urkundlich wird berichtet, daß man 1393 mit seiner Errichtung begann. Im frühen 17. Jahrhundert, vor 1635, wurde die gesamte Anlage durch ein neues Bollwerk erweitert und

verstärkt, bis sie 1895 abgebrochen wurde. Der Turm selbst wurde 1895—1898 völlig restauriert und diente danach als Museum für Völkerkunde und als Museum für Vorgeschichte (seit 1907). Die ruinöse Anlage, die nach den Zerstörungen des letzten Weltkrieges wiederhergestellt wurde, liegt heute noch, zwar vom Rhein abgeschnürt, in Höhe des Ubierringes. Im Bayenturm war wohl seit dem 17. Jahrhundert, wie in anderen Stadttoren und -türmen auch, ein Gefängnis untergebracht.

Auf diese Funktion bezieht sich auch die hier wiedergegebene Darstellung. Links vorne steht ein vornehm gekleideter Spaziergänger, der einen vorüberziehenden Verbrechertransport beobachtet. Drei vermutlich von der Arbeit heimkehrende Verbrecher werden von drei Wachtposten geführt. Das Schilderhäuschen und weitere Wachtposten auf Uferstraße und oberer Mauer erklären, daß es sich um einen Sicherheitsbereich handelt. An der vorderen Ecke des Ganges um den Turm erkennt man schemenhaft die Figur des Hl. Nikolaus, die der Art des Alexander Imhoff zugeschrieben wurde und hier seit der zweiten Hälfte des 18. Jahrhunderts stand. Die Inschrift auf seinem Sockel »Gieb ihn, Hüter der Menschen, zum Schutzgeist denen, die sich dem Wasser anvertrauen«, zeigt, daß der Bayenturm, der im Laufe seiner Geschichte zu einem der wichtigsten Wahrzeichen der Stadt wurde, neben seiner Aufgabe als Festungswerk, Wachtturm und Gefängnis gerade für die Schiffer und Fischer auch einen religiösen Bezug hatte. Eine im Inneren nachgewiesene Kapelle unterstützt diese Vermutung. Der Bayenturm hat an allen Höhepunkten und Niedergängen der Kölner Stadtgeschichte teilgenommen und blieb vor keinem Unheil bewahrt. So suchte ihn 1697 eine Feuersbrunst heim und auch der Eisgang von 1784 hat gerade ihm schwer zugesetzt: »Die Gebäude vor dem Bayenturme, das dortige starke Bastion sind dahin, das vor dem Turme gelegene kleine Bollwerk ist in die Fluten gesunken . . .« (Thelen, Nachrichten von dem erschrecklichen Eisgange, 1784, S. 41 f. — vgl. Abb. S. 195). Karl Simrock hat in dem Band »Der Rhein« (Das malerische und romantische Deutschland, in zehn Sektionen, Leipzig 1840—60) dem Bayenturm, »der seine südliche Rheinspitze so stattlich bewacht«, ein eigenes Kapitel gewidmet.

Im Hintergrunde liegt die Stadt Köln, akzentuiert durch den Dom, durch Groß-St.-Martin und St. Kunibert. Den Umbruch und den Anbruch besserer Zeiten kann man hier noch nicht wahrnehmen. Links, zwischen Bayenturm und Stadt, das sogenannte Werthchen, Insel und Erholungsgebiet für die Kölner, das später zum Rheinauhafen ausgebaut wurde. Rechts drüben das kleine Deutz; die Schiffsbrücke von 1822 spannt sich über den Rhein. Neben Nachen und Seglern zieht schon ein Dampfboot den Rhein hinunter. Für die durchziehenden Schiffe ist die Schiffsbrücke geöffnet und ausgefahren: Zeichen, der langsam anbrechenden neuen Zeit.

Das Blatt ist bezeichnet VUE DE COLOGNE PRISE PRES DE BEIENTHOURM. Louis Bleuler A SCHAFHOUSE. Der aus einer Künstlerfamilie stammende Schaffhausener Landschaftszeichner hat mehrere Folgen kolorierter Landschaftsansichten, darunter viele vom Rhein, veröffentlicht.

Aquarellierte Lithographie,
31,0 × 47,0 cm
Köln,
Privatbesitz

rechts:
Ausschnitt des linken Bildteils in voller Höhe — der Bayenturm mit den Befestigungsanlagen und Verbrechertransport. Im Hintergrund das sog. Werthchen im Rhein, dahinter St. Maria Lyskirchen, der Rathausturm, der Domturm mit Kran und der Domchor

Köln vom Deutzer Kirchturm aus gesehen, um 1830/35

Jakob Fürchtegott Dielmann (1809 Sachsenhausen—1885 Frankfurt)

Der Maler und Lithograph Dielmann erfuhr seine Ausbildung 1825—1827 am Städelschen Kunstin stitut in Frankfurt, als dessen Stipendiat er 1835 zu Schirmer nach Düsseldorf zur Weiterbildung ging. Der Künstler war nicht nur dadurch mit dem Rheinland verbunden; neben einem Zyklus von Lithographien »Rheinischer Sagenkreis« (Frankfurt 1835) schuf er im Auftrag der lithographischen Anstalt J. C. Vogel in Frankfurt mit Jakob Becker ein »Panorama des Rheines von Mainz bis Coblenz«. Dieses 1833 oder kurz davor erschienene Werk geht wohl auf eine Rheinreise zurück, auf der er auch das vorliegende Bild der Stadt Köln anfertigte. Diese Zeichnung wurde sehr bald im Frankfurter Verlag C. Jügel in einem von Martens besorgten Stahlstich verlegt. Dielmann, der von der Ausbildung her wohl eher ein Genremaler war, hat sich nach seiner Ausbildung bei Schirmer mehr und mehr auf die Anfertigung von Städtebildern und Veduten verlegt.

Das feingezeichnete und zart kolorierte Aquarell verrät eine, trotz des jungen Alters, sichere Hand. Qualität und Art der Ausführung erinnern an das Kölnbild Scheurens (Abb. S. 275).

Schon der eingenommene Standpunkt zur Aufnahme dieses Bildes ist ganz ungewöhnlich. Der wiedergegebenen Situation entsprechend hat der Maler vom Turme der Abteikirche aus gezeichnet. Denn man sieht noch auf Teile des westlichen Kirchendaches; rechts wird ein Teil der Kürassier-Kaserne sichtbar, links sieht man das Hotel Bellevue. Von der Deutzer Freiheit aus geht die 1822 errichtete Schiffsbrücke hinüber zum anderen Ufer; diese Schiffsbrücke, die die seit 1674 existierenden sogenannten fliegenden Brücken ersetzte, war also erst seit wenigen Jahren als feste Verbindung zwischen den Rheinseiten in Betrieb. Am anderen Ufer liegt zarter wiedergegeben die Stadt Köln. Weit kann der Blick vom Bayenturm im Süden zu St. Kunibert im Norden schweifen. Dies ist in der Tat eine panoramaartige Darstellung, die Erinnerung an die niederländische Landschaftsmalerei wachruft. Die große alte Stadt, die nun langsam wieder zur Blüte kam, präsentiert sich hier nicht als zusammengedrängte und aufgetürmte Steinmasse von Monumenten, sondern eher als ein Ort, der sich in die Landschaft drückt. Ganz betont heben sich aber doch einige architektonische Höhepunkte aus dem flach angelegten Stadtbild empor: Das sind in der Mitte der unfertige Dom, Groß-St.-Martin und der Rathausturm sowie etwas entfernter links Maria Lyskirchen und rechts Mariä Himmelfahrt. Durch die Weiträumigkeit der Darstellung bekommt dieses Bild einen anderen, großstädtischeren Akzent. Rechts von der Schiffbrücke erkennt man das Bollwerk, das als neue Befestigung 1605 erbaut wurde (vgl. Abb. S. 149), und davor die Anlegestelle der Handelsschiffe und die Hallen. Neben den dort liegenden Kähnen und Segelbooten sieht man auch zwei Dampfschiffe. 1816 war von England erstmals ein Dampfschiff nach Köln gekommen. Aber erst in den 20er Jahren wurde die Dampfschiffahrt auf dem Rhein wirklich heimisch und wurde zu einer schweren Konkurrenz für die bisherigen Schiffer. Der Siegeszug dieses modernen Verkehrsmittels war jedoch nicht mehr aufzuhalten, brauchte doch etwa im Jahre 1825 ein Dampfer von Köln nach Mainz 28 Stunden und in umgekehrter Richtung sogar nur 11 Stunden. Dagegen brauchten die herkömmlichen Kähne bis zu sechs Tage von Köln nach Mainz. Wie Reisende und Zeitgenossen dem Dampfbootbetrieb gegenüberstanden, macht vielleicht dieses Schreiben der Annette von Droste-Hülshoff (Die Briefe, Gesamtausgabe, Herausgegeben von Karl Schulte-Kemminghausen, Jena 1944) deutlich: ». . . Ein so großes Dampfschiff ist etwas höchst Imposantes . . . Fürchterliches. Es wird, wie Du wohl weist, durch Räder fortbewegt, die, verbunden mit dem Geräusch des Schnellsegelns, ein solches Gezisch verursachen, daß es auf dem Schiffe schwer halten muß, sich zu verstehen. Doch dieses ist nicht das eigentlich Ängstliche. Im Schiffe steht eine hohe, dicke Säule, aus der unaufhörlich der Dampf hinausströmt . . . mit

Aquarell, 14,2 × 67,7 cm
Köln,
Kölnisches Stadtmuseum,
Inventarnummer A I 2/190

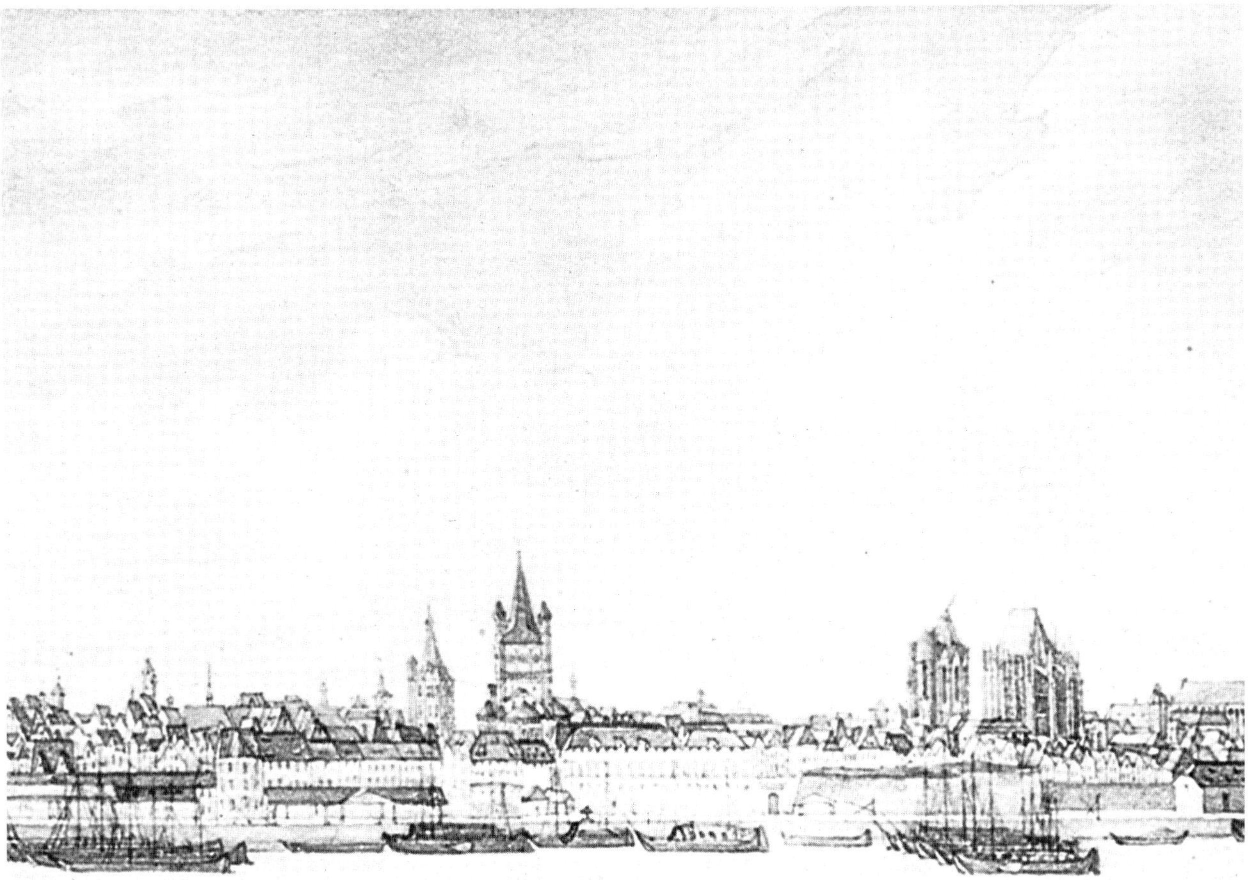

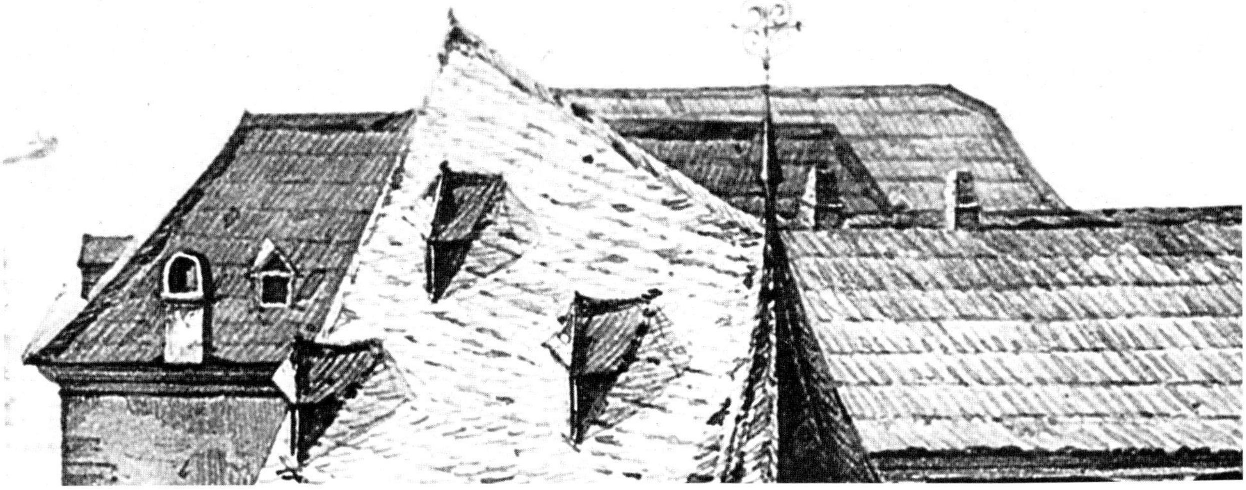

ungeheurer Gewalt und einem Geräusch wie das der Flamme bei einem brennenden Haus. Wenn das Schiff stille steht oder wenn der Dampf so stark wird, daß er die Sicherheitsventile öffnet, so fängt das Ding dermaßen an zu brausen und zu heulen, daß man meint, es wollte sogleich in die Luft fliegen. Kurz, das Ganze gleicht einer Höllenmaschine, doch soll keine Gefahr dabei sein . . .«

Bei dem imposanten Anblick des mächtigen Rheinstroms und der breit gelagerten Stadt, erinnert man sich an die Worte Victor Hugos (Le Rhin I, Lettre X, Paris 1926), die er anläßlich seines 48stündigen Besuches in Köln im Jahre 1838 niederschrieb: ». . . Die Fenster von Köln gehen auf Deutz, und die von Deutz auf Köln, und es ist besser, in Deutz zu wohnen und den Blick auf Köln zu haben als umgekehrt.«

Köln, um 1832

Joseph Mallord William Turner
(1775 London—1851 Chelsea)

Diese ist Turners späteste Köln-Ansicht und sie muß auf seinen Reiseeindrücken aus den Jahren 1817 und 1825 basieren. Zwar kam der Maler im Sommer 1834 auf einer Reise an Maas, Mosel und Rhein vermutlich auch nach Köln und wahrscheinlich ebenso im August 1840 auf seiner letzten Reise nach Venedig, doch wurde diese kleinformatige Arbeit 1833 bereits von Edward Francis Finden (1791—1857) in einen Stich umgesetzt. Dieser fand Verwendung als Frontispiz-Vignette für Thomas Moore »The Works of Lord Byron«, Vol. XVI, 1833, und danach nochmals für Finden »Landscape Illustrations of Lord Byron«, 1833—1834.

In fast quadratischem Format stellt Turner anders als in seinen vorherigen Köln-Bildern in Nahansicht den Rathausturm, den Südturm des Domes, Groß-St.-Martin, den Domchor, den Frankenturm und St. Mariä Himmelfahrt als Architektur-Ensemble dar. Daß ihr Verhältnis zueinander in den Dimensionen nicht stimmte, daß auch die Einfahrt in die Stadt durch ein Tor nicht korrekt wiedergegeben wurde, und die Rheinuferbebauung in ihrer Schematik der Wirklichkeit nicht entsprach, war für das künstlerische Wollen Turners ohne Bedeutung. Überhaupt trägt das Blatt stark italienisierende Züge und vor allem die Vordergrundszene (Menschen, Schiffe) erinnern eher an die Lagunen- als an die Rheinstadt. Vermutlich hat Turner, der ein besonders gutes Bildgedächtnis besaß, diese Ansicht der Stadt aus seinen vorhandenen Skizzen neu komponiert. Dabei wiederholt er auch den Orange-Blau-Kontrast und setzt die Farben besonders dünn und duftig. Das Köln der sonnenbeschienenen Steindenkmäler, die in sich Hitze speichern und flimmernd wieder abgeben, ist wesentlicher Bestandteil von Turners Köln-Atmosphäre (vgl. Abb. S. 229). Besonders der filigranartige Dom wirkt in seiner zarten Farbe und Linienführung wie eine Vision vor dem Blau des Himmels.

Turner hat eine Fülle von Vignetten als Auftragsarbeiten für Veröffentlichungen geschaffen. Unsere Köln-Ansicht gehört in die Reihe der 17 Titelvignetten für die 17 Bände der vollständigen Byron-Ausgabe, die Turner 1830—1832 anfertigte. In einigen Fällen ging er dabei besonders großzügig mit der Wirklichkeit um, verließ er sich doch bei Architekturdarstellungen aus Ländern, die er selbst nicht kannte, sogar auf Zeichnungen anderer Künstler.

Aquarell, 22,9 × 19,0 cm
Englischer Privatbesitz

Köln, Groß-St.-Martin im Schnee, 1832

Johann Heinrich Hintze (1800 Berlin—kurz vor 1862 Berlin)

Ein heller Wintertag im Martinsviertel, jenem in nächster Nähe zum Rhein gelegenen Stadtteil, den wir heute Altstadt nennen. Ehemals war dieses Viertel über Jahrhunderte hinweg ein bedeutendes Wohnquartier und Geschäftszentrum. Zwischen Alter Markt und Rheinufer gelegen, blühte hier der Handel: Die hohen Giebel mit den Kranbalken unter dem Dach und das sogenannte Stapelhaus links weisen daraufhin. Dieses Stapelhaus, das nach den schweren Zerstörungen des letzten Krieges in schlichten Formen wiederaufgebaut wurde, war 1558—1568 als Fischkaufhaus errichtet worden. Gerade kommt ein hochbeladenes Pferdefuhrwerk aus der Einfahrt, ein weiterer Pferdekarren zieht auf der Straße dahin. Zahlreiche Passanten halten sich auf den ungeräumten Bürgersteigen und auf der Straße

auf. Auch das Gaststättenwesen hatte in diesem Viertel eine lange Tradition: Viele berühmte Weinlokale und Kneipen — wie die beiden Häuser im Bilde rechts — luden Bewohner und Besucher zur Einkehr ein.

Seinen Namen erhielt das Viertel von der großartigen Kirche und dem dazugehörigen Benediktinerkloster Groß-St.-Martin. Während nach Aufhebung des Klosters 1803 der Kreuzgang mit den Klostergebäuden 1821 und 1839 abgerissen wurden, strahlt die Kirche nach der durch die Kriegszerstörungen notwendig gewordenen Restaurierung seit 1966 wieder ihre Faszination für das Stadtbild aus. Wir schauen von Norden auf die Kirche; die Straße trug den Namen »Am Bollwerk«. Der mächtige Vierungsturm überragte das gesamte Viertel und stellte bis zur Vollendung der Domtürme im Jahre 1880 den wichtigsten architektonischen Akzent im gesamten Stadtbild dar. Groß-St.-Martin — 1150 begonnen, 1172 geweiht und um 1250 weitgehend vollendet — hat mit seiner Dreikonchenanlage und seinen reichen Zierformen als bedeutendster staufischer Kirchenbau in Köln Vorbildcharakter für viele andere Kirchen des Rheinlandes gehabt.

Johann Heinrich Hintze hat uns in diesem fein und glatt gemalten, biedermeierlichen Bilde einen Eindruck von Bauwerk und Viertel hinterlassen, in dem sich Milieuschilderung und Romantik mischen. Wahrscheinlich ist er auf seinen Reisen durch Deutschland, ehe er sich 1830 in Berlin niederließ, bei einem Köln-Besuch auch einmal in der Martin-Stadt gewesen. Doch hat der Maler zur Ausarbeitung seines Gemäldes, das vermutlich 1832 entstand, mit Sicherheit eine Lithographie von Anton Wünsch verwendet. Dieser Kölner Lithograph (1800 Godesberg—1833 Köln) hat 1827 bereits eine »Sammlung von Ansichten öffentlicher Plätze, merkwürdiger Gebäude und Denkmäler in Köln« veröffentlicht. Hintze hat offensichtlich nach dem Blatt 4 (von insgesamt vierundzwanzig) »Ansicht der Martin-Kirche in Cöln« kopiert (Abb. links) und dabei das atmosphärereiche Sommerbild in eine Winterdarstellung verwandelt. Wie allen Abbildungen dieser Serie lag auch hier Wünsch eine sehr sorgfältige Zeichnung des Stadtbaumeisters Johann Peter Weyer (1794—1864) zugrunde, die sich noch in Kölner Privatbesitz befindet und wohl gegen 1827 entstand (Museen in Köln, Bulletin, 6. Jg., Heft 1, Januar 1967, Abb. auf S. 529).

Dieses Gemälde ist ein interessantes Beispiel sowohl für die Zusammenhänge von Zeichnung — Stich/Lithographie — Gemälde, aber auch für die Verbreitung und Wertung von Kölner Stadtansichten im frühen neunzehnten Jahrhundert.

Leinwand, 45,5 × 31,0 cm
Köln,
Wallraf-Richartz-Museum,
Inventarnummer WRM 2590

Köln, 1833

Clarkson Stanfield
(Zeichner, 1793 Sunderland—
1867 Hampstead)
John Cousen
(Stecher, 1804 Bradford/Yorkshire—
1880 South Norwood)

Es handelt sich um ein sehr schönes Blatt: Man steht an der Uferbefestigung und schaut nach Norden am Rheinufer entlang. Links der Bayenturm, dahinter rechts, schon im Dunst gelegen, der Dom. Zwischen Bayenturm und Domturm die Spitze eines Turmes von St. Severin, in der Baulücke des Domes der Rathausturm. Daneben rechts Klein-St.-Martin und St. Kunibert mit überspitzen Türmen. Eine außergewöhnlich schöne Komposition von Vorder- und Hintergrundszene verbindet die Bildebenen. Vorne sitzt ein Fischer auf der Mauer und flickt seine Netze. Auf der Uferstraße Spaziergänger, Reiter und Kiepenträger. Mit dem ausschnitthaften Stadtbild, das im Hintergrund knapp, aber charakteristisch wiedergegeben wird, hat der Zeichner durch die Genreszene im Vordergrund sehr viel Atmosphäre verbunden. Tiefenführung und Blickrichtung konzentrieren sich hauptsächlich auf den Dom.

Stanfield legt hier offensichtlich mehr Wert auf die Hafen- und Fischerszene als auf die Stadtansicht, die er eher als Szenerie einsetzt. Das wundert nicht, wenn man weiß, daß der hochgeachtete Künstler bis 1818 als Matrose Dienst in der Königl. Marine tat und auf seinen Seereisen entsprechende Szenen zu malen begann. Diesem Bildgegenstand, Schiffs- und Hafenszenen, blieb Stanfield treu.

Nach längerer Tätigkeit als Bühnenmaler widmete er sich später hauptsächlich der Illustrierung von Reiseliteratur. In dieser im 19. Jahrhundert besonders anwachsenden Literaturgattung hat Stanfield Bedeutendes geleistet. Dieses Blatt war die Titelvignette zu »Travelling Sketches on the Rhine, and in Belgium and Holland«. Das Werk mit 26 »beautifully finished engravings from drawings by Clarkson Stanfield« erschien in London bei Longman 1833. Der Text stammte von Leitch Ritchie. Dieser Band war der 2. Jahrgang der Schriftenreihe »Heath's Picturesque Annual«, die von 1832 bis 1845 erschien und Landschaften Europas in Text und Bild als Reiseführer vorstellte. Charles Heath, der Erfinder des Stahlstiches, war der Herausgeber. John Cousen, ein bekannter Kupfer- und Stahlstecher in London, hat zahlreiche Blätter für das »Art Journal« geschaffen.

Stahlstich, 10,0 × 8,0 cm
Köln,
Privatbesitz

Cologne.

Das Hahnentor, 1833

Domenico Quaglio
(Zeichner, 1786 München—
1837 Hohenschwangau)
Franz Schnorr
(Lithograph, 1794 Schweinau b. Nürnberg
— tätig in Stuttgart um 1828/45)

Der fälschlich in der Unterschrift als Ehrentor bezeichnete mächtige Festungsbau stellt das Hahnentor in Köln dar. Es bewachte eine der wichtigsten und bedeutendsten Zufahrtsstraßen nach Köln vom Westen aus. Das dreigeschossige Tor mit seinen 21 Metern Gesamthöhe, seiner zinnenumgebenen Plattform und seiner Tordurchfahrt von 8 Meter Scheitelhöhe nahm unter den Kölner Toren eine Sonderstellung ein. Nicht nur Wehrhaftigkeit, die dieses Tor voll garantieren konnte, war wohl das Ziel der Erbauer, sondern dahinter steckte auch ein ästhetischer Anspruch, wie viele Detailformen am Äußeren des Tores wie etwa die eingelassenen Spitzbögen beweisen. Das Hahnentor, dessen Namen sich von den ehemals westwärts davorliegenden Hainen ableitet, war ja auch von besonderer Bedeutung, ritten hier doch die deutschen Könige nach ihrer Krönung in Aachen in die Stadt Köln ein, um die vorgeschriebene Huldigung vor den Gebeinen der Hl. Drei Könige im Dom vorzunehmen. Vor dem Tor lagen Wall und Graben und ehemals ein Vorwerk. Das alles ist seit 1883, als man hier die alte Stadtmauer niedergelegt hat, verschwunden. Man kann glücklich sein, daß das Hahnentor, wenn auch heutzutage in fremder Umgebung, so doch wenigstens erhalten ist. 1885/88 wurde es nach Plänen des Stadtbaurates Josef Stübben mit Veränderungen und Bereinigungen des alten Baubestandes wiederhergestellt und gilt seither immer noch als eines der interessantesten deutschen Stadttore.

Domenico Quaglio hat die Situation vor dem Hahnentor lange vor der Niederlegung des Mauerringes im Bilde festgehalten: Tor und Mauer sind noch relativ gut in Ordnung; im Hahnentor befindet sich zu dieser Zeit eine Hauptwache. Im Graben stehen Buschwerk und Bäume, Fahrspuren zeugen von seiner Benutzung. Das ist der geeignetste Spielplatz für Kinder, die gerade hier mit Schlägern das im 19. Jahrhundert modische Badminton-Spiel austrugen. Spielplätze und Freizeiteinrichtungen gab es ja damals noch nicht in der Stadt. Wall und Graben waren auch Ausflugsgebiet für viele Kölner Familien, wie uns Ernst Weyden in seinem Buche »Köln am Rhein vor 50 Jahren«, Köln 1862, S. 106 mitteilt: »Im Frühjahr, Sommer und Herbst geht der Bürger sonntags mit seiner Familie vor das Tor, ›vör de Pohz‹, auf dem Graben ›op der Grave‹, und läßt im Herbste den Kleinen den fliegenden Drachen, ›dae gepappte Vujel‹, steigen. Wie groß war aber die Angst, die Noth, wurde man bei solchen Spaziergängen vom Abende überrascht; Hals über Kopf lief man, um vor Thorsperre in die Stadt zu gelangen, um das Sperrgeld nicht zu zahlen, das aber nur an den Hauptthoren erhoben wurde, und einen Stüver betrug.« Als man nach 1881 Wall und Graben und Mauer abriß, einebnete, und dort die Ringstraßen anlegte, hatte man sich diese Entscheidung nicht leicht gemacht. Herrmann Cardauns berichtet uns in seinem Buche »Aus dem alten Köln vor 60 und 120 Jahren«, Köln 1920, S. 24 darüber: »Ein erbitterter Kampf hat sich um die Torburgen entsponnen, als die Stadterweiterung die Frage aufs Tapet brachte: was machen wir jetzt mit der alten Befestigung? ... Darüber haben die Vertreter des freien Verkehrs und die Altertumsfreunde sich weidlich gestritten, wobei letztere auch praktische Gründe ins Feld führten: mehr als eines dieser, wie für die Ewigkeit gebauten Tore eigne sich ausgezeichnet für praktische Zwecke ... Man hat nicht wie in Nürnberg die alte Befestigung in der Hauptsache erhalten, und der einförmige Mauerring mit seinen über 50 stillosen Halbtürmen verdiente das auch nicht; aber man ließ doch drei Stücke (an der Bottmühle, am Sachsen- und Hansaring) stehen, und außerdem was wichtiger war: die beiden schönen Türme der Bottmühle und der Ulrichpforte und drei Torbogen (Eigelstein, Hahnen- und Severinstor); vollständig restauriert fanden sie als historische und Handelsmuseen auch praktische Verwendung, während in meiner Jugend die Torbogen als Gefängnisse für Militärsträflinge dienten ...«

Aus diesem Bilde spricht die romantische Gesinnung des Domenico Quaglio, der ursprünglich Hoftheatermaler war, später aber zum bedeutendsten Vedutenmaler der Romantik avancierte. Auf zahlreichen Reisen durch ganz Mitteleuropa, die ihn auch nach Köln führten, hat er sich mit bauhistorischen Dokumenten, Kirchen und Toren hauptsächlich auseinandergesetzt. Auch den Kölner Dom hat er gemalt. Dieses Blatt gehört neben 10 weiteren zu einem Bande, den Sulpiz Boisserée 1833 in München unter dem Titel »Denkmale der Baukunst vom 7.—13. Jahrhundert am Niederrhein« herausgegeben hat. Das Blatt gehört zu den frühen Lithographien, einem Gebiet, auf dem sich Quaglio besondere Verdienste erworben hat (Boisserée, Tafel 17).

Lithographie, 31,5 × 23,0 cm
Köln,
Privatbesitz

Stadtansicht mit Deutz, 1834

Jakob Dietzler
(1789 Ehrenbreitstein — 1855 Andernach)

Die Stadt ist von Süden aus, vom Deutzer Ufer her gesehen. Das Bild wird von einem diagonalen Aufbau bestimmt: Im Vordergrund zieht sich von links nach rechts hinten das Deutzer Ufer, reichlich mit Buschwerk bewachsen. Zwei Angler sind, eifrig beschäftigt, dazwischen zu sehen.

Dieser rechte Bildteil, dunkel gehalten, liegt im Schatten der überziehenden Wolken. Dagegen wird das gegenüberliegende Ufer hell beleuchtet: Die Kähne am Ufer, die Uferstraße, das Bollwerk, die Häuserfassaden, die Markthallen und Groß-St.-Martin liegen im rötlichen Morgenlicht, das von Osten im aufgebrochenen Wolkenhimmel strahlt. Dieser eigenwilligen stimmungsvollen Momentaufnahme liegt gewiß ein persönliches Erleben zugrunde. Köln als Stimmungsbild, das heißt aber nicht, daß die topographische Genauigkeit nicht mehr stimmt. Auch hier hat Dietzler scharf beobachtet: Die Anlage der Uferstraße, die fehlenden westlichen Ecktürmchen von Groß-St.-Martin, der Bauzustand des Domes mit dem Ostturm von St. Mariä Himmelfahrt, das alles stimmt mit dem Entstehungsdatum 1834 voll überein. Signatur und Jahreszahl 1834 finden sich übrigens auf dem Stein in der Vordergrundsmitte des Bildes. Selbst St. Kunibert im Hintergrund ist mit dem ruinösen Westteil abgebildet worden. Der gesamte nördliche Stadtteil ist in ein dunkleres rotes Licht getaucht, während Dom, Rathausturm und Turm der Minoritenkirche links im Schatten liegen. Dieses reiche Spiel des Lichtes, die Wechselwirkung von Licht und Schatten machen den hohen ästhetischen Reiz des Bildes aus: Das Wolkenspiel, ihre Farbwirkung von Dunkelgrau zu leuchtend Gelb/Weiß, das Aufreißen des blauen Himmels und die Spiegelung aller dieser Licht- und Farbeffekte im Wasser des Rheins sind ein starkes Element der Verlebendigung des Stadtbildes. Die Bedeutung liegt hier sicher nicht in der architektonischen Gesamtbeschreibung, sondern in der romantischen Sehweise und in der hohen malerischen Qualität der Wiedergabe. Die Schilderung des Stadtbildes weicht wohl deshalb auch von konventionellen Darstellungen ab, auf denen die wichtigen Gebäude oft fein aufgereiht präsentiert werden. Der Türmereichtum ist nicht das Beherrschende und auch nicht der Dom, der hier von Groß-St.-Martin überschnitten, ja geradezu »in den Schatten gestellt« wird. Wie malerisch und sensibel empfunden wirken dagegen die weißen leichten Segel der Kähne vor der rötlich beleuchteten Architektur; interessant auch, daß die Segel der weiter links liegenden Kähne gerafft sind. Für die Farbwirkung wären sie in diesem Bildteil auch nicht von Bedeutung. Der Maler hat daneben offensichtlich auch Wert gelegt auf die Wiedergabe der Atmosphäre; Gänse gehen auf dem fast zu stillen Rhein nieder; die Angler im Vordergrund; ein Raddampfer mit einem Verdeck für Gäste zieht stromaufwärts; und im Hintergrund die Schiffsbrücke mit Wagen, Pferden und Fußgängern. Ruhe und Betrieb, Schatten und Licht, Nähe und Ferne sind die Kontraste, die den Reiz dieses ungewöhnlichen Bildes ausmachen. Der Maler kam 1832 erst mit seinem Sohn Anton, der sich als Künstler ebenfalls in Köln einen Namen machte, aus Koblenz. Nach dem Tode des Sohnes 1845 zog er fort nach Ahrweiler.

Leinwand, 55,0 × 84,0 cm
Privatbesitz

St. Kunibert nach dem Einsturz des Westturmes, nach 1830

Michael Welter
(Zeichner, 1808 Köln—1892 Köln)
Andreas Borum
(Stecher, 1799 Hamburg—1853 München)

Das Blatt ist beschriftet: »Die St. Cunibert-Kirche in Köln, erbaut im J. 1247. Der im J. 1376 durch Brand zerstörte Thurm wurde 1378—1388 wieder aufgeführt und stürzte letzterer im J. 1830 am 29. April zusammen.«

Die Lithographie wurde nach 1830, vielleicht erst 1837 von G. Küstner gedruckt und bei J. E. Renard, Buch- und Kunsthandlung in Cöln, verlegt.

Die St. Kunibert-Kirche gehört zu den altehrwürdigsten Gebäuden der Stadt Köln. Auf vielen Stadtansichten und Panoramen markierte die charakteristische Choranlage mit den beiden flankierenden Chortürmen am Rhein die nördliche Grenze der Stadt. Der Bau wurde ab 1215 errichtet und 1247 geweiht. Mit diesem Datum (ein Jahr vor der Grundsteinlegung des gotischen Domes 1248) ist St. Kunibert die jüngste und letzte der großen romanischen Kölner Kirchen.

Die Versäumnisse des 18. Jahrhunderts in der Instandhaltung des Gebäudes rächten sich bitter. Die Pfarrgemeinde, die nach der Aufhebung des Stiftes im Jahre 1802 für die Erhaltung der Gebäude verantwortlich war, mußte zahlreiche, dringend notwendige Reparaturen durchführen lassen. Alle Maßnahmen boten aber dem zunehmenden Verfall keinen Einhalt, so daß im Jahre 1827 das westliche Querhaus für den Gottesdienst gesperrt wurde. Als man schließlich 1829 auf Beschluß des Kirchenvorstandes mit der Wiederherstellung des Hauptturmes begann, war es schon zu spät. Der Verfall war schon so weit fortgeschritten, daß Stützen und Anker den Zusammenbruch nicht verhindern konnten.

So stürzte dann der große West- und Hauptturm am 28. April 1830, abends gegen 20. 30 Uhr mit Donnergetöse in sich zusammen. Beim Einsturz beschädigte der fallende Turm weite Teile der Kirche sehr schwer und begrub einen großen Teil des westlichen Querhauses, das westliche Joch des Langhauses und die Vorhalle der Kirche unter sich.

Das Bild zeigt die Situation wohl kurz nach dem Ereignis. Noch nichts wurde geordnet und aufgeräumt; überall liegen die schweren Trümmer herum: riesige Profilsteine, Balken und Schutt. Man schaut in das offene Westquerhaus und Langhaus. Neugierige kommen und stehen in Gruppen zusammen. Im Vordergrund liest ein dunkel gekleideter Herr den Herumstehenden vor. Das Bild ist nicht nur als Architekturdarstellung interessant, sondern da ist auch manches im Genrehaften, in der Kleidung und im Verhalten der Personen zu entdecken. Fahler Sonnenschein, ein aufgerissener Himmel und schwere Wolken kennzeichnen das Aprilwetter.

Der Einsturz des Turmes hat in Köln viel Aufsehen und Aufregung verursacht. Seit 1835 fand die Pfarrgemeinde in der Reparatur der Ruine Unterstützung bei der Stadt. 1860 war auch der Turm wiederhergestellt, dessen Wiederaufbau 1843 beschlossen und bewilligt wurde. 1945 stürzte er freilich wiederum ein.

Merkwürdig mutet an, daß das Datum auf dem Blatte nicht stimmt, hat der Einsturz doch tatsächlich schon am 28. April stattgefunden. Vielleicht deutet dieser Umstand auf einen längeren zeitlichen Abstand zwischen Ereignis und Publikation des Blattes hin.

Michael Welter, dessen Lebensdaten nicht exakt faßbar sind, war nach seiner Ausbildung in Paris und Berlin als Dekorationsmaler in Köln tätig. 1856—1859 war er selbst in St. Kunibert mit der Ausmalung des Chores beschäftigt. Er muß ein über Köln hinaus bekannter Maler gewesen sein, wurde er doch nach Fertigstellung der Arbeiten in St. Kunibert auf die Wartburg berufen, wo er im Auftrage des Großherzogs von Sachsen-Weimar den großen Fest- und Waffensaal im dritten Stock ausmalte.

Lithographie, 20,5 × 26,9 cm
Privatbesitz

Ansicht der Stadt Köln, 1837

Kaspar Karsen
(1810 Amsterdam—1896 Biebrich)

In diesem betont langen, breitformatigen Bilde sieht man den nördlicheren Teil der Stadt. Er reicht hier vom Kuniberts-Bollwerk (Bastei) rechts bis etwa zur Höhe des Heumarktes links. Erkennbar sind von links nach rechts: St. Aposteln im Hintergrund, Klein-St.-Martin, der Rathausturm, die Minoritenkirche, Groß-St.-Martin, St. Gereon im Hintergrund, Südturm des Domes und Domchor, St. Mariä Himmelfahrt mit Jesuitenkolleg, St. Ursula und St. Kunibert.

Der Maler hat mit außerordentlicher Präzision gearbeitet. So ist das Rheinufer mit seinen Gebäuden, mit den Lagerhallen und mit dem Lagerhaus Ahren, das 1836—1838 von J. P. Weyer erbaut und 1898 abgebrochen wurde, auch in seinen Proportionen genau wiedergegeben. So ruhen auch noch immer die Bauarbeiten am Dom, die erst fünf Jahre später begonnen werden; so befindet sich auch noch vor dem Jesuitenkolleg der Botanische Garten, der 1856 dem Central-Bahnhof weichen mußte. Wie schön gerade dieser Teil der Stadt mit Rheinfront, Giebelhäusern und dem öffentlichen Garten war, läßt sich hier ein wenig erahnen. Dieses Bild ist eines der letzten Dokumente dieses Stadtteils vor der Auflösung und Zerstörung durch Bahn- und Brückenbau.

Auf dem Rhein verkehren zahlreiche Schiffe: noch beherrschen die Segelschiffe aller Größen das Bild, doch auch ein Raddampfer ist schon zu sehen. Seit 1820, als der erste Dampfer Köln passierte, nahm dieses Verkehrsmittel stetig zu. Moderne Zeiten waren angebrochen für Köln und den Rhein, und bald werden das gemächlich dahinziehende riesige Holländerfloß und die Strommühle im Vordergrund zu den Requisiten vergangener Jahrhunderte gehören. Im rechten unteren Bildwinkel wird ein kleiner Zipfel des Deutz-Mülheimer Ufers sichtbar, der dem Auge des Betrachters die Positionsbestimmung und die Einschätzung der Entfernung erleichtert.

Das aus vier Teilen zusammengesetzte und auf Karton montierte Bild ist mit Sicherheit vor der Natur gemalt worden. Dafür sprechen nicht nur die einzelnen Bögen, sondern auch die Beleuchtung und Genauigkeit der Ansicht. Die Sonne scheint von Osten, wie man an den Schatten sieht; es ist also früher Morgen und das Licht zeichnet die Umrisse und Körper so scharf wie es die Architekturmaler lieben. Kaspar Karsen, der Architekturmaler und Lithograph war, bereiste 1837 Westfalen und den Rhein. Auf dieser Reise entstand auch unser Bild.

Diese sehr feine und typische Kölner Stadtansicht lebt von der hohen Qualität der zarten Federzeichnung und den lichten Pastelltönen. Man weiß nicht, was man mehr bewundern soll: die topographisch exakte Bestandsaufnahme, die Perfektion der Mal- und Zeichentechnik oder die hier erreichte Verbindung von Klarheit und Stimmungscharakter, die diesen Romantiker unter den Architekturmalern auszeichnete.

Die Arbeiten von Kaspar Karsen sind äußerst selten, um so mehr muß man sich über diese Wiederentdeckung eines bislang unbekannten Werkes freuen.

Das signierte und datierte Blatt gleicht in der Gesamtanlage und in allen Einzelheiten der großen Stadtansicht von Lange/Poppel. Wie diese Übereinstimmungen zustande kommen, ob Karsen sich an Lange/Poppel orientierte oder ob Lange für den Stahlstich Poppels die Arbeit von Karsen als Vorlage benutzte, muß vorerst offen bleiben. In beiden Arbeiten jedenfalls ist der 1830 eingestürzte Westturm von St. Kunibert (Abb. S. 245) dargestellt, der erst 1860 wieder aufgebaut war. Aufgrund des Lagerhauses Ahren kann das Blatt aber nicht früher entstanden sein; also weist die Datierung unseres Blattes auf einen Anachronismus.

Aquarellierte Federzeichnung über etwas Bleistift, 19,0 × 97,0 cm
Köln, Privatbesitz

rechts: Ausschnitt aus dem linken Bildteil — links der Rathausturm, rechts Groß-St.-Martin. Am Rheinufer Lagerhallen und das Lagerhaus Ahren

Kaspar Karsen, Ansicht der Stadt Köln, Ausschnitt des mittleren Bildteils: St. Gereon und der Domturm mit Kran. Am Rheinufer links Lagerhallen mit dem Stapelhaus dahinter

Ausschnitt des mittleren Bildteils: der Domchor und die Jesuitenkirche Mariä Himmelfahrt

Kaspar Karsen, Ansicht der Stadt Köln, Ausschnitt des rechten Bildteils: St. Kunibert

Stadtansicht von Süden, 1838

Thomas Miles Richardson
(1784 Newcastle-on-Tyne—1848 ebenda)

Der Maler hat einen üblichen Standort gewählt: Südlich des Bayenturms schaut man auf diesen und auf die Uferfront bis nach St. Kunibert, das mit seinen beiden charakteristischen Chortürmen ganz weit im Hintergrund neben dem mächtigen Groß-St.-Martin sichtbar wird. Von hier aus wird die Erstreckung der Stadt von Süden nach Norden besonders deutlich, wirken die Dimensionen oft ins Unendliche gehend. Das hebt Richardson zusätzlich noch durch die Größe des im Vordergrund liegenden Bayenturms und durch die direkte Verbindung von Vorder- und Hintergrund hervor, die wir auch auf anderen Bildern dieser Zeit beobachten können (vgl. Abb. S. 219, 239).

Der Turm ist in seiner Grundform und mit der abgebrochenen Ark richtig wiedergegeben, in den Details jedoch vernachlässigt worden. Die Bastion sah so auch im Verfall des 19. Jahrhunderts nicht aus, wenn auch der Ruinencharakter, der sich in der Umwehrung äußert, dem wirklichen Zustand der Rheinmauer entsprach. Vieles ist hier mit den romantischen Augen des weitgereisten Engländers, der einer großen Künstlerfamilie entstammte, gesehen: Das Stadtbild ist nicht sehr genau notiert worden; so soll das Bauwerk hinter dem abgebrochenen Bogen wohl den Dom darstellen. Das linksrheinische Köln, mehr aber noch das rechtsrheinische Deutz wirken wie Vororte Venedigs über dem stillen mondbeschienenen Wasser. Auch diese schöne Beleuchtung läßt Fragen stellen: Ist es ein Tag- oder ein Nachtbild? Leuchtet dort Sonne oder Mond? Der Position, nicht aber der Helligkeit nach, kann es der Mond sein; der Helligkeit, nicht der Position nach, muß es die Sonne sein.

Die Flößerei hatte für die Rheinschiffahrt und für den dringend notwendigen Holztransport eine jahrhundertealte Bedeutung, die sich bis in die erste Hälfte unseres Jahrhunderts erhalten hatte. Diese sogenannten Holländer-Flöße konnten bis zu 50 oder 70 m breit und über 300 m lang sein. Mit ziemlicher Geschwindigkeit kamen sie den Rhein von ihren Einbindeplätzen Mannheim, Mainz, Koblenz-Neuendorf und Namedy herunter und flößten meistens bis Dordrecht, wo das Holz ins Land oder nach Übersee verkauft wurde. 1953 fuhren noch 26 Flöße und sogar 1963 jährlich noch 2—3 Flöße den Rhein hinunter (M. Eckoldt, Beiträge zur Rheinkunde, 19, 1967, S. 19 ff.). Auf unserem Bilde wird offensichtlich ein Teil der schweren Eichen- und Tannenstämme abgelöst und in Köln gelandet.

Aquarell und getuschte Feder,
23,3 × 38,7 cm
Köln, Kölnisches Stadtmuseum,
Inventarnummer A I 2/201 b

Ansicht nach Süden vom Zollhafen aus, um 1835

Wilhelm Pütz
(1823 Düsseldorf. Kam im Alter von 10 Jahren auf die Kunstakademie Düsseldorf im Wintersemester 1832/33)

Diese Ansicht von 1835 ist in ihrer topographischen Beschreibung nicht sehr genau und meint wohl eher einen Zustand um 1800. Man schaut von Norden nach Süden auf die sogenannte Martinsstadt, die heutige Altstadt. Seinen charakteristischen Akzent erhält dieser Stadtteil hier im Bilde durch den steil aufragenden Vierungsturm von Groß-St.-Martin. Diese Turmanlage hat in diesem Gemälde lediglich die beiden östlichen Flankierungstürme, die bei vielen Köln-Bildern auch als Datierungshilfe dienen. Denn der südwestliche Flankierungsturm stürzte 1527 ein und wurde 1875 wieder vollendet; der nordwestliche wurde 1789 niedergelegt, weil er baufällig war, und im Jahre 1847 wieder errichtet. Der heute nach den Zerstörungen des letzten Weltkrieges wiederum restaurierte, sichtbare Turmbestand war also nur bis 1527 und wieder ab 1875 so sichtbar. Vor dem ehemaligen Benediktiner-Kloster Groß-St.-Martin liegt das neue Bollwerk, das 1605 zur Verstärkung der rheinseitigen Befestigung neu angelegt wurde (vgl. Abb. S. 149). Rechts daneben erhebt sich das stattliche, ehemalige Fischkaufhaus, späteres Stapelhaus, das nach dem letzten Weltkrieg in einem moderneren Zuschnitt wiederhergestellt wurde. Weiter rechts reihen sich einige der charakteristischen Kölner Bürgerhäuser an, von denen leider heute nur noch sehr wenige erhalten sind.

Das Uferbild erstreckt sich weit in die Tiefe und klingt in der Ferne mit dem Bayenturm aus. Zahlreiche Schiffsmasten verbinden die Vertikalen der Architektur, vor allem von Groß-St.-Martin, mit dem Rhein. Diese Diagonalführung ist ein wichtiges Strukturelement dieses Bildes. Als dieses Gemälde entstand, hatte sich Köln noch längst nicht von dem Niedergang um die Jahrhundertwende erholt. So erkennt man zum Beispiel rechts im Vordergrund an der Aufschüttung vor der niedrigen Mauer, daß hier im Grunde genommen noch das Geröll der zusammengefallenen rheinseitigen Stadtmauer herumliegt. Die Ursache für diese Verwahrlosung ist neben dem ständigen Verfall vor allem wohl in der großen Flut von 1784 (vgl. Abb. S. 195) zu sehen. Diesen verluderten Zustand der Stadt und diesen Grad der Heruntergekommenheit, der sich in manchen Köln-Bildern des frühen 19. Jahrhunderts findet (Abb. S. 260, 264), wurde auch von dem Stolberger Pastor und Literaten, Heinrich Simon van Alpen (1761—1830), erkannt und folgendermaßen formuliert: »Nicht so schön ist das Innere der Stadt; das Freundliche, das Heitere und Muntere fehlet hier. Die engen schmutzigen Straßen benehmen selbst den Pallästen das liebliche Ansehen; der bevölkerste Theil ist nicht sehr einnehmend; die finstern Häuser in den engen Straßen haben nicht das mindeste Ansehen von Wohlstand und Sauberkeit. Einige Straßen sind breiter und könnten in Berlin und Turin schöne Straßen heißen. Hier wohnet alles was vornehm und reich ist.« Von dem einstmals so sehr belebten Hafen — man

Leinwand, 39,5 × 66,5 cm
Köln,
Kölnisches Stadtmuseum,
Inventarnummer HM 1927/384
rechts:
Ausschnitt eines mittleren Bildteils — der Hafen am Neuen Bollwerk, Groß-St.-Martin und der Rathausturm (rechts)

vergleiche die Abbildungen des 16. und 17. Jahrhunderts — ist nicht sehr viel übrig geblieben: Die Uferstraße ist verschwunden, die Krane sind als Hebewerkzeuge nicht mehr nötig. Zu dieser Zeit war der Schiffsverkehr auf einen unbedeutenden Binnenhandel und Nahrungsmitteltransport reduziert. Welten lagen nun zwischen der beherrschenden Wirtschaftsmacht der früheren Jahrhunderte und diesem verkümmerten Hafenleben. Köln hatte allzu schwer unter den politischen Umständen und den damit verbundenen Erschütterungen und Verschiebungen im Wirtschaftsleben gelitten. Albert Klebe (Reise auf dem Rhein, durch die teutschen Rheinländer, und durch die französischen Departements des Donnersbergs, des Rheins und der Mosel, und der Roer, Frankfurt am Main 1801), Professor der Geographie (1772—1842), faßt sein Bedauern in folgende Worte: »Dieses dem Beobachter so interessante Getümmel ist freilich nur noch ein Schatten des ehemaligen vor dem Kriege. Damals war der hiesige Speditionshandel wirklich bedeutend, wenngleich er schon sehr gesunken war und dem Handel überhaupt nicht bekam, den Köln im Mittelalter als Mitglied des hanseatischen Bundes trieb. Aber dieser Krieg, der vernichtete Handel von Holland, die gestörte Schifffahrt, der Warenzug von Hamburg nach dem südlichen Deutschland und der Schweiz und die Mauth haben den Handel von Köln einen harten Stoß gegeben. Er ist nicht mehr zur Hälfte das, was er ehemals war, und kann bei der jetzigen Lage der Dinge wohl auch so bald nicht besser werden . . .«

Die Apostelstadt, um 1840

Thomas Cranz
(Zeichner, 1786 Neisse—1853 Köln)
Johann Peter Weyer
(Zeichner, 1794 Köln—1864 Köln)
G. Böhm (Lithograph)

Dieses Blatt gehört zu einer Serie von sechs Lithographien, die als »Rundgemälde von Köln — Panorama de Cologne« bezeichnet war und um 1840 im Verlag von J. E. Renard in Köln erschien. Diese Panoramen waren eine neue und sehr beliebte Bildform des frühen 19. Jahrhunderts; es waren Rundumsichten von einem festen Standpunkt aus, Abwicklungen eines Panoramas. An diesem sogenannten Rundgemälde waren neben dem Lithographen Böhm der bekannte Architektur- und Landschaftszeichner Cranz, der außer in Köln auch öfters in Aachen gearbeitet hat, und der Kölner Stadtbaumeister Weyer beteiligt. Weyer, der schon mit 28 Jahren als Stadtbaumeister seinem

verstorbenen Vorgänger Peter Schmitz folgen mußte, hat sich um die Erhaltung und sinnvolle Umgestaltung der Stadt Köln äußerst verdient gemacht. So baute er unter anderem das Lagerhaus Ahren am Rhein (Abb. S. 247) und restaurierte den Gürzenich. Weyer besaß darüber hinaus die größte private Gemäldesammlung des damaligen Köln, und er hatte bereits ein eigenes Museum an seinem Wohnhause Rothgerberbach 1 anbauen lassen. Doch wurde die gesamte Sammlung im August 1862 versteigert und zerstreut. Weyer hat sich immer wieder mit Darstellungen der Stadt Köln befaßt; so gab er in 24 Lithographien von Anton Wünsch bereits 1827 die »Sammlung von Ansichten öffentlicher Plätze, merkwürdiger Gebäude und Denkmäler in Cöln« heraus (Abb. S. 236).

Für diese wie für drei weitere Blätter hatten sich die Zeichner den Turm des Zeughauses, in dem heute das Kölnische Stadtmuseum residiert (Abb. S. 271), als Beobachtungspunkt ausgesucht. Es ist der Vogelschaublick nach Westen auf diesem zweiten Blatt der Serie dargestellt. Man sieht von hier oben, wie unzusammenhängend, aber wie organisch das Köln des 19. Jahrhunderts noch aussah. Weites Garten- und Grünland erstreckte sich zwischen den einzelnen Siedlungszentren, die alle noch innerhalb der mittelalterlichen Stadtmauern lagen. Im Vordergrund rechts liegt das klassizistische, längst verschwundene Wagenhaus. Daneben zieht sich die brüchig gewordene Römermauer hin, auf der ja auch das Zeughaus mit seiner Südwand steht. Die Straße mit den paar Bauernhäusern ist die heutige »Burgmauer«. Den Hintergrund füllt die Apostelstadt, eine ehemalige Vorstadt, die selbst nach dem Einbezug in den Mauerring nur sehr langsam mit dem Stadtkern zusammenwuchs. Überragt wird das Viertel von der Stiftskirche St. Aposteln (vgl. Abb. S. 315), die mit ihrer charakteristischen Chorpartie auch den Neumarkt beherrscht. Links davon sieht man den heute ähnlich, aber in anderem architektonischen Zusammenhang wiedererrichteten Turm des »Richmodishauses« (vgl. Abb. S. 215). Weiter rechts liegt das Hahnentor (Abb. S. 241), von dem aus die baumbestandene Landstraße nach Melaten, die heutige Aachener Straße, abgeht. Man kann von hier aus dem Verlauf der alten Stadtmauer folgen und wird schließlich gewahr, wie locker die Bebauung gegen die Mauer hin angelegt war. Etwa vier Jahrzehnte später muß eben diese Mauer (ab 1881) der immer stärker werdenden Expansion und Bevölkerungszunahme in Köln weichen. Der Blick geht von hier oben jedenfalls noch weit über ein Köln, das für einen Nicht-Kölner nicht so ohne weiteres zu identifizieren gewesen sein mag; ein Köln, das auch im 19. Jahrhundert schon nicht dem Darstellungsklischee entsprach. Was Johanna Schopenhauer, der Mutter des Philosophen Arthur Schopenhauer, bei ihrem Köln-Aufenthalt 1828 auffiel, klingt wie eine Aussage zu diesem Bild: »Breite, helle Straßen liegen vor uns, große / geräumige, zuweilen mit Bäumen besetzte Plätze / und der Duft der Resede, der Rosen, / des Jelängerjelieber weht aus naheliegenden Gärten herüber, deren Köln in seinen Mauern / weit mehrere und größere umschließt, als man / bei der übrigens sehr engen Anlage der Stadt erwartet.«

Lithographie, 20,7 × 28,8 cm
Köln,
Kölnisches Stadtmuseum,
Inventarnummer A I 2/203

rechts:
Ausschnitt des linken Bildteils — oben links der Turm des Richmodishauses, daneben die Stiftskirche St. Aposteln. Vorne die Straße »Burgmauer«

Blick nach Norden vom Zeughausturm, um 1840

Thomas Cranz
(Zeichner, 1786 Neisse—1853 Köln)
Johann Peter Weyer
(Zeichner, 1794 Köln—1864 Köln)
G. Böhm (Lithograph)

Man schaut vom polygonalen Treppenturm des Zeughauses nach Norden. Eine städtische aber aufgelockerte Bebauung öffnet sich dem Betrachter. Rechts verläuft eine Straße nach Norden, der Kattenbug, der auf die Straße Unter Sachsenhausen trifft. Links neben dem Gartengelände schließt sich das preußische Regierungsgebäude an (vgl. Abb. S. 270); nur der Winkel eines hinteren Hauses und das Schilderhäuschen der Wachmannschaft sind zu sehen. Die weiträumige Gartenfläche umstehen zwei- bis vierstöckige Gebäude, teils giebel-, teils traufseitig, je nach Grundstücksgröße zur Straße hin orientiert. Diese Wohnhäuser aus Stein oder Fachwerk stammen dem Typ nach noch aus dem 17. und 18. Jahrhundert, doch auch der Klassizismus des frühen 19. Jahrhunderts hat schon einige Häuser geprägt.

Im Hintergrund links sieht man die Gereons- oder die Herrenleichnammühle, die seit 1466 urkundlich bekannt ist, aber wohl ähnlich wie die Mühle auf der Ulrepforte schon um 1400 errichtet wurde. Auch vom Bautyp her haben beide, Festungswerk und Windmühle, vieles gemeinsam. Neben dieser, der Bottmühle und der Pantaleonsmühle sowie den Strommühlen auf dem Rhein stand hier ein weiterer leistungsfähiger Mühlenbetrieb zur Verfügung. Die Gereonsmühle wurde mehrfach wiederhergestellt, hier sehen wir wohl den Zustand der großen Instandsetzung von 1808. Daneben erblickt man den zur Hälfte von dem davorliegenden erzbischöflichen Palaste verdeckten breitgelagerten Komplex des Klingelpütz. Dieses für etwa tausend Personen eingerichtete Männergefängnis diente »einmal als Zuchthaus und werden hier sämmtliche von den Schwurgerichten in Köln und Bonn — sowie bei längerer Strafzeit in Koblenz, Trier und Saarbrükken — zu Zuchthausstrafe Verurtheilte, sowie die zur gleichen Strafe verurtheilten Männer jüdischer Confession der ganzen Rheinprovinz untergebracht; ferner zur Abbüssung der Gefängnisstrafe für die männlichen Verurtheilten des Landgerichtsbezirkes Köln — bei längeren Strafen auch der Bezirke Bonn, Düsseldorf und Elberfeld — und für die jüdischen männlichen Verurtheilten der ganzen Provinz bei mehr als sechswöchentlicher Strafzeit, endlich zur Aufnahme der männlichen Untersuchungs- und Sicherheitsgefangenen des Landgerichtsbezirkes Köln.« (R. Mönnich, Gebäude für Rechtspflege, in: Köln und seine Bauten, Köln 1888, S. 494) Die Gebäude wurden 1834—1838 erbaut. Um ein achteckiges Mittelgebäude waren vier Flügelbauten angeordnet, alle in einfachem Ziegelrohbau ausgeführt. Der berühmt-berüchtigte Klingelpütz wurde am 11.11.1969 durch Verlegung der Haftanstalt nach Ossendorf überflüssig.

Rechts im Hintergrund des Bildes liegt die ehemalige Stiftskirche St. Ursula. Diese Kirche der Kölner Lokalheiligen wurde auf einem Gräberfeld vor der Römerstadt an der Straße nach Neuss angelegt. Die dreischiffige romanische Emporenbasilika mit gotischem Langchor erhielt 1680 die malerische Barockhaube auf dem Westturm. St. Ursula war von alters her Wallfahrtsort und bedeutendste Stätte der Ursula- und Jungfrauenverehrung.

Das Bild gehört zu einer Serie »Rundgemälde von Köln«, die 1840 bei Renard in Köln erschien. Insgesamt sind es sechs Blätter, dieses hier ist Blatt sechs der Reihe. Die Zeichner, vor allem Weyer, haben in dieser Serie noch einmal die Stadtlandschaft, wie sie seit Jahrhunderten gewachsen und zusammengewachsen war, ohne die einschneidenden Veränderungen der folgenden Jahrzehnte des 19. Jahrhunderts porträtiert. Noch ist es die altbekannte Silhouette, noch ist es die weiträumige von Gärten aufgelockerte Stadt, vor allem in ihren Rand- und Mauerbezirken. Gewissermaßen haben wir hier die letzte genaue Bestandsaufnahme vor der Expansion Kölns vor Augen.

Die Serie »Rundgemälde von Köln« steht sicherlich in engem Zusammenhang mit der Entwicklung und dem Erfolg der damals außerordentlich beliebten Panoramen. Seit den 40er Jahren des 19. Jahrhunderts waren sie auch in Köln fest etabliert. Nach einer Anzeige in der Kölner Zeitung Nr. 286 vom 15. Oktober 1845 war ein solches »Panorama der Stadt Köln mit Deutz und Umgegend. Nach der Natur aufgenommen und gemalt von Joh. Adolph Lasinsky« am Minoritenplatz Nr. 4 ausgestellt. In der Ankündigung hieß es weiter: »Vom nördlichen Kirchthurme zu Deutz übersieht man die Stadt Köln in ihrer ganzen großartigen Ausdehnung.« (Oettermann, 1980, S. 174)

Lithographie, 20,7 × 28,8 cm
Köln,
Kölnisches Stadtmuseum,
Inventarnummer A I 2/203

Blick auf Deutz von Westen, um 1840

Franz Paul Massau
(Zeichner, 1818 Köln—1900 Düsseldorf)
Rudolf Bodmer
(Kupferstecher, 1805—1841)

Der Betrachter steht wenige Schritte südlich der Schiffsbrücke zwischen Deutz und Köln. Vor uns eine Schiffsanlegestelle und zur Linken offensichtlich eine Agentur, deren französischsprachiges Hinweisschild auf den zunehmenden Reise- und Fremdenverkehr hinweist. Vornehm gekleidete Gestalten zeigen das neue Flair, das sich nun in der preußischen Zeit am Rheine ausbreitet. Ziemlich schmal erscheint in diesem Bilde der Strom; Deutz und Köln sind nahe aneinander gerückt und auch die Stadt Köln ist noch nicht durch Straßen und Bahnen von ihrem Strom getrennt. Von diesem idyllischen Winkel schaut man auf das gegenüberliegende Deutz, dessen Bedeutung sich seit Jahrhunderten aus seiner Funktion als Festungsvorort einerseits und als Ausflugsort andererseits für die Kölner ergab. Links liegt die Kürassier-Kaserne, ein klassizistischer Bau, daneben die Abteikirche St. Heribert, davor das »Hotel Bellevue«, das ehemalige berühmte »Marienbildchen« und rechts auf der anderen Seite der Deutzer Freiheit das Hotel »Prinz Carl«.

Schon seit dem 16. Jahrhundert war Deutz nachgewiesenermaßen das beliebte Ziel von Kölner Ausflüglern, Spielern oder Trinkern. Als im Jahre 1802 Deutz unter nassauische Verwaltung kam und damit den Schutz des Kölner Erzbischofes verlor, versuchte der Amtmann von Sandt in einem Schreiben vom 16. Juni 1806 an die nassauische Regierung in Wiesbaden diese geldbringenden Vorteile weiterhin für Deutz zu sichern: »... Die anmutige Lage, der majestätische Lauf des Rheins und die im Halbzirkel daran gebaute, Deutz geradezu gegenüberliegende, große Stadt Cöln haben verschiedene Deutzer Einwohner veranlaßt, längs dem Rhein, so viel wie möglich, angenehme und schattige Gärten anzulegen und zum Vergnügen der Tanzliebhaber große Zimmer und Säle zu bauen, um hierdurch Fremde anzulocken ... So daß die Deutzer Veranstalter große Mühe haben, wenigstens einen Teil der Ausflügler zu behalten. Was für Deutz spricht, das ist die — meist von Deutzer Juden gemachte — Tanzmusik. Wollte man dies verbieten, so würden die Tanzliebhaber in die Kölner Tanzsäle abwandern, zumal da es in Köln fast alle Sonntage Kirmes gibt ...«

Besonders die beiden Lokale »Bellevue« und »Prinz Carl«, die am jenseitigen Brückenkopf der Schiffsbrücke lagen, gehörten zu den besuchtesten Gaststätten. Von dort reihten sich entlang der Deutzer Freiheit Gasthaus an Gasthaus. Die Schiffsbrücke, die 1822 als Nachfolger der fliegenden Brücke oder Gierponte von 1674 (Abb. S. 207) eingerichtet wurde, war die erste feste Verbindung zwischen Deutz und Köln seit der Römerzeit. Sie war auf 39 Pontons errichtet und bestand bis zum Bau der Hängebrücke (vgl. Abb. S. 235) 1913—1915; die hier abgebildete Schiffsbrücke wurde von Regierung und Bevölkerung mit großer Freude begrüßt, brachte sie doch lang ersehnte Erleichterungen für den Transport von Menschen und Waren. Ein Bericht in der Kölnischen Zeitung, Nr. 184, vom 19.11.1822 gibt Ausdruck von den Einweihungsfeierlichkeiten vom 16.11. des gleichen Jahres: »... Den Eröffnungsakt selbst beging des kommandierenden Herrn Generals Exzellenz durch eine kurze Anrede an das in unabsehbarer Menge versammelte Publikum, worin an die großen Vorteile erinnert wurde, welche die durch die neue Brücke erleichterte Verbindung beider Rheinufer gewähre — Vorteile, die lediglich der Gnade des Königs Majestät zu verdanken sind. Nach einem dreimaligen Hurra spielte das auf der Brücke aufgestellte Hoboisten-Korps des hier garnisonierenden 25ten Infanterie-Regiments die Melodie: Heil Dir im Siegerkranz ...« Nachdem die alte Gierponte 1794 von den Österreichern auf der Flucht vor den Franzosen mit nach Deutz genommen worden war und ähnliche Fähren später den Betrieb aufrechterhielten, war diese Schiffsbrücke von 1822 freilich nicht die erste. Denn 1794/95 unterhielten die Franzosen bereits eine militärische Schiffsbrücke zwischen Köln und Deutz, der zwischen 1813 und 1815 für eine kurze Zeit eine Pontonbrücke der Verbündeten (gegen Napoleon) in Höhe des Bayenturms folgte.

Der Blick auf das kleine, so klar gegliederte Deutz, wie auch der von Deutz auf das imposante Stadtbild der Stadt Köln wurden seit dem Jahre 1882 zunehmend zerstört, als man mit dem Bau eines Bahndammes begann, als man das Hotel Bellevue in einen Bahnhof verwandelte und als man ab 1886 eine neue Verkehrsführung über die sogenannte Mausefalle einführte. Die Idylle war dahin: Die eine Uferseite war auf dem Weg zur Großstadt, die andere Uferseite auf dem Weg zum Industrievorort.

Stahlstich, 8,8 × 13,4 cm
Köln,
Kölnisches Stadtmuseum,
Inventarnummer HM 1950/131

Bateaux à vapeur pour le moyen & haut Rhin.
HOTEL DE BELLEVUE

Ansicht der Stadt Köln mit Rheinufer, 1840

William Callow
(1812 Greenwich—1908 Great Missenden)

Seit dem Beginn des 19. Jahrhunderts und seit der Entdeckung des Rheins und seiner angrenzenden Landschaften durch englische Reisende wurde die sogenannte Rheinromantik hauptsächlich von Engländern getragen. Scharenweise kamen sie von der Insel auf den Kontinent und reisten eine Art Standardstrecke über Dordrecht, den Niederrhein nach Köln und von hier aus zumeist weiter, mindestens bis Koblenz oder Heidelberg. Kaum einer der bekannten englischen Landschaftsmaler des 19. Jahrhunderts hat sich die Chance nehmen lassen, die Romantik des Rheintales und seiner alten Städte zu erfahren und Bilder oder gar ganze Serien daraus zu entwickeln. Dazu gehören Turner (Abb. S. 229) ebenso wie Stanfield (Abb. S. 264) oder Capitain Batty (Abb. S. 225). Nach den erhaltenen Bildbeispielen läßt sich kaum leugnen, daß bei allen persönlichen Stilunterschieden von der rheinischen Landschaft eine doch weitgehend einheitliche Wirkung auf die reisenden Künstler ausging. Man muß sich dabei klarmachen, daß England damals technologisch und industriell viel weiter entwickelt war als Deutschland und so mancher Inselbewohner wohl in Deutschland noch Urtümlichkeit und romantische Beschaulichkeit zu finden hoffte und wohl auch fand.

William Callow, der in London und Paris seine Ausbildung als Architektur- und Vedutenaquarellist erfuhr, hielt sich häufig in Paris auf. 1838 reiste er in die Schweiz und im Herbst 1840 nach Italien. Vermutlich hat er auf dieser Reise in Köln Station gemacht und dabei die Gelegenheit zu Aquarellstudien wahrgenommen.

Man steht am Rheinufer etwa in Höhe der heutigen Hohenzollernbrücke und schaut nach Süden auf Stadt und Ufer. Vor uns liegt das sogenannte Bollwerk des 17. Jahrhunderts, dahinter am Ufer das Stapelhaus und wahrscheinlich bereits das Lagerhaus Ahren, das gerade seit zwei Jahren vollendet war. Die weiteren Gebäude am Rheinufer sind nicht zu identifizieren bis auf St. Severin und den Bayenturm ganz im Süden. Es ist nicht ungewöhnlich, daß hier, nahe an die Stadt gerückt, bereits die Höhenzüge des Siebengebirges erscheinen (vgl. Abb. S. 264). Sie gehörten zum romantischen Rheinbild der englischen Künstlertouristen. Etwas weiter stadteinwärts liegen Groß-St.-Martin und der Rathausturm, rechts der Dom mit Dom-

Chromolithographie
27,4 × 50,8 cm
Köln,
Kölnisches Stadtmuseum,
Inventarnummer
A I 2/212

rechts:
Ausschnitt des mittleren Bildteils — das Neue Bollwerk, das Lagerhaus Ahren (?), Groß-St.-Martin und der Rathausturm (rechts)

turm und der noch nicht abgerissenen Stiftskirche St. Maria ad gradus am Chor. Der Dom erscheint in seiner diffusen Wiedergabe und in seinem Blauton fast als visionäre, dunstige Erscheinung über dem Dächermeer der kleinen Giebelhäuser und erinnert an die Darstellungen von Turner. Die Dimensionen sind nicht ganz exakt wiedergegeben und auch die Häuser haben wohl nicht genau so ausgesehen, aber in einem Punkt vermittelt das Bild wohl doch einen weitgehend richtigen Eindruck: Die rheinseitige Stadtmauer wird sich tatsächlich in einem absolut desolaten Zustand befunden haben. Gegen Ende der reichsstädtischen Zeit verfiel die Stadtmauer hier immer mehr und mehr und vor allem der schwere Eisgang von 1784 (Abb. S. 195) hat wohl das schleichende Zerstörungswerk nur ein bißchen beschleunigt. Thelen (Nachrichten von dem erschrecklichen Eisgange, 1784, S. 41 f.) berichtet uns von dem Zustand der Mauer folgendes: »Die Gebäude vor dem Bayenturme, das dortige starke Bastion sind dahin, das vor dem Turme gelegene kleine Bollwerk ist in die Fluten gesunken. An der Dreikönigenpforte ist die Öffnung in die Stadtmauer gemacht, die soviel Unheil angerichtet. Von dem Neckelskaulbollwerk ab ist die Mauer außer einem Turm mit der Holzpforte umgeworfen. Unter der Rheingasse ist der nahe Turm bis auf den Grund zerstört. Die Markmannsgassenpforte hat als Eisbreche gedient. Der Frankenturm ist ganz geschwächt; von der weiteren Mauer schiene nichts mehr zu stehen als bloße Trümmer oder höchstens die Grundfeste. Kostgassenpforte und Weckschnapp sind zerstört.« Callow gibt hier einen idealisierten Zustand vor 1822 (ohne Schiffsbrücke) wieder.

Das Rheinufer in Köln von Norden, um 1840

William Leighton Leitch
(Zeichner, 1804 Glasgow—1883 London)
M. J. Starling
(Stahlstecher, tätig in London
in der ersten Hälfte des 19. Jahrhunderts)

Man schaut von Norden auf die Stadtmauer, auf einen schmalen Uferstreifen und auf einige der markanten Gebäude der Stadt. Während die Mauer am Rhein in der Horizontalen angelegt ist, sind die wichtigen höheren Gebäude infolge der geschickt gewählten Perspektive in einer Schräge von links unten nach rechts oben aufgereiht. Im Vordergrunde rechts die prächtige Ostpartie von St. Kunibert, die, von 1215—1226 errichtet, vor dem Einzug der französischen Gotik in Köln noch einmal die Summe der staufischen romanischen Bauformen zog. Großartig steht der Gegensatz der beiden Stile hier im Bild nebeneinander: Rechts der prachtvolle Ausklang romanischer Baukunst am Rhein — St. Kunibert erfuhr seine Gesamtweihe erst 1247 —, links der filigranhafte Domchor, dessen Grundstein 1248 gelegt wurde, als Repräsentant des neuen, aus Frankreich übernommenen, technisch weit fortgeschrittenen gotischen Stils. Leitch hat die Entfernungen zwischen beiden Gebäuden verkürzt und die Größenverhältnisse einander angeglichen; dadurch wird der Vergleich noch anschaulicher. Weiter links sieht man den Rathausturm, Groß-St.-Martin und ganz hinten den Bayenturm.

Leitch, als Bühnenmaler am Queen's Theater in London tätig und späterer Lehrer der Königin Victoria, war einer jener vielen englischen Rhein- und Italienreisenden, die die künstlerische Sehnsucht und die Suche nach Romantik und Licht aus der Heimat fortzog. Seine Kölnansicht steht mit denen seiner Landsleute und Zeitgenossen auf einer Qualitätsstufe und gibt Zeugnis von der gleichen Sehweise dieser Künstler. Auch Leitch gibt nicht nur wieder, was er gesehen hatte, sondern er geht mit seinen Eindrücken um, d.h. er komponiert sein Bild aus den aufgenommenen Elementen. So ist die Distanz zwischen St. Kunibert und dem großen Bollwerk des frühen 17. Jahrhunderts (vgl. Abb. S. 229) stark verkürzt, um eine typische Ufer- und Hafenszene wiederzugeben. Der dargestellte Winkel am Rheinufer mit den wenigen Booten, die wohl gerade be- oder entladen werden, macht einen ziemlich verkommenen Eindruck. Die Stadt, die schon seit dem Ende des 18. Jahrhunderts ziemlich heruntergekommen war, hatte an ihrer einstmals so prächtigen Schauseite zum Rhein nicht mehr nur Bewundernswertes zu bieten. Die Mauer war an vielen Stellen eingebrochen und zusammengefallen (vgl. Abb. S. 260). Die Häuser längs des Rheins trugen noch immer Spuren des großen Eisganges von 1784 (vgl. Abb. S. 229). Die ehemals geschäftige Uferstraße hatte sich in einen morastigen Saumpfad verwandelt. Ein Zeitgenosse von Leitch, der Dichter und Kritiker Samuel Taylor Coleridge (1772—1834) hat sich nicht gerade schmeichelhaft über Köln geäußert: »In Köln, einer Stadt der Mönche und Gebeine, des mörderischen Straßenpflasters, der Lumpen, der alten Weiber und zänkischen Dirnen, zählte ich zweiundsiebzig Abflüsse, alle sorgfältig eingefaßt, und manchen Gestank! Ihr Nymphen, die ihr über Abwässerkanäle und Senkgruben herrscht: Der Rhein wäscht, wie man wohl weiß, eure Stadt Köln, aber sagt mir bloß, welch göttliche Kraft wohl in Zukunft den Rhein waschen wird?« (So lebten sie im alten Köln, Köln 1974, S. 48/49). Der Stahlstich trägt die Bezeichnung: »The City of Cologne on the Rhine. Ville de Cologne sur le Rhin. Cöln am Rhein«; er wurde bei Fisher, Son & Co., London und Paris, verlegt.

Stahlstich, 12,5 × 19,0 cm
Köln,
Kölnisches Stadtmuseum,
Inventarnummer A I 2/204

rechts:
Ausschnitt des rechten Bildteils — vorne St. Kunibert, dahinter der Domturm (angeschnitten) und der mächtige Domchor

Das Kölner Rheinufer mit dem unvollendeten Dom, um 1840

Clarkson Stanfield
(1793 Sunderland—1867 Hampstead)

Man schaut von Norden auf das Kernstück der Stadt. Der Standpunkt des Künstlers wird vermutlich in Höhe des Trankgassentores gewesen sein. Ein lehmiger, etwas verkommen aussehender Uferstreifen säumt den Fluß, auf dem eine Menge Boote liegen. Am Ufer schwätzende, arbeitende und ruhende Fischer und Passanten. Rechts wächst der Dom mit dem Filigran des Strebewerkes aus seiner Umgebung steil empor. Diese starke Vertikaltendenz unterstützt auch noch das Vierungstürmchen, das freilich damals gar nicht existierte, wurde doch das alte 1811 niedergelegt und das neue erst 1860 vollendet.

Vom Dom aus können wir ein Stückchen Stadtmauer in die Bildtiefe verfolgen: eine Mauer, die es so in der ersten Hälfte des 19. Jahrhunderts in Köln nicht gab. Und auch die darauf und daran sitzenden Giebelhäuser kann Stanfield in Köln nie gesehen haben; sie sind reine Erfindung. Dagegen ist das vorspringende Bollwerk mit dem Tor und der Schiffsbrücke einigermaßen wirklichkeitsgetreu, ebenso ihre Lage im Stadtbild und zu Groß-St.-Martin. Der Turm dieser ehemaligen Benediktinerabteikirche ist in den Proportionen zwar etwas zu niedrig, aber im richtigen Bauzustand der Zeit wiedergegeben: beide westlichen Flankierungstürme fehlen noch; sie wurden erst 1847, bzw. 1875 wiedererrichtet.

Links von Groß-St.-Martin und dem Bollwerk wird der Bayenturm sichtbar, der viel zu nahe herangerückt ist und dadurch die Tiefe der Stadt optisch stark verkürzt. Genauso willkürlich wie dieser Bildteil ist auch der Einbezug von Drachenfels und Siebengebirge links im Hintergrund, die man selbst von Bonn aus nicht so nahe sieht. Trotz dieser »Fehler« und willkürlichen Veränderungen oder Zutaten muß man diese Köln-Ansicht zu den besten Kölner Stadtbildern überhaupt zählen. Wenn Dichtung und Wahrheit sich hier

Öl auf Leinwand,
113,0 × 168,0 cm
Bonn,
Rheinisches Landesmuseum

rechts:
Ausschnitt des rechten Bildteils — im Vordergrund Reste der Stadtmauer mit Überbauung. Dahinter der Domchor

auch tüchtig mischen, so sind Hafen- und Stadtszene doch äußerst wirkungsvoll komponiert. Man darf dem Maler unterstellen, daß die Merkwürdigkeiten des Bildes keine Seh- oder Erinnerungsfehler sind, sondern bewußte Umstellungen oder Hinzufügungen im Sinne einer romantischen Bildkomposition.

Im Juli 1823 — während seiner Theaterferien — hielt sich Stanfield zum ersten Male, von Antwerpen kommend und nach Bonn weiterreisend, in Köln auf. Bei diesem Aufenthalt muß er bereits die Zeichnungen für dieses Bild angefertigt haben, denn eine 1828 datierte Radierung von I. H. Kernot entspricht weitgehend diesem Gemälde Stanfields. Deshalb vermutet man, daß ein 1826 in der Society of British Artists in London ausgestelltes Bild des Malers »Cologne on the Rhine« mit diesem entweder identisch ist oder aber als erste Fassung angesehen werden muß. Da unser Gemälde mit »C. Stanfield R.A.« (Royal Academician) signiert ist, kann es erst nach 1835, dem Jahr seiner ehrenvollen Aufnahme in die Akademie, vollendet oder signiert worden sein. Vielleicht entstand das Gemälde überhaupt erst als Wiederholung des früheren nach seinem zweiten Köln-Besuch anläßlich einer Durchreise im August 1830. Jedenfalls ist es ein besonders gutes und charakteristisches Beispiel für die den Rheintourismus so sehr fördernde Rheinromantik des frühen 19. Jahrhunderts, unter deren Begründern Clarkson Stanfield mit an erster Stelle genannt werden muß.

Das Rheinufer von St.-Maria-Lyskirchen bis Groß-St.-Martin, um 1840

Cornelis Springer
(1817 Amsterdam—1891 Hilversum)

Der ausgezeichnete holländische Architektur- und Vedutenmaler Cornelis Springer hat häufig Köln und den Rhein aufgesucht. Er war ein Schüler von J. van den Stok, H. C. ten Kate und K. Karsen (vgl. Abb. S. 246) und verfolgte einen in der Zeichnung sehr sicheren, in der Farbgebung temperamentvollen Stil. Zahlreiche Elemente der Kunst seines Lehrers Karsen hat Springer, der diesen an Ruhm und Werkumfang übertraf, sich zu eigen gemacht.

Diese Ansicht, die bislang zwischen 1840 und 1847 datiert wurde, ist ein charakteristisches Blatt des jungen Künstlers. Vermutlich hat er es im Alter von 23 oder 24 Jahren gearbeitet, denn die sparsam eingesetzte Zeichnung und die flott getuschten Flächen, die eine stille Licht- und Schattenwirkung hervorrufen, entsprechen den Blättern in seinem 1841 datierten Skizzenbuch, das das Kölnische Stadtmuseum besitzt. Springer war ein aufmerksamer und genauer Beobachter; in seinen Blättern stimmen meistens die Dimensionen und Details. Seine Objekttreue und die Genauigkeit seiner Beschreibungen haben ihren Grund wohl in der Arbeit vor Ort: Seine Skizzen sind eben in kurzer Zeit vor den Landschaften und Architekturen entstanden, sind spontane Eindrücke, sind bildliche Notizen.

Über der topographischen Exaktheit verlor Springer aber nicht seine romantische Sehweise. Es ist ihm hier gelungen, einen Ausschnitt des stattlichen Rheinpanoramas mit einer besonderen Uferatmosphäre wiederzugeben. Die englischen Zeitgenossen (Abb. S. 219 und S. 260) überziehen hier vielfach und gehen in ihrem romantischen Gefühl willkürlicher mit der Wirklichkeit um. Der Maler hat auf der vor der Südstadt liegenden Insel »Werthchen« gestanden und von hier nach Norden geschaut. Diese liebenswerte Insel war im Mittelalter Werftplatz (Abb. S. 118), bis ins 19. Jahrhundert Ausflugsziel und wurde gegen Ende des Jahrhunderts in den Bau des Rheinauhafens einbezogen. Noch ist das Werthchen aber ein beschaulicher, mit Bäumen und Buschwerk bestandener Ort, an dem gelegentlich Fischer anlanden oder unbenutzt Boote länger vor Anker liegen. Um 1840 begann an anderen Stellen in der Stadt die Industrialisierung, startete der Eisenbahnverkehr; auf dem Rhein fuhren schon länger die Dampfboote.

Doch dieses Bild Springers zeigt uns einen noch intakten Teil der Uferfront. St.-Maria-Lyskirchen liegt noch am Strom, die Schifferkirche der alten Vorstadt Noithausen aus der Zeit um 1210/20 hat noch ihre Anbindung an das Ufer. Noch ist der Uferweg keine Zäsur im Stadtbild, noch sind Stadt und Rhein nicht durch eine »Rennstrecke« getrennt. Die alte Stadtmauer, seit dem Hochwasser und Eisgang von 1784 (vgl. Abb. S. 195) zerstört oder baufällig, ist nur noch streckenweise vorhanden. Groß-St.-Martin darf in einer Rheinuferansicht ebensowenig fehlen wie der Domchor und St. Kunibert, die in knappen Zügen angedeutet sind. Springer hat es verstanden, in dieser Nachmittagsansicht ein realistisches, sympathisches Bild eines von den Künstlern eher vernachlässigten Teiles der Uferfront zu zeichnen. Dabei verbindet er in einer klugen Weise großstädtische Architektur und Panorama mit der Weite dieser niederrheinischen Stromlandschaft.

Tuschzeichnung,
27,3 × 44,0 cm
Köln,
Kölnisches Stadtmuseum,
Inventarnummer A I 2/628

Der Alte Markt in Coeln, 1842

Ludwig Lange
(Zeichner, 1808 Darmstadt—1868 München)
Josef Maximilian Kolb
(Stecher, um die Mitte des 19. Jahrhunderts tätig)

Köln besitzt heute noch eine Fülle interessanter Plätze: Neumarkt, Heumarkt, Alter Markt, Appellhofplatz, Wallraf-Platz, usw. Hat ihre Schönheit meist auch unter der Geschichte, unter Baulust und Straßenplanung gelitten, so kann man sich dennoch oft in ihr früheres Erscheinungsbild zurückversetzen, wenn noch Reste alten Baubestandes vorhanden sind.

Die Abbildung gibt uns einen Eindruck von seinem Aussehen kurz vor der Mitte des vorigen Jahrhunderts. Der Blick geht von Südosten nach Nordwesten: links die Rückseite des alten Rathauses mit seiner Frührenaissancefassade, die freilich nur noch bis zum Neubau 1869—1871 stehen sollte. Darüber erhebt sich der herrliche 61 m hohe Rathausturm, den Kölner Handwerker 1407—1414 als sichtbares Zeichen ihrer gewonnenen Herrschaft über Kölner Geschlechter und Patrizier errichteten. Dieser Turm wirkt hier wie der »Beherrscher« des Viertels, so wie in allen Stadtteilen Kölns Kirchen und Kirchtürme diese Aufgabe übernommen zu haben scheinen. Häuser in völlig unterschiedlichem Aussehen, Stil, Breite und Höhe, umschließen lückenlos den weiten längsgeschwungenen Platz, der in seiner Anmut Betriebsamkeit, Behäbigkeit und Gemütlichkeit zugleich signalisiert. Die Gebäude stehen mal trauf-, mal giebelseitig um den Platz und haben teilweise Läden und Geschäfte im Erdgeschoß. Im Hintergrund erscheint der Dom, im wahrsten Sinne des Wortes, denn er ist nicht als Stadtbild bestimmender Bau wiedergegeben, sondern wie ein im Dunst vergehendes Traumbild.

Ernst Moritz Arndt, der Bonner Dichter und Schriftsteller (1769—1860), hat in seinen »Reisen durch einen Theil Teutschlands« (2. Auflage, Leipzig 1804) auf diesen Platz aufmerksam gemacht und ihn wie folgt charakterisiert: »Der Alter Markt ist ein regelmäßiges Oblongum, nur leider etwas schmal, doch hat er ein ganz munteres und heiteres Aussehen und gehört überdies zu den lebendigsten Gegenden der Stadt. Viele seiner Häuser sind sehr alt, viele aber auch erneuert, und manche recht hübsch . . .«

Der Alter Markt, nahe zum geschäftigen Martinsviertel und zum Umschlagplatz Rheinhafen gelegen, war der innerkölnische Markt- und Handelsplatz seit Jahrhunderten (Abb. S. 189). Auch auf unserem Bilde ist Markttag. Noch ist es früh am Morgen: Die Sonne scheint von Osten und einige Marktstände sind aufgebaut, ein paar Frauen haben ihre Waren schon ausgebreitet, andere tragen sie herbei. Nicht sehr viele Kunden scheinen um diese Zeit schon unterwegs zu sein. Auf dem Kölner Markt herrschte auch im 19. Jahrhundert reges Verkaufsleben, kamen hier doch nicht nur die Kölner Händler, sondern auch die aus dem Vorgebirge, die aus Deutz und aus anderen Orten zusammen. Diese romantische Marktlage fiel im letzten Kriege in Schutt und Asche.

Das Blatt gehört zu einer Serie, zu einem Stahlstichbuch: »Der Rhein und die Rheinlande, dargestellt in malerischen Original-Ansichten von Ludwig Lange und in Stahl gestochen von Johann Poppel, Stahlstecher in München, im Vereine mit Deutschlands bekanntesten Stahlstechern. Mit einem historisch-topographischen Text begleitet (Abteilung 2). Darmstadt und Wiesbaden: Gustav Georg Lange 1842«. Der Text wurde von Heinrich Müller Malten verfaßt. Unser Blatt ist in den Ausgaben von 1847, 1852/53, 1863 und in »Malten's Handbuch für Rheinreisende« 1844 veröffentlicht.

Stahlstich, 10,1 × 16,2 cm
Köln,
Privatbesitz
links:
Ausschnitt eines Bildteils, rechts von der Mitte — der Alter Markt mit dem Brunnen und Marktständen. Im Hintergrund der Domchor

Das Regierungsgebäude in Köln, 1844

Ludwig Lange (Zeichner, 1808—1868)
Johann Poppel (Stecher, 1807—1882)

Man schaut von Osten in die Zeughausstraße. Auf der rechten Seite hinten erkennt man das Zeughaus, in dem heute das Kölnische Stadtmuseum untergebracht ist. Vorher war es seit 1920 ein Finanzamt und als Bürogebäude eingeteilt. Nach der Einnahme des Gebäudes 1792 durch kaiserliche Truppen und 1794 durch Franzosen wurde es bis in die Zeit des preußischen Militärs als Magazin und Marstall genutzt.

Das Zeughaus gehörte ursprünglich zu einer umfangreichen reichsstädtischen Gebäudegruppe, die zwischen Kattenbug und Berlich an die römische Stadtmauer angebaut war und mit zwei Toren an der Komödienstraße und am Berlich verschlossen war. Diese Gebäudegruppe bildete vermutlich den städtischen Werkhof. Erhalten blieb lediglich das Zeughaus. Das heutige Gebäude entspricht im Groben dem Neubau von 1594—1606, der sich im großen und ganzen in Form und Ausmaß an den Vorgängerbau hielt. Es wurde vermutet, daß Matthias von Gleen Bauleitung und Bauplanung innehatte. Das Zeughaus war das damals wichtigste Bauprojekt der Stadt Köln.

An der Südseite ist das Zeughaus auf die römische Stadtmauer aufgesetzt, die hier noch über Straßenniveau liegt. Es wurde in Ziegelsteinmauerwerk mit zwei großen Treppengiebeln aufgemauert und macht von außen einen ernsten und bescheidenen Eindruck.

Nur die Stufengiebel, der Treppenturm, der sich an die Rittertürme der Kölner Patrizierhäuser anschloß, und das reiche Hauptportal an der Nordseite, das von Peter Cronenborch entworfen worden war, lockern Fassade und Umriß auf. Im Inneren des Erdgeschosses befand sich eine der üblichen zweischiffigen Hallenanlagen. Dieser großzügige und großartige Bau, bei aller Bescheidenheit der Form, ist ein charakteristisches Kennzeichen des Kölner Architekturanspruches und der städtischen Bautätigkeit um 1600.

Rechts davor, mit dem Zeughaus heute innerhalb des Museumskomplexes verbunden, steht die sogenannte Alte Wache. Sie gehörte zu den ursprünglich drei Wachgebäuden, die 1840/41 von der preußischen Militärverwaltung errichtet wurden. Neben der abgebildeten ist nur noch die am Waidmarkt erhalten. Die Alte Wache in der Zeughausstraße war eine Wachstation für 30 Mann und zugleich Büchsenmacherei. Zweistöckig, im sogenannten Florentiner Stil errichtet, verfügt sie über eine aufwendige Halle, die, anders als heute, über mehrere Stufen von der Straße aus zu betreten war. Die Entwürfe fertigte der preußische sogenannte Ingenieur vom Platz Schuberth an. Heute ist die Alte Wache ein Teil des Kölnischen Stadtmuseums.

Einen großen Teil der linken Straßenseite nimmt das preußische Regierungsgebäude ein, von dem ein Flügel noch an der Stelle steht, wo sich heute der Sitz des Regierungspräsidenten Köln befindet. Im Mai 1830 wurde der Neubau dieses Regierungsgebäudes beschlossen, da das vorher als Regierungsgebäude genutzte Montaner-Gymnasium (1815—1832) unzureichend war. 1829 waren die Pläne bereits von dem königlichen Baumeister Matthias Biercher angefertigt worden, der sich bis in Details an Schinkels Architektur orientierte. Der Bau wurde mit solcher Eile betrieben, daß bereits am 22. November 1832 die erste Sitzung hier stattfinden konnte. Das Regierungsgebäude mit seinem dreigeschossigen Mittelbau und den beiden zweistöckigen Seitenbauten, verfügte über Vestibül, Sitzungssäle, einen Festsaal und Reputationsräume. Im linken Flügel lag die Wohnung des Regierungspräsidenten, im rechten die Landeshauptkasse. Mit seinem Portikus setzte das Gebäude, das zu den besten Leistungen klassizistischer preußischer Architektur im Rheinland gerechnet werden muß, einen starken und hoheitsvollen Akzent in unser Straßenbild.

Köln gehörte nach dem Wiener Kongreß zu Preußen. Erst war es die preußische Provinz Niederrhein, seit 1892 die Rheinprovinz. Köln war ein wichtiges Zentrum der preußischen Herrschaft geworden. Am 5.4.1815 schon hatte Friedrich Wilhelm III. eine Proklamation an die Rheinländer gerichtet, die Staatskanzler Hardenberg in Wien formuliert hatte: »Diese

Stahlstich, 7,8 × 12,2 cm
Köln,
Privatbesitz

rechts:
Ausschnitt des rechten Bildteils — rechts die Alte Wache, dahinter das Zeughaus (beides heute Kölnisches Stadtmuseum). Links der Eingang zum preußischen Regierungsgebäude

deutschen Urländer müssen mit Deutschland vereinigt bleiben ... Sie sind die Vormauer der Freiheit und Unabhängigkeit Deutschlands; und Preußen, dessen Selbständigkeit seit ihrem Verluste hart bedroht war, hat ebensosehr die Pflicht als den ehrenvollen Anspruch erworben, sie zu beschützen und für sie zu wachen ... Kommt mir mit redlicher, treuer und beharrlicher Anhänglichkeit entgegen« (Welt- und Staatsboth zu Köln, Nr. 62, Dienstag, den 18. 4. 1815. An die Einwohner der mit der Monarchie vereinigten Rheinländer).

Das Blatt wurde bei G. G. Lange in Darmstadt verlegt und gehörte als Nr. 169 bereits zu der Erstausgabe von Ludwig Lange's »Der Rhein und die Rheinlande«, Darmstadt & Wiesbaden: Gustav Georg Lange 1842—1847.

Der Central-Bahnhof, 1859

Christian Sell
(1831 Altona—1883 Düsseldorf)

Der »Centralpersonen-Bahnhof« — wie er auch hieß — war der Vorvorgänger des heutigen, 1957 vollendeten Hauptbahnhofs. Konstant blieben über mehr als ein Jahrhundert Situation und Lage dieses zentralen Verkehrspunktes im Stadtgebiet und -bild.

Der erste Bahnhof in Köln entstand 1844 am 1894 abgebrochenen Pantaleonstor und war der Endbahnhof der Köln-Bonner Strecke der »Rheinischen Eisenbahngesellschaft«.

Auf dem heutigen kölnischen Gebiete gab es damals zwei konkurrierende private Eisenbahngesellschaften, die beide nach kapitalwirtschaftlichen Gesichtspunkten arbeiteten: die schon erwähnte »Rheinische Eisenbahngesellschaft« im linksrheinischen Köln und die »Köln-Mindener-Eisenbahn-Gesellschaft« im rechtsrheinischen Deutz. Waren die einen linksrheinisch mit ihrem Bahnnetz vertreten, so bauten die anderen rechtsrheinisch ein eigenes auf. Eine Verbindung zwischen den Linien und Bahnhöfen auf beiden Ufern gab es nicht.

Das änderte sich kurz nach der Jahrhundertmitte. »Unterm 22. Juni 1854 kam ... zwischen dem Regierungspräsidenten von Möller und der Direktion der Köln-Mindener-Eisenbahn-Gesellschaft ein Vertrag wegen Übernahme des Baues und Betriebes einer Eisenbahn zwischen Köln und Gießen zustande, nach welchem die Gesellschaft zugleich den Bau und Betrieb der zum gewöhnlichen Landverkehr und zum Eisenbahndienste einzurichtenden festen Rheinbrücke zwischen Köln und Deutz übernimmt, die Rheinische Eisenbahngesellschaft und die Stadt Köln dazu einen Beitrag von zusammen 500 000 Talern (Gesamtsumme 2 Millionen) leisten ...« (Kölnische Zeitung, 1854). Diese erste feste Rheinbrücke seit der Römerzeit, die sogenannte Muusfall, wurde 1859 erbaut und zusammen mit dem neu errichteten Central-Bahnhof in Betrieb genommen. Von nun an entwickelte sich Köln zum Zentrum des westdeutschen Eisenbahnverkehrs. Außer Deutz, Pantaleon und dem abgebildeten Bahnhof für den Personenverkehr gab es bald noch Deutzerfeld, Pantaleon, Gereon, Thürmchen und die Rheinstation für den Güterverkehr.

Der Central-Bahnhof war ein einfaches helles Gebäude in einem am Klassizismus orientierten Stil mit einem turmartigen vorspringenden Haupteingang. Das Bild, das in der »Leipziger Illustrirte« veröffentlicht wurde, zeigt eine wohl auch für das 19. Jahrhundert charakteristische Bahnhofssituation: Parkende und wartende Pferde-Droschken links, an- und abfahrende Kutschen rechts, dazwischen Passanten, Polizisten und eilende Passagiere, die auf das Gebäude zustreben als sei es »höchste Eisenbahn«. Vornehme und einfache Leute, Uniformierte, Diener und Gepäckträger. Mehrere Frauen haben ihre Hände in einem Muff vergraben; es ist also Winter. Der Zeichner hat die Eile, ja fast schon Hetze, von der Bahnhöfe immer ein wenig erfüllt sind, durch die auf die Portale zulaufende Bewegung scharf skizziert. Diese Zugänge scheinen wie ein Sog zu wirken, denn alles strömt hinein, keiner kommt heraus.

Dieser starke Publikumsverkehr hat der Wirklichkeit entsprochen. Vier Haupt-Eisenbahnlinien nahmen hier schließlich ihren Ausgang: nach Bingen, nach Trier, nach Aachen (Belgien, Frankreich) und nach Krefeld (Belgien, Holland, England). 1886 verkehrten hier täglich 114 Personenzüge, »... mit einem Jahresverkehr von rund 1 Million Personen, nicht gerechnet den Uebergangsverkehr, welcher auf 4 Millionen Personen zu schätzen ist« (Schürmann, 1886). Das war gewiß eine Bestätigung für das wirtschaftliche Denken der Bahnhofsgründer, die kurz nach der Mitte des 19. Jahrhunderts schon die spätere Attraktivität dieser Lage neben dem Dom, der sich ja seit 1842 im Weiterbau befand, erkannt hatten. Dem Stadtbild selbst hat diese städtebauliche Fehlentscheidung schweren Schaden zugefügt, denn dem Central-Bahnhof mußte der vielgerühmte Botanische Garten weichen. Er lag nördlich des Doms nahe St. Mariä Himmelfahrt und dem Jesuitenkloster, die wir links hinten im Bilde sehen, genau an dieser Stelle (Abb. S. 209). Die Bahngeleise zerschnitten außerdem die nördliche Altstadt, Schranken erschwerten häufig das Überqueren der ebenerdig verlaufenden Bahnlinien. Lärm begann damals bereits das ruhige Domviertel in ein unruhiges Verkehrszentrum zu verwandeln, Ruß, Qualm und Schmutz starteten ihren andauernden Zersetzungsprozeß am Domgestein; der wirtschaftliche Mittelpunkt Kölns verlagerte sich nun vom traditionellen Bereich zwischen Alter Markt und Rhein zum Bahnhofsviertel. Als 1880 Preußen die privaten Bahngesellschaften übernahm und als man 1891 begann, alle Eisenbahnlinien höher auf Dämme zu legen, um Straßen- und Schienenwege zu trennen, hatte der Central-Bahnhof ausgedient. 1893 wurde er abgebrochen und an seine Stelle trat 1894 der renaissanceartige Bau mit der »Perronhalle« von Georg Frentzen, der den Bomben des Zweiten Weltkrieges zum Opfer fiel. Damals hielt man trotz erheblicher Proteste aus der Bürgerschaft am alten Standort fest; beim Neubau nach dem letzten Kriege war eine Verlegung schließlich finanziell nicht mehr vertretbar.

Xylographie, 17,0 × 24,0 cm
Köln,
Privatbesitz

Cöln, 1862

Caspar Scheuren
(1810 Aachen—1887 Düsseldorf)

Das Blatt ist ornamental sehr reich mit architektonischen Formen gegliedert. Den äußeren Rahmen bildet ein der Burgenarchitektur entlehnter Aufbau mit oberem wappen- und personengeschmückten Zinnenkranz. Die innere Gliederung besteht aus drei Teilen, einer breiten Mitte und schmäleren Seiten. Hier sind jeweils zur Mitte hin Fenster mit Glasmalereien dargestellt, zu den Seiten zerbrochene Scheiben und Maßwerk: durch die Öffnungen schaut man auf historische Szenen; gewissermaßen also ein Blick in die Geschichte.

Das großartige Mittelbild ist von einem reich und aufwendig gegliederten Bogen überfangen, wahrscheinlich haben wir hierunter Triumphbogen, Baldachin, jedenfalls eine Hoheitsformel zu verstehen. Mit dem Kölnischen Stadtwappen geschmückt, trägt er die Inschrift: »Das Alte stürzt, es ändert sich die Zeit und neues Leben blüht aus den Ruinen« (aus: Friedrich von Schiller, Wilhelm Tell, 1804,4,2: Worte des sterbenden Attinghausen).

Auf dem Querbalken unter dem Gesprenge die Bezeichnung: COLONIA AGRIPPINA. In dem darunterliegenden nochmals dreigeteilten Bildfeld mit überhöhter Mitte ist die Hauptszene dargestellt: Über einem Bogen mit der Inschrift: »Coellen ein Kroin Boven allen Steden schoin« (Koelhoff'sche Chronik, 1499, Abb. S. 97 ff.) ruht [sitzt] Harfe spielend, königlich gewandet und lorbeerbekrönt »Gottfried von Hagen«, wie der Beitext sagt. Er ist umgeben von »den großen Namen Cöln's«. darunter der hl. Erzbischof Engelbert, Albertus Magnus und zahlreiche Fürsten, Kaiser, Ritter, Bürger, Bischöfe, Heilige usw. Ein Riesenheer bedeutender Personen scheint sich in die Tiefe zu erstrecken.

Während die historischen Personen sich in einer eigenen abgetrennten Vordergrundszene aufhalten, erscheint das Stadtbild fast wie eine Vision — und die lichten Farben unterstützen diesen Eindruck — im Hintergrund. Diese Bildaufteilung erinnert von Ferne an die spätgotische Tafel des Meisters der Verherrlichung (Abb. S. 83). Mag sein, daß sich Scheuren daran orientiert hat.

Das helle Stadtpanorama erstreckt sich von St. Severin und dem Bayenturm links, der wohl ein bißchen zu mächtig geraten ist, bis nach St. Kunibert rechts. Die Proportionen sind alle ein wenig verschoben, denn auch die Lage von Groß-St.-Martin und Rathausturm zum Dom stimmt nicht mit dem Blickwinkel überein. Vermutlich sind Einzelskizzen hier zu einem Gesamtwerk vereinigt und verarbeitet worden.

Köln erscheint als eine große und mächtige Stadt. Schornsteine zitieren die Industrie, die geschlossene Rheinfront mit Lagerhallen und dem Hotelviertel den weltläufigen Handel, Schiffe vom Segler über Lastkahn bis zum Dampfer den Verkehr, Schiffsbrücke und »Muusfall« die Anbindung an das Umland, und die historischen Gebäude verkörpern die großartige gewachsene Geschichte der Stadt. Dabei sind die Bauzustände im einzelnen mit scharfer Beobachtung festgehalten: Der Dom z. B. schreitet in seinem Weiterbau fort; Querhaus, Südfassade und Langhaus sind vollendet. Die über Jahrhunderte hinweg charakteristische Baulücke zwischen Chor und südlichem Westturm ist nun geschlossen. Der Dom ist das bedeutendste, auch kompositionell zentrale Gebäude des Bildes. Er ist in die Mitte gerückt und die Rahmung scheint sich ihm anzupassen.

Für Scheuren ist Köln gewissermaßen ein Gesamtkunstwerk: Die Geschichte mit ihren Repräsentanten, die Jahrhunderte, die an dieser Stadt gebaut haben, Kunst und Architektur verbinden sich mit der imposanten Silhouette zum Stadtbild dieses bedeutenden rheinischen Romantikers.

Diese Allegorie und Verherrlichung der Rheinmetropole lebt aus zwei Quellen: dem bedeutenden mächtigen Köln als architektonischem Gebilde und dem Dunkel seiner Geschichte, oder mit den Worten des Künstlers auf einem erklärenden Beiblatt ausgedrückt: »Cöln, dargestellt in gegenwärtiger Blüthe, umgeben von den großen Erinnerungen der Vergangenheit.« Dabei entstanden auch einige merkwürdige Kombinationen, so zum Beispiel am unteren Bildrand eine genaue Wiedergabe der 1859 eingeweihten Straßen- und Eisenbahnbrücke »Muusfall« und drei römische Gestalten, bezeichnet mit MARZEL, AGRIPPINA und DRUSSUS.

Von besonderem Interesse ist auch die Technik der Zeichnung und der Farbführung, die mit sparsamsten Mitteln (dünnen Linien und Punkten, Blau laviert und etwas Ocker) auskommt und dabei ein Höchstmaß an Wirkung erzielt.

Das großformatige Blatt gehört als Nummer 4 zu einer Aquarell-Folge »Landschaft, Sage, Geschichte und Monumentales der Rhein Provinz — In XXV Blätter illustrirt von Kaspar Scheuren — Düsseldorf 1862«. Diese Mappe wurde im Auftrag des Königs von Preußen (1861) und anderer hoher Persönlichkeiten, die alle auf einem besonderen Blatt mit ihrem finanziellen Beitrag verzeichnet sind, ausgeführt und dem Wallraf-Richartz-Museum in Köln geschenkt. Als Untertitel trägt die Folge auf Blatt 2 die Bezeichnung »Rhein Preussen in seiner Vergangenheit und Gegenwart«.

Aquarell und Feder,
48,0 × 65,0 cm
Köln,
Wallraf-Richartz-Museum,
Graphische Sammlung,
Inventarnummer Z 2624

Das Alte stürzt es ändert sich die Zeit und neues Leben blüht aus den Ruinen
COLONIA
AGRIPPINA
Coellen ein Kroin Boven allen Steden schoin
Cöln

Köln, von St. Kunibert aus gesehen, 1862

A. Borchel (Zeichner)
A. Holzer (Lithograph)

Die abgebildete Darstellung gehört zu einer Ansicht, die von 16 kleineren Ansichten einzelner Kölner Monumente umgeben ist. Dieser Typus des Andenken- oder Erinnerungsbildes war seit der Mitte des 19. Jahrhunderts auch bei den Kölner Stadtansichten recht beliebt. Von besonderem Interesse ist für uns das wiedergegebene Mittelbild des Blattes.

Wir sehen vom Turm der Kunibertskirche, von der 45 Jahre vorher auch Schinkel eine Stadtaufnahme gemacht hatte (Abb. S. 208), und können deshalb die Entwicklung des Stadtbildes in der ersten Hälfte des 19. Jahrhunderts besonders gut verfolgen. Das mit großer Präzision, mit Klarheit und Detailtreue angefertigte Bild führt uns die immensen Entwicklungen vor Augen, zu denen sich die heruntergekommene Stadt im

19. Jahrhundert wieder aufraffte. Breitgelagert erstreckt sie sich entlang des Stroms. Die Bebauung hat erstaunlich zugenommen, vor allem in der Nordstadt. Hier und auch drüben an der Westseite gibt es noch Grünzonen, aber sie sind spärlicher geworden. Köln war eilig und eifrig dabei, sein mittelalterliches Gesicht zu wandeln. In das Bild der beherrschenden Kirchtürme mischen sich nun Schornsteine und dampfende Schlote. Sie geben Zeugnis vom Beginn des Fabrikzeitalters in Köln und von der zunehmenden Industrialisierung. Die ehemals mächtige Handelsstadt entwickelte sich nun nach dem Zwischenspiel ihres Niedergangs zu einem Mittelpunkt der rheinischen Industrie. Nun begannen die Fabriken — Metallwerke, Mühlen, Spinnereien, Webereien und Brauereien — zum guten Ruf der Stadt beizutragen.

1826 wurde zum Beispiel das Kabelwerk Felten & Guilleaume, 1839 das Unternehmen Stollwerck und 1856 die Kalker Maschinenfabrik für den Bergbau gegründet. Der Einsatz von Dampfmaschinen in allen Sparten der Fabrikation ermöglichte für Köln eine rasante Entwicklung. Das führte zu einem Hinübergreifen der Stadt auf die Vororte, wo sich die Industrien ansiedelten, und zum Bau vieler neuer Wohnungen. Die Bevölkerungszahlen verdoppelten sich fast zwischen 1813 (46 857 Einwohner) und 1848 (87 747 Einwohner). Köln ging nun auch in der verkehrstechnischen Anbindung fortschrittliche Wege. Mit Stolz, so möchte man meinen, führt der penible Zeichner uns die neuen Verkehrswege vor: Über den Rhein spannt sich die 1859 eingeweihte, kombinierte Straßen- und Eisenbahnbrücke, die der Kölner Volksmund »Die Muusfall« (Mausefalle) nannte. Am nun wieder befestigten Ufer stehen neue Anlegeplätze, Zoll- und Lagerhallen. Neben den Segelkähnen ist das Dampfschiff zum gebräuchlichen Verkehrsmittel geworden, auch wenn noch das Holländerfloß das wichtige Baumaterial den Rhein hinunterschafft. Der zunehmende Schiffsverkehr machte den Bau des Rheinau-Hafens am früheren Werthchen notwendig, der 1898 eingeweiht wurde. Die Eisenbahn nahm an verkehrstechnischer Bedeutung zu, seitdem die links- und rechtsrheinischen Bahnhöfe miteinander verbunden waren. Auch am Rhein entlang wurden Geleise der rheinischen Eisenbahn vom »Thürmchen« bis zum Freihafen verlegt. Die bildliche Verbindung von Floß, Segelboot, Dampfer, Eisenbahn und Kutsche führt uns die gesamten Verkehrsmittel dieser Tage im Zusammenhang vor. In einem Punkte hat Borchel der Entwicklung vorausgegriffen: Die beiden abgebildeten Domtürme wurden erst 1880 vollendet; der sehnlich erwarteten Vollendung dieser imposanten Westfront wurde nicht nur in diesem Bilde vorgegriffen.

Lithographie, 86,0 × 81,0 cm (Blattgröße), 25,4 × 40,7 cm (diese Abbildung); Köln, Privatbesitz

links: Ausschnitt des linken Bildteils — der Rhein mit Hafen und „Muusfall“. Die Stadt Köln vom Bayenturm im Hintergrund über Groß-St.-Martin bis zum Bahnhof „Thürmchen“ im Vordergrund

Die wiedergewonnene Bedeutung der Stadt Köln, ihr zunehmender Reichtum und die dadurch bedingten Veränderungen wurden von den Bürgern nicht nur mit Begeisterung angenommen, sondern durchaus kritisch reflektiert. Vor allem die veränderte Rheinseite hat bei manchem Ärger und Wehmut hervorgerufen, auch wenn die seit langem notwendigen Verbesserungen der verrotteten Infrastruktur lobend anerkannt wurden. Als charakteristische Äußerung eines Stadtkenners und Zeitgenossen mag man die folgenden Zeilen von Leonhard Ennen (Führer durch die Stadt Köln, für Einheimische und Fremde, Köln 1877, S. 36) zur Kenntnis nehmen: »In einem völlig veränderten Gewande zeigt sich das gegenwärtige Köln. Wenn auch das Rheinpanorama durch den Abbruch von 27 größeren Kirchen sowie durch den unästhetischen Bau der festen Brücke vieles von seinem früheren Reiz und seinen anziehenden Eigentümlichkeiten verloren hat, so bietet die Rheinseite der Stadt Köln doch noch immer einen überraschenden, prächtigen Anblick. Im Innern hat die Stadt ihren düstern Charakter verloren; in den verkehrsreichen Straßen ist der traditionelle Schmutz verschwunden; das Pflaster befindet sich, so weit die vielen Neubauten und die durch die Legung von Gas- und Wasserröhren verursachten Störungen gestatten, im leidlichen Zustande ... Köln (hat) den Charakter der ›heiligen‹ Stadt verloren; seine Hauptbedeutung hat es jetzt auf dem Gebiete des Handels und der Industrie. Kölns Eigenhandel erhielt eine feste Grundlage und die Stadt Köln wurde Knotenpunkt des ganzen Verkehrs in Westdeutschland. In Köln sammelte sich allmählich eine Kapitalmacht, welche der gewerblichen Produktion zu einem raschen Aufschwung half ...«

Dieses Panoramabild von Köln ist ein Dokument aus einer Zeit, in der die Stadt den Umbruch bereits bewältigt hatte, in der sie gewissermaßen aus dem toten Winkel heraus war, die Errungenschaften einer Industriestadt bereits besaß und sich nun auf den Weg zur Großstadt machte. Das im Bremer Verlag von H. L. J. Kraus gedruckte Blatt trägt die Bezeichnung: CÖLN VON ST. KUNIBERT AUS GESEHEN. ERINNERUNGEN AN KÖLN.

Köln, um 1865

Georg Osterwald
(Zeichner, 1803 Rinteln—1884 Köln)
Johann Poppel
(Stecher, 1807—1882)

Von erhöhtem Standpunkt aus aufgenommen vom Hotel Bellevue am Deutzer Ufer. Man schaut von Südwesten auf Stadt und Dom: Im Vordergrund unter Bäumen ein Biergarten mit Besuchern; dahinter die Auffahrt zur Brücke mit Kutschen und Fußgängern.

Das linksseitige Köln ist klar und deutlich gezeichnet: In der geschlossenen Rheinfront liegt links das Hotelviertel am Leystapel mit dem prächtigen »Hof von Holland«, dem »Hotel de Cologne« und dem »Hotel Royal«. Zwischen Schiffsbrücke und fester Brücke beherrschen Hallen, Werften und Handelshäuser des Zollhafens das Ufer. In der Silhouette erscheinen als besonders deutliche Punkte der Dom, Groß-St.-Martin und der Rathausturm. Wolken und Sonnenstrahlen sind bewußt zur Scharfzeichnung der Gebäude eingesetzt worden. Zahlreiche Schiffe, Segler und Dampfer, kennzeichnen den Rhein als Verkehrsader und Geschäftsplatz. Die Schiffsbrücke ist in geöffnetem Zustand; damals verkehrten auch noch Flöße mit Hütten und Zelten auf dem Rhein. Auch Details sind wiedergegeben, wie das Abknicken der Schornsteine und Masten an der festen Brücke. Eine Eisenbahn fährt gerade von Deutz aus auf diese Brücke.

Man gewinnt den Eindruck, als habe den Zeichner vor allem der großstädtische Charakter Kölns mit seinem Verkehrswesen beeindruckt. So widmete er sein Augenmerk besonders dem Wasserweg und den Rheinbrücken: Die seit 1822 existente Schiffsbrücke genügte dem Verkehr nicht mehr und verband vor allem nicht links- und rechtsrheinische Schienennetze. Deshalb nahm man 1859 die kombinierte Straßen-Eisenbahnbrücke, die Vorgängerin der Hohenzollernbrücke, in Betrieb. Sie ist hier rechts oben zu sehen. Wegen ihrer abgeschlossenen, eigenartigen Gitterform nannte der Kölner Volksmund sie liebevoll die »Muusfall« (Mausefalle).

Vom Deutzer Ufer ist neben Anlegestellen und Brückenrampe nur das weite Gartenterrain des Hotel Bellevue zu sehen, das auf einen breiten Besucherstrom schließen läßt. Tatsächlich war das Gaststättengewerbe eine der tragenden Säulen der Deutzer Wirtschaft bis zur Industrialisierung. Viele Kölner zogen gerne auf die andere Rheinseite, um dort im schattigen Garten einmal das großartige Panorama der Stadt bei einem Glase Wein oder Bier zu genießen. In einem Reisebericht von 1808 erfahren wir (Brill, Deutz, die Geschichte eines Vororts, 1955, S. 52): »Nach Rodenkirchen, Nippes, Weiden wird häufig gelustwandert, am häufigsten aber nach Deutz, einem Flecken gegen Köln über, wo man im ›Marienbildchen‹, bei dem Scheffen Streffing und im ›Prinz Karl‹ stets im Sommer Gesellschaft findet. Allein das unangenehme Visitieren der Douanen schränkt diese Ausflucht sehr ein. Das Hotel Bellevue war früher »Im Marienbildchen« und wurde nach 1833 neu errichtet. 1882 mußte es dem vorgelegten Bahnhof der Bergisch-Märkischen-Eisenbahngesellschaft weichen.

Unter dem Bild ist das Blatt bezeichnet: »Cöln mit dem Dome und der neuen Rheinbrücke. Aufgenommen vom Hotel Bellevue in Deutz durch G. Osterwald.« Es gehörte zu einem Sammelbande »Köln und seine Umgebungen. XXII Stahlstiche nach Zeichnungen von L. Lange, G. Osterwald und B. Schwarz. Köln, F. C. Eisen.« Verlag von Adolf Baedeker in Cöln.

Stahlstich, 23,3 × 41,5 cm
Köln,
Privatbesitz

links:
Ausschnitt des rechten Bildteils — das Deutzer Ufer mit dem Biergarten des Hotels „Bellevue“ (vorne), dahinter die Auffahrtsrampe zur kombinierten Wagen- und Eisenbahnbrücke „Muusfall“. Links im Hintergrund St. Kunibert

Teilansicht der Stadt Köln vom Deutzer Ufer aus, 1872

James Webb
(um 1825—1895 London)

James Webb, ein erfahrener Marine- und Landschaftsmaler, wählte für sein Bild einen besonders beschränkten Ausschnitt. Vermutlich haben ihn sehr subjektive Gründe dazu bewogen, die Stadt in diesem Blickwinkel vom Deutzer Ufer aus aufzunehmen. Am anderen Ufer erblickt man die veränderte Rheinfront, die Lagerhäuser, vor allem das von Stadtbaumeister Weyer erbaute Lagerhaus Ahren (1836—1838) unterhalb von Groß-St.-Martin, daneben das Stapelhaus (1558), das Bollwerk des 17. Jahrhunderts und das Neugassentor. Weiter in der Stadt fallen als seit Jahrhunderten bestimmende Kennzeichen der Rathausturm, Groß-St.-Martin und der Dom besonders ins Auge. Eine Unzahl von meist gleichhohen Häusern scheint sich auf einer leichten Schräge vom Rhein zur Stadtmitte hinaufzuschieben. Zwar ist das Querhaus des Domes ein wenig zu breit und der Südwestturm ein bißchen zu niedrig geraten, der Chor von Groß-St.-Martin hat so sicher nicht ausgesehen, und der Rathausturm ist wohl doch zu schmucklos ausgefallen. Neben diesen Ungenauigkeiten wird der nun an vielen Stadtansichten bereits geschulte Betrachter auch sofort bemerken, daß die zahlreich im Stadtbild vertretenen Kugelhauben auf den Türmen keine kölnische Bauform sind, ja, hier niemals so zu sehen waren. Lediglich die Türme von St. Ursula und St. Mariä Himmelfahrt sind entfernt vergleichbar. Munter mischte sich hier also Erfindung, die vielleicht Webb's Erinnerungen an südeuropäische Architektur entsprang, mit sehr genauer Beschreibung und Beobachtung. So gibt er schon den eingerüsteten, im Weiterbau befindlichen Turm des Domes und auch den neuen von Zwirner entworfenen und 1860 aufgesetzten Dachreiter des Domes wieder.

Wenn auch die Beschreibung der Boote und ihrer Beseglung weitgehend zutrifft, so fällt doch auf, daß kein einziges Dampfboot zu sehen ist, obwohl seit der Ankunft des ersten Dampfschiffes 1816 in Köln gerade diese Verkehrsart besonders stark zunahm und schließlich den altmodischen Segelbetrieb ganz verdrängte. Nun wird man auch mit Erstaunen gewahr, daß der Ausschnitt sehr genau zwischen Schiffsbrücke im Süden, die seit 1822 bestand, und Muusfall im Norden, die seit 1856 den Rhein überspannte, so gewählt wurde, daß man keine von beiden sehen kann. Auch der Zentralbahnhof nördlich des Domes sowie der Eisenbahnbetrieb am jenseitigen Ufer — in Köln gab es schließlich seit 1839 bereits den Eisenbahnverkehr — werden diskret verschwiegen.

Öl auf Leinwand,
66,0 × 127,0 cm
Köln,
Kölnisches Stadtmuseum,
Inventarnummer 1964/120

rechts:
Ausschnitt eines Bildteils, rechts von der Mitte — vorne fremdländisch wirkende Schiffe. Am linken Rheinufer Lagerhallen, dahinter das Stapelhaus (links), darüber der Domturm und der Domchor, rechts St. Mariä Himmelfahrt (?)

Es scheint sich also bei dieser Darstellung bewußt um keine zeitgenössische Stadtaufnahme zu handeln, sondern eher um einen romantisierenden Rückblick auf einen Zustand, der längst der Geschichte angehörte, aber bei vielen vielleicht noch immer mit dem Namen Köln verbunden blieb. Die Szenen auf den Schiffen und auch die Kleidung der dort herumsitzenden und -streifenden Personen machen eher einen orientalischen als unbedingt kölnischen Eindruck. Und doch fühlt man sich beim Anblick dieser Leute und der Gesamtsituation an die Worte Ernst Weydens aus seinem Buche »Köln vor fünfzig Jahren«, Köln 1860, erinnert: »Unterhalb des Trankgassen-Thores, auch eine riesige Burgveste, liegen die ruhr'schen Kohlennachen, bilden die Schiffszieher und die Kohlenträger der Werfte stehende Staffage. Unter denselben führt eine, in ganz Köln bekannte Persönlichkeit, der ›Schüller's Kobes‹, ein allgefürchteter Raufbold und Schmuggler, das Regiment, nach welchem neben ihm ein Esser mit der gespaltenen Wange und ein Denz geizen, die Volkstribunen der ›Rheinroller‹, Rhingrolle, wie man den Rheinarbeiter bezeichnet. Ein Ehrgeiz, der nicht selten zu blutigen Köpfen, zerschnittenen Gesichtern und ähnlichen Verletzungen und dann ins Arresthaus führt; denn, nach der Sitte der holländischen und ruhr'schen Schiffsknechte, regiert hier das in der Seitentasche der Hosen getragene Messer, ...« (S. 13).

James Webb hat sich in seinem Stil so sehr an Constable und Turner orientiert, daß man seine Bilder oft mit denen der beiden Meister verwechselte. Seine Lieblingssujets waren Küsten- und Bootsbilder sowie Stadtansichten. Darunter sind die von Istanbul, Kairo, Dordrecht und Mont-St-Michel besonders bekannt geworden. Wie lange er in Köln war, ist nicht mit Bestimmtheit zu sagen, aber er hat hier nicht nur diese Stadtansicht, sondern auch den Kölner Dom gemalt (heute in der Art Gallery in Bristol).

Severinstor, Feldseite, 1877

Jakob Scheiner
(1820—1911 Potsdam)

Wir schauen auf die Severinstorburg, jenes mächtige Stadttor, das an der südlichen Ausfallstraße nach Bonn lag und bereits vor 1215 erwähnt wurde. Dieses mit 28 m Gesamthöhe erstaunlich hohe Gebäude, das ja auch noch dem heutigen Stadtbild glücklicherweise erhalten blieb, wirkt schlank und mächtig zugleich. Auf dem schweren, rechteckigen Unterbau mit der Durchfahrt ruht der zur Feldseite abgekantete viergeschossige Turm mit Zinnenkranz, der auf beiden Seiten von zwei abgerundeten Türmchen flankiert wird. Rechts und links der Straße sind die Vorbauten mit ihren Schießschachten noch zu sehen, die heute nicht mehr vorhanden sind. Passanten kommen und gehen, Soldaten »schieben vor dem Tor Wache«. Rechts und links, im Bilde üppig mit Strauchwerk und Bäumen bewachsen, schlossen sich Mauern, Wall und Graben an. Nach der Niederlegung des gesamten Befestigungsringes 1881 wurden auch die Gräben zugeschüttet, doch ist der Verlauf von Mauer und Grabensystem noch heute im Stadtbild relativ gut an den Ringen abzulesen.

Die Stadt Köln erwarb 1881 vertragsmäßig die gesamte Stadtmauer für ca. 12 Millionen Mark von der Preußischen Regierung, die als Eigentümerin immer wieder auf die militärische Bedeutung hinwies. Es scheint uns heute natürlich unverständlich, daß die Stadt Köln bis auf wenige Ausnahmen, die noch gegen die Bevölkerung durchgesetzt werden mußten, die gesamte Mauer niederriß und den Beginn der Abrißarbeit am 11. Juni 1881 auch noch mit einem Freudenfest feierte. Aber dies wurde als ein Sieg der Stadt über die Preußische Regierung angesehen, deren Zeichen, der Preußische Adler, auch auf diesem Bilde über dem Torbogen des Severinstors angebracht ist. Andererseits fühlte sich die Stadt Köln damals durch die Stadtmauer wie durch eine Halskrause in ihren Erweiterungs- und Ausdehnungsbemühungen eingeengt, ja besser, eingeschnürt. Sie schaffte durch die Niederlegung des Mauerzuges neues, wertvolles Bauland und gleichzeitig auch eine reibungslosere Verbindung zu den eingemeindeten Vororten.

Aquarell, 61,1 × 46,7 cm
Köln,
Kölnisches Stadtmuseum,
Inventarnummer A I 3/842

Hahnentor, Feldseite, 1878

Jakob Scheiner (1820—1911 Potsdam)

Jakob Scheiner, wie auch sein Sohn Wilhelm, mit dem er zeitweise zusammenarbeitete, haben wesentlichen Anteil an der Dokumentation des Kölner Stadtbildes der Jahrhundertwende. Mit größter Akribie haben sie alle Teile der Stadt in ihrer architektonischen Genauigkeit porträtiert. Sowohl die alten Gebäude, Stadttore, Straßen, Häuser, Plätze und stille Winkel wurden für sie ebenso zum Bildgegenstand wie die großen Gesamtansichten und Panoramen aus der Vogelperspektive oder vom anderen Ufer. Die Darstellung des Hahnentors gehört zu einer Serie mittelalterlicher Tor- und Befestigungsbauwerke in Köln, die innerhalb seines Gesamtwerkes eine ziemlich fest umrissene Gruppe darstellt. Diese Bilderreihe wurde 1877—1879 im Auftrage des Kölnischen Kunstvereins gemalt, noch gerade rechtzeitig, bevor seit 1881 mit der Gesamtniederlegung des Mauerringes in Köln begonnen wurde. Das veränderte das Stadtbild ganz erheblich und wir können glücklich sein, daß wir diese gemalten Dokumentationen von Scheiner noch besitzen.

Das Hahnentor lag an einer wichtigen, nach Westen gehenden Römerstraße. Der viergeschossige Bau, der 1264 erstmals genannt wurde, besteht aus einem rechteckigen Mittelbau mit der Durchfahrt und den beiden feldseitig vorgelagerten Flankentürmen. Ein gemeinsamer Zinnenkranz verbindet alle Bauteile miteinander. Auch dieses Tor ist ein gutes Beispiel dafür, daß die Kölner Stadtbefestigung, die ja wohl zu einer der eindrucksvollsten und umfangreichsten des gesamten Mittelalters gehörte, Wehrfunktion mit ästhetischem Anspruch verband. Zwischen 1885 und 1888 wurde das Hahnentor restauriert und dabei doch erheblich verändert (vgl. S. 240 f.).

Ein kalter Wintertag des Jahres 1878 scheint dargestellt zu sein: Vermummte Gestalten in Pelz und mit Muff gehen auf der schneebedeckten Straße spazieren. Eiszapfen hängen von den Dächern und die klare Luft läßt noch mehr Frost erwarten. Eine Pferdebahn zieht stadteinwärts. Sie war ein wichtiges Verkehrsmittel in einer Stadt wie Köln geworden, die sich durch Eingemeindung umliegender Gemeinden und durch eine Bevölkerungsexplosion zur Großstadt entwickelte. Dadurch wurden die Entfernungen und Verkehrswege immer länger und größer. 1876 hatte Köln seine ersten Pferdebahnverbindungen nach Nippes und Ehrenfeld — Ehrenfeld steht als Zielbezeichnung auch auf dem Waggon —, und es folgten später zahlreiche weitere Linien. Köln verfügte über ein relativ gutes und dichtes Pferdebahnnetz bereits gegen Ende des 19. Jahrhunderts, das bis 1900 auf Privatbasis betrieben wurde und erst 1907 seinen Betrieb einstellte. Wie aus einer anderen Welt muten uns heute die Dienstvorschriften für die Kölner Pferdebahn aus dem Jahre 1894 an: »... Die an den Endpunkten haltenden Wagen müssen soweit voneiander halten, daß die Pferde die Flurbrüstung nicht benagen können ... Haltung und äußere Erscheinung des Schaffners und Kutschers muß eine militärisch stramme sein, dementsprechend soll auch der Gruß durch das Anlegen der rechten Hand an die Mütze geboten und die Dienstkleidung zugeknöpft getragen werden. Um Entgleisungen zu vermeiden, ist darauf zu achten, daß die Flure möglichst gleichmäßig besetzt sind, namentlich soll der Hinterflur nicht überladen sein, während der Vorderflur leer ist ... Das Anfassen der Fahrgäste beim Einsteigen und Anweisen von Plätzen insbesondere Vertraulichkeiten gegen Damen beim Auf- und Absteigen sind streng verboten ...«

Aquarell, 48,0 × 62,5 cm
Köln,
Kölnisches Stadtmuseum,
Inventarnummer A I 3/475

J. Scheiner.
1878.

Rheinfront bei Hochwasser, 1882

Jakob Scheiner
(1820—1911 Potsdam)

Hochwasser in Köln! Zwar keine alltägliche Situation, aber doch ein Ereignis, mit dem die Stadt am Strom jährlich, vor allem im Frühjahr nach der Schneeschmelze, rechnen mußte. In der Geschichte von Köln, Deutz, Mülheim und all den anderen Rheinstädten um Köln gibt es manche Hochwasserkatastrophe zu berichten (vgl. Abb. S. 195—199).

Wir sehen das Hochwasser vom Spätherbst 1882, den höchsten Rhein-Wasserstand des gesamten 19. Jahrhunderts. Der mittlere Wasserstand von 2,87 m Kölner Pegel war am 23. November 1882 auf 6,13 m überschritten. Schwere Regenfälle verursachten zwischen dem 23. und 29. November 1882 eine Steigerung des Wasserstandes auf 9,52 m. Erst nach dem 1. Dezember sank das Wasser schnell ab. »Am 28. (November) ließ die Stadt bekannt machen, daß 15 Nachenstationen auf Kosten der Stadt an angegebenen Straßen eingerichtet worden seien. Das wurde aber als durchaus ungenügend befunden. Selbst im Innern der Stadt wurden die tiefgelegenen Straßen, wie Martinsfeld, Friedenstraße, Heinrichstraße, Schnurgasse, Paulstraße, Steinstraße, Straße Vor den Siebenburgen zum Teil durch das aus dem Kanal hervorströmende Wasser überflutet. Hier konnte man mit Kähnen, die auch in anderen Straßen häufig nicht genügten, da sie an die Haustüren nicht anlegen oder wegen ihres großen Tiefganges nicht fahren konnten, wenig ausrichten. Die Erbauung von Stegen, die vom Oberbürgermeister Becker durch die Stadt als unausführbar angesehen wurde, konnte von den Hauseigentümern nur an einigen Stellen erfolgen; meistens besaßen die Anwohner der Straßen keine Bretter, Balken und Bohlen oder konnten an ihre Vorräte in den überschwemmten Höfen und Gärten nicht herankommen. Die Feuerwehr brachte dort Hülfe, wo Häuser einzustürzen drohten, und hatte mit dem Abstützen zahlreicher überschwemmter Gebäude vollauf zu tun.« (Die Stadt Cöln im ersten Jahrhundert unter Preußischer Herrschaft, 1916, S. 42)

Scheiner, der in seinen Bildern ein paar Jahrzehnte der Kölner Stadtgeschichte festhielt, der sich dem Alltäglichen wie dem Besonderen mit gleicher Sorgfalt widmete, gibt hier einen Blick über die Wasserflut von Deutz nach Köln. Der Standpunkt des Künstlers muß oberhalb des Schnellert, der 1904—1907 zum Hafen ausgebaut wurde, gelegen haben. Die Wassermassen haben das Deutzer Ufer schon lange überflutet und die weite Wasserfläche läßt auch die Silhouette von Köln anders erscheinen. Die Stadt am gegenüberliegenden Ufer hinter dem aufgewühlten, trüben Fluß ist Grau-in-Grau wiedergegeben. Melancholie liegt über dem Bilde.

Von Köln kann man erkennen: St. Maria im Kapitol, die Trinitatiskirche, Maria Lyskirchen, den Hafenturm Klein-St.Martin, den Rathausturm, den seit zwei Jahren vollendeten Dom, Groß-St.-Martin, die Eisenbahnbrücke »Muusfall« mit ihren Türmen und St. Kunibert. Die Schiffsbrücke ist geöffnet, aber nicht eingezogen. Einzelheiten der Kölner Rheinfront sind zum Teil gestochen scharf gezeichnet. Der Rheinauhafen existierte damals noch nicht; noch ist das mit Büschen und Bäumen bewachsene Werthchen (vgl. Abb. S. 168, 172, 180, 231) zu sehen. Erst 1892 begann man hier mit dem Bau des Rheinauhafens; am 14. Mai 1898 wurde er feierlich eingeweiht. Freilich scheint auf

Tuschzeichnung, laviert,
31,5 × 55,0 cm
Köln,
Kunsthandlung Goyert
oben:
Ausschnitt des linken oberen Bildteils — die Stadt Köln mit Fabriken (Elektrizitätswerke?), St. Maria im Kapitol, der Trinitatiskirche, St. Maria Lyskirchen, dem Hafenturm, Klein-St.-Martin und dem Rathausturm (rechts)

diesem Bild der Malakoffturm gegenüber Maria Lyskirchen, der die Pumpstation für die benachbarte Drehbrücke enthielt, schon zu stehen. Außer den beiden Versorgungskähnen im Vordergrund ist kein Schiff auf dem sonst so belebten Fluß zu sehen. Der wolkenverhangene Himmel, in den ein paar Schlote ihren Qualm entlassen, hängt schwer über Fluß und Stadt.

Jakob Scheiner beweist mit diesem Panorama in einer außergewöhnlichen Situation, daß er nicht nur die exakte Beschreibung, sondern auch die Wiedergabe von Stimmungen beherrscht.

Am Deutzer Ufer, 1884

Wilhelm Scheiner (1853—1922)

Von Scheiner wurde das Bild im Sommer 1884 gemalt und unterhalb beschriftet: »Bauarbeiten zu den Eisenbahn-Anlagen am Rheinufer in Deutz, 1884.«

Im Vordergrund sieht man Bauarbeiter beim Anlegen einer neuen Rampe und bei den verschiedenen Arbeiten auf einer Baustelle. Am Rheinufer wird offensichtlich ein neuer Damm gebaut; ein mit Dampfmaschine betriebener Kran ist dort im Einsatz. Am anderen Ufer liegt Köln, nur in einem kleinen Ausschnitt sichtbar: links das Lagerhaus Ahren (1836—1838 erbaut, 1898 abgerissen), eine Lagerhalle, dahinter das Stapelhaus von 1558 und das Bollwerk des 17. Jahrhunderts, das samt dem daneben gelegenen Neugassentor ebenfalls 1898 abgerissen wurde. Im Hintergrund der seit 1880 vollendete Dom, St. Mariä Himmelfahrt und die Turmspitze von St. Ursula. In Rheinnähe prägen noch zahlreiche Giebelhäuser das Stadtbild.

Zwei Brücken führen von Köln nach Deutz, das bis 1. April 1888 noch selbständig blieb. Im Vordergrund die 1822 eingeweihte Schiffsbrücke, die bis zu ihrer Ablösung durch die Hängebrücke (Abb. S. 299) im Jahre 1915 in Betrieb war. Sie war eine wichtige Verbindung und Verkehrsader, wie man sieht, denn zahlreiche Passanten und Fuhrwerke sind hier unterwegs. Dahinter liegt die höhere, moderne »Muusfall«, die 1859 eingeweihte Gitterbrücke, die Straßen- und Eisenbahnbrücke zugleich war. Sie entstand gleichzeitig mit dem Central-Bahnhof und stellte die Verbindung zwischen den Eisenbahnnetzen zu beiden Seiten des Rheins her (vgl. Abb. S. 277, 279).

Deutz war seit den 40er Jahren des 19. Jahrhunderts der rechtsrheinische Knotenpunkt wichtiger Eisenbahnlinien. Es war Ausgangs- und Endpunkt der Strecke nach Elberfeld, die von der »Bergisch-Märkischen-Eisenbahn« betrieben wurde, für die Linie über Troisdorf nach Gießen, die der »Köln-Gießener-Eisenbahngesellschaft« gehörte, und die nach Minden, die von der »Köln-Mindener-Eisenbahngesellschaft« unterhalten wurde. Köln, das sich gerade anschickte, eine Großstadt zu werden, hatte natürlich auch die wirtschaftliche Entwicklung in Deutz positiv beeinflußt. Zahlreiche Industrien und ein sprunghafter Anstieg der Einwohnerzahlen forderten ein modernes Verkehrssystem.

Die »Bergisch-Märkische-Eisenbahngesellschaft« verlegte 1882 ihren Bahnhof aus dem Gebiet des heutigen Messegeländes an den Rhein in die Nähe der Schiffsbrücke; er ist hier im Bilde rechts zwischen den Bäumen noch eben sichtbar. Nicht nur, daß Deutz jetzt durch einen hohen Damm vom Rheine abgeschnitten war, sondern man mußte auch noch den Verlust der Ausflugslokale am Ufer hinnehmen. Der Bahnhof wurde an die Stelle des berühmten und viel besuchten Hotels »Bellevue« verlegt. Das Hotel wurde ebenso abgerissen wie das daneben liegende Hotel »Prinz Karl«. Scheiner hat in seinem Bilde die Situation beim Bau der Hafenbahn 1884 festgehalten, die durch die ehemaligen Biergärten am Rheinufer verlegt wurde.

Für Köln war das industrielle Zeitalter angebrochen und so manche Idylle fiel dieser Entwicklung zum Opfer. Das wurde auch damals schon so empfunden, wie man einem Artikel »Deutzer Eisenbahnjammer« in der Kölnischen Zeitung vom 23. April 1899 entnehmen kann: »Was ist aus unserem schönen Deutz geworden!

oben:
Ausschnitt des linken oberen Bildteils — der Domchor, davor das Stapelhaus, das Neue Bollwerk; rechts des Domchors St. Mariä Himmelfahrt. Über den Rhein spannt sich die Stahlbrücke »Muusfall«

Einst ein blühendes Städtchen am Rheinufer mit drei unwiderstehlichen Anziehungspunkten für die Kölner von drüben und für unsere rechtsrheinische Umgebung: Marienbildchen, Prinz Karl und Deutzer Kirmes; Endpunkt der Köln-Mindener, der Köln-Gießener und der Bergisch-Märkischen Personen- und Güterzüge; ein Dorado für Kürassiere, Pioniere und Artilleristen aller Chargen; der großen Colonia schmuckes fröhliches Schwesterlein! Kein Ort am ganzen Rheinstrom vermochte den malerischen Zauber, die behagliche Geselligkeit darzubieten, wie ein Sommerabend im Marienbildchen, wenn in musik- und weinfroher Stimmung beim Plätschern der Schiffe, beim Rauschen der Wellen und bei glitzerndem Mondeslicht der Blick hinüberschweifte auf das mächtige alte Köln, auf das herrlichste Stadtbild am schönsten deutschen Strom, wo die hohe Domkirche, Groß-St.-Martin und Rathausturm in gewaltigem Dreiklang in die Lüfte ragen! Zwar ragen diese noch empor wie ehemals. Aber Marienbildchen und Prinz Karl sind verschwunden, und uns arme Deutzer hat man durch einen garstigen Eisenbahndamm vom Rhein abgetrennt.«

Aquarell,
33,1 × 49,9 cm
Köln,
Kölnisches Stadtmuseum,
Inventarnummer
HM 1907/188

Köln, Vogelschauansicht von Südwesten, 1886

Jakob Scheiner
(1820—1911 Potsdam)

Von einem gedachten Blickpunkt im Südwesten der Stadt — genau über der Luxemburger Straße gelegen — geht unser Blick über die detailliert dargestellte, breitgefächerte Stadt Köln, über den windungsreichen Rhein zwischen Porz und Leverkusen, über das ordentlich sortierte und bearbeitete Acker- und Weideland um Köln weit hinüber auf die Höhen des Bergischen Landes. Dort findet man unter dem Horizont noch das Bensberger Schloß. Mächtig erscheinen die Rheinschleifen und man erkennt, wie der Strom die Landschaft rhythmisiert. Die Stadt liegt wie in einem Netz von Straßen eingefangen und wie eine steinerne Insel im weiten Rund der Fluren. Das mit äußerster Sorgfalt gestaltete Bild ist eine Meisterleistung der Stadtdarstellung. Möglicherweise hat Jakob Scheiner einen solchen Überblick vom Ballon aus gewonnen, vielleicht hat er sogar in Fotografien seine Eindrücke festgehalten. Dünne Hilfslinien lassen jedoch auf eine perspektivisch angelegte technische Zeichnung schließen, bei der Scheiner mit Hilfe von Grundriß, Fluchtpunkten und Isometrie seinen Stadtplan räumlich entwickelt hat. Das Bild, das in städtischem Auftrag entstand, zeigt die Stadt Köln in einer historisch besonders wichtigen Phase ihrer Weiterentwicklung zur Großstadt: Zahlreiche neue Fabriken und Schlote sind Kennzeichen der fortgeschrittenen Industrialisierung. Neue Straßensysteme und vor allem die vielen Eisenbahnzüge und -linien unterstreichen Bedeutung und Wertschätzung des modernen und schnelleren Verkehrs.

Entscheidend für die Entwicklung Kölns war das Ringstraßensystem, das um den alten Stadtkern angelegt und am 11. Juni 1886 eingeweiht wurde. Mit diesem Erweiterungssystem gewann man nicht nur bessere Verkehrsabläufe, sondern vor allem das so dringend benötigte Baugelände. Köln, das im 19. Jahrhundert einen sprunghaften Anstieg seiner Einwohnerzahlen erlebte (1815: 48.000 Einwohner; 1880: 144.772 Einwohner), war bis 1881 durch den Mauerring eingeschnürt. Preußen, das im Besitz dieses Mauerrings war, bestand auf einem 1 km tiefen Schußfeld und gestattete deshalb keine Stadterweiterung jenseits des Schußfeldes. Erst nach Erwerb der Mauer durch die Stadt Köln und dem Beginn ihres Abrisses, genau fünf Jahre vorher am 11. Juni 1881, konnte die Kölner Neustadt um den Altstadtkern angelegt werden. Bau-, Wohn- und Industriefläche wurden damals mehr als verdoppelt. Diese Stadterweiterung des Stadtbaumeisters H. J. Stübben orientierte sich zwar an L. v. Försters Wiener Ringstraßen (1858), kam aber doch zu weitsichtigeren, ganz selbständigen Ergebnissen. Rund um die Stadt wurden im Verlauf des ehemaligen Mauerrings (vgl. Abb. S. 160 ff.) breite Boulevards angelegt, die von fächerförmig in die Stadt einlaufenden Straßen geschnitten wurden. Dieses System ist ja heute noch in Köln erhalten. Bahnlinie, Verteidigungswerke und äußerer Ring waren damals identisch.

Durch den geschickt ausgesuchten Beobachtungspunkt hatte Scheiner nicht nur die Möglichkeit, die Stadt in ihrem Umfeld mit dem Strom darzustellen, sondern er konnte auch die Innenstadtstruktur von oben gesehen deutlicher machen und vor allem die seit Jahrhunderten das Stadtbild prägenden und Quartiere bildenden Kirchen in einem günstigen Blickwinkel in ihren Dimensionen abbilden. Unter den Kirchen ragt der sechs Jahre vorher fertiggestellte Dom hoch auf. Die alten Kirchen und die historischen Gebäude, vollständig und exakt in ihren jeweiligen Bauzuständen abgebildet, wirken wie eingezwängt im Altstadtbereich. Deutlich wird, wo sich die Planungen und Neubauten des 19. Jahrhunderts verändernd im Stadtbild ausgewirkt haben. Da sind einmal die neuen Kirchenbauten wie St. Mauritius (1861—1864) und die Trinitatiskirche (1857—1860) und zum anderen öffentliche Gebäude und Versorgungseinrichtungen. Dazu gehören: das Wallraf-Richartz-Museum (1855—1864), das Bürgerhospital (1843—1847), der 1895 umgestaltete Gürzenich, der Wasserturm von 1872, das Elektrizitäts- und Wasserwerk am Zugweg (1883—1885), mit dem Köln eines der modernsten Wasserversorgungssysteme erhält und der Südbahnhof (ab 1889), das Hilfskrankenhaus (1886—1888), das Hohenstaufenbad (1884—1886), die Muusfall am Dom (1855—1859) sowie die Schiffsbrücke (1822).

Scheiner stellt aber nicht nur Vorhandenes, sondern auch Geplantes, ja auch nie Verwirklichtes vor. Zahlreiche Kirchen sind im Neustadtgebiet nur im Grundriß angegeben und das sogenannte Südhafenprojekt, das er hier nach der Planungssituation von 1886 wiedergibt, wurde nie gebaut: der Rheinauhafen wurde nie zugeschüttet und das aufgeführte Gebäude nie errichtet.

Aquarell, 107,0 × 208,0 cm
rechts:
Ausschnitt des mittleren Bildteiles

Ansicht von Köln mit Brand in der Wehrgasse, ca. 1890

Wahrscheinlich Wilhelm Scheiner (1853—1922)

In der Geschichte des Kölner Stadtbildes sind Katastrophen und Unglücksfälle genauso bild- und darstellungswürdig wie Staatsempfänge, große Feste oder der Karneval. Immer wieder wurden Brandschatzungen, Überfälle, Explosionen, Hochwasser, Eisgang und Brände im Bilde festgehalten (vgl. Abb. S. 69, 102, 141, 144, 153, 155, 195, 197, 199, 287, 305). Vielleicht war es oftmals nicht so sehr das Ereignis alleine, sondern vielmehr sein Zusammenwirken im Bildganzen und seine Wirkung, besser gesagt, seine verändernde Wirkung auf das Stadtbild, das die Künstler so sehr interessierte. Auch Wilhelm Scheiner, der Sohn Jakob Scheiners, der seit 1883 mit seinem Vater zusammenarbeitete, mag diese momentane Veränderung in der Stadtsilhouette besonders gereizt haben. Während nämlich all die anderen Gebäude, in der Uferzone vor allen Dingen, mit großer Detailkenntnis und Genauigkeit wiedergegeben werden konnten, entzieht sich der Dom durch die riesige Rauchfahne einer genaueren Beschreibung. Gerade er, der ja so charakteristisch für das Stadtbild Kölns geworden ist, besonders seit 1880 die beiden Domtürme fertiggestellt waren, entgeht hier in einer Wolke der Betrachtung und Beschreibung. Den Verfremdungseffekt mag der Künstler deutlich gespürt haben.

Damals verfügte die Stadt Köln bereits über eine Berufsfeuerwehr. Nachdem die Stadt allzulange an der aus der Franzosenzeit überkommenen freiwilligen Feuerwehr, die oft wenig erfolgreich war, festgehalten hatte, beschloß die Stadtverordnetenversammlung auf Drängen der Königlichen Regierung am 12. Januar 1871 die Aufstellung einer Berufsfeuerwehr. Sie bestand »zunächst nur aus dem Branddirektor, einem Feldwebel, 3 Oberfeuermänner und 45 Feuermännern. Daneben bildete man im August 1872 eine freiwillige Feuerwehr von 2 Kompagnien zu je 100 Mann. . . . Da sich die freiwillige Feuerwehr nicht voll bewährt hatte — der größte Mangel lag in dem zu späten Erscheinen auf der Brandstätte, noch dazu in ungenügender Zahl — so wurde auf Vorschlag des Branddirektors die freiwillige Feuerwehr in eine kasernierte Wehr auf Grund eines Stadtverordnetenbeschlusses vom Juni 1882 umzuwandeln begonnen.« (Die Stadt Cöln im ersten Jahrhundert unter Preußischer Herrschaft, 1. Bd., II. Teil, Cöln 1916, S. 119).

Am Rheinufer stehen von links nach rechts: das Lagerhaus Ahren, das 1836 bis 1838 vom Stadtbaumeister J. P. Weyer erbaut worden war und 1898 bereits wieder abgerissen wurde; es folgt weiter nach rechts das Stapelhaus, dann das Bollwerk des 17. Jahrhunderts, das mit dem neben ihm stehenden Neugassentor 1898 abgerissen wurde. Über spitzgiebeligen Dächern sieht man dann die Feuerquelle in der Wehrgasse, den Dom, weiter rechts die Pfarrkirche St. Mariä Himmelfahrt, den Central-Personenbahnhof und am rechten Bildrand noch die Straßen- und Eisenbahnbrücke, die Muusfall.

Die Perspektive der Rheinuferfront ist ein wenig verzogen und nach rechts gestreckt, so daß man Groß-St.-Martin hinter dem Lagerhaus Ahren nicht mehr sehen kann (vgl. Abb. S. 279). Die Wehrgasse liegt zwischen Großer Neugasse und Mühlengasse in Höhe des Chores von Groß-St.-Martin.

Bei aller exakten Beschreibung des Stadtbildes ist die Stadt fast beängstigend leer und ruhig. Der Rhein liegt völlig glatt in der heißen Nachmittagssonne, kein Mensch ist zu sehen. Köln, eine Stadt nur aus Stein?

Aquarell, 27,7 × 37,4 cm
Köln,
Kölnisches Stadtmuseum,
Inventarnummer A I 3/1021,
HM 1907/181

Köln am Rhein, 1900

Roland Anheisser
(1877 Düsseldorf—1949 Jugenheim a.d.B.)

Zwar ist der Blick von Nordwesten auf die Kölner Rheinfront nicht ungewöhnlich in der Darstellungsgeschichte dieser Schönseite, aber der Maler hat sich hier doch für einen selteneren eigenwilligen Stand bzw. Blickpunkt entschieden. Er nimmt den besonders eindrucksvollen Teil der Kölner Stadtsilhouette vom Wasser aus wahr, vielleicht von einer Landungsbrücke, vielleicht auch von einem Schiff. Er kommt damit zu einer sehr ausgewogenen Bildaufteilung zwischen den Flächen des Himmels, des Wassers und der Architektur. Brücke und Kaiböschung mit Geländer wirken dabei wie Leitlinien für das Bildgerüst.

Köln liegt in der Abendsonne. Die sinkenden Strahlen bescheinen Türme, Schiffsaufbauten, Masten, Uferweg und Geländer von Westen und färben sie in einem warmen Gelbton. Auch in den Wellen des Rheins spiegelt sich die Sonne; leichter Wind treibt Rauch und Qualm vom Rhein auf die Stadt zu. Grüne Bäume am rechten Bildrand weisen auf die warme Jahreszeit hin.

Die Stadt ist nicht ausführlich beschrieben, sondern als Stimmungsbild und als Impression erfaßt. Erkennbar sind von vorne nach hinten: St. Kunibert, der Dom, der Rathausturm, Groß-St.-Martin, Klein-St.-Martin und Maria im Kapitol (?). Dazwischen liegt die kombinierte Eisenbahn- und Straßenbrücke über dem Rhein, die 1859 eingeweiht und erst 1911 durch einen größeren Neubau ersetzt wurde. Qualmende Schlote im Hintergrund stehen für das arbeitende Industrie-Köln.

Anheisser hat mit leichtem, schnellen Pinsel diesen Augenblick, diesen Momenteindruck des großen und hier sehr stillen Kölns aquarelliert. In dem mit sparsamen Mitteln — wie z. B. die Beschränkung auf Blau, Violett und Gelb — gemalten Bilde wirken viele Kompositionselemente im Detail. Darauf hingewiesen sei nur, wie die Masten und Schornsteine der Schiffe als Senkrechten mit denen der Türme und der Brücke korrespondieren.

Der Maler, der botanisch, künstlerisch und architektonisch ausgebildet war, kannte Köln sehr gut. Er hielt sich häufig hier auf und kam 1894 ganz nach Köln, das seine zweite Heimat wurde. In vielen Skizzen und Blättern hat er die Stadt festgehalten und brachte 1919 eine Radierungsfolge mit 25 Blättern unter dem Titel »Köln« heraus. Als wissenschaftlicher Schriftsteller (Dr. phil.) veröffentlichte er mehrere Bücher über Köln, so unter anderem »Altkölnische Baukunst«, Düsseldorf 1911, und »Mein Köln«, Düsseldorf 1926. Roland Anheisser war also nicht einer der flüchtigen Köln-Besucher und kein durchreisender Künstler. Man meint, dieses dem Bilde anmerken zu können.

Aquarell, 24,2 × 34,1 cm
Köln,
Kölnisches Stadtmuseum,
Inventarnummer
HM 1950/145/152

Cöln a/Rh.

Zeppeline über Köln, 1909

Gamy

Das Wichtige an diesem Bilde war dem Künstler offensichtlich der Luftverkehr. Drei Zeppeline schweben über Rhein und Stadt. In die Tiefe jeweils versetzt füllen sie den Himmel zu großen Teilen aus. Ihre flächige, breite und horizontale Lagerung im Bild, bildet einen interessanten Gegensatz innerhalb der Gesamtkomposition zu der Vertikalen im Kölner Stadtbild.

Die Stadt Köln dient hier als Hintergrund und als Kulisse für diese seinerzeit neuen Luftverkehrsmaschinen. Die Stadt tritt in allen ihren Einzelheiten, fast grau in grau, zurück. Nur wenige architektonische Linien, vorwiegend Giebel, sind in die eintönige Fläche hineingezeichnet. Aus der Horizontalen erheben sich nur der Rathausturm, Groß-St.-Martin, der Dom mit den seit fast dreißig Jahren vollendeten Türmen, Mariä Himmelfahrt, die Bahnhofshalle und die Türme der Hohenzollernbrücke. Das Ganze wirkt wie ein Schattenriß, in dem der Dom durch eine dunklere Farbe betont und herausgehoben wird. Auf der Schiffsbrükke, die bis zu ihrer Ablösung durch die Hindenburgbrücke nur noch sechs Jahre existieren sollte, sieht man zahlreiche Passanten, die sich durch ihren Zeigegestus als Schaulustige zu erkennen geben. Links, außerhalb des Bildrahmens, ein preußischer Soldat mit Pickelhaube und Feldstecher in der Linken neben der preußischen Flagge (?); er beobachtet das erste Luftschiffmanöver über der Domstadt. Nach Aussage der Bildunterschrift »Les dirigeables PARCEVAL et GROSS en manoeuvre à COLOGNE« waren die beiden Luftschifftypen Parseval und Groß beteiligt. Am 5. August 1909 kam das erste Luftschiff nach Köln. Es wurde von Tausenden von Menschen und vom Oberbürgermeister offiziell und jubelnd begrüßt. Graf Zeppelin selbst war damals an Bord seines neuen Luftschiffes LZ II mit nach Köln gekommen. Nach einigen Runden um den Dom landete damals das Luftschiff vor der eigens neuerbauten Luftschiffhalle in Köln-Bickendorf. Der LZ II wurde der Kölner Heereskommandantur unterstellt, die im Oktober/November 1909 hier das erste deutsche Luftschiffmanöver mit dem LZ II und vier weiteren kleineren Luftschiffen durchführte. Bei diesem Manöver wurde die Zusammenarbeit zwischen Bodentruppen und Luftaufklärern geprobt. Diese Situation hält dieses unter dem Einfluß des Jugendstils und der französischen Plakatkunst stehende Bild fest. Links im Hintergrund fliegt Zeppelins LZ 5, der erst nach der Übernahme durch das Heer die Bezeichnung LZ II erhielt. Dieses 136,0 m lange, mit zwei 105 PS-Motoren ausgerüstete Luftschiff wurde von Major Sperling, Hauptmann von Jena, geführt und verbrannte am 24. April 1910 bei Weilburg an der Lahn. Im Vordergrund links bewegt sich das Militärluftschiff Groß-Basenach M II, das nach den Plänen von Major Groß und Ingenieur Basenach in der Werft der preußischen Heeresverwaltung in Berlin-Tegel gebaut worden war. Dieses Luftschiff, von dem insgesamt vier Exemplare von 1800—9600 m³ hergestellt wurden, gehörte zum sogenannten halbstarren Typus, dessen Stabilität durch ein Gerüst gewährleistet wurde, an dem die Gondel hing. Zu den interessantesten Luftschiffen und zur stärksten Konkurrenz für die Luftschiffe Zeppelins zählte man die Parseval-Luftschiffe. Im Gegensatz zu den starren Zeppelinen entwickelte Prof. Dr. Ing. e. h., Dr. h. c. Major August von Parseval kurz nach der Jahrhundertwende mit Förderung Kaiser Wilhelms II. den unstarren Typus. Insgesamt 23 Luftschiffe der Parseval-Reihe wurden 1906—1914 in der »Luftfahrzeug GmbH« in Berlin-Bittersfeld gebaut. Am Kölner Manöver nahmen PL 2 und PL 3 unter den Heeresbezeichnungen P 1 und P 2 teil. P 3 hatte ein Volumen von 6600 m³ und war mit zwei 110 PS-Motoren bestückt. Kennzeichnend für die Parseval-Luftschiffe (hier im Bilde rechts) ist die tief unter dem Schiffskörper aufgehängte Gondel, die durch ein spezielles Rollensystem auch bei Schräglage des Fahrzeugs in der Waagerechten gehalten werden konnte. Das unstarre »Pralluftschiff« wurde durch zwei Ballonetts, die durch einen Ventilator aufgepumpt wurden, prall gehalten. Der Propellerantrieb befand sich auf einem Stahlgerüst zwischen Gondel und Hülle (Peter Meyer, Das große Luftschiffbuch, Mönchengladbach 1976, S. 42, 166). Es ist ein interessantes Dokument für das Kölner Stadtbild, für die Verkehrsgeschichte und auch für die neuen Entwicklungen im militärischen Bereich, die Köln schon sehr bald leidvoll zu spüren bekam, als am Pfingstsamstag des Jahres 1918 britische Flugzeuge den ersten Bombenangriff auf die Stadt Köln unternahmen und dabei 35 Menschen töteten und 87 verletzten. Auch in diesem traurigen Sinne waren für die Stadt Köln moderne Zeiten angebrochen.

Anläßlich des ersten deutschen Luftschiff-Manövers 1909 erschien eine vierteilige Ansichtskarte, die die gleichen Luftschiffe zeigt wie unsere Lithographie (vgl. P. Fuchs, Köln, 1968, Abb. 202).

Farblithographie,
45,0 × 85,5 cm
Köln,
Privatbesitz

Köln, Hängebrücke am Heumarkt, 1927

Carl Großberg
(1894 Elberfeld—1940 Laon)

Eine Straße, die mit Menschen gefüllt ist: zahllose Passanten, Fußgänger; dazwischen Kraftfahrzeuge und Handkarren. Wo man hinschaut, Menschen. Sie scheinen sich in einem langen Zug, samt Autos, Rädern und Straßenbahn über die Brücke zu bewegen. Keine Frage: Köln ist eine Großstadt geworden, eine Industrie- und Handelsstadt, die als attraktives Geschäftszentrum täglich Tausende von Arbeitern und Angestellten, Käufern und Besuchern anzieht. Die Entwicklung hat auch erste schwere Wunden in das gewachsene Stadtbild geschlagen: Giebelwände, der Nachbarn beraubt, stehen kahl da; sehr unterschiedliche Gebäudehöhen künden von neuen Konzepten der Stadtgestalt und den Schritten ihrer Verwirklichung; auto- und verkehrsgerechte Straßen bedingen andere, größere Breiten; die Elektrifizierung in Verkehr und Straßenbeleuchtung hat sich durchgesetzt; Reklame beginnt eine Rolle zu spielen.

Als das Bild entstand, schrieb man das Jahr 1927. Das war ein Jahr nach der »Rheinlandbefreiung« (Abzug der englischen Besatzungstruppen 1926), fünf Jahre nach dem Bau und der Errichtung des umfangreichen Messegeländes in Köln-Deutz (1924 fand wieder eine Messe statt), zwei Jahre vor dem Bau der Ford-Werke und das gleiche Jahr, in dem mit der Mülheimer Hängebrücke die größte ihrer Art in Europa entstand. Konrad Adenauer war damals Oberbürgermeister von Köln (1917—1933) und er bestimmte die Wandlungen im Stadtbild (u. a. die beiden Grüngürtel) mit. Die abgebildete Hängebrücke war die Vorgängerin der heutigen »Deutzer Brücke« und die Nachfolgerin der veralteten Schiffsbrücke. Aus einem 1912 veranstalteten Wettbewerb ging der Entwurf »Freie Bahn« des Architekten Moritz siegreich hervor und 1913 wurde mit den Bauarbeiten begonnen. Am 15. Juli 1915 wurde die zweite feste Kölner Straßenbrücke, die später »Hindenburgbrücke« genannt wurde, eingeweiht. Sie war eine besonders wichtige Verkehrsstrecke und die Hauptverbindung nach Deutz und zum Bergischen Land. Am 28. Februar 1945 stürzte sie wegen Überlastung durch flüchtende Panzer ein und riß viele Menschen mit in die Fluten. Max-Leo Schwering schrieb 1966 von dieser schönen, eleganten Brücke: »Sogar die Jüngeren unter uns werden sich noch des regen Verkehrs über diese Straßenbrücke erinnern — wenn einen die Sraßenbahn hinüberbrachte ins Bergische Land und der Fahrgast durch die Fenster und die hellgrün gestrichenen Tragseile der Brücke das unvergleichbare Panorama der Stadt vor sich sah«. (Brückenstadt Köln. Die Kleine Ausstellung. Sparkasse der Stadt Köln, Köln 1966, S. 10).

Der allzu früh bei einem Autounfall ums Leben gekommene Maler und Grafiker Großberg hat vieles von der Betriebsamkeit, von der Eile und dem Flair der Großstadt Köln in seinem Bilde festgehalten. Es ist ihm gelungen, in diesem locker und schnell gemalten Aquarell doch eine plastische Vorstellung des Straßenlebens der Zwanziger Jahre zu vermitteln. Orientiert am Naturvorbild führt er den Blick weit in die Tiefe, aus der Stadt, aus der Straße über die Brücke hinweg. Senkrechte und waagerechte Linien bestimmen den Bildaufbau. Die Farbe liegt hier gewissermaßen über dem strukturierenden System der Federzeichnung.

Großberg war ein Künstler, der die Großstädte liebte, studierte und porträtierte, so unter anderem Berlin und Amsterdam, und der an Ort und Stelle in schnellen Aquarellstudien seine Eindrücke niedermalte. Eine solche Stadtimpression aus Köln, also vor Ort gemalt, ist auch dieses Bild.

Aquarellierte Federzeichnung,
37,8 × 47,7 cm
Köln,
Wallraf-Richartz-Museum,
Graphische Sammlung,
Inventarnummer 1951/157

RBATY
Köln Jan 1927

Kölner Straße, 1927

Carl Großberg
(1894 Elberfeld—1940 Laon)

Der Maler und Graphiker, der 1913/14 an den Technischen Hochschulen in Aachen und Darmstadt sowie 1919—1921 am Staatlichen Bauhaus in Weimar studierte, war stilistisch der »Neuen Sachlichkeit« verbunden, jener realistischen Bewegung, die sich als Reaktion auf Abstraktion auf der einen und Expressionismus auf der anderen Seite verstand. Großberg vertrat eine schlichte Sachlichkeit, die sich stets der klaren Linearität in der Fläche und der plastischen Raumgestaltung in der Tiefe bediente. Die Farbe wurde vorsichtig, zurückhaltend, aber doch in kräftigen Kontrasten eingesetzt.

Großberg, der als Architekturmaler von Industrie und Fabriken gerne auch Bilder aus alten Städten schuf, hielt sich 1927 in Köln auf. Mehrere Ansichten der Stadt sind aus diesem Jahr überliefert, so unter anderem auch der »Hauptbahnhof Köln«. Während einerseits seine Gemälde streng gebaut sind, und während andererseits die »Hängebrücke« eine spontan erfaßte Impression darstellt (Abb. S. 299), finden wir hier beides kombiniert: das Porträt eines Stadtwinkels, eines Straßenzuges — vor dem Objekt aufgenommen und gemalt —, gepaart mit einer für Bildstrukturen empfindsamen Kompositionsweise. Dieses strenger gebaute Bild entspricht zwar weitgehend der Wirklichkeit, aber doch diente sie dem Maler gleichzeitig auch als Ausgangspunkt für seine Bildgestaltung. Der bei Großberg beliebte Zusammenhang von Architektur, Reklame und Autos ist auch hier vertreten und ebenso das Motiv der menschenleeren Stadt, das man in seinem Oeuvre häufig findet. Daß verschiedene Jahrhunderte und ihre Stile das Stadtbild geprägt haben und daß nun die Reklame diese Rolle teilweise übernimmt, wird sehr deutlich. Großberg hatte »... die außerordentliche Kraft, Körper im Raum vorzustellen, die Welt plastisch — klar dem Beschauer entgegentreten zu lassen« (J. Bier, 1926).

Dargestellt ist der Holzmarkt, an dem die Firma Houbois in den Häusern 79—81 residierte. Dieses ganze Viertel mit seinen großteils sehr alten und schönen Häusern fiel im Zweiten Weltkrieg den Bomben zum Opfer. Nur der Name ist noch in der heutigen Straße erhalten. Der Holzmarkt lag südlich von St. Maria Lyskirchen, am Ufer der »Drei-Königen-Werft« gegenüber, dort etwa, wo sich heute die Severinsbrücke mit ihrem Auffahrtsgelände befindet. Unser Blick geht geradeaus in die »Holz-Pforte«; hinter dem ersten Gebäude rechts zweigt die Straße »An Lyskirchen« ab. Hinten über den Dächern erscheint der schlanke Glockenturm der evangelischen Trinitatiskirche. Dieser 1857—1860 errichtete Backsteinbau war die erste Kirche Kölns, die nur für die evangelische Konfession gebaut wurde. Man wählte damals den Typus der altchristlichen Basilika für den Bau, um den Vergleich mit den »ausgezeichneten Werken romanischen und gotischen Styles in Cöln auszuweichen«. Die dreischiffige Emporenbasilika am »Filzengraben« wurde nach Plänen des Berliner Oberbaurats August Stüler angelegt und vertritt so in Köln den Stil des Berliner Spätklassizismus. Auch diese Kirche stürzte im Zweiten Weltkrieg bis auf die Umfassungsmauern nieder — unter anderem waren Dächer und Decken vollständig zerstört —, konnte aber bis 1964 nach alten Plänen wiederaufgebaut werden.

Aquarellierte Federzeichnung,
38,2 × 48,3 cm
Köln,
Wallraf-Richartz-Museum,
Graphische Sammlung,
Inventarnummer 1951/158

Werkzeuge u. Maschinen
Transmissionen
Hebezeuge
Werkzeuge u. Maschinen
CIGARREN

Köln, Blick vom Fürstenhof auf den Domplatz, 1927

Gustav Decker

Man schaut aus einem Fenster des Fürstenhofes auf die Trankgasse. Der Fürstenhof liegt an der Ecke Trankgasse/Marzellenstraße; er ist noch vorhanden und sogar seine Fenster der ersten Etage haben ihre gebogene Form behalten. Neben dem Fürstenhof liegt das Excelsior-Hotel Ernst, in dem bis zum 31.1.1926 die englische Besatzungsmacht residierte, und unten auf der Ecke das bekannte Deichmannhaus (ehemals Bankhaus Deichmann), das 1913/14 von dem Architekten H. Müller-Erkelenz erbaut wurde. Auch dieser mächtige Bau ist noch erhalten, wenngleich er leider teilweise durch eine »altdeutsche« Fassadenverkleidung an Profil verloren hat. Dieses ist also die linke Straßenseite, an der unser Blick vorbeistreift und zum Bahnhof im Hintergrund geht.

In den achtziger Jahren des vorigen Jahrhunderts wurde der später so oft bedauerte Entschluß gefaßt, in unmittelbarer Nähe des Domes den Kölner Hauptbahnhof zu bauen. Dieses von Georg Frentzen 1888—1892 ausgeführte Gebäude mit seinen Umbauten der Bahnanlage 1910—1913 zog eine Fülle von Verkehr und damit auch von Schadstoffen für die Steinsubstanz des Domes heran. Über dem Bahnhof sind rechts nahe am Dom die Torbauten von F. H. Schwechten an der Hohenzollernbrücke zu sehen, die das Stadtbild in diesem Bereich empfindlich störten.

Auf der rechten Seite ist schließlich der Dom als graue schattige Masse angedeutet. Unser Blick fällt auf die von Zwirner 1843—1855 errichtete Nordfassade und einen Teil des Nordquerhauses. Wer dieses Bild mit der heutigen Wirklichkeit vergleicht, wird einen erheblichen Unterschied im Bodenniveau bemerken. Die moderne Gestaltung versuchte die mittelalterlichen Niveauverhältnisse wiederherzustellen: damals erreichte man nämlich das Nordportal über zweimal vierzehn Stufen. Der Maler zeigt uns hier aber eine Situation, die infolge der Domfreilegung vom Ende des 19. und Anfang des 20. Jahrhunderts entstand: Der Dom wurde sockelhaft wie ein Denkmal auf einer Ebene präsentiert; dazu trug man im Süden und Westen Erdreich ab und füllte damit im Norden das Niveau auf.

Die Folge war, daß der Dom zunehmend auf einer Verkehrsinsel lag: Eisenbahn im Osten und Nordosten, Straßenbahn im Westen und Norden, und vor allem die Hotelgebäude an der Trankgasse zogen sehr viel Kraftfahrzeug- und Droschkenverkehr an. Diese verkehrsreiche Domumgebung hält unser Bild fest. Die Situation hat sich zwar bis heute nicht geändert, aber durch den Bau der Domplatte wurden die Verkehrswege tiefer gelegt.

»Die Gestaltung der jetzigen Umgebung des Kölner Doms ist eine Tat von außerordentlichem Idealismus. Wer auf alten Plänen betrachtet, was alles sich noch in der ersten Hälfte des 19. Jahrhunderts an Baulichkeiten um den Dom scharte, der muß die Tatkraft und Entschlossenheit bewundern, mit der der Dom-Umgang an der Süd-, Nord- und Westseite geschaffen wurde.« Diesen lobenden Worten des Kölner Stadtplaners Fritz Schumacher (1923) stehen die kritischen Ausführungen des Denkmalpflegers Paul Clemen (1937, S. 398) gegenüber: »... Heute stehen erneut all diese noch ungelösten Fragen wieder auf: die Rücksicht auf den sakralen Charakter des Bauwerks, die eine Loslösung von dem Lärm der Straße fordert, die Frage des optischen Maßstabes, der wieder eine Bindung durch kleinere Zwischenglieder verlangt, städtebauliche Rücksichten, die Ausgleichung und Beruhigung der sämtlichen Baukörper suchen — und demgegenüber die wachsende Forderung des sich immer mehr hier zusammengedrängten Verkehrs, die unmögliche Häufung der Straßenbahnlinien, der Ansturm der Kraftwagen aller Art, der Ruf nach Parkplätzen, auch schon nach Luftschutzkellern.« Gustav Decker hat in seinem Bilde diese Domumgebung mit ihrer Verkehrssituation vor einem wolkenverhangenen Himmel mit vorwiegend grauen und tristen Farben festgehalten. Diese realistische Zustandsbeschreibung aus dem Jahre 1927 trägt einen kräftigen Hauch von Melancholie: Sie ist ein Zeugnis von der Zersetzung und Zerstörung eines großartigen Stadtbildes im Detail.

Aquarell, 39,0 × 34,1 cm
Köln,
Wallraf-Richartz-Museum,
Graphische Sammlung,
Inventarnummer 1935/20

Das brennende Köln, 1948–1954

Ewald Mataré
(1887 Aachen—1965 Büderich)

Aus einem Meer von Häusern, die in Reihen nebeneinander angelegt oder übereinander aufgetürmt sind, aus den typischen alten drei- oder vierstöckigen Kölner Bürgerhäusern schlagen die mächtigen Flammen empor. Fast systematisch überziehen diese Flammenwände die ganze Stadt und lassen kaum ein paar Straßenzüge aus. Inmitten dieses ungeheuren Feuerinfernos, das vom Rhein bis zum halbrunden Abschluß im Westen reicht, steht völlig unbeschädigt der Dom. Fast sieht es so aus, als weichen Flammen und Häuser vor ihm zurück; die freie Fläche um ihn hebt ihn besonders heraus. Über der gesamten Szene schwebt rechts oben das Gerippe des Todes.

Ewald Mataré hat in diesem Bronzerelief eine der dunkelsten Zeiten der Stadt Köln dargestellt. Die Stadt und ihre Bewohner haben während des Zweiten Weltkrieges besonders stark gelitten. Seit dem ersten schweren Bombenangriff in der Nacht zum 31. Mai 1942 waren solche Zerstörungsangriffe auf die Stadt an der Tagesordnung. Der letzte fürchterliche Bombenangriff am 2. März 1945 hat den Trümmerhaufen in Köln vollendet. Bei jedem Bombenangriff waren schwere Verluste unter der Zivilbevölkerung zu beklagen. Das Ausmaß der schrecklichen Zerstörung in Köln wird etwas deutlicher, wenn man sich vergegenwärtigt, daß von den 1939 vorhandenen 252 373 Wohnungen nach Kriegsende 1945 nur noch 19 390 Wohnungen da waren. Entleerung, Verödung und Zerstörung der Stadt werden auch deutlich, wenn man sich klarmacht, daß von den 768 000 Einwohnern bei Kriegsausbruch gegen Kriegsende noch ungefähr 40 000 Menschen übrigblieben. Während des schweren Luftkrieges im Zweiten Weltkrieg wurden zahlreiche der historischen Gebäude, die vormals über Jahrhunderte die Silhouette der Stadt Köln prägten, schwer angegriffen oder gänzlich zerstört. Keines der großen Gebäude blieb unbeschädigt. Von den 46 Kirchen und Kapellen, die einstmals die Schönheit der Stadt ausmachten, überstand keine den Krieg unbeschädigt. Auch der Dom wurde von zahlreichen Bomben- und Granattreffern beschädigt: So stürzten 13 Gewölbejoche ein und das gesamte Dach war zerstört.

Die größten Lücken hat der Krieg mit seinen Luftangriffen und Bombardements aber zweifellos in den großartigen Bestand der profanen Bürgerhäuser gerissen. Diese Bürgerhäuser, giebelseitig an den Straßen aufgereiht, haben ehemals das charakteristische Bild der Stadt nach innen und nach außen mitgeprägt. Auf allen Stichen von Woensam bis zum 19. Jahrhundert sind sie ein wichtiges Element des Kölnbildes gewesen. Aber auch die bedeutenden Profanbauten haben die Wut des Krieges zu spüren bekommen: Gürzenich, das Rathaus, das Zeughaus, das Stapelhaus und die erhaltenen Stadttore haben zum Teil schwerste Beschädigungen erlitten. Schmerzlich klingt noch heute die Meldung des ehemaligen Oberkommandos der deutschen Wehrmacht vom 6. März 1945: »Der Trümmerhaufen Köln wurde dem Feinde überlassen.«

Das Bronzerelief gehört zum sogenannten Ursulaportal, dem linken Seitenportal am Südquerhaus. Im Tympanon ist das Martyrium der Hl. Ursula dargestellt, im Bogenlauf begegnen wir den Gefährtinnen der Heiligen. In den seitlichen Gewänden stehen Märtyrer, die im Dom besondere Verehrung genießen. Dem brennenden Köln auf der rechten Türseite steht links oben Noah mit der Arche und dem Regenbogen gegenüber. Dieses ist als Zeichen der Versöhnung zu verstehen gewesen. Dieses Bronzeportal wurde 1953 von Ewald Mataré nach einem längeren Schaffensprozeß fertiggestellt und zeigt den charakteristischen Stil dieses Künstlers, der sich gleichermaßen auf Graphik wie auf Bildhauerei verstand. Die Aussage wird mit knappen Formulierungen getroffen, wenige Züge kennzeichnen die Hauptaussage dieser Arbeit. Keine Linie zuviel, die Beschränkung auf das allerwesentlichste führte zu symbolhafter Konzentration. Und doch versteht jeder, was gemeint ist, kommt jedem bei der Betrachtung die Erinnerung an das Schreckliche zurück.

Über den Schaffensprozeß an den Türen des Ursulaportals oder Noahtüren, wie Mataré selbst sie nannte, geben die »Tagebücher« von Ewald Mataré (Köln 1973) interessanten Aufschluß: »24. Dezember 1948: ... den Noah und den verlorenen Sohn habe ich für die linke Tür soweit, nun kommt das brennende Köln, das ich nur in Bronze einritzen will, wenn es mir deutlich genug gelingt ... 12. Januar 1949: An den Domtürmen habe ich nun den verlorenen Sohn sowie den Noah fertig, an dem ›Brennenden Köln‹ kann ich sogleich anfangen, wenn der Hahn aus dem Atelier ist, denn ich habe schon im Kleinen 1:5 die Sache soweit ganz gut angelegt ... 23. Januar 1949: Inzwischen begann ich nun mit dem Brand von Köln für die Domtüre. Je mehr man die Unruhe, oder hier gar ein wildes Durcheinanderstürmen, darstellen will, desto unruhiger muß man in der Form sein, es wäre sonst hoffnungslos, will der Maler wirres Haar malen, kann er auch nicht mit dem Pinsel wild auf der Leinwand umherfahren! ... Büderich, 4. Mai 1949: ... das Relief vom brennenden Köln machte viel Arbeit, die Ordnung in die Unordnung zu bringen, so lautete dort die Aufgabe, gelang mir dort nur bis zu einem gewissen Grade ...«

Bronze, 148,0 × 88,0 cm
Köln,
Dom, Südportal,
Ausschnitt des rechten Türflügels

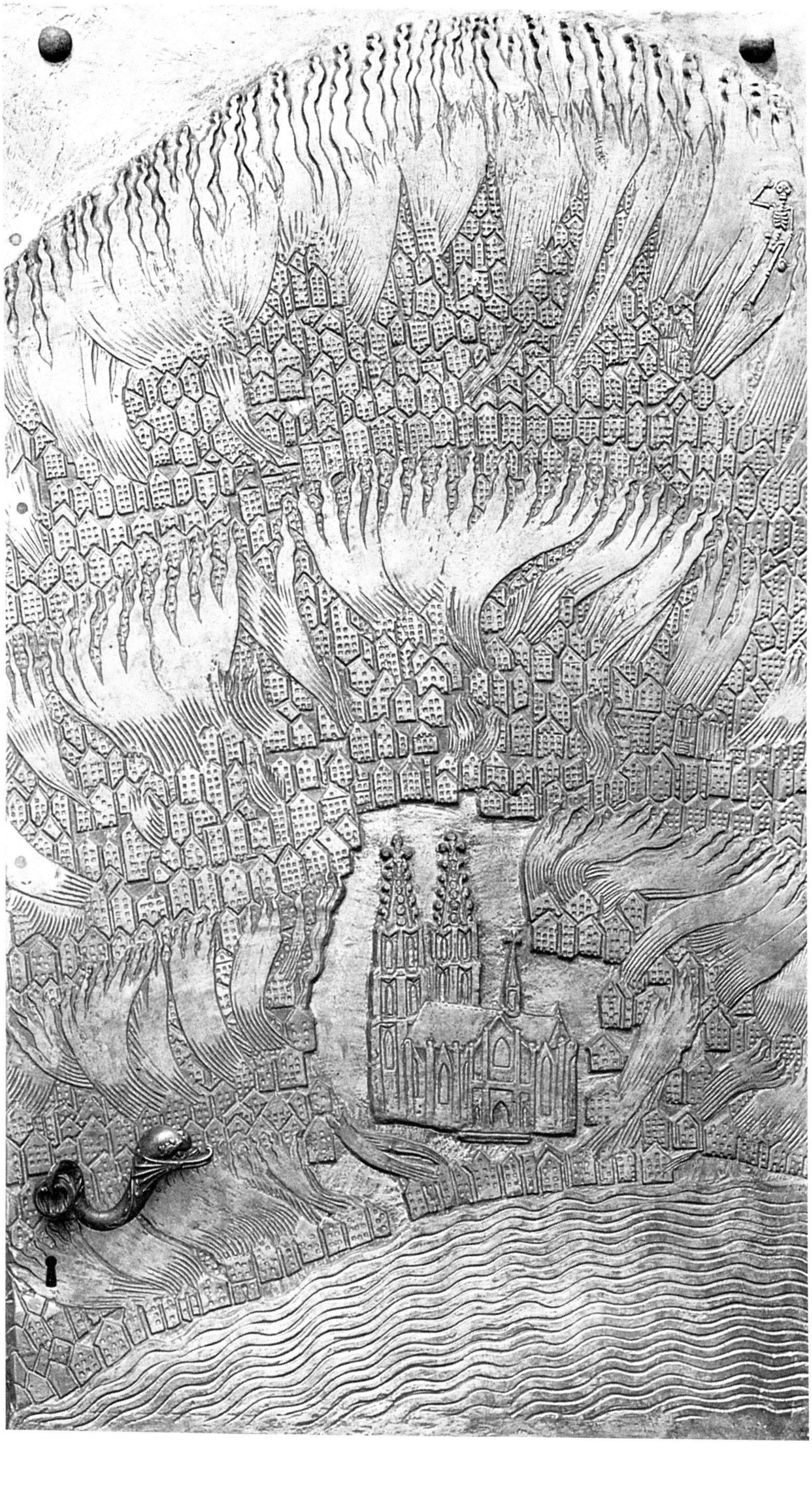

Ansicht der Stadt Köln vom Messeturm aus, 1956

Oskar Kokoschka
(1886 Pöchlarn/Österreich—1980 Montreux)

Dieses interessante Köln-Bild, Beschreibung und Impression zugleich, gehört in die Reihe der späten Städtebilder Oskar Kokoschkas. Das Bild wurde im Oktober 1956 im Auftrag des Kulturkreises im Bundesverband der Deutschen Industrie zur Wiedereröffnung des Wallraf-Richartz-Museums gemalt. Es weicht in sehr vielen Teilen von den bisher bekannten Stadtansichten Kölns ab. Das beginnt schon mit der Blickrichtung. Der Maler begnügt sich nicht mit einem Blick von Ufer zu Ufer und auch nicht mit einer Abbildung des besonders ansehnlichen linken Ufers, sondern er wählt einen weitaus günstigeren Standpunkt aus, der es ihm ermöglicht, beide Ufer und vor allem den Strom im Zusammenhang darzustellen: das Bild wurde nämlich vom 85 m hohen Messeturm aus gemalt. Ganz vorne links im Vordergrund sieht man noch einige Messehallen abgebildet. Oberhalb des Messegeländes erstreckt sich der Stadtteil Deutz. Einige markante Punkte sind erkennbar. Dazu gehört die mächtige Brückenauffahrt, deren Türme inzwischen niedergelegt sind. Dazu gehört auch St. Heribert, das links am Bildrand mit seinen beiden Türmen sichtbar wird. Ferner sieht man noch den Industriehafen und ganz oben die Industrieanlagen am rechten Rheinufer. Auch auf dem gegenüberliegenden linken Rheinufer, der seit Jahrhunderten immer wieder gemalten »schönen Seite« der Stadt Köln, sind noch einige markante Gebäude der Stadt schemenhaft zu erkennen. Da sind im Süden der Stadt vor allem St. Severin und rechts davon das Hochhaus mit dem Polizeipräsidium zu sehen. Zwischen den beiden Brükken mit dem Rheinhafen hat sich der Maler hauptsächlich auf die Gestaltung der Altstadt konzentriert. Hier sieht man Türme der Kirchen und die zahlreichen kleinen Giebelhäuser. Auch ein Teil des alten Rathauses ist zu erkennen; weiter rechts unter anderem das Opernhaus und die Minoritenkirche. Am rechten Bildrand breit, aber in flüchtigem Kontur, der Hauptbahnhof. Beherrscht und überragt wird dieser Stadtteil aber deutlich vom Steingebirge des Doms. Mächtig erhebt er sich über all die anderen Gebäude im Bilde. Seine Türme scheinen sich oben mit dem Himmel zu vermischen; und auch kompositionell übernimmt er eine wichtige Rolle im Bildganzen. Seine senkrechten Linien korrespondieren mit denen auf dem anderen Rheinufer und wiederholen sich sogar im Himmel über dem Horizont. Zwischen beiden Stadtteilen ist der Rheinstrom besonders mächtig und breit dargestellt. Zahlreiche Schiffe, vor allem Lastkähne, ziehen auf ihm dahin. Die breite Fläche des Wassers verleiht dem Bild Ruhe, seine Diagonalen vermitteln ihm Dynamik. Der Strom ist für die Komposition des Bildes so bedeutend, wie er wohl auch für die Geschichte der Stadt war. Strom und Stadt, das ist eine untrennbare Einheit. Selbst der Himmel ist in diesen Zusammenklang von Fluß und Architektur miteinbezogen. Er spiegelt sich im Wasser, die Grenzen zwischen Architektur, Landschaft und Himmel sind fließend. Auch die Brücken spielen für die Komposition des Bildes eine wichtige Rolle: Vorne die Hohenzollernbrücke — gerade dampft ein Personenzug zum Deutzer Ufer hinüber —, hinten die Deutzer Brücke in elegantem Schwung, beide bilden verbindende Gegendiagonalen vom linken zum rechten Ufer. Diese Komposition mußte in ihren Teilen vom Maler nicht erfunden werden, aber sie mußte vom richtigen Standpunkt beurteilt und gesehen werden. Zu dieser klaren und einfachen Komposition tritt die hohe und zarte Farbkultur des Bildes. Die Grundstimmung wird von einem silbrigen Blau, Grau und Rosa getragen; dazu treten kräftige Grün-, Rot-, Braun- und Schwarztöne.

Das in fast noch impressionistischer Manier gemalte Bild ist bereits ein Stück Kölner Geschichte: Es dokumentiert einen Zustand, der schon seit langem überholt ist. Hier sehen wir Köln, wie es sich nach den ersten zehn Jahren des Wiederaufbaues nach dem Zweiten Weltkrieg präsentierte.

Auch wenn man sehr viele einzelne Gebäude deutlich voneinander unterscheiden kann, auch wenn man Details im Stadtbild erkennt, so verbindet Kokoschka in diesem Bilde doch das Besondere mit dem Allgemeinen. Köln, die gediegene alte Stadt, und Köln, die quirlige, geschäftige Metropole, beides ist in diesem Bilde zu einer Aussage zusammengefaßt. Ja, vielleicht kann man noch weiter gehen: Köln, mit seiner unverwechselbaren Silhouette, scheint hier stellvertretend auch für Städte gleichen Typs zu stehen. In Oskar Kokoschkas Köln-Bild verbinden sich Schilderung und Zuneigung zu diesem weiträumigen Porträt und zu der persönlichen Impression von dieser Stadt.

Leinwand, 85,0 × 130,0 cm
Köln,
Museum Ludwig,
Inventarnummer ML 3000

Blick auf Köln, 1963

**Anton Räderscheidt
(1892 Köln—1970 Köln)**

Anton Räderscheidt, jener Kölner Maler, der schon früh zur rheinischen Avantgarde zu zählen war, der 1934 aus Deutschland nach Frankreich und später in die Schweiz emigrierte, der schließlich 1949 endgültig in seine Heimatstadt zurückkehrte, war Zeit seines Lebens auf das engste mit Köln verbunden. Mit dieser Stadt, aus der er stammte, in der seine Freunde, Familie und Mäzene lebten, identifizierte sich der Maler. Mehrere Köln-Ansichten geben Zeugnis von dieser Zuneigung, aber auch von dem wachsam registrierenden Auge, dem keine Veränderung in der Erscheinungsform einer Stadt entgehen konnte. Vor allem seit seiner Rückkehr im Jahre 1949 hat sich der Künstler mit Städtebildern und Köln-Porträts intensiver befaßt.

Sein Köln-Bild von 1963 ist ein gutes Beispiel für seine scharfäugige Kenntnis der Stadt und ihrer markanten Silhouette, gleichzeitig aber auch ein Beweis für die liebevolle Verbundenheit mit seiner Stadt, in der er es nicht immer leicht gehabt hatte. Von erhöhter Position aus hat Räderscheidt das ihm seit langem wohlbekannte Stadtbild studiert und in einer temperamentvollen Malweise wiedergegeben. Vermutlich hat er wie Oskar Kokoschka auf dem Messeturm gearbeitet. Auch der Bildausschnitt ist ähnlich, doch konzentriert sich Räderscheidt stärker auf den Strom, der mit seinen zahlreichen Schiffen und Lastkähnen als Verkehrsader charakterisiert wird. Hohenzollernbrücke, Deutzer Brücke und Severinsbrücke überspannen ihn, ohne zu scharfe Zäsuren in seinem weichen Fluß zu setzen. Am anderen Ufer gibt der Dom den Farben- und Größenmaßstab an, der für das Übrige bestimmend wirkt. An markanten Gebäuden sind das Polizeipräsidium, Groß-St.-Martin, der Fernmeldeturm und der Rathausturm zu erkennen. Weiter zum Horizont wird der Türmereichtum angedeutet ebenso wie Häusermeer und Rheinuferbebauung sich in knappen Strichen und Flächen äußern.

Interessant sind die Unterschiede zu Oskar Kokoschkas Ansicht von 1956 (Abb. S. 307): Auf das rechtsrheinische Deutz legte Räderscheidt offensichtlich weniger Wert, denn hier sind kaum Details erkennbar. Dafür betont er die Hohenzollernbrücke um so mehr, sowohl in der Zeichnung, als auch in Proportion und Farbe. Die Brückentürme sind hier schon nicht mehr vorhanden. Auch der Dom hat an Proportion und Betonung in der Bildwirkung noch zugenommen; noch monumentaler erscheint er in Räderscheidts Darstellung. Auch zwischenzeitlich eingetretene Veränderungen im Stadtbild wurden von Räderscheidt registriert: So z. B. das Fernmeldezentrum (1958—1965) mit dem 70 m hohen Turm oder auch die Severinsbrücke (1956—1959) mit ihrem A-förmigen Pylon. Diese Brücke war der erste wirkliche neue Brückenbau Kölns nach dem Kriege. Von Gerd Lohmer entworfen hat sie fortan das Panorama der Stadt von Südosten her wesentlich mitbestimmt.

Eine besondere Atmosphäre atmet dieses Köln-Bild des Einundsiebzigjährigen: Ruhe, Ausgeglichenheit, vielleicht ein wenig Melancholie; dazu die Nüchternheit der Bestandsaufnahme und die Wärme eines sympathisierenden Blicks. Der Schwebezustand zwischen Abstraktion und Konkretisierung, die Formensprache des Künstlers in diesen Jahren, kommt dem Bildthema auf eine angenehme Weise entgegen.

*Öl/Preßpappe, 68,0 × 103,0 cm
Köln,
Kölnisches Stadtmuseum
(Leihgabe von Chr. Scheibler)*

AR 65

Köln-Bild, 1972

Ursula (Schultze-Bluhm)
(1921 Mittenwalde/Mark — lebt in Köln)

Ursulas Köln-Bild ist keine der üblichen Köln-Ansichten, es ist vielmehr eine Kompilation wichtiger und schöner Elemente dieser Stadt, es ist ein Traum oder besser eine Träumerei von Köln. Es ist voller Poesie, Verzauberung und Rauschhaftigkeit und entläßt den Betrachter dabei doch nicht ins ziellose Schwärmen, sondern es läßt genauer hinsehen, läßt suchen, assoziieren und einfühlen.

Da sind Bildelemente, die wir alle kennen, die erkennbar, benennbar und beschreibbar sind: der Dom, Schiffe auf dem Rhein, Häuserzeilen, der Römerturm, Kirchen, eine Figur vom Schrein der Hl. Drei Könige, Hohenzollern- und Severinsbrücke, eine Gondel der Seilbahn, die jungfräulichen Begleiterinnen der Hl. Ursula, ein schwebender Engel. Aber mit Beschreibungen kann man die Bilder Ursulas in ihrer Tiefe nicht fassen, ja sie sind manchmal sogar gefährlich und lenken ab. Sie lenken ab vom Wesentlichen, und das ist hier der Glanz, das Gold, die leuchtenden Farben, vielleicht Symbole für das »heilige Köln«; das ist ferner das Ineinandergreifen der Elemente und damit unserer eigenen Gedanken, Assoziationen, Gefühle, und das ist auch das Verweben der Bildteile zum Ganzen: hier sind überall Farben in Formen und Linien versponnen, hier entwickeln sich aus Formengut und Linienspiel farbige Körper, werden Phantasien als Bildergeschichten sichtbar, hier scheint überall Fauna und Flora zu sein. Bei der Arbeitsweise Ursulas entstehen bei einem klaren Konzept des Bildganzen doch überall unter ihren malenden Fingern neue, nicht erwartete Details. Bei aller Sinnenhaftigkeit verliert sie sich nicht ins Surreale, sondern läßt auch die persönlichen Bezüge sprechen. Das ist eben ihr Köln-Bild (vielleicht und wahrscheinlich auch das mancher Betrachter) und dazu gehört auch das Profilbild ihres Mannes Bernard Schultze über dem unteren Bildrand: auch ein Stück Köln.

Öl und Gold auf Holz,
88,7 × 129,7 cm
Köln,
Museum Ludwig,
Inventarnummer ML 1222

Dieses Köln-Bild ist Ausdruck der Beziehungen und Verbundenheit der Künstlerin zu ihrer Stadt. 1972 entstanden, folgte es den Bildern der Ursula-Legende I—III von 1963, in denen sie sich vorher bereits mit einem bedeutenden Thema Kölns auseinandergesetzt hatte. Stil und Gestaltungsmerkmale lassen die zeitliche und formale Nähe zu einem anderen Stadtbild, zu ihrem »Bonn auf Goldgrund« von 1968 spüren.

Ansicht von Köln, 1976

Otto Rohse
(1925 Insterburg/Ostpreußen — lebt in Hamburg)

Dieses Blatt gehört in die Reihe der jüngsten, eigenwilligen Wiedergaben des Kölner Stadtbildes. Über einem nur mit Hohenzollernbrücke, Groß-St.-Martin, Dom, St. Mariä-Himmelfahrt und St. Kunibert äußerst knapp angedeuteten Teilpanorama erheben sich insgesamt dreizehn bedeutende sakrale und profane Bauwerke, wachsen gewissermaßen aus diesen empor. Von links nach rechts erkennt man: Severinstor, St. Pantaleon, gotische Giebelhäuser und Groß-St.-Martin, Haus zur Bretzel am Alter Markt (1580), Rathausturm, Dom, Alt-St.-Alban, Gürzenich, St. Gereon, St. Kunibert, Overstolzenhaus in der Rheingasse (Anfang des 13. Jahrhunderts), Haus Balchem (früher: Zum goldenen Bären, 1676) in der Severinstraße und St. Ursula.

Rohse beschränkt sich in seiner Auswahl auf die historische Architektur, die Moderne fehlt völlig. Insofern gibt es Vergleichsmöglichkeiten mit der Arbeit von Merkenich (Abb. S. 316), doch unterscheiden sie sich in Auswahl, Stil und Technik völlig. In Rohses Blatt wird eine historisch gewachsene Stadtansicht gezeigt; ein Köln-Bild, das sich aus wichtigen Monumenten und Denkmälern zusammensetzt.

Mit sparsamsten Mitteln kommt der Künstler aus. Nach alter Stahlstichtradition bestimmen dünne, unterschiedlich starke Linien den Bildcharakter. Der Eindruck des Stabilen, Festen, Dauerhaften verbindet sich hier mit Transparenz und Zerbrechlichkeit und man glaubt förmlich zu spüren, wie zerbrechlich die Schönheit einer solchen Stadtansicht ist. Geschichte und Gegenwart des Kölner Stadtbildes haben dies leider bewiesen. Das Blatt lebt von den Gegensätzen zwischen Hell und Dunkel, dichten und lichten Linienfeldern, von Andeutung und Ausführung, von Umriß und Füllung, von Beschreibung und Weglassung.

Stahlstich, 52,9 × 70,0 cm
Köln,
Privatbesitz

links:
Ausschnitt aus dem linken Bildteil — St. Pantaleon

rechts:
Bildausschnitt aus dem mittleren Teil — unten der Rhein mit Hohenzollernbrücke, Dom, St. Mariä Himmelfahrt und St. Kunibert. Darüber von links nach rechts: der Rathausturm, St. Alban, der Dom, der Gürzenich, St. Gereon, Overstolzenhaus (heute Kunstgewerbemuseum), Turm von St. Andreas und St. Kunibert

St. Aposteln, 1976

Eduard Odenthal
(1929 Köln — lebt in Köln)

Von einem höhergelegenen Punkt schaut man auf das Viertel und auf die Pfarrkirche St. Aposteln in Köln. Der Maler hat sich nicht auf eine detaillierte Beschreibung der Architektur und nicht auf eine fotografische Abbildung der romanischen Kirche konzentriert. In seiner naiven Bildsprache, die aber außerordentlich eindringlich ist, wird vieles vom Charakter der Stadt und ihren Vierteln deutlich. Die Häuser rücken aneinander und nehmen auf Proportionen und Statik scheinbar keine Rücksicht. Recht willkürlich geht Odenthal auch mit der Architektur von St. Aposteln um. Die Pfarrkirche St. Aposteln entstand in ihrer heutigen Gestalt erst um 1200 und folgte mit ihrer Dreikonchenanlage der Kölner architektonischen Tradition, wie wir sie vorher schon bei Maria im Kapitol und an Groß-St.-Martin finden.

Der Maler stellt uns das Viertel nicht in seinen wirklichen Farben vor, sondern er taucht alle Gebäude in kräftige, leuchtende Farben, vor allem Grün, Rot und Blau. Aus allem wird eine ganz persönliche Einstellung zur Gestalt und zur Architektur dieser Stadt deutlich. Dieses Gemälde, wie übrigens auch alle anderen des Künstlers, sprechen von der Verbundenheit des Malers mit seiner Heimatstadt und teilen uns etwas mit von seiner besonderen Sympathie für die historische Architektur und für die überkommenen Zeugen des »Heiligen Köln«. Es ist ein freundliches, aufgeräumtes Viertel, in dem unsere Augen schweifen können, und es ist nicht das verkehrserfüllte, großstädtische Köln. Nur wenige Menschen sind unterwegs und nur ein Auto ist zu sehen. Hier prägt Architektur das Stadtbild. Ein bißchen Verträumtheit und Erinnerung scheinen dabei mitzuspielen.

Eduard Odenthal ist als naiver Maler Autodidakt und scheint mit seinen auffallend großformatigen Gemälden alte Traditionen verlorener Volkskunst, wie etwa die Glasmalerei, wieder aufzufrischen. Er numeriert seine Bilder fortlaufend durch; dieses Gemälde trägt die Nummer 573. Es gehört zu einer ganzen Serie Kölner Kirchen, der das Kölnische Stadtmuseum 1977 eine eigene Ausstellung widmete. In einem Gespräch mit W. Schäfke äußerte sich der Künstler zu diesem Thema mit besonderem Lokalkolorit: »Ja, warum malt ein echter kölscher Jung Kölner Kirchen? Odenthal hat mit der Kirche nicht viel im Sinn. Aber meine meisten Bilder waren Kirchen. Ich wohne in Köln und bin ein typischer Kölner. Es liegt so nahe, daß ich die Kölner Kirchen male. Köln hat, nachdem ich viele Städte besucht habe, für mich die schönsten Kirchen der Welt. Keine Stadt hat so schöne Kirchen. Die schönsten Kirchen habe ich direkt vor der Nase, rein logisch gesehen ...« (Katalog, S. 5)

Leinwand, 120,0 × 120,0 cm
Köln,
Privatbesitz Eduard Odenthal

E.O.573.

Stadtansicht, 1978

Günter Merkenich
(geb. 1939 — lebt in Köln)

In dieser außerordentlich sorgfältig gearbeiteten Zeichnung stellt uns der Künstler die Stadt Köln in einem so noch nie gesehenen und auch nicht sichtbaren Panorama vor. Dieses Werk war nach 18monatiger Fleißarbeit vollendet und ist durch eine wohlüberlegte Komposition ausgezeichnet. Da baut sich die Stadt von Wehranlagen zu beiden Seiten zur Mitte hin auf, da wechseln Bürgerbauten mit Profangebäuden, da wird der Türmereichtum der Stadt durch die zahlreichen Kirchen angedeutet, Elemente, die uns von so vielen Stadtansichten seit dem Mittelalter her bereits so gut bekannt sind. Doch eines ist ganz anders hier: Köln scheint auf einem Berg zu liegen. Die Stadt türmt sich von den Seiten zur Mitte hin auf. Der Gipfelpunkt liegt in den Türmen des Domes. Diese dreieckförmige Kompositionsweise hat etwas sehr Hoheitsvolles.

Aber in diesem Bilde gibt es eine Fülle von Details und Gebäuden zu entdecken. Der Betrachter kann sich hier selbst in Detail-, Orts- oder Geschichtskenntnissen prüfen. Die scheinbar so sehr ineinander geschachtelte Stadt ist doch klar geordnet und in ihren einzelnen Elementen benennbar. Von links nach rechts ist folgendes dargestellt: Bottmühle, Severinstorburg, Rautenstrauch-Joest-Museum, St. Severin, Haus Balchem, St. Georg, St. Maria zum Frieden, Overstolzenhaus, St. Maria im Kapitol, Elendskirche, St. Pantaleon, Ubier-Monument, St. Maria Lyskirchen, Cäcilienkirche, St. Peter, Haus zur Bretzel, Gürzenich und St. Alban, St. Aposteln, Prätorium, Rathaus, Haus Zims, Groß-St.-Martin, Minoritenkirche, Teil des Nordtores der römischen Stadt, römische Hafenstraße, Dionysiusbrunnen, Domplatte, Dom, Baptisterium, Poblicius-Grabmal, Römerturm, Turm und Portal des Zeughauses, Hauptbahnhof mit römischem Nordtor, Alte Wache, St. Andreas, St. Gereon, Ursulinenkirche, St. Mariä Himmelfahrt, St. Ursula, St. Kunibert, Eigelsteintorburg und Weckschnapp.

Köln ist hier also nicht die Stadt mit der schönen und ansehnlichen Rheinfront, sondern sie ist eine Stadt der Monumente, eine Stadt historischer Dokumente, eine Stadt ohne Menschen und eine Stadt ohne Bäume und Pflanzen, wenn man von den wenigen am Domchor absieht. Dieses aufgehäufte Köln ist ein steinernes Ensemble, wie man es bei einem Gang durch die Stadt nicht wahrnehmen kann. Ihren stilistischen Schwerpunkt hat diese Stadt in der mittelalterlichen Architektur, wobei das 11. bis 13. Jahrhundert vorherrscht. Auch römische Elemente sind vorhanden, die Moderne fehlt gänzlich und das 19. Jahrhundert ist lediglich durch die Bahnsteighalle des Hauptbahnhofes vertreten, deren Halbrund merkwürdigerweise noch mit dem Haupttorbogen des römischen Stadttores kombiniert erscheint. Diese Hallenform korrespondiert im Bildganzen mit den zahlreichen Triumphbögen auf eine interessante Weise.

Über der spröden Kaimauer im Vordergrund hat Merkenich hier aus einzelnen Abbildern von existierenden Gebäuden eine Stadt in erdachtem Zustand gestaltet, kombiniert, ja, erfunden. Dieses Stadtbild ist wie eine Aufforderung an uns Zeitgenossen, Geschichte und ihre Erscheinungsformen in einer Stadt wie Köln wieder wahrzunehmen und zu erhalten, was so zerbrechlich ist.

Tuschzeichnung, 94,0 × 232,5 cm
Köln,
Kölnisches Stadtmuseum,
Inventarnummer
KSM 1978/489

rechts:
Ausschnitt aus der
rechten Bildhälfte

Literaturverzeichnis

ALBRECHT, GÜNTHER. Großstadt im Mauerring. Ausstellung im Kölnischen Stadtmuseum, in: Museen in Köln, Bulletin, 10. Jahrgang, Heft 12, Dez. 1971, S. 1002.

ALDENHOVEN, CARL. Geschichte der Kölner Malerschule (Publikationen der Gesellschaft für Rheinische Geschichtskunde, XIII), Lübeck 1902

VAN ALPEN, HEINRICH SIMON. Geschichte des fränkischen Rheinufers, was es war und was es itzt ist (2 Bände), Köln 1802

ANHEISSER, ROLAND. Altkölnische Baukunst, Düsseldorf 1911

ANHEISSER, ROLAND. Mein Köln, Düsseldorf 1926

ARCHITEKTUR IN KÖLN. Anfänge der Gegenwart. Hrsg. vom Verkehrsamt der Stadt Köln, Köln 1980

ARNDT, ERNST MORITZ. Reisen durch einen Theil Teutschlands, Ungarns, Italiens und Frankreichs in den Jahren 1798 und 1799, Th. 1–4, 2. Aufl. Leipzig 1804

ARNTZ, L./NEU, H./RAHTGENS, H./VOGTS, H. Kunstdenkmäler der Rheinprovinz (hrsg. von P. Clemen). II, 3: Kirchen, Kapellen, Vororte und Friedhöfe, 1934

ARNTZ, L./NEU, H./VOGTS, H. Kunstdenkmäler der Rheinprovinz (hrsg. von P. Clemen). II, 3: (Ergänzungsband) Ehemalige Kirchen, 1937

BACHMANN, FRIEDRICH. Die alten Städtebilder. Ein Verzeichnis der graphischen Ortsansichten von Schedel bis Merian. Leipzig 1939

BAEDEKER, F. C. Le Rhin de Bâle à Dusseldorf, Coblentz 1854

BÄHRENS, JOHANN CHRISTIAN FRIEDRICH. Reisebemerkungen historisch-topographisch-statistischen Inhalts, Dortmund 1797

BATTY, ROBERT (Hrsg.). Scenery of the Rhine, Belgium and Holland (bei Robert Jennings), London 1824–26

BAYER, JOSEF. Die Franzosen in Köln, Köln 1925

BEERMANN. Die Rheinbrücken bei Cöln. Nach amtl. Quellen bearbeitet von Regierungs- und Baurat Beermann, 1915

BENDEL, J. Die Stadt Mülheim am Rhein, Mülheim 1913

BENDER, FRANZ. Lob- und Lästerzungen über Köln, in: Rheinische Blätter, 1. Heft, Jan. 1933, S. 13–19

BENDER/BÜTZLER. Kleine illustrierte Geschichte der Stadt Köln (von Hans Welters und Helmut Lobeck), Köln 1958

BERNHARDT, H. Geschichte der Stadt, Festung und Garnison Köln, Frankfurt/M. 1959

BESELER, HARTWIG. Der Wiederaufbau der Kölner Kirchen. In: Jahrbuch der Rheinischen Denkmalpflege 20, 1956, S. 225 ff. - 21, 1957, S. 153 ff.

BEYERHAUS, E. Der Rhein von Straßburg bis zur holländischen Grenze in technischer und wirtschaftlicher Beziehung. Bearbeitet 1902

BIER, JUSTUS. Carl Großberg, in: Der Cicerone, 1926, II, S. 561–565

BINDING, GÜNTHER. Köln- und Niederrhein-Ansichten im Finckenbaum-Skizzenbuch 1660–1665 (Aus der Kölner Stadtgeschichte), Köln 1980

BINDING, GÜNTHER/LÖHR, BARBARA. Kleine Kölner Baugeschichte, Köln 1976

BLUM, HANS. Die Stadt Köln im Buch, in: Köln, Heft 1, 1958

BOISSERÉE, SULPIZ. Geschichte und Beschreibung des Domes zu Köln, Stuttgart 1823

BOISSERÉE, SULPIZ. Denkmale der Baukunst vom 7.–13. Jahrhundert am Niederrhein, München 1833

BOLLENBECK, KARL JOSEF. Der Kölner Stadtbaumeister Johann Peter Weyer, Diss. Aachen 1969

BORGER, HUGO. Die Abbilder des Himmels in Köln. Kölner Kirchenbauten als Quellen zur Siedlungsgeschichte des Mittelalters, 1, Köln 1979

VAN DER BORGHT. Die wirtschaftliche Bedeutung der Rhein-See-Schiffahrt, Köln 1892

BRAUNFELS, WOLFGANG. Anton Woensams Kölnprospekt von 1531 in der Geschichte des Sehens, in: Wallraf-Richartz-Jahrbuch. Westdeutsches Jahrbuch für Kunstgeschichte, XXII, Köln 1960, S. 115–136

BRAUNFELS, WOLFGANG. Abendländische Stadtbaukunst. Herrschaftsform und Baugestalt, Köln 1976

BRILL, FRANZ. Deutz, die Geschichte eines Vorortes, Köln 1955

BRILL, FRANZ. Das Kölnische Stadtmuseum (Kulturgeschichtliche Museen in Deutschland, V), Hamburg 1965

BUSCH, HARALD. Meister des Nordens, Hamburg 1940

CALJÉ - VAN DEN BERG, ELLEN. Vincent van der Vinnes Eindrücke in Köln 1652–1655 (mit Anmerkungen von Fried Mühlberg und Horst Vey), in: Wallraf-Richartz-Jahrbuch, XXXV, 1973, S. 281–308

CAMUS, A. G. Reise in die Departemente des ehemaligen Belgiens und des linken Rheinufers und in die vom Niederrhein, Norden, Pas du Calais und die Somme; aus dem Französischen übersetzt von Aug. Chr. Borheck, Köln 1805

CARDAUNS, HERMANN. Aus dem alten Köln vor 60 und 120 Jahren, Köln 1920

CARDAUNS, HERMANN. Köln in der Franzosenzeit. Aus der Chronik des Anno Schnorrenberg 1789–1802 (Bearbeitet von H. Cardauns) (Bücherei der Kultur und Geschichte, 30), Bonn–Leipzig 1923

CLEMEN, PAUL (Hrsg.). Die Kunstdenkmäler des Kreises Kempen, Düsseldorf 1891

CLEMEN, PAUL (Hrsg.). Die Kunstdenkmäler der Rheinprovinz. Die Kunstdenkmäler der Stadt Köln. Die kirchlichen Denkmäler der Stadt Köln. Bearb. von W. Ewald, H. Rathgens, H. Roth u. a., Düsseldorf 1911 ff.

CLEMEN, P. Kunstdenkmäler der Rheinprovinz I, 3: Der Dom, Düsseldorf 1937

CONRAD, R. Die Kölner Neustadt. Eine wirtschafts- und sozialgeographische Untersuchung, in: K. Kayser und T. Kraus (Hrsg.), Köln und die Rheinlande, Wiesbaden 1961

CROON, HELMUTH. Rheinische Städte, in: Walter Först (Hrsg.), Das Rheinland in preußischer Zeit, Köln 1965

DEGEN, LEO. Die Bedeutung des Rheins für die Standortsentwicklung der westdeutschen Industrie, Diss. Köln 1923

DEHIO, GEORG. Handbuch der Deutschen Kunstdenkmäler, Rheinland; bearb. von Ruth Schmitz-Ehmke, München, Berlin 1967

DEMIAN, JOHANN ANDREAS. Statistisch-politische Ansichten und Bemerkungen auf einer Reise durch einen Theil der neuen preussischen Provinzen am Nieder- und Mittelrheine, Köln 1815

Denkmälerverzeichnis. Köln Altstadt und Deutz (Arbeitshefte des Landeskonservators Rheinland, Nr. 12.1). Bearbeitet von H. Kier, Köln 1979

DIELHEIM, JOHANN HERMANN. Rheinischer Antiquarius oder Ausführliche Beschreibung des Rheinstroms . . ., Frankfurt und Leipzig 1776

DOLLHOFF, JOSEF. Die Kölner Rheinschiffahrt, Köln 1980

DOLLHOFF, JOSEF. Die Kölner Rheinschiffahrt von den Anfängen bis zur Gegenwart (Ausstellungsfaltblatt) (»die kleine Ausstellung« der Stadtsparkasse Köln), Köln 1981

DOROW, WILHELM. Die Stadt Köln am Rheine in Beziehung zu den Alterthümern der Provinz. Um 1820. Aus: Denkschriften und Briefe zur Charakteristik der Welt und Litteratur, Berlin 1841

DRESEMANN. Aus der Jugendzeit der Rheindampfschiffahrt, Köln 1901

VON DROSTE-HÜLSHOFF, ANNETTE. Die Briefe (Gesamtausgabe, herausgegeben von Karl Schulte-Kemminghausen), Jena 1944

ECKARDT, H. Matthaeus Merian. Skizze seines Lebens und ausführliche Beschreibung seiner Topographia Germaniae nebst Verzeichniss der darin enthaltenen Kupferstiche. Basel 1887. (Meridian Publishing Co., Amsterdam, Nachdruck 1963)

ECKERT, CHRISTIAN. Rheinschiffahrt im XIX Jahrhundert, Leipzig 1900

ECKERT, WILLEHAD PAUL. Köln. Stadt am Rhein zwischen Tradition und Fortschritt, Köln 1979

ECKOLDT, MARTIN. Holländer-Flöße auf dem Rhein, in: Beiträge zur Rheinkunde, 19, 1967, S. 19–23

ECKOLDT, MARTIN. 200 Jahre Wasserstandsbeobachtung am Rhein, in: Beiträge zur Rheinkunde, 23, 1971, S. 15–24

ELBEN, J. Die Deutz-Kölner Rheinfähre, ein Kurkölner Regal. (Veröffentlichungen des Kölnischen Geschichtsvereins, Nr. 9), Köln 1933

ENNEN, EDITH. Europäische Züge der mittelalterlichen Kölner Stadtgemeinde, in: Köln, das Reich und Europa, Mitteilungen aus dem Stadtarchiv von Köln 60, 1971, 1 ff.

ENNEN, EDITH. Kölner Wirtschaft im Früh- und Hochmittelalter, in: Zwei Jahrtausende Kölner Wirtschaft, Köln 1975, S. 87–193

ENNEN, L. Quellen zur Geschichte der Stadt Köln, 6 Bände, Köln 1860–1879

ENNEN, L. Geschichte der Stadt Köln, 5 Bände, Köln-Neuss 1863–1880

ENNEN, LEONARD. Die alte und die neue Stadt Köln, Köln 1876

ENNEN, LEONARD. Führer durch die Stadt Köln, für Einheimische und Fremde, Köln 1877

ENNEN, LEONARD. Die Prospekte der Stadt Köln aus dem XV. bis XVIII. Jahrhundert, in: Jahrbuch der Königlich Preußischen Kunstsammlungen, II, 1881, S. 78–88

ENNEN, LEONARD. Bilder vom alten Köln. Stadtansichten des 15. bis 18. Jahrhunderts und Beschreibung der Zustände vom Mittelalter bis nach der Franzosenzeit (Herausgegeben und eingeleitet von Willy Leson), Köln 1977

EWALD, W./RAHTGENS, H. Kunstdenkmäler der Rheinprovinz (hrsg. von P. Clemen), I 4: Kirchen A–G, 1916

FINDEN, EDWARD FRANCIS. Landscape Illustrations of Lord Byron, 1833–34

FORSTER, GEORG. Ansichten vom Niederrhein, von Brabant, Flandern, Holland, England und Frankreich im April, Mai und Junius 1790 (Nachdruck in: Georg Forsters Werke, Bd. 9, Berlin-Ost, 1958)

FUCHS, PETER. Köln so wie es war, Düsseldorf 1963 (3. erweiterte Auflage 1972)

FUCHS, PETER. Köln – damals, gestern, heute, Köln 1965

FUCHS, PETER. Köln. Wesen – Werden – Wirken, Köln 1968

FUCHS, PETER (Hrsg.). Das Rathaus zu Köln. Berichte und Bilder vom Haus der Bürger in Vergangenheit und Gegenwart, Köln 1973

GERCKEN, PHILIPP WILHELM. Reisen durch Schwaben, Baiern, die angrenzende Schweiz, Franken, die Rheinischen Provinzen und an der Mosel etc. in den Jahren 1779–1785, Stendal 1786

VON GERNING, J. J. Die Rheingegenden von Mainz bis Köln, Wiesbaden 1819, Englische Ausgabe: London 1820

GOETHE, JOHANN WOLFGANG VON. Kunstschätze am Rhein, Main und Neckar, 1814 und 1815

GOETTERT, K. Das Kölner Rathaus. Mönchengladbach 1959

GOLDBERG, GISELA. Kölner Dom in der Alten Pinakothek, in: Weltkunst, 51. Jahrgang, Heft 1, Jan. 1981, S. 17–19

GOTHEIN, EBERHARD. Geschichtliche Entwicklung der Rheinschiffahrt im XIX. Jahrhundert, Leipzig 1903

GRAFF, AUGUST. Die Rhein-See-Schiffahrt, Köln 1890

GROSCHE, ROBERT. Der Kölner Altarbau im 17. u. 18. Jahrhundert. (Mit Beiträgen von Christian Pesch und Hans Peter Hilger), Köln 1978

GÜLDENPFENNIG, HANS. Kölner Verkehrsprobleme und Domumbauung (Veröffentlichungen des Kölnischen Geschichtsvereins, Heft 11), Köln 1934

GÜRTLER, JOS. Die Prospekte und Pläne der Stadt Köln: Public. aus der Rheinischen Geschichte, Nr. 32, Bonn 1899

HÄSSLIN, JOHANN JAKOB. Rheinfahrt, München 1952

HÄSSLIN, JOHANN JAKOB. Der Rhein (Die Rheinbücher, Neue Folge III), Honnef/Rh. 1953

HÄSSLIN, JOHANN JAKOB u. WEGENER, W. Wanderungen durch das alte Köln, Köln 1955

HANSEN, JOSEPH. Arnold Mercator und die wiederentdeckten Kölner Stadtpläne von 1571 und 1642, in: Mittheilungen aus dem Stadtarchiv von Köln, 28. Heft, Köln 1897, S. 141–158

HANSEN, J. Pläne und Ansichten der Stadt Köln, in: Mittlg. aus d. Stadtarchiv v. Köln. 31. Heft, Köln 1902

HASELBERG, JOHANN. Eyn lobspruch der Keyserlichen freygstath Coellen, Köln 1531

HASELOFF, ARTHUR. Aus dem Flensburger Museum, Flensburg 1953

HÄUSER, HELMUT. Ansichten vom Rhein. Stahlstichbücher des 19. Jahrhunderts, Köln 1963

HEGEL, E. Die Entstehung des mittelalterlichen Pfarrsystems der Stadt Köln. Kölner Untersuchungen (Die Kunstdenkmäler im Landesteil Nordrhein, Beiheft 2), Ratingen 1950, S. 69 ff.

HEINEN, WILHELM JOSEPH. Der Begleiter auf Reisen durch Deutschland, Köln 1808

HELD, HEINZ. Köln – Hauptbahnhof... Ein historischer Rückblick mit Impressionen von heute, in: Köln, Heft 2, 1981, S. 4–9

HERZOG, BODO. Der Besuch des englischen Dampfschiffes »Caldonia« unter James Watt jr. auf dem Rhein im Jahre 1817, in: Binnenschiffsnachrichten Nr. 40, 41, 42, 1971

HILGER, HANS PETER. Die Denkmäler des Rheinlandes, Kreis Kleve 2, Düsseldorf 1964

HOFSTEDE DE GROOT, C./SPIES, W. Die Rheinlandschaften von L. Doomer: Wallraf-Richartz-Jahrbuch III/IV, 1926/27, S. 197

HOLLWEGH, RUPERTUS. Historie der Schmertzhaffter Mutter Mariä zu Kalk, 1715

HOSTER, JOSEPH. Köln als Zeichen und Bild, in: Köln, II, 1955

HUGO, VICTOR. Le Rhin I, Lettre X, Paris 1926

IRSIGLER, FRANZ. Kölner Wirtschaft im Spätmittelalter, in: Zwei Jahrtausende Kölner Wirtschaft, Köln 1975, S. 217-319

JAHRBUCH. Bericht über die Tätigkeit der Rheinischen Denkmalpflege 1956–1959. Stadtkreis Köln, in: Jahrbuch der Rheinischen Denkmalpflege 22. 1957, S. 195–207

JASPER, KARLBERNHARD. Der Urbanisierungsprozeß dargestellt am Beispiel der Stadt Köln. (Schriften zur rheinisch-westfälischen Wirtschaftsgeschichte, Bd. 30), Köln 1977

JUX, ANTON. »Die greuliche und erschröckliche Eissfahrt« zu Mülheim am Rhein 1784, in: Romerike Berge, Zeitschrift für Heimatpflege im Bergischen Land, 7. Jahrgang, 1957/58, S. 178–181

KATALOGE:

Deutsche Landschaften und Städte in der niederländischen Kunst des 16.–18. Jahrhunderts. Ausstellung von Gemälden und Handzeichnungen im Kaiser-Wilhelm-Museum zu Krefeld, veranstaltet in der Gemeinschaft mit der Deutsch-Niederländischen Gesellschaft e. V. Berlin, Krefeld 1938 (Okt.–Nov.)

Köln 1900 Jahre Stadt. Aufsätze und Bilder zur Stadtgeschichte, Köln 1950

Köln. Hafen und Schiffahrtsplatz. Sonderausstellung Sommer 1954. Rheinisches und Historisches Museum der Stadt Köln. Köln-Deutz (10. Juli bis 17. Oktober 1954)

Deutz – die Geschichte eines Vororts. (Ausstellungskatalog) Hrsg. von Franz Brill, Köln 1955

Der Kölner Dom. Bau- und Geistesgeschichte. Ausstellung Historisches Museum (11. Aug.–31. Dez. 1956), Köln 1956

Rheinische Landschaften und Städtebilder 1600–1850. Ausstellung im Rheinischen Landesmuseum Bonn 10. Dez. 1960–26. Febr. 1961. (Kunst und Altertum am

Rhein. Führer des Rheinischen Landesmuseums in Bonn, Nr. 6) Köln–Graz 1960

Antlitz einer alten Stadt – Graphik aus vier Jahrhunderten. (Die Kleine Ausstellung in der Kassenhalle der Hauptstelle der Sparkasse der Stadt Köln vom 8. März bis 2. April 1964).

500 Jahre Buch und Zeitung in Köln, Köln 1965

Brückenstadt Köln (Die Kleine Ausstellung in der Kassenhalle der Sparkasse der Stadt Köln vom 29. Juni bis 29. Juli 1966)

Mülheim. Bildgeschichte einer Stadt. Ausstellung des Kölnischen Stadtmuseums in der Stadthalle Köln-Mülheim (16. Okt.–13. Nov. 1966), Köln 1966

Kölner Leben. Bürger in vier Jahrhunderten. Ausstellung Kölnisches Stadtmuseum Zeughaus (30. Juli–8. Oktober 1967)

Das Bild der Stadt von der Antike bis heute. Vierte Jugendausstellung der Kölner Museen im Wallraf-Richartz-Museum, Köln 1969

Großstadt im Mauerring. Johann Peter Weyer, Stadtbaumeister in Köln (1816–1864). Faltblatt zur Ausstellung im Kölnischen Stadtmuseum (16. Nov. 1971–17. Jan. 1972)

Kölner Kirchen. Gesehen von Eduard Odenthal. Ausstellung der Historischen Museen der Stadt Köln im Köln. Stadtmuseum, Köln 1977 (22. Jan.–24. Okt. 1977)

Das Erscheinungsbild der Stadt Köln. Eine Ausstellung der Historischen Museen der Stadt Köln im Kölnischen Stadtmuseum, 15.7.–15.10.1977

Jakob und Wilhelm Scheiner, Bilder zur Kölner Stadtentwicklung zwischen 1872–1922. Ausstellung der Histor. Museen der Stadt Köln und des Außenreferates der Kölner Museen im Kölnischen Stadtmuseum, Köln 1978

Köln – Westfalen 1180–1980, Band II (Katalog der Ausstellung im Westfälischen Landesmuseum, Münster, und im Kölnischen Stadtmuseum, Köln), Münster 1980

Der Kölner Dom in der Graphik. Aus der Sammlung Boisserée und dem Dombauarchiv, Köln. (Ausstellung Kreismuseum Zons 1980 – Kunsthandlung Boisserée, Köln 1980), Neuss 1980

Kunst und Technik in den 20er Jahren. Neue Sachlichkeit und Gegenständlicher Konstruktivismus. Städt. Galerie im Lenbachhaus, München 1980

Die Hl. Ursula und ihre Elftausend Jungfrauen (Wallraf-Richartz-Museum 6. Juli–3. Sept. 1978). Bearbeitet von Frank Günter Zehnder, Köln 1978

KAYSER, K. – KRAUS, T. (Hrsg.). Köln und die Rheinlande, Wiesbaden 1961

KELLENBENZ, H. (Hrsg.). Zwei Jahrtausende Kölner Wirtschaft, 2 Bände, Köln 1975

KEUSSEN, H. Topographie der Stadt Köln, 2 Bde., Bonn 1910

KEUSSEN, H. Köln im Mittelalter. Topographie und Verfassung, Bonn 1918

KIER, HILTRUD. Bürgerbauten der Gründerzeit in der Kölner Neustadt, Köln 1973

KIER, HILTRUD. Die Wiederherstellung der Kölner Altstadt-Kirchen. In: Keller, Horst (Hrsg.) Kunst, Kultur, Köln, Köln 1979, S. 22–32

KIER, HILTRUD/KRINGS, ULRICH. Der Kranz der romanischen Kirchen in Köln, Köln 1980

KISKY, HANS. Auf geschichtlichem Boden. Das Landeshaus in Köln, Düsseldorf 1959

KISKY, WILHELM. Die Erhebung Kölns zur freien Reichsstadt, in: Jahrbuch des Köln. Geschichtsvereins, 1, 1912, S. 1–24

KLEBE, FRIEDRICH ALBERT. Reise auf dem Rhein, durch die teutschen Rheinländer, und durch die französischen Departements des Donnerbergs, des Rheins und der Mosel, und der Roer. Vom Julius bis December 1800. Bd. 1, 2, Frankfurt a. M. 1801

KLEIN, JOHANN AUGUST. Rheinreise von Mainz bis Köln, Koblenz 1828

KLEIN, PH. M. Der Wanderer durch Köln. Eine geschichtliche Beschreibung der Stadt und sämmtlicher Merkwürdigkeiten, Köln 1863

KLERSCH, JOSEPH. Von der Reichsstadt zur Großstadt, Köln 1925

KLERSCH, JOSEPH. Die kölnische Fastnacht von ihren Anfängen bis zur Gegenwart, Köln 1961

KLERSCH, JOSEPH. Volkstum und Volksleben in Köln, Bd. 1–3, Köln 1965–1968 (Beiträge zur Kölnischen Geschichte, Sprache, Eigenart, Herausgegeben vom Heimatverein Alt-Köln e. V., Band 43–45)

KÖHLER, H. Köln. Natürliche Grundlagen des Werdens einer Großstadt, Berlin 1941

KÖLLMANN, WOLFGANG. Von der Bürgerstadt zur Regional-»Stadt«, in: Jürgen Reulecke (Hrsg.), Die deutsche Stadt im Industriezeitalter, Wuppertal 1978

KÖLLMANN, WOLFGANG. »Vom finstren, traurigen Kölln«. Die Stadt im 19. Jahrhundert. (Kleine Schriften zur Kölner Stadtgeschichte 1), Köln 1979

Kölnische Zeitung, Nr. 184 vom 19.11. 1822

Köln und seine Bauten. Festschrift zur VIII. Wanderversammlung des Verbandes deutscher Architekten- und Ingenieur-Vereine in Köln vom 12.–16. August 1888. Hrsg. vom Architekten- und Ingenieur-Verein für Niederrhein und Westfalen, Köln 1888

KÖLN. Köln um die Wende des 18. und 19. Jahrhunderts (1770–1830) herausgegeben von Josef Bayer, Köln 1912

KÖLN.Ein Führer und Ratgeber für Einheimische und Fremde, Köln 1912

Die Stadt Cöln im ersten Jahrhundert unter Preußischer Herrschaft. Herausgegeben von der Stadt Cöln. Erster Band, II. Teil: Die Entwicklung der Stadt Cöln von der

Errichtung des Deutschen Reiches bis zum Weltkriege. (von Dr. Georg Neuhaus), Coeln 1916

Köln. Bauliche Entwicklung 1888–1927 (Hrsg. vom Architekten- und Ingenieurverein für den Niederrhein und Westfalen und Köln), Berlin 1927

Köln und die Dichter. Hrsg. vom Verkehrsamt der Stadt Köln (Redaktion: Wolfgang Becker), Köln o. J. (1969)

Köln in alten Graphiken. Köln 1971

Köln. Die Stadt und ihre Bürger. Herausgegeben von Johann Jakob Hässlin, 2. Aufl. München 1972

Köln. Stadt des Handels und der Träume. Ein Lese- und Bilderbuch aus unvergänglicher Vergangenheit, Hrsg. von Hermann Kochs, Köln 1973

Die Kölner Neustadt (Arbeitshefte des Landeskonservators Rheinland, Nr. 8), Bonn 1973

KOHL, JOHANN GEORG. Reisen in den Niederlanden, Leipzig 1850

KRAUS, OTTO. Die römische Rheinbrücke zu Köln und die Stadtmauer d. Südseite in: Bonner Jahrbücher Heft 130, S. 232 ff. Bonn 1925

KREUTER, FRANZ. Wanderung durch das mittelalterliche Köln, 7. Heft, um 1860

KRINGS, ULRICH. Der Kölner Hauptbahnhof (Arbeitshefte des Landeskonservators Rheinland, Nr. 22), Köln 1977

KRUDEWIG, JOHANNES. Verzeichnis der im Historischen Archiv und im Historischen Museum vorhandenen Pläne und Ansichten zur Geschichte der Stadt Köln und ihrer Umgebung. in: Mitteilungen aus dem Stadtarchiv von Köln, 31. Heft, Köln 1902

KRUDEWIG, JOHANNES. Kunstdenkmäler der Rheinprovinz (hrsg. von Paul Clemen). VI u, VII, Stadt Köln, I 1, Quellen, bearb. von J. Krudewig, 1906

KRUDEWIG, JOHANNES. Historische Ansichten und Pläne, in: Die Kunstdenkmäler der Stadt Köln I, 2. Düsseldorf 1906, S. 88–130

KRUPPA, HUBERT. Ein Kölner Vorort mit großer Geschichte: DEUTZ, Köln 1978

KUBACH, HANS-ERICH. Über den Stand der Wiederherstellung der Kölner Baudenkmäler, in: Kunstchronik 3, 1950, S. 181–186

KUBACH, HANS-ERICH/VERBEEK, ALBERT. Romanische Baukunst an Rhein und Maas. Katalog der vorromanischen und romanischen Denkmäler, Bd. 1, Berlin 1976

KUSKE, BRUNO. Die Rheinschiffahrt zwischen Köln und Düsseldorf, Köln 1905

KUSKE, B. Quellen zur Geschichte des Kölner Handels und Verkehrs im Mittelalter, 4 Bände, Bonn 1917–1934

KUSKE, B. Gewerbe, Handel und Verkehr. Geschichte des Rheinlandes von der ältesten Zeit bis zur Gegenwart, Band 2, Bonn 1922

LA BAUME, PETER. Die Römer am Rhein, Bonn 1964

LACHENWITZ, F. L. (Hrsg.). Handbuch für Reisende mit Dampfschiffen von London bis Strasburg, Cöln 1836

LANGE, LUDWIG. Der Rhein und die Rheinlande, dargestellt in malerischen Original-Ansichten von Ludwig Lange und in Stahl gestochen von Johann Poppel, Stahlstecher in München ... Mit einem historisch-topographischen Text begleitet (Abteilung 2), Darmstadt/Wiesbaden, 1842–47

LANG, JOSEPH GREGOR. Reise auf dem Rhein von Mainz bis Düsseldorf, II. Theil: Von Andernach bis Düsseldorf, Koblenz 1790

LANG, JOSEPH GREGOR. Reise auf dem Rhein von Mainz bis Düsseldorf (2. Aufl.), Mainz 1805

LE COMTE, B. Afbeldingen van schepen en vaartuigen in verschillende bewegingen, Amsterdam 1831

LEITCH, RITCHIE (Text)/STANFIELD, CLARKSON (Stiche). Travelling Sketches on the Rhine, and in Belgium and Holland (Heath's Picturesque Annual, 2. Jahrgang) (bei Longman, London 1833)

LEMPERTZ, H. G. Das Kölner Rathaus, Wiesbaden 1925

LESON, WILLY (Hrsg.). So lebten sie im alten Köln. Texte und Bilder von Zeitgenossen, Köln 1974

LESON, WILLY (Hrsg.). Wenzel Hollar in Köln 1632–1636. Mit Johann Jacob Merlos biographischen Notizen und Bilderläuterungen. Hrsg. und eingeleitet von Willy Leson, Köln 1979

LOGA, VALERIAN VON. Die Städteansichten in Hartmann Schedels Weltchronik, in: Jahrbuch der preußischen Kunstsammlungen 9, 1888, S. 93 ff., 184 ff.

LÜCKGER, H. J. Agrippas Rheinhafen, Köln 1936

MAINZER, UDO. Stadttore im Rheinland, Neuss 1976

MAINZER, UDO. Köln in historischen Ansichten, Wuppertal 1977

MALTEN'S HANDBUCH für Rheinreisende, 1844

MATARÉ, EWALD. Tagebücher, ausgewählt und herausgegeben von Hanna Mataré und Franz Müller, Köln 1973

Malerische Ansichten des Rheins, der Mosel, des Haardt und Taunus-Gebirges in 72 Blättern (verlegt bei Joseph Engelmann) Heidelberg 1826

MATTHAEI, ADELBERT. Werke der Holzplastik in Schleswig-Holstein bis zum Jahre 1530, Leipzig 1901

VON MERING, FRIEDR. EV./REISCHERT, LUDWIG. Zur Geschichte der Stadt Köln am Rhein. Von ihrer Gründung bis zur Gegenwart, nach handschriftlichen Quellen und den besten gedruckten Hülfsmitteln bearbeitet, Dritter Band, Köln 1839

MERLO, J. J. Die Familie Hackeney zu Köln, ihr Rittersitz und ihre Kunstliebe, Köln 1863

MERLO, J. J. Johann Haselberg und sein Lobgedicht auf die Stadt Köln, in: Annalen des Hist. Vereins für den Niederrhein 44, 1895, S. 139 ff.

MERLO, J. J. Math. Merian der ältere und sein Prospect der Stadt Köln von 1620, in: Organ f. chr. Kunst, XVI, Nr. 2

MERLO, JOHANN JACOB. Kölnische Künstler in alter und neuer Zeit. Neuauflage bearb. von E. Firmenich-Richartz = Publikationen der Gesellschaft für Rheinische Geschichtskunde IX, Düsseldorf 1895

MEYER, CHRISTIAN FRIEDERICH. Ansichten einer Reise durch das Clevische . . . Düsseldorf 1797

MEYER, PETER. Das große Luftschiffbuch, Mönchengladbach 1976

MICHEL, E. Die Altstadt von Köln und ihr Wiederaufbau nach der Zerstörung. Eine wirtschafts- und sozialgeographische Untersuchung, Remagen 1955

MILZ, HERBERT. Das Kölner Großgewerbe von 1750 bis 1835 (Schriften zur rheinisch-westfälischen Wirtschaftsgeschichte, Bd. 7), Köln 1962

MÖNNICH, R. Gebäude für Rechtspflege, in: Köln und seine Bauten, Köln 1888, S. 494 f.

MOHR, S. Die Flösserei auf dem Rhein, Mannheim 1897

MORGENROTH, Die Schiffahrt Kölns in alter und neuer Zeit, Mainz 1905

MOST, OTTO (Hrsg.). Die deutsche Binnenschiffahrt. Eine Gemeinschaftsarbeit, 2. Auflage, Bad Godesberg 1964

MÜLLER, WILHELM. Pferdebahn und Brückenhäuschen. Kindheit und Jugend in Köln vor 100 Jahren (Hrsg. von Willy Leson), Köln 1981

MÜNSTER, SEBASTIAN. Cosmographie. Das ist Beschreibung der ganzen Welt/. . . , 1548

VON NAREDI-RAINER, PAUL. Der Dom im Bild, in: Der Kölner Dom im Jahrhundert seiner Vollendung, 2. Essays (Hrsg. von Hugo Borger), Köln 1980, S. 199–224

NYSSEN, WILHELM. Heiliges Köln. Wallfahrten zu den Heiligtümern der Frühzeit, Köln 1975

OCKHARDT. Geschichtliche Darstellung der Gesetzgebung über Handelsschiffahrt auf dem Rhein, Mainz 1818

OEDIGER, F. W. Die älteste kirchliche Einteilung der Stadt Köln, in: Jahrbuch des Kölnischen Geschichtsvereins 29/30, 1954/55, S. 133 ff.

OETTERMANN, STEPHAN. Das Panorama. Die Geschichte eines Massenmediums, Frankfurt/M. 1980

W. O. VON HORN (W. OERTEL). Der Rhein, Geschichte und Sagen seiner Bürger, Abteien, Klöster und Städte (2. Auflage, bearbeitet von Julius Nieder), Wiesbaden/Philadelphia 1875

PARTHEY, G. Wenzel Hollar, Verzeichnis seiner Kupferstiche, Berlin 1853

PERROTH. Köln als Rhein-, See- und Industriehafen in bezug auf die bevorstehende Stadterweiterung nebst Versuch einer Geschichte der Seeschiffahrt auf dem Rhein, Köln 1903

PETERS, LEO. Ein rheinischer Aufklärer als Weltverbesserer (Simon van Alpen) in: neues Rheinland, 10. Oktober 1980, S. 6–9

Ausgewählte Quellen zur Kölner Stadtgeschichte, herausgegeben von Robert Frohn und Arnold Güttsches in Verbindung mit Wilhelm Hackenberger und Hans Welters, Köln 1958–1961

Quellen zur Geschichte Kölns in der Neuzeit. 1486–1793, bearbeitet von Helmut Lobeck, Köln 1959

RADUNZ, K. 100 Jahre Dampfschiffahrt, Mainz 1907

RAHTGENS, H. Die Kunstdenkmäler der Rheinprovinz (hrsg. von P. Clemen) II, 1: Kirchen G-M, 1911

RAHTGENS, H./ROTH, H. Kunstdenkmäler der Rheinprovinz (hrsg. von P. Clemen) II, 2: Kirchen M-S, 1929

RAVE, PAUL-ORTWIN. Die Rheinansichten in den Reisewerken zur Zeit der Romantik, in: Wallraf-Richartz-Jahrbuch 1, 1924, S. 123–150

Reclams Kunstführer Deutschland. Rheinlande und Westfalen, Stuttgart 1975 (Bearb. Köln: Fried Mühlberg)

REITZ, HILDEGARD. Die Illustrationen der »Kölner Bibel« (Kölner Dissertation 1959), Düsseldorf 1959

RHEINBRÜCKEN. Die Rheinbrücken bei Cöln. Nach amtl. Quellen bearbeitet von Regierungs- und Baurat Beermann (1915)

Neue Rheinbrücke Köln-Mülheim. Festschrift zur Eröffnungsfeier am 13. Oktober 1929. Hrsg. von der Stadt Köln

Zur Einweihung der neuen Köln-Deutzer Brücke, 16. Oktober 1948. Hrsg. von der Stadt Köln

Die neue Köln-Mülheimer Brücke, 1951, Hrsg. von der Stadt Köln

RING, KLAUS. Fliegende Zigarren über dem Rhein, in: neues Rheinland, Nr. 8, August 1980, S. 6–9

RODE, HERBERT. Führer zum alten und neuen Köln, Köln 1958

ROSENWALL, P. Malerische Ansichten und Bemerkungen auf einer Reise durch Holland, die Rheinlande, Baden, die Schweiz und Württemberg, Mainz 1818

RUSKIN. Modern painters, Band I, London 1843

Sammlung der seit dem Reichs-Deputationshauptschluß vom 25.2.1803 in Bezug auf Rheinhandel und Schiffahrt erschienenen Gesetze. Verordnungen und allgemeine Instruktionen. Zusammengetragen und geordnet von H. Herrmann, Generalsekretär der Central-Commission für die Rheinschiffahrt zu Main, Mainz 1820

Sammlung der Gesetze und sonstigen Vorschriften bezüglich der Rheinschiffahrt, nach dem Stande am Schluß des Jahres 1888. Veranstaltet durch die Central-Commission für die Rheinschiffahrt, Frankfurt a. M. 1889

SCHAEFER, KARL. Geschichte der Kölner Malerschule, Lübeck 1923

SCHÄFKE, WERNER. Köln von der »Schäl Sick« gesehen, in: Museen in Köln, Bulletin, 15. Jahrgang, H. 9, Sept. 1976, S. 1458 f.

SCHLOMBS, WILHELM. Dreißig Jahre danach. Zum Stand der Kriegsschädenbeseitigung an den alten Kirchen der Stadt Köln. In: Trippen, Norbert Mogge, Wilhelm (Hrsg.) Ortskirche im Dienste der Weltkirche. Festschrift für die Kardinäle Höffner und Frings, Köln (1976), S. 163–176

SCHMITT-ROST, HANS. Altkölnisches Bilderbuch. Eine nachdenkliche Wanderung durch Zeiten und Räume, (5. Auflage) Köln 1967

SCHOPENHAUER, JOHANNA. Ausflug an den Niederrhein und nach Belgien im Jahr 1828, Leipzig 1830 und 1831

SCHREIBER, ALOYS. Der Rhein. Handbuch für Reisende in den Rheingegenden. 5. Auflage, Heidelberg 1841

SCHÜRMANN, W. Eisenbahnanlagen, in: Köln und seine Bauten, Köln 1888, S. 370 ff.

SCHULZ, ELSE. Zum Holzschnittwerk des Anton Woensam von Worms. Dissertation, Köln 1950 (ungedruckt)

SCHUMACHER, FRITZ – ARNTZ, W. Köln. Entwicklungsfragen einer Großstadt, München-Köln 1923

SCHWARZ, KURT. Die Typenentwicklung des Rheinschiffs bis zum 19. Jahrhundert, Köln 1928

SCHWEDLER, J. G. Über den Bau einer festen Brücke über den Rhein zwischen Köln und Deutz, Köln 1849

SCHWERING, MAX-LEO. Kölner Brücken in alter Zeit, Köln 1963

SCHWERING, M. L. Brücken über den Rhein, in: Die kleine Ausstellung der Sparkasse der Stadt Köln »Brückenstadt Köln«, Köln 1966

SIMONS, PETER. Illustrierte Geschichte von Deutz, Kalk, Vingst und Poll – ein Beitrag zur Geschichte des kurkölnischen Amtes Deutz, Köln 1913

SIMROCK, KARL. Der Rhein (Das malerische und romantische Deutschland in 10 Sektionen) Leipzig 1840–60

SOTZMANN, J. D. F. Ueber des Antonius von Worms Abbildung der Stadt Köln aus dem Jahre 1531, Köln 1819

SPIES, WILHELM. Rheinkunde, 3 Teile, Köln 1922–24

STANGE, ALFRED. Die deutschen Tafelbilder vor Dürer, Band I, Kritisches Verzeichnis, München 1967

STEHKEMPER, H. Die Stadt Köln und Westfalen. Versuch eines ersten Überblicks, in: Westfalen, 51, 1973, 346 ff.

STEINBACH, F. Zur Sozialgeschichte von Köln im Mittelalter. Spiegel der Geschichte. Festschrift für Max Braubach, Münster 1964, S. 171 ff.

STEINBACH, F. Der Ursprung der Kölner Kirchengemeinde, Collectanea Franz Steinbach, Bonn 1967, 659 ff.

STEINS, HEINRICH. Die Rheinschiffahrt von Köln bis Mainz, vom 15. bis zum 19. Jahrhundert (Dissertation Bonn), Bonn 1911

STEINS, H. Der Personenverkehr auf dem Rhein von den Anfängen bis zur Gegenwart, Mainz 1913

STELZMANN, ARNOLD. Illustrierte Geschichte der Stadt Köln, Köln 1958

STELZMANN, ARNOLD. Illustrierte Geschichte der Stadt Köln, 7. Auflage, Köln 1976

STEUER, HEIKO. Das Wappen der Stadt Köln (Aus der Kölner Stadtgeschichte), Köln 1981

STEUER, HEIKO. Das Kölner Wappen. Drei Heilige Könige und elftausend Jungfrauen, in: Köln, Heft 2, 1981, S. 32–35

STRODTHOFF, WERNER. Neue Pracht aus den Ruinen. Mehrteilige Serie über den Wiederaufbau, in: Kölner Stadt-Anzeiger, 1979, Oktober–Dezember

STRODTHOFF, WERNER. Der alte »neue« Rheinauhafen – ein Stück Kölner Geschichte, in: Köln. Vierteljahrschrift für die Freunde der Stadt, 2/1980, S. 38–43

TAYLOR, ERIC/NIESSEN, WILLY. Frontstadt Köln. Endkampf 1945 an Rhein und Ruhr, Düsseldorf 1980

TEUBERT, OSKAR. Die Binnenschiffahrt, 2. Auflage, Leipzig 1932

TEXIER, EDM. Voyage pittoresque sur les Bords du Rhin, Paris 1858

THELEN. Nachrichten von dem erschrecklichen Eisgange, 1784

TUCKERMANN, W. Zur geographischen Lage der Stadt Köln, Köln 1948

TÜMMERS, H. J. Rheinromantik, Romantik und Reisen am Rhein, Köln 1968

TWAIN, MARK. Zu Fuß durch Europa (Aus dem Amerikanischen übersetzt von G. A. Himmel) 1. Auflage 1878, Neuauflage Göttingen 1963

UTRECHT, E. Wirtschafts- und Sozialtopographie der Alt- und Neustadt von Köln, Diss. Köln 1929

VERBEEK, ALBERT. Köln, die Denkmäler, ihre Erhaltung und Wiederherstellung. In: Kunstchronik 2. 1949, S. 11–21

VERBEEK, ALBERT/ZIMMERMANN, WALTHER. Die Zerstörungen an Kölner Bauwerken während des Krieges 1939–1945. In: Zimmermann, Walther (Hrsg.) Kölner Untersuchungen, Ratingen 1950, S. 191–196

VERBEEK, ALBERT. Kölner Kirchen, Köln 1959 und 1969

VERBEEK, A./KUBACH, H. E. Romanische Baukunst am Rhein und Maas, Katalog der vorromanischen und romanischen Denkmäler, Bd. 1, 496 ff., Berlin 1976

VEY, HORST. Köln zur Zeit der Romantik. Unbekannte Aquarelle aus dem Besitz der Familie Weyer, in: Museen in Köln, Bulletin 1/1967, S. 530–531

VOGTS, H. Das Kölner Rathaus, Jb. d. Köln. Geschv. II/1913, S. 1–34

VOGTS, HANS. Das Kölner Wohnhaus bis zum Anfang des 19. Jahrhunderts, Köln 1914

VOGTS, HANS (Hrsg.). Kölns bauliche Entwicklung 1880–1927, Köln 1927

VOGTS, H. Rathaus zu Köln, Augsburg/Köln 1928

VOGTS, H. Kunstdenkmäler der Rheinprovinz (hrsg. von P. Clemen), II 4, Die profanen Denkmäler, Düsseldorf 1930

VOGTS, HANS. Das alte Köln. Ansichten aus dem 15., 16. und 17. Jahrhundert (Die Rheinbücher. Kleine Reihe, Band 3), Düsseldorf 1940

VOGTS, H. Bauliche Neuordnungen und Wiederherstellungen im Kölner Rathaus; Dtsch. Kunst- und Denkmalpflege, 1940/41, S. 130–142

VOGTS, HANS (Hrsg.). Köln, Köln 1948

VOGTS, H. Köln im Spiegel seiner Kunst, Köln 1950

VOGTS, HANS (Hrsg.). Köln. Ansichten aus alter Zeit (Die Rheinbücher, Neue Folge XII), Honnef/Rh. 1956

VOGTS, H. Das Kölner Wohnhaus bis zur Mitte des 19. Jahrhunderts, 2 Bände (2. Auflage), Neuss 1966

VOGTS, H. Die Strukturwandlungen der Kölner Stadtteile von St. Severin und St. Alban im Verlauf von acht Jahrhunderten. Aus kölnischer und rheinischer Geschichte. Festgabe Arnold Güttsches, Köln 1969, 333 ff.

DE VORAGINE, JACOBUS. Legenda aurea (übersetzt von Richard Benz), Heidelberg 1955

VOSS, URSULA. Ursula. Zwischen Pandämonium und Panoptikum, in: Köln, Heft 2. 1981, S. 26 f.

WAKKERBART, FREIHERR VON. Rheinreise, Halberstadt, 1794

Das schöne gedruckte Buch im ersten Jahrhundert nach Gutenberg. Bearbeitet von Rolf Wallrath, Köln

WEBER, HEINZ (Hrsg.). In alten Zeitungen geblättert. Köln 1698–1833, Köln 1974

WEDDERKOP, HANS VON. Das Buch von Köln, Düsseldorf, Bonn, München 1928

WEGENER, W. u. HÄSSLIN, JOH. JAK. Wanderungen durch das alte Köln, Köln 1955

WEGENER, WALTER. Erinnerungen an das alte Köln. Zeichnungen Walter Wegener, Texte Rudolf Spiegel, Köln 1979

WELTERS, HANS/LOBECK, HELMUT. Kleine illustrierte Geschichte der Stadt Köln (Bender-Bützler), Köln 1958 (3. Auflage, Köln 1966)

WESTFEHLING, UWE. Köln um die Jahrhundertwende in Bildern von Jakob und Wilhelm Scheiner, Köln 1979

WEYDEN, ERNST. Köln am Rhein vor fünfzig Jahren. Sitten-Bilder nebst historischen Andeutungen und sprachlichen Erklärungen, Köln 1862 (Nachdruck: Köln 1960)

WEYER, JOHANN PETER/WÜNSCH, ANTON. Sammlung von Ansichten öffentlicher Plätze, merkwürdiger Gebäude und Denkmäler in Cöln, Köln 1827

WEYRES, WILLY. Die Wiederherstellung der Kirchen im Erzbistum Köln. In: Neuss, Wilhelm (Hrsg.), Rheinische Kirchen im Wiederaufbau, Mönchengladbach 1951, S. 11–17

WINTERSCHEID, THEO. 700 Jahre Schiffspost auf dem Rhein, in: Beiträge zur Rheinkunde, 24, 1972, S. 25–32

WITSEN. Aelude en hedendaegsche Scheepsbouw en bestier, Amsterdam 1671

WOLFF, ARNOLD. Dombau in Köln, Stuttgart 1980

WÜTHRICH, LUCAS HEINRICH. Das druckgraphische Werk von Matthaeus Merian d. Ä., Band I, Einzelblätter und Blattfolgen. Unter Berücksichtigung der fraglichen und falschen Zuschreibungen sowie mit einem Verzeichnis der neu aufgefundenen Handzeichnungen, Basel 1966

ZANKL, HANS LUDWIG. Eine Stadt spiegelt Weltgeschichte. Köln in zwei Jahrtausenden. Osnabrück 1972

ZEHNDER, FRANK GÜNTER. Europas Städte zeigen Köln im Kölner Kunstplakat, in: Köln. Vierteljahrschrift für die Freunde der Stadt, 4/1981, S. 36–37

Register

Abbildungsnachweis:

The Frick Collection, New York: S. 229

Rainer Gaertner, Bergisch Gladbach: S. 111, 112, 126, 127, 140, 141, 151, 152, 153, 187, 198, 199, 202, 203, 208, 209, 215, 217, 221, 223, 225, 226, 227, 230, 231, 239, 241, 243, 245, 246, 247, 248, 249, 250, 268, 269, 270, 271, 273, 275, 276, 277, 278, 279, 297, 312, 313

Galerie Füssl & Jakob, München: S. 142, 143

Kölnisches Stadtmuseum: S. 128, 165, 166, 167, 189, 193, 201, 219 (oben), 260, 261, 280, 281, 283, 285, 286, 287, 288, 289, 293, 295, 309, 315

Henry Maitek, Köln: S. 83, 299, 301, 303

Privatbesitz: S. 235

Rheinisches Bildarchiv, Köln: S. 6, 66, 67, 68, 69, 70, 71, 72, 73, 75, 77, 78, 79, 80, 81, 82, 83, 84, 85, 86, 87, 93, 94, 95, 97, 99, 101, 102, 103, 104, 108, 109, 116, 117, 118, 119, 120, 121, 122, 123, 124, 125, 129, 130, 131, 132, 133, 135, 136, 137, 139, 144, 145, 146, 147, 148, 149, 155, 157, 158, 159, 160, 161, 162, 163, 168, 169, 171, 172, 173, 174, 175, 176, 178, 179, 180, 181, 182, 183, 184, 185, 186, 188, 190, 191, 195, 197, 200, 204, 205, 206, 207, 219 (unten), 232, 233, 236, 237, 251, 252, 253, 254, 255, 257, 259, 263, 267, 291, 305, 307, 311, 316, 317, Schutzumschlag: Vorder- und Rückseite

Rheinisches Landesmuseum, Bonn: S. 264, 265

Seattle Art Museum, Washington: S. 213

St. Janshospital, Memlingmuseum O.C.M.W., Brügge: S. 88, 89, 91

Städt. Museum, Flensburg: S. 113, 114

Städt. Museum, Wiesbaden: S. 210, 211

Victoria & Albert Museum, London: S. 105, 107